ET Saggi
1375

Carlo Spartaco Capogreco

I campi del duce

L'internamento civile nell'Italia fascista

(1940-1943)

Einaudi

Prima edizione «Gli struzzi» 2004
www.einaudi.it

ISBN 88-06-18089-4

Elenco delle abbreviazioni

Acs Archivio Centrale dello Stato, Roma.
Acdec Archivio della Fondazione Centro di Documentazione Ebraica Contemporanea, Milano.
Acicr Archives du Comité international de la Croix-Rouge, Ginevra.
Airsml Archivio dell'Istituto regionale per la Storia del movimento di Liberazione, Trieste.
Ars II Seconda sezione dell'Arhiv Republike Slovenije, Lubiana.
Aussme Archivio dell'Ufficio Storico dello Stato Maggiore dell'Esercito, Roma.
Avii Arhiv Vojnoistorijskog Instituta, Belgrado.
B. Busta.
Cicr Comitato internazionale della Croce Rossa.
Co Carteggio ordinario.
Dgps Direzione generale della pubblica sicurezza.
Dgsg Direzione generale servizi di guerra.
Dagr Divisione affari generali e riservati.
K. (*kutije*), Busta.
Mae Ministero degli Affari Esteri.
Mi Ministero dell'Interno.
Naw National Archives, Washington.
Ndh Nezavisna Dražva Hrvatska, Stato indipendente croato.
Nmz Narodni Muzej, Zara.
Ovra Organizzazione di vigilanza e repressione dell'antifascismo.
PdG Prigionieri di guerra.
Racc. Raccolta.
R. br. (*rednoi broj*), Numero d'ordine.
R.d. Regio decreto.
R.d.l. Regio decreto legge.
Rsi Repubblica sociale italiana.
F. Fascicolo.
S. f. Sottofascicolo.
Sim Servizio informazioni militari.
Sme Stato maggiore del Regio Esercito.
Spd Segreteria particolare del duce.

Elenco delle illustrazioni

Nota al testo

Per ricostruire le fasi preparatorie ed attuative dell'internamento civile fascista, nonché della vita dei suoi vari campi, si è qui fatto ricorso soprattutto a fonti primarie, principalmente archivistiche.

La documentazione archivistica italiana pone lo storico di fronte alla notevole disparità di disponibilità documentaria esistente tra l'internamento gestito dal ministero dell'Interno (che – almeno sul piano teorico – programmò le cose per tempo, «producendo» cosí una discreta mole documentaria) e quello a cura dell'Autorità militare che si trovò ad affrontare l'internamento dei civili come fenomeno eccezionale e contingente.

Nel primo caso, perciò, la documentazione archivistica conservata presso l'Archivio Centrale dello Stato di Roma, è ricca, accentrata e ben inventariata, quindi di facile accessibilità. Fondamentale, per lo studio dell'internamento «regolamentare», è stata quella dell'Ufficio internati che si trova tra i fondi archivistici del ministero dell'Interno. L'archivio dell'Ufficio internati italiani è confluito in parte nel fascicolo 32 («Internati civili pericolosi», buste 65-68) della Categoria permanente «A5G - II Guerra mondiale», e in parte nei fascicoli 16 (Campi di concentramento) e 18 (Località di internamento) della serie Massime (disposizioni a carattere generale della Direzione generale di pubblica sicurezza) della Categoria «M4» (Mobilitazione civile). L'archivio dell'Ufficio internati stranieri è confluito nella Categoria «A4-bis» della Direzione generale di pubblica sicurezza, che si riferisce ai fascicoli personali degli internati in base alla legge di guerra, e comprende, oltre agli stranieri, anche italiani «di sospetta o accertata attività spionistica». Per la ricostruzione delle vicende dei campi di concentramento allestiti nelle colonie (o ex colonie) di confino, molto utile (tranne il caso di Ustica, del cui «campo» non si è rinvenuta purtroppo alcuna documentazione) è stato ovviamente il ricorso alle carte dell'Ufficio Confino Politico della Direzione generale di pubblica sicurezza.

Per delineare le vicende dell'internamento «parallelo» e la vita dei campi ad esso collegati, è fondamentale la relativa documentazione militare conservata presso l'Archivio dell'Ufficio Storico dello Stato Maggiore dell'Esercito (anch'esso con sede in Roma), che però risulta meno abbondante oltre che sparpagliata tra i vari fondi archivistici. Dell'Aussme sono stati qui molto utili: il Fondo N 1-11, «Diari Storici della Seconda guerra mondiale» (in particolare Stato Maggiore Regio Esercito/Ufficio Prigionieri di Guerra, Diari storico-militari con relativi allegati, anni 1942-43); il Fondo M3, «Documenti restituiti dagli alleati alla fine della Seconda guerra mondiale» (in particolare la Raccolta 64); il Fondo H8, «Crimini di guerra» (in particolare Raccolta 104); il Fondo M7 «Circolari» (in particolare Raccolta 279/3) il Fondo L.10, «Stato Maggiore Regio Esercito - Vari uffici».

Particolarmente utile – soprattutto in relazione all'internamento «parallelo» – è stato l'apporto degli archivi stranieri: l'Arhiv Vojnoistorijskog Instituta (Archivio dell'Istituto di Storia militare) di Belgrado, l'Arhiv Republike Slovenije (Archivio della Repubblica Slovena) di Lubiana, gli Archives du Comité international de la Croix-Rouge (Archivi del Comitato internazionale della Croce Rossa) di Ginevra.

Negli archivi di Belgrado e di Lubiana, in particolare, è finita molta parte della documentazione militare e civile italiana caduta in mano jugoslava dopo la drammatica svolta dell'8 settembre 1943. Dell'Avii di Belgrado (che conserva soprattutto carte relative a Montenegro, Kossovo, Dalmazia e Quarnero) sono stati consultati principalmente i seguenti fondi: «Arhiva Neprijateljskih Jedinica» (Archivio delle formazioni militari avversarie) e «Italijanski Arhiv» (Archivio italiano). Dell'Ars di Lubiana (che conserva documentazione relativa alla «Provincia di Lubiana»), soprattutto i fondi: «XI Armadi Korpus» (XI Corpo d'Armata); «Komisija za ugotavljanje zločinov ocupatorjev in njihovih pomagačev za Slovenijo» (Commissione per l'accertamento dei crimini commessi dagli occupatori e dai loro complici in Slovenia); «Kabinet Visokega Komisarja za Ljubljansko Pokrajino» (Gabinetto dell'Alto Commissario per la Provincia di Lubiana); «Grupa Kraljevih Karabinjerjev Ljubljana» (Gruppo dei Carabinieri Reali di Lubiana) e «Naw» (copia dei documenti militari italiani finiti, dopo la guerra, nei National Archives di Washington), tutti conservati presso la Seconda sezione dell'archivio lubianese.

Anche i documenti conservati negli Archivi del Comitato internazionale della Croce Rossa (Acicr) – sia grazie alle relazioni redatte dai delegati che visitarono personalmente i campi, sia attraverso tutta una serie di notizie e di dati – sono stati molto utili per completare il quadro delle conoscenze relative ai campi di concentramento e all'internamento civile italiano del periodo 1940-43. In particolare, a questo proposito, sono stati consultati i seguenti fondi: C Sc - Service des camps, Italie; G 17 - Listes des effectives, 74/Italie; G17 - Listes des effectives, 139/Yugoslavie; G 3 Missions, 24/Italie.

Per questo studio si è ricorso inoltre alla consultazione degli Archivi del Centro di Documentazione Ebraica Contemporanea di Milano, dell'Istituto Regionale per la Storia del Movimento di Liberazione di Trieste, dell'Inštitut za Novejšo Zgodovino di Lubiana, dello Jevrejski Istorijski Muzej di Belgrado, del Narodni Muzej di Zara, dello Županijski Muzej di Sebenico e della Narodna in Študijska Knjiznica di Trieste.

Non sarebbe stato tuttavia possibile definire – sia pure in modo generale – le vicende di alcuni campi e tanti aspetti dell'internamento fascista, senza il prezioso contributo delle testimonianze personali di piú di cinquanta ex confinati, ex internati e altri protagonisti di quei fatti.

Ringraziamenti

Nell'affidare alle stampe questo volume, desidero manifestare un ringraziamento particolare ad Alberto Cavaglion, amico di sempre, per i consigli preziosi e lo stimolo costante che ha rappresentato per me, sia durante la fase delle ricerche che in quella della stesura del testo.

Particolarmente utili, anche ai fini dell'evoluzione della ricerca, sono state le discussioni e gli scambi intercorsi in questi ultimi anni con Klaus Voigt, Jim Bergwyn, Anna Lisa Carlotti, Simonetta Carolini, Enzo Collotti, Marco Coslovich, Pasquino Crupi, Maria Grazia Enardu, Giorgio Fabre, Tone Ferenc, Paolo Jedlowski, Milica Kacin Wohinz, Lutz Klinkhammer, Nicola Labanca, Luigi Maria Lombardi Satriani, Sergio Luzzatto, Tristano Matta, Alessandra Minerbi, Moni Ovadia, Jean-Louis Panicacci, Claudio Pavone, Liliana Picciotto, Floriano Hettner, Davide Rodogno, Marina Rossi, Anna Rossi-Doria, Rino Sala, Michele Sarfatti, Giacomo Scotti, Frediano Sessi, Renate Siebert, Franco Terzulli, Giovanna Tosatti, Mario Toscano, Nevenka Troha, Bruno Vasari e Paolo Veziano.

Degli Archivi e dei Centri presso i quali ho svolto le mie indagini in modo piú continuativo, voglio ricordare in particolare, per la grande disponibilità, Paola Carucci dell'Archivio Centrale dello Stato di Roma, Giovanni Saugeri e Alessandro Gionfrida dell'Archivio dell'Ufficio Storico dello Stato Maggiore dell'Esercito di Roma, Mirijana Jadreško e Metka Gombač dell'Ahiv Republike Slovenije di Lubiana, Damjian Guštin dell'Inštitut za Novejšo Zgodovino di Lubiana, Luisella Mortara Ottolenghi ed Adriana Goldstaub del Centro di Documentazione Ebraica Contemporanea di Milano, Sergio Zucca, Anna Vinci e Galliano Fogar dell'Istituto Regionale per la Storia del Movimento di Liberazione di Trieste, Ersilia Alessandrone Perona e Riccardo Marchis dell'Istituto Piemontese per la Storia della Resistenza e della Società contemporanea di Torino, Fabrizio Bensi dell'Archives du Comité International de la Croix-Rouge di Ginevra, Miloš Poljanšek, Jože Gačnik della Zveza Združenj Borcev di Lubiana, Velimir Ivetič del Vojnoistorijskog Instituta di Belgrado, Milica Mihajlović dello Jevrejski Istorijski Muzej di Belgrado, Vladimir Alavanja del Narodni Muzej di Zara, Gojko Lambaša dello Županijski Muzej di Sebenico, Milan Pahor della Narodna in Študijska Knjiznica di Trieste, Ivo Barić del Dipartimento culturale della Città di Rab, Odilio Goretti del Museo della Resistenza di Sansepolcro, e infine, ma non da meno, Teresa Grande e Michele Calendino della nostra Fondazione Ferramonti di Cosenza, della quale ricordo anche e ringrazio la sua presidente onoraria, Anny Schiff Lazar, e i consiglieri tutti.

Per l'aiuto prestatomi durante il progredire della ricerca e la stesura del manoscritto, voglio ringraziare in modo particolare Nadia Capogreco. Ricordo inoltre Antonio Capogreco, Nelly Mirabella, Melita Rafaeli, Elio Sfiligoj, Luigi Niger, Giulio Andreotti, Samo Pahor, Sonia e Tania Cusato, Michele D'Anzi, Roberto Cruciani, Michele Aiello, Luca Ardenti, Lijlijana Milovanović, Maria Cristina Marrari e Stanka Hrovatin.

Un sentito ringraziamento agli ex internati e confinati, e a quanti altri cortesemente mi hanno voluto concedere una loro testimonianza. In particolare, Marjan Česnik, Herman Janež, Metod Praznik, Jože Koren, Anton Vratuša, Jakob Altaras, Nedelko Zorić, Mirko Haler, Franjo Šimac, Riccardo Schwamenthal e – tra quelli purtroppo scomparsi – i cari amici Ivo Herzer, Milan Osredkar, Samuel Eisenstein, Evi Eller, Aleksandar Demajo, Costas Charamis, Menachem Shelah.

Tra quanti credevano ed avrebbero voluto leggere questo libro, un ricordo particolare a Francesco Del Canuto, intellettuale raffinato ed amico impeccabile prematuramente scomparso nel marzo 2002.

Un sincero e sentito ringraziamento, ancora, ad Antonella Tarpino e Maria Teresa Polidoro, della Casa editrice Einaudi, per il garbo e la grande disponibilità intellettuale ed umana con cui hanno seguito il procedere del mio lavoro.

Infine, un grande grazie ad Ivo, a Mirko e alla loro mamma Donatella, che hanno avuto la non comune pazienza di sopportare un padre ed un marito che, in questi anni, li ha lasciati spesso soli, andandosene in giro «per i campi»...

Rende (Cosenza), novembre 2003.

I vari regimi fascisti differiscono fra loro per il prevalere della frode o rispettivamente della violenza. Il fascismo italiano, primogenito in Europa e sotto molti aspetti pionieristico, sulla base originale di una repressione relativamente poco sanguinosa ha eretto un colossale edificio di mistificazione e di frode (chi ha studiato in anni fascisti ne conserva un bruciante ricordo), i cui effetti durano tuttora. Il nazionalsocialismo, ricco dell'esperienza italiana... ha puntato sulla violenza fin dal principio, ha riscoperto nel campo di concentramento, vecchia istituzione schiavista, un *instrumentum regni*, dotato del potenziale terroristico che si desiderava, ed ha proceduto su questa via con incredibile rapidità e coerenza...

PRIMO LEVI, *Testimone dell'Olocausto*

Il razzismo non era lontano quando si cantava *Faccetta nera*, o quando si partiva per cercare «un posto al sole» al di là del Mediterraneo. L'idea della superiorità della razza bianca, della sua «missione civilizzatrice portata sulla punta delle baionette, non è stata estranea all'Italia. Come non sono stati estranei al fascismo italiano i campi di concentramento – che solo oggi (e questo, se mai, è lo strano) vengono riscoperti...

PAOLO JEDLOWSKI, *Fogli nella valigia*

I campi del duce

A Donatella

Introduzione

> La tradotta che partí da Lubiana all'alba del 24 luglio 1942, con 300/400 persone stipate nei vagoni senz'acqua né cibo, giunse a San Giorgio di Nogaro verso mezzogiorno. Fu allora che ci venne comunicata la nostra destinazione: campo di concentramento di Gonars. Ci trasferirono con un treno locale a Bagnaria Arsa, e da lí, in fila per quattro, ci incamminammo tra i campi, lungo una stradina polverosa. Nel primo paese un po' piú grande – penso fosse Fauglis – fummo accolti da una folla di donne, bambini e anziani. Il nostro aspetto era deprimente. Assonnati, con la barba lunga, mal vestiti, assetati e affamati... ogni cinque metri ci affiancava un milite con la baionetta innestata sul fucile. Le donne ed i bambini incominciarono ad inveire contro di noi: «Banditi, ribelli, assassini, delinquenti!». Fummo oggetto di lanci di frutta avariata e di pomodori. I soldati non reagirono. Dal nostro gruppo qualcuno esclamò in italiano: «Non siamo banditi, ma studenti buttati giú dai letti solo perché antifascisti! Lottiamo per la libertà!». Le sue parole, però, non sortirono alcun effetto. Evidentemente la gente era stata condizionata dalla propaganda fascista. Non c'erano giovani, segno forse ch'erano tutti impegnati al fronte. Presto scorgemmo in lontananza il campanile di Gonars, poi vedemmo i serbatoi dell'acqua, le garitte ed il reticolato del campo. Cosí ebbe inizio la nostra vita di internati...[1].

Questo è il racconto del suo arrivo al campo di Gonars che mi fece, anni fa, uno dei civili jugoslavi internati in provincia di Udine durante la Seconda guerra mondiale. Aveva condiviso quell'esperienza con altre decine di migliaia di suoi connazionali, deportati in Italia nel corso degli anni 1942-43.

Nei territori jugoslavi, occupati o annessi dopo l'invasione nazi-fascista del 6 aprile 1941, l'Italia ricorse spesso a metodi repressivi che prevedevano l'incendio dei villaggi, la fucilazione di ostaggi civili e la deportazione della popolazione negli speciali campi di concentramento «per slavi»[2]. Allestiti in Italia e negli stessi

[1] Testimonianza di Jože Koren (Trieste, 21 novembre 1994). Di professione pubblicista, Koren è nato a Velike Lašče (Slovenia) il 10 maggio 1921 e, studente, è stato internato a Gonars il 24 luglio 1942.

[2] Nell'Italia fascista la definizione generica di «slavi» era in uso – con valenza dispregiativa – sia per indicare i sudditi jugoslavi che gli «allogeni» (cioè le minoranze slovena e croata) della Venezia Giulia.

territori invasi, e gestiti quasi sempre dal Regio Esercito, quei campi costrinsero i reclusi a un internamento rigoroso e durissimo che portò alla morte migliaia di persone, tra cui moltissimi bambini. Eppure nel nostro paese si sa ancora poco, non solo di quelle vicende, ma anche della stessa esistenza di campi di concentramento italiani durante la Seconda guerra mondiale.

«Internamento in condizioni disumane»: ecco il capo d'accusa che figurava nell'elenco – stilato nel dopoguerra dal governo jugoslavo – dei crimini che avrebbero commesso gli occupanti italiani[3]. Ma la nostra giovane Repubblica «nata dalla Resistenza» evitò di sottoporre a processo anche i principali fautori e organizzatori di quei campi, i cui nomi, per l'appunto, compaiono tra quelli degli italiani dei quali la Jugoslavia chiese inutilmente l'estradizione[4].

Sia l'insabbiamento delle indagini sui criminali di guerra italiani che l'epurazione di facciata del personale coinvolto col fascismo contribuirono al formarsi di una coscienza collettiva della recente storia nazionale largamente autoassolutoria e rassicurante. Il colonialismo italiano fu definito «umanitario»; l'antisemitismo fu liquidato quale «prodotto d'importazione», e i delitti commessi dalle nostre truppe nelle colonie e nei Balcani vennero coperti da una cortina di silenzio[5]. In tal modo cominciò a sedimentarsi nel senso comune quella visione edulcorata del comportamento degli italiani in tempo di pace e, ancor piú, in tempo di guerra, che li rappresenta sempre «umani e bendisposti» nei confronti delle popolazioni dei paesi invasi e, in ultima analisi, vittime anch'essi della dittatura e delle guerre volute da Mussolini[6].

[3] Cfr. *Saopčenje o talijanskim zločinima protiv Jugoslavije i nienih naroda*, Dražavna Komisija za utvrdivanje zločina okupatora i njihovih pomagača, Beograd 1946. Si tratta del «Bollettino sui crimini italiani contro la Jugoslavia e le sue popolazioni», pubblicato dalla Commissione di Stato jugoslava per le inchieste sui crimini commessi dagli occupanti e dai loro collaboratori.

[4] Cfr. F. Focardi e L. Klinkhammer, *La questione dei «criminali di guerra» italiani e una Commissioni d'inchiesta dimenticata*, in «Contemporanea», a. IV, n. 3, luglio 2000, pp. 497-528.

[5] Sui limiti dell'epurazione nell'Italia repubblicana, cfr. H. Woller, *I conti con il fascismo. L'epurazione in Italia 1943-1948*, Il Mulino, Bologna 1997; D. Roy Palmer, *Processo ai fascisti*, Rizzoli, Milano 1996; F. Focardi, *L'Italia fascista come potenza occupante nel giudizio dell'opinione pubblica italiana: la questione dei crimini di guerra*, in «Qualestoria», 2002, n. 1, pp. 157-83.

[6] Sulla costruzione del «senso comune» cfr. P. Jedlowski, *Il sapere dell'esperienza*, Il Saggiatore, Milano 1994 (in part. pp. 23-38). Per gli altri aspetti summenzionati, cfr. A. Del Boca, *L'Africa nella coscienza degli italiani. Miti, memorie errori, sconfitte*, Laterza, Roma-Bari 1992; N. Labanca, *In marcia verso Adua*, Einaudi, Torino 1993; R. Siebert, *Il razzismo. Il riconoscimento negato*, Carocci, Roma 2003, pp. 133-36.

Al rafforzarsi di questa immagine, nel dopoguerra contribuí anche l'atteggiamento delle forze politiche di sinistra e dell'antifascismo nel suo insieme, che, in nome della «ragion di Stato», preferirono sottolineare i meriti dell'Italia partigiana piuttosto che le colpe di quella fascista[7]. L'argomento della «bontà nazionale» costituí il nucleo centrale del discorso egemonico della nuova classe dirigente, che perseguiva l'obiettivo della riconciliazione di tutti «i buoni italiani»[8], facendo ricorso alla «virtuosità» dell'intero popolo per esaltare il carattere tirannico del fascismo, presentato come «regime senza consenso» e quindi come «corpo estraneo» alla storia e al «carattere nazionale» degli italiani. In tal modo fu possibile offuscare la piú semplice verità che la dittatura – come osservò acutamente Carlo Rosselli – in realtà aveva espresso i vizi, le debolezze e le miserie di tutto il nostro popolo[9].

Lungo questa strada, intrapresa da un paese come il nostro non abituato all'autocritica, c'è voluto poco perché si giungesse alla quasi totale rimozione delle gravissime responsabilità italiane nel ventennio e nella Seconda guerra mondiale. Gli stessi ebrei italiani, che pure erano stati tra le principali vittime della dittatura, in un clima non certo favorevole all'accettazione di identità particolari, preferirono, nel dopoguerra, rifugiarsi in una memoria «di carattere riconciliatorio»[10].

D'altro canto, era la particolare efferatezza dei crimini nazisti a fornire un alibi assai comodo al diffondersi dell'oblio nostrano: ci volle ben poco perché il confronto fra il comportamento dei due alleati portasse a relativizzare e minimizzare (se non a trascurare del tutto) le specifiche responsabilità fasciste[11]. Pertanto gli italiani, che

[7] F. Focardi, *La memoria della guerra e il mito del «bravo italiano». Origine e affermazione di un autoritratto collettivo*, in «Italia Contemporanea», nn. 220-221, settembre-dicembre 2000, pp. 393-99; A. Cavalli, *I giovani e la memoria del fascismo e della Resistenza*, in «Il Mulino», XLV, 1996, n. 363.

[8] Cosí, sostanzialmente, si espresse il ministro guardasigilli Palmiro Togliatti, il 22 giugno 1946, nel presentare il decreto di amnistia e indulto. Cfr. R. Canosa, *Storia dell'epurazione in Italia. Le sanzioni contro il fascismo 1943-1948*, Baldini&Castoldi, Milano 1999, p. 435.

[9] Cfr. C. Rosselli, *Socialismo liberale*, Einaudi, Torino 1973.

[10] G. Schwarz, *Identità ebraica e identità italiana nel ricordo dell'antisemitismo fascista*, in aa. vv., *La memoria della legislazione e della persecuzione antiebraica nella storia dell'Italia repubblicana*, Angeli, Milano 1999, p. 33; Id., *Gli ebrei italiani e la memoria della persecuzione fascista (1945-1955)*, in «Passato e presente», 1999, n. 47, in part. pp. 120-22.

[11] Cfr. N. Gallerano, *Memoria pubblica del fascismo e dell'antifascismo*, in *Politiche della memoria*, Manifestolibri, Roma 1993, pp. 7-19; M. Franzinelli, *Delatori. Spie e confidenti anonimi: l'arma segreta del regime fascista*, Mondadori, Milano 2001, p. 18.

sin dagli anni Trenta erano ricorsi proprio ai campi di concentramento per «pacificare» le colonie africane, finirono con l'adagiarsi sulla comoda presunzione che questo capitolo emblematico della storia del XX secolo li riguardasse solo come vittime[12]. E quando Giorgio Rochat, nel 1973, si «permise» di pubblicare uno dei pochi studi tuttora disponibili sui campi coloniali italiani, venne accusato di «faziosità anti-italiana preconcetta» e coperto da ingiurie personali[13].

Se, come in ogni stereotipo, anche in quello del «bravo italiano» è contenuto un nucleo di verità, ciò non può giustificare l'esaltazione dei soli meriti a fronte delle ben piú gravi responsabilità: occorrerebbe una piú giusta misura, tenuto conto che, né buoni né cattivi, gli italiani «furono semplicemente se stessi, con i caratteri e i limiti del costume nazionale cosí come è venuto conformandosi negli ultimi due secoli e forse anche piú»[14].

Si è osservato, non a torto, che una certa rimozione sia servita a rafforzare l'identità nazionale e ad aiutare il paese a risalire la china dopo un ventennio di dittatura e un conflitto dagli effetti devastanti[15]. È certo, comunque, che essa abbia finito con l'offuscare la realtà, producendo, per decenni, immagini distorte, sia nell'ambito culturale che nell'insieme della società italiana[16]. Nel

[12] «Sui campi di concentramento in cui furono rinchiuse le popolazioni del Gebel e delle zone semidesertiche sappiamo purtroppo molto poco, perché la memorialistica e la storiografia coloniale ignorano completamente il problema...»: cosí scriveva Giorgio Rochat all'inizio degli anni Ottanta (*La repressione della resistenza cirenaica (1922-1931)*, in E. Santarelli - G. Rochat - R. Rainero - L. Goglia, *Omar Al-Mukhtar e la riconquista fascista della Libia*, Marzorati, Milano 1981, p. 155).

[13] Cfr. E. De Leone, *Il genocidio delle genti cirenaiche secondo G. Rochat*, in «Intervento», 1979, nn. 38-39, pp. 93-102; G. Rochat, *Il genocidio cirenaico e la storiografia coloniale*, in «Belfagor», 1980, n. 4, pp. 449-55.

[14] A. Cavaglion, *Ebrei senza saperlo*, L'Ancora del Mediterraneo, Napoli 2002, p. 48. Credo che il giudizio di Cavaglion, espresso qui in riferimento alla legislazione antiebraica, possa essere esteso ad altri nodi significativi del ventennio e della guerra.

[15] Cfr. M. Franzinelli, *Delatori*, cit., pp. 18-19. Nel 1946 «sono molte piú le cose che si vogliono dimenticare con l'amnistia di quante ne confluiscano in un *patrimonio comune*; ma forse, in un ideale parallelo con la Francia, è proprio la consapevolezza della fragilità del nostro patrimonio comune che deve aver indotto il ceto politico (compreso il ministro della Giustizia Togliatti) a procedere con maggiore rapidità sulla rotta dell'oblio». (M. Salvati, *Amnistia e amnesia nell'Italia del 1946*, in aa.vv., *Storia, verità, giustizia. I crimini del XX secolo*, a cura di M. Flores, Bruno Mondadori, Milano 2001, p. 161).

[16] Sulla costruzione identitaria basata sui miti, merita un richiamo quanto scrivono George Mosse ed Eric Hobsbawm, rispettivamente, nell'*Introduzione* a *Toward the Final Solution. A History of European Racism*, Fertig, New York 1978 (trad. it. *Il razzismo in Europa. Dalle origini all'Olocausto*, Laterza, Roma-Bari 1980), e in *On History*, Abacus, London 1991 (trad. it. *De Historia*, Rizzoli, Milano 1997, in part. p. 310).

romanzo *La frontiera* (1964) di Franco Vegliani, ad esempio, è addirittura a un anziano jugoslavo avviato nei campi di concentramento fascisti che si fa dichiarare – in ossequio alla «bontà italiana» – che «gli italiani, alla fine, sono brava gente...»[17], mentre in anni piú recenti, quella stessa «bontà» permeerà il pluripremiato film di Gabriele Salvatores *Mediterraneo*[18]. Ancora: quando negli anni Sessanta una delegazione di ex combattenti jugoslavi giunse nel nostro paese per rendere omaggio alle spoglie mortali dei suoi connazionali deceduti nel campo di Monigo, né le autorità comunali né le associazioni partigiane seppero indicare il luogo della sepoltura. Addirittura, fu solo grazie a quella visita che moltissimi cittadini di Treviso presero coscienza della passata esistenza di un campo di concentramento alle porte della loro città[19]. È potuto accadere, d'altra parte (errore tecnico o volontà italiana di deresponsabilizzazione?), che immagini di internati jugoslavi scheletriti dalla fame nei campi di concentramento di Mussolini venissero presentate come documenti dell'*universo concentrazionario* nazista[20]; o che – in un contesto da Italietta festosa e nostalgica – la canzone-simbolo delle guerre coloniali fasciste, *Faccetta nera*, venisse riproposta dalla televisione pubblica senza alcun accenno ai lutti e ai disastri provocati a tanti popoli dal nostro colonialismo[21]. Infine, chiudendo un elenco che potrebbe essere molto lungo, una

[17] F. Vegliani, *La frontiera*, Sellerio, Palermo 1996.

[18] Sul film di Salvatores cfr. F. Focardi, *La memoria della guerra e il mito del «bravo italiano». Origine e affermazione di un autoritratto collettivo*, cit., p. 398; N. Labanca, *Oltremare. Storia dell'espansione coloniale italiana*, Il Mulino, Bologna 2002, p. 469. Prodotto nel 1991, *Mediterraneo* è un film «ingenuo» che racconta l'aggressione fascista alla Grecia attraverso gli amori di alcuni soldati italiani dispersi su un'isola del Peloponneso: cfr. E. Monteleone, *Mediterraneo. Sceneggiatura del film diretto da Gabriele Salvatores*, Baldini&Castoldi, Milano 1992.

[19] Dell'episodio – occorso nel 1965 – riferisce anzitutto un opuscolo relativo alla mostra pittorica di Vlado Lamut (un ex internato di Monigo), tenutasi a Treviso dal 24 aprile al 1° maggio 1980 per iniziativa dell'Anpi e dell'amministrazione comunale.

[20] Nell'antologia *Notte sull'Europa* (a cura di F. Entasi e R. Forti, con presentazione di C. Levi, Aned, Roma 1963), le immagini annotate come «Bambini ad Auschwitz» e «Dopo la liberazione» appartengono, in realtà, al campo italiano di Arbe e non ai Lager nazisti. Dalle ricerche effettuate, l'immagine dell'internato ritratto «dopo la liberazione» risulta appartenere allo sloveno Janez Mihelčič, nato il 12 luglio 1885 a Babna Polica e deceduto ad Arbe il 4 febbraio 1943.

[21] Sul programma tv, trasmesso da Raiuno il 24 novembre 1999, si sofferma Carlo Saletti in *Memorie che emergono, memorie che configgono. Il ricordo della persecuzione ebraica nell'Italia della «Seconda Repubblica» tra revisioni e uso pubblico della storia*, in «Bollettino della Società Letteraria di Verona», 2000, p. 164 nota 27. Nicola Labanca di *Faccetta nera* ricorda il proliferare di compact-disc a scopo politico e di sbandieramento identitario (*Oltremare. Storia dell'espansione coloniale italiana*, cit., p. 468).

doverosa riflessione sulle dichiarazioni fatte nel dicembre 1990 dall'allora presidente della Repubblica Cossiga, nel corso di una sua visita in Germania («Noi italiani non abbiamo conosciuto gli orrori dei campi di concentramento...»[22]); e su quelle rilasciate, nel settembre 2003, dal nostro presidente del Consiglio («Mussolini non ha mai ammazzato nessuno; Mussolini mandava la gente a fare vacanza al confino»), che riducono la dittatura fascista pressoché ad una sorta di *tour-operator*[23].

Se tutto ciò è potuto accadere, è anche perché la storiografia dominante è rimasta lungamente appiattita su una visione della Seconda guerra mondiale in cui la centralità dell'evento politico-militare della Resistenza lasciava ben poco spazio alla considerazione delle esperienze della deportazione e dell'internamento[24]. È senz'altro segno di un certo clima, il fatto che, negli anni Cinquanta, alla casa editrice del piú grande partito della sinistra italiana potesse apparire «non opportuno» pubblicare un'importante testimonianza sugli *internati militari* deportati in Germania[25]. D'altra parte, ancora fino a venti o trent'anni fa non si aveva idea di quali e quanti baratri avrebbero potuto aprire gli «eccessi della memoria ideologica»[26].

Tornando ai «campi del duce», va anche detto che ad essere dimenticati dalla gente comune e dagli storici non furono soltanto i campi piú duri riservati ai deportati jugoslavi (la «categoria» piú numerosa e perseguitata fino all'8 settembre '43), bensí anche quelli «miti», istituiti dal ministero dell'Interno a partire dal giu-

[22] Sull'intervista a Cossiga, cfr. «l'Unità» del 21 dicembre 1990 e la «lettera al direttore» pubblicata, sullo stesso giornale, l'8 gennaio 1991.

[23] Sulle dichiarazioni di Silvio Berlusconi, cfr. l'intervista di B. Johnson e N. Farrell pubblicata su «The Spectator», 11 settembre 2003.

[24] Il tema della deportazione e della prigionia, in molti paesi è stato considerato scomodo e «poco glorioso»: la «passività» degli *internati-prigionieri* veniva contrapposta con disprezzo alla lotta «attiva» dei *combattenti-partigiani*. Basta ricordare i sospetti, le angherie e le sofferenze cui sono andati incontro moltissimi ex internati civili e militari nell'Unione Sovietica e nella Jugoslavia. Per quest'ultimo paese, cfr., ad esempio, I. Torkar, *Sterben auf Raten*, Drava Verlag, Klagenfurt 1991.

[25] Ci si riferisce qui, ovviamente, all'opera di Alessandro Natta rifiutata da Editori Riuniti, poi apparsa nel volume *L'altra Resistenza. I militari italiani internati in Germania*, introduzione di E. Collotti, Einaudi, Torino 1997. In proposito, cfr. A. Rossi-Doria, *Memoria e storia: il caso della deportazione*, presentazione di P. Jedlowski, Rubbettino, Soveria Mannelli 1998, p. 40.

[26] A. Cavaglion, *Piccoli consigli al ventenne che in Italia studia la Shoah*, in «Belfagor», LV, 31 marzo 2000, fasc. II, n. 326, p. 217.

gno del '40 per il «normale» internamento di guerra degli stranieri nemici e/o indesiderabili, e degli italiani «pericolosi». All'amnesia, in questo caso, ha contribuito in buona misura la confusione tra l'internamento e il confino di polizia, che ha sottratto «visibilità» al primo, a vantaggio della piú vecchia e piú nota pratica del confino. Questa confusione ha contribuito anche a far sí che i termini *confinato* e *internato* venissero usati come sinonimi; e che la memoria dei campi italiani – rimasti attivi solo per pochi anni – andasse facilmente scemando a fronte di quella, ben piú consolidata, delle colonie di confino. Ciò si è verificato anche per l'internamento nei piccoli paesi (il cosiddetto «internamento libero»), e ha tratto in inganno, non di rado, persino gli stessi internati[27].

Nel periodo bellico, d'altra parte, «campi» e «colonie» coesistettero sotto la stessa giurisdizione del ministero dell'Interno, utilizzando talvolta identiche strutture fisiche e burocratiche[28], mentre importanti colonie di confino come Lipari e Ponza – precedentemente chiuse – vennero «riciclate» in campi di concentramento. Qui, però, entrava in gioco la problematica piú complessa della «stratificazione» delle funzioni subita nel tempo dalle strutture concentrazionarie, problematica che, ovviamente, non riguardava soltanto l'Italia[29]. Da noi il caso piú tipico e frequente era costituito dalla «variazione d'uso» tra prigionia di guerra e internamento dei civili, subita da molti campi gestiti dal Regio Esercito. Ciò, è comprensibile, non ha certo favorito un'appropriata consapevolezza della realtà dell'internamento civile

[27] «Qualche giorno prima dell'entrata in guerra nel giugno 1940 fui arrestato a Roma e inviato come confinato a San Fede, sulla montagna potentina...»: cosí, nel 1968, scrive a Leo Valiani Manlio Rossi Doria che, in realtà, era stato internato (*La gioia tranquilla del ricordo. Memorie 1905-1934*, Il Mulino, Bologna 1991, p 282). Massimo Mila, nel 1945, ricorda che Leone Ginzburg «fu confinato nello sperduto borgo abruzzese di Pizzoli», mentre, in effetti Ginzburg era stato internato (*Ricordo di Leone Ginzburg* in «GL Giustizia e Libertà», 20 maggio 1945). La stessa Natalia Ginzburg definiva «confino» la condizione di *internamento libero* del marito (cfr. *Lessico famigliare*, Einaudi, Torino 1963, p. 157). Anche l'internamento di Franco Venturi viene generalmente ricordato come «confino» dai suoi biografi: cfr., ad esempio, F. Venturi, *La lotta per la libertà. Scritti politici*, a cura di L. Casalino, Einaudi, Torino 1996, p. LIX.

[28] «Nelle colonie, in particolare, non si è mai capito in che cosa consistesse la differenza tra lo stato giuridico del confinato e quello dell'internato, perché il trattamento, la disciplina, il regolamento, i doveri erano identici per entrambi», cosí scrivono Celso Ghini e Adriano Dal Pont in *Gli antifascisti al confino*, Editori Riuniti, Roma 1971, p. 159.

[29] Basti pensare, per esempio, ai campi tedeschi di Mauthausen e Theresienstadt, luoghi di prigionia di guerra durante il primo conflitto mondiale, divenuti importanti stazioni concentrazionarie hitleriane. Oppure a Buchenwald, che da Lager nazista (1937-1945) era stato trasformato in quel «campo speciale» sovietico che la Repubblica Democratica Tedesca aveva deciso di cancellare dalla memoria.

fascista[30]. Molto diffusa è anche la confusione di carattere «cronologico» tra i campi per civili, istituiti dal fascismo monarchico nel periodo 1940-43 (per esempio Ferramonti o Campagna), e i campi attivi durante la Repubblica sociale italiana e l'occupazione nazista, cioè nel periodo 1943-45 (per esempio Fossoli o la Risiera di San Sabba)[31].

Nella seconda metà degli anni Ottanta intrapresi un lungo viaggio che mi portò a visitare – dopo averne completata la mappatura[32] – tutti i luoghi dei campi italiani. Potei cosí constatare lo stato di abbandono o la completa distruzione degli edifici o delle baracche, e il conseguente mancato riconoscimento sociale come «luoghi di memoria». Fatta eccezione per gli anziani ch'erano stati testimoni diretti dei fatti, non riuscivo a riscontrare un ricordo apprezzabile delle vicende dell'internamento, neppure nelle zone in cui avevano operato campi di una certa importanza o nelle quali la guerra e la lotta partigiana avevano lasciato cicatrici e consapevolezze sociali molto forti. Piú di un giovane sindaco, nel cui comune aveva avuto sede un campo di concentramento, mi confessò con un certo imbarazzo che ne ignorava completamente l'esistenza[33]. E a Lanciano, città medaglia d'oro della Resistenza, impiegai un'intera giornata per riuscire a localizzare, col prezioso aiuto di un testimone[34], la vecchia Villa Sorge ch'era stata protagonista del primo resoconto autobiografico relativo a un campo fascista pubblicato nel dopoguerra[35]. Era anonima, fatiscente, e cir-

[30] È questo il caso, per gli anni 1940-43, dei campi di Gonars, Cairo Montenotte, Renicci, ecc. E anche – per il periodo successivo all'8 settembre '43 – dei campi di Fossoli, Servigliano Marche, Sforzacosta, ecc.

[31] Ciò è di frequente riscontrato nelle pubblicazioni di tipo divulgativo che, negli ultimi tempi, si sono accostate alla problematica dei campi: cfr., per esempio, F. Galluccio, *I Lager in Italia. La memoria sepolta nei duecento luoghi di deportazione fascisti*, Nonluoghi Libere Edizioni, Divezzano 2002.

[32] Qualche tempo dopo, avrei presentato l'elenco dei campi istituiti dal Ministero dell'Interno al Convegno internazionale «Italia Judaica», tenutosi a Siena il 12-16 giugno 1989 e quello dei campi istituiti dal Regio Esercito al convegno «Italia 1939-1945. Storia e memoria», Milano 24-26 maggio 1995.

[33] Deve far riflettere il fatto che nessun campo di concentramento italiano sia stato preso in considerazione ne *I luoghi della memoria*, l'opera in tre volumi curata da Mario Isnenghi (*Simboli e miti dell'Italia unita*, *Strutture ed eventi dell'Italia unita*, *Personaggi e date dell'Italia unita*, Laterza, Roma-Bari 1996-1997), che da ragione delle molteplici correlazioni esistenti tra eventi, date, fisicità e valore simbolico di luoghi particolari.

[34] Si trattava dell'avvocato Luigi Russo scomparso il 18 novembre 2000, che ricordo per la grande disponibilità.

[35] M. Eisenstein, *L'internata numero 6. Donne fra i reticolati del campo di concentramento*, prefazione di G. Giovannelli, postfazione di C. S. Capogreco, Tranchida, Milano 1994.

condata da enormi palazzi di cemento. A Gonars, ancora, le baracche del piú grande campo di concentramento «per slavi» operante nella penisola erano state completamente rase al suolo senza lasciarvi alcun segno toponomastico o monumentale. Pressoché la stessa sorte avevano subito il campo di Renicci e quello di Ferramonti. Il caso-limite, tuttavia, penso di averlo riscontrato a Ventotene: sulla piccola isola delle Pontine, infatti, la «cittadella confinaria» – il grande Lager già dimora forzata dello stato maggiore dell'antifascismo e luogo-simbolo rappresentativo di tutta la deportazione politica italiana – era stata da alcuni anni «normalmente» rasa al suolo, alla stregua di un qualsiasi stabilimento industriale ormai obsoleto[36].

Penso che lo spettacolo che si offrí ai miei occhi non si discostasse molto da quello descritto da Anne Grynberg per la Francia dello stesso periodo[37]. Ma agli enormi passi in avanti che la Francia ha saputo successivamente compiere sul piano della ricerca storica e della riappropriazione sociale dei «luoghi e della memoria»[38], in Italia si è contrapposto un avvio sicuramente molto piú recente e piú lento[39]. Solo da pochi anni, infatti, una storiografia piú avvertita e una maggiore attenzione sociale verso la storia e la memoria del Novecento, stanno diradando la nebbia che aveva sin qui coperto le vicende dell'internamento civile fascista[40]. Anche in

[36] Mi sono soffermato piú diffusamente su quel viaggio e su queste considerazioni in *L'oblio delle deportazioni fasciste: una «questione nazionale». Dalla memoria di Ferramonti alla riscoperta dell'internamento civile italiano*, in «Nord e Sud», XLV (n.s.), novembre-dicembre 1999, n. 6, pp. 92-109.

[37] «Il semblait, à l'évidence, que ces camps ne relevaient pas de la catégorie des "lieux de mémoire" que la France s'était choisis. Dans la plupart des cas, il ne reste aucun signe matériel susceptible de contrarier le travail de l'oubli» (*Les camps de la honte. Les internés juifs des camps français (1939-1944)*, La Découverte & Syros, Paris 1999, p. 10).

[38] Cfr., ad esempio, J. L. Panicacci, *Les Lieux de Mémoire de la Guerre Mondiale dans les Alpes-Maritimes*, Éditions Serre, Nice 1997; D. Peschanski, *La France des camps. L'internement 1938-1946*, Gallimard, Paris 2002.

[39] C'è voluto addirittura il febbraio del 2000 perché un rappresentante della Repubblica italiana, per la prima volta, rendesse omaggio in forma ufficiale alle vittime di un campo fascista (l'*attaché* del presidente della Repubblica Carlo Azeglio Ciampi visitò allora il Sacrario jugoslavo collocato nel cimitero di Gonars). Un anno prima, grazie a un lungo e tenace impegno dall'omonima Fondazione, il sito di Ferramonti era stato riconosciuto dallo Stato come luogo d'interesse storico-culturale. Un riconoscimento che, però, non ha impedito l'ulteriore degrado dell'area: cfr. *Le dispute sull'area del campo*, in «Ha Keillah», giugno 2001; M. Bacchi, Un viaggio a Ferramonti, in «Cooperazione Educativa», n. 3, 2003.

[40] È significativo il fatto che una «voce» sui campi di concentramento italiani sia ora presente nel *Dizionario della Resistenza* e nel *Dizionario del fascismo* di Einaudi (apparsi rispettivamente nel 2001 e nel 2002), mentre non aveva trovato spazio nell'*Enciclopedia dell'antifascismo e della Resistenza*, pubblicata a Milano da La Pietra, tra il 1968 e il 1988.

questo caso, però, la «riscoperta» dei campi italiani – in particolare quelli del ministero dell'Interno – è volta piú a sottolinearne i «meriti» (*ciò che essi non furono* rispetto a quelli nazisti), che a considerarli nella loro intrinseca specificità[41].

Ma, come consigliava David Bidussa in riferimento all'antisemitismo fascista, sarebbe ora di liberarsi dal «demone dell'analogia col nazismo»[42]. La tardiva riscoperta dei «miti» campi italiani, invece, spesso continua a essere occasione per una nuova e gratificante autorappresentazione collettiva, che trova alimento sia nella diffusa sopravvalutazione numerica e di ruolo della presenza ebraica effettivamente registratasi nei campi del ministero dell'Interno, sia nella loro minore durezza rispetto all'aspettativa evocata dalla denominazione ufficiale di «campi di concentramento»[43].

Sono cosí proliferate nelle comunità locali – favorite dai mass-media e suggestionate dalle mode momentanee – letture che, piú che alla reale conoscenza storica dei campi italiani, sembrano interessati alla loro promozione[44]. Fuorvianti e diseducative, esse andrebbero stigmatizzate e bloccate sul nascere attraverso il richiamo al rigore storico e all'evidenza dei fatti. Andrebbe ricordato, specialmente ai giovani, che non tutti gli antisemitismi portarono ad Auschwitz[45], e che quegli ebrei che riuscirono a evitare la deportazione (sopravvivendo cosí alla *Shoah*) perché internati in un campo italiano prima dell'8 settembre 1943, non devono necessa-

[41] Cfr. T. Grande, *La ricostruzione «in positivo» di un'esperienza di internamento: il campo di Ferramonti*, in *Responsabilità e memoria*, a cura di D. Barazzetti e C. Leccardi, Nuova Italia Scientifica, Roma 1997, p. 149.

[42] D. Bidussa, *Il mito del bravo italiano. Persistenze, caratteri e vizi di un paese antico/moderno, dalle leggi razziali all'italiano del Duemila*, Il Saggiatore, Milano 1994, p. 75. In questo senso, altrettanto significativo – seppure riferito a un contesto piú ampio – è il monito espresso da Pierre Martens: «*La suprême et atroce victoire de Hitler, c'est qu'Auschwitz demeurant incomparable, il a fait ainsi un formidabile caveau à tous les tyrans (...), comme s'il existait un Guinness-book ou un hit-parade de l'horreur*...», in *L'imprescriptibilité des crimes contre l'humanité dans les travaux du Conseil de l'Europe et dans la convention de l'Onu*, in *Le proces de Nuremberg. Consequences et actualisation*, Éditions Bruylant, Bruxelles 1988, p. 87.

[43] Cfr., per esempio, quanto scrive Jean-Claude Favez dei campi italiani e degli ebrei internati in Italia prima dell'8 settembre '43: «Malgré l'appellation de camps "di concentramento" ... il les traite en réalité comme des internés civils ressortissants de pays ennemis...» (*Une mission impossible? Le CICR, les déportations et les camps de concentration nazis*, Histoire, Lausanne 1988, p. 305).

[44] L'esilarante descrizione del campo di Ferramonti proposta da un dépliant della proloco di zona, ad esempio, lo definisce come «unica esperienza di campo d'internamento libero da ogni pregiudizio razziale...». Sulla «moda» e gli «eccessi di memoria» per le vicende ebraiche registratisi in Italia dopo il 1988, cfr. A. Cavaglion, *Ebrei senza saperlo*, cit. pp. 39 sgg.

[45] Cfr. D. Bidussa, *Il mito del bravo italiano*, cit., pp. 17-18.

riamente la loro salvezza alla «bontà» dei campi fascisti o di qualche Schindler nostrano. Ciò che effettivamente li salvò fu in primo luogo la particolare congiuntura geo-politica determinatasi, nel settembre del 1943, nel Sud della penisola. Questa zona dell'Italia, dove si trovava allora la maggior parte degli internati ebrei, fortunatamente non conobbe le nefandezze e gli orrori dell'occupazione nazista e della Repubblica di Salò[46].

Questo libro non intende certo svelare un mistero sottaciuto, né vuole processare l'autoassoluzione degli italiani. Non pretende neppure – limitando la sua indagine soltanto ai nodi essenziali dell'argomento preso in esame – di costituire una storia esaustiva dell'internamento civile fascista.

Il suo solo intento è quello di dare «visibilità» ad un argomento tuttora largamente sconosciuto, attraverso un inquadramento generale della materia e una mappatura storico-geografica dei campi.

In apertura – pensando soprattutto al pubblico piú giovane – mi è sembrato opportuno fornire alcune indicazioni sulle principali pratiche d'internamento e di deportazione storicamente sperimentate, a partire – per quanto riguarda l'Italia – dal confino di polizia e dall'internamento coloniale, nei quali soprattutto (e non certo nei Lager di Auschwitz o della Kolyma sovietica) trova senz'altro i suoi modelli la rete di campi per internati civili allestita da Mussolini durante la Seconda guerra mondiale.

Ancora, pur nella consapevolezza di quanto sia difficile disporre di definizioni unanimemente condivise, ho voluto avanzare alcune proposte in merito alla piú appropriata denominazione e distinzione tra campi «di concentramento» e campi «di internamento».

La scelta di limitare la trattazione al periodo bellico che va dal giugno 1940 all'agosto-settembre 1943, deriva non soltanto dal dato – peraltro imprescindibile – che proprio dei campi e delle politiche d'internamento sviluppatesi sotto il fascismo monarchico ancora oggi si sa di meno, ma anche dalla consapevolezza che soltanto per quel periodo sia propriamente corretto parlare di «internamento civile fascista», volendo comprendere in questa definizione i campi, le normative e la prassi concentrazionaria gestiti

[46] Cfr. C. S. Capogreco *Il campo di concentramento di Campagna e l'internamento ebraico nel Meridione*, in *Giovanni Palatucci. La scelta, le differenze*, a cura di L. Parente e F. S. Festa, Atti del Convegno di studi, Avellino 20 dicembre 2001, Mephite, Avellino (in corso di stampa).

ed elaborati da un'Italia che poteva ancora essere considerata nazione sovrana. Evidentemente furono altra cosa l'internamento e la deportazione dei civili intrapresi nella penisola, negli anni 1943-1945, dal fascismo repubblicano e collaborazionista di Salò[47].

Ho ritenuto opportuno, inoltre, dedicare ampio spazio all'internamento civile (che ho definito «parallelo» in quanto completamente svincolato dalla normativa ufficiale, come pure dal controllo della Croce Rossa internazionale) attuato nella Jugoslavia occupata e nelle nostre province del Nord-Est. Ciò perché – per l'entità numerica e il grande tributo in termini di morti e di sofferenze – la deportazione della popolazione nella vicina nazione balcanica, come pure quella degli «allogeni» nella Venezia Giulia, rappresenta indubbiamente uno degli aspetti piú inquietanti dell'internamento civile fascista; un aspetto che, in piú larga misura costituisce ancora oggi uno dei «buchi neri» della storia del nostro paese nella Seconda guerra mondiale[48]. L'internamento dei civili jugoslavi meritava attenzione, inoltre, perché in qualche modo, è nel suo contesto che va inserito il «salvataggio» di alcune migliaia di ebrei rifugiatisi, tra il '42 e il '43, nella Dalmazia occupata dal nostro esercito. Un «internamento protettivo» che è stato a lungo presentato da autorevoli storici alla stregua di un piano sistematico di azione umanitaria[49], ma che, in quanto tale, costituí – anche tra i profughi ebrei – l'eccezione e non certo la regola[50].

[47] Per gli ebrei, ad esempio, lo status degli internati in campi o all'*internamento libero* si trasformò allora automaticamente in quello di «arrestati per la deportazione» (L. Picciotto, *Il Libro della Memoria. Gli ebrei deportati dall'Italia 1943-1945*, Mursia, Milano 1991, p. 855).

[48] Ancora nel 1997, i campi di concentramento italiani della Seconda guerra mondiale e l'internamento degli «allogeni» e degli jugoslavi erano trascurati da un pregevole volume storico (*Friuli e Venezia Giulia. Storia del '900*, Libreria Editrice Goriziana, Gorizia), che pure dedicava ampio spazio all'internamento ed alla profuganza della Grande Guerra.

[49] Cfr. L. Poliakov - J. Sabille, *Jews under the Italian Occupation*, Éditions du Centre, Paris 1955 (trad. it. *Gli ebrei sotto l'occupazione italiana*, Edizioni di Comunità, Milano 1956, pp. 131-55; M. Shelah, *Un debito di gratitudine. Storia dei rapporti tra l'Esercito Italiano e gli Ebrei in Dalmazia.1941-1943*, Stato Maggiore dell'Esercito, Ufficio Storico, Roma 1991 (ediz. orig. Tel Aviv 1986); J. Steinberg, *All or Nothing*, Routledge, London - New York 1990 (trad. it. *Tutto o niente. L'Asse e gli Ebrei nei territori occupati 1941-1943*, Mursia, Milano 1997, pp. 21 sgg.); D. Carpi, *The Rescue of Jews of the Italian Zone of Croatia*, in *Rescue attempts during the Holocaust*, Procedings of the Second Yad Vashem International Historical Conference, Jerusalem 1977, pp. 465-525.

[50] Il «salvataggio» degli ebrei in Croazia serví non poco alla giovane Repubblica italiana per promuovere «il mito nazionale degli italiani brava gente, sfruttando il tema dell'"umanità" del popolo e dei soldati» (D. Rodogno, *Il nuovo ordine mediterraneo. Le politiche di occupazione dell'Italia fascista in Europa (1940-1943)*, prefazione di Philippe Burrin, Bollati Boringhieri, Torino 2003, p. 459).

Capitolo primo
Una ricognizione preliminare

1. *Il «confino di polizia».*

La deportazione degli avversari, mediante il loro confino su piccole isole o in località sperdute e disagiate, costituí uno degli elementi chiave del sistema coercitivo e repressivo del regime fascista[1]. La forzatura operata dal legislatore all'istituto del domicilio coatto di epoca liberale – dal quale il «confino di polizia» traeva derivazione – consistette soprattutto nell'applicazione, anche agli oppositori politici, di una misura che invece «era stata prevalentemente, anche se non soltanto, destinata a un'area di emarginazione sociale oscillante fra la delinquenza comune e il ribellismo generico»[2]. La continuità tra domicilio coatto e confino era invece ravvisabile sia nel ricorso, in entrambi i casi, a misure di polizia per affrontare questioni relative al dissenso politico-sociale, sia nella delimitazione di un'area di «comportamenti pericolosi», in tal modo sottratta alla sfera della legislazione e della magistratura[3]. Altra novità molto significativa fu la totale autonomia del confino rispetto alle due piú lievi misure preventive della *diffida* e dell'*ammonizione*[4]: mentre que-

[1] Il confino di polizia era regolato dagli articoli 184-193 del r.d.l. 6 novembre 1926 n. 1848 (Testo Unico delle Leggi di Pubblica sicurezza) confluito nella Legge 25 novembre 1926 n. 2008 (Legge per la difesa dello Stato, detta anche «Legge Rocco», le cui norme sono comunemente note come «leggi eccezionali»). In base all'art. 184 del r.d.l. 1848, potevano essere assegnati al confino, qualora «pericolosi per la sicurezza pubblica»: 1) gli ammoniti; 2) coloro che avessero commesso o manifestato il deliberato proposito di commettere atti diretti a sovvertire violentemente gli ordinamenti nazionali, sociali, economici costituiti nello Stato. Salvo piccole modifiche, gli articoli 184-193 confluirono in quelli numerati dal 180 al 189 del nuovo Testo unico del 1931.

[2] L. Musci, *Il confino fascista di polizia. L'apparato statale di fronte al dissenso politico e sociale*, in A. Dal Pont e S. Carolini, *L'Italia al confino 1926-1943. Le ordinanze di assegnazione al confino emesse dalle Commissioni provinciali dal novembre 1926 al luglio 1943*, La Pietra, Milano 1983, vol. I, pp. XXI-XXII.

[3] Lo stesso Mussolini, ancora socialista, protestò contro il governo Crispi per l'uso improprio del domicilio coatto nei confronti di anarchici e socialisti. Cfr. A. Aquarone, *L'organizzazione dello stato totalitario*, Einaudi, Torino 1965, p. 99 nota 2.

[4] Le «misure di prevenzione» (definite *ante-delictum* per distinguerle dalle sanzioni penali), erano state previste nel Testo Unico delle Leggi di Pubblica sicurezza del 1865. Sotto il fascismo, la *diffida* vietava ai sospettati di attività avversa al regime di occuparsi di politica; l'*ammonizione* impediva loro di lasciare la consueta residenza senza l'autorizzazione della polizia.

ste avevano sempre preceduto la comminazione del domicilio coatto (provvedimento adottabile in second'ordine), il confino si caratterizzò, invece, per essere una misura autonoma e di «prima battuta». E, ancora, rispetto al domicilio coatto che ledeva il diritto della persona obbligandola a una residenza specifica, il confino mise in atto tali e tante altre restrizioni della libertà personale, al punto di apparire simile – come è stato sostenuto – a un «carcere all'aperto»[5].

Apposite commissioni provinciali presiedute dal prefetto – che in genere si limitavano a ratificare decisioni già prese, non di rado, dal dittatore in persona[6] – determinavano le assegnazioni al confino di persone che spesso, fino al momento dell'arresto, erano del tutto ignare del procedimento intentato a loro carico, e che non avevano alcun reale diritto alla difesa[7]. La durata di tali assegnazioni, stabilita dalle ordinanze delle commissioni provinciali, era variabile da uno a cinque anni[8], anche se il limite massimo poteva facilmente essere superato attraverso il meccanismo delle «riassegnazioni», cui si ricorreva per quei confinati che «non avessero dato segni di ravvedimento».

La genericità delle norme, abbinata alla semplicità procedurale, fecero del confino di polizia lo strumento di repressione politica piú adottato dal regime fascista. A differenza del Tribunale speciale – organo formalmente «provvisorio ed eccezionale» – il confino era infatti inserito nell'ordinaria legislazione di polizia, divenendo cosí una delle piú tipiche espressioni dell'arbitrio di Stato, tese al controllo repressivo dell'opposizione politica reale e potenziale[9].

[5] C. Ghini e A. Dal Pont, *Gli antifascisti al confino 1926-1943*, cit., pp. 45-46. Cfr. pure G. Porta, *Il confino*, in *I luoghi della memoria. Simboli e miti dell'Italia unita*, a cura di M. Isnenghi, Laterza, Roma-Bari 1996, pp. 439-60.

[6] Su cinque membri della commissione (cioè del collegio giudicante), due erano sia giudici che accusatori. Cfr. A. Aquarone, *L'organizzazione dello stato totalitario*, cit., pp. 556-60.

[7] Cfr. A. Aquarone, *L'organizzazione dello stato totalitario*, cit., p. 425. Dal 1941, in verità, prima di procedere all'invio al confino, divenne necessario interrogare l'accusato e i testimoni; ma tali disposizioni piú garantiste non sempre venivano realmente applicate. Non lo furono, ad esempio, nel caso degli ex combattenti antifascisti italiani della guerra di Spagna, che vennero confinati «d'ufficio» al momento del loro rimpatrio in Italia nel 1939. Cfr. L. Musci, *Il confino fascista di polizia*, cit., p. LIX.

[8] Ma il r.d.l. 8 maggio 1927 n. 884 stabiliva che, in Tripolitania e Cirenaica, il limite di 5 anni di confino poteva essere superato.

[9] Persino in ambito fascista (cfr. A. Saccone, *La legge di pubblica sicurezza*, Bocca, Milano 1930) vennero espresse perplessità sulla normativa del confino che metteva sullo stesso piano di chi «avesse commesso» atti diretti a sovvertire gli ordinamenti dello Stato, colui il quale, invece, tali atti avesse semplicemente «manifestato il proposito» di commettere.

Imposta per via amministrativa attraverso il confino (era infatti la polizia e non la magistratura a decidere se confinare o deferire al Tribunale speciale), la deportazione fu la pena piú utilizzata per quegli oppositori a carico dei quali – mancando la minima documentazione probatoria – neppure un tribunale di parte avrebbe potuto emanare una condanna. Tra confino e Tribunale speciale, d'altra parte, c'era un'osmosi pressoché continua: agli oppositori politici che finivano di scontare una pena carceraria, di norma veniva comminato un periodo di confino; e lo stesso nei confronti degli imputati che erano assolti dal Tribunale speciale[10].

Il rischio di essere deportati non riguardò soltanto gli antifascisti attivi o gli oppositori in genere. Lunghi elenchi di accuse pretestuose, basate spesso solo su dicerie, potevano far condannare come sovversiva qualsiasi tipo di attività[11], persino la predicazione religiosa[12]. In sostanza, come scrisse Emilio Lussu, «il professore nella scuola, l'avvocato nella difesa, lo scrittore nel romanzo, lo sfaccendato nel caffè, l'operaio che criticava il salario ribassato», e ogni cittadino, potevano ritrovarsi, senza accorgersene, nella condizione di deportato politico[13]. Difatti, il confino serví come deterrente per tenere a bada anche gli oppositori meno decisi o i semplici «mugugnatori», oltre che gli stessi fascisti ritenuti responsabili di dissidenza[14]. Questa alienante realtà fu certamente piú dura per le donne, che si trovarono ad affrontare il confino da una posizione di isolamento ben piú profondo di quello vissuto dagli uomini[15].

Anche la conquista dell'Impero fu una buona occasione per ingrossare le liste dei confinati, alle quali, man mano, si aggiunsero i nuovi sudditi[16].

[10] Cfr. G. Amato, *La libertà personale*, in *La pubblica sicurezza*, a cura di P. Barile, Neri Pozza, Vicenza 1967, p. 156; P. Carucci, *Arturo Bocchini*, in aa.vv., *Uomini e volti del fascismo*, a cura di F. Cordova, Bulzoni, Roma 1980, p. 97; A. Aquarone, *L'organizzazione dello stato totalitario*, Einaudi, Torino 1965, pp. 105-6.

[11] Emblematico è il caso dei venti abitanti di Monterotondo, confinati in blocco con l'«accusa» di aver partecipato ai funerali di un noto esponente socialista (cit. in C. Ghini e A. Dal Pont, *Gli antifascisti al confino 1926-1943*, cit., p. 266).

[12] È il caso, non certo unico, di Liutprando Saccomanno, un pastore evangelico confinato a Ustica nel 1927. Cfr. G. Rochat, *Regime fascista e chiese evangeliche. Direttive, articolazioni del controllo e della repressione*, Claudiana, Torino 1990, pp. 97-104.

[13] E. Lussu, *La catena*, Respublica, Paris 1930, p. 28 (ora Baldini&Castoldi, Milano 1997).

[14] Cfr. A. Aquarone, *L'organizzazione dello stato totalitario*, cit., p. 105.

[15] Cfr. A. Gissi, *Un percorso a ritroso: le donne al confino politico 1926-1943*, in «Italia contemporanea», marzo 2002, n. 226, pp. 31-59.

[16] Dall'Albania, ad esempio – come ricorda Altiero Spinelli – furono deportati a Ventotene interi gruppi familiari (*Gli antifascisti in galera*, in aa.vv., *Lezioni sull'antifascismo*, a cura di P. Permoli, Laterza, Bari 1960, p. 149).

Le isole: «carceri all'aperto»

Il confino nelle isole interessò principalmente gli oppositori del regime ritenuti piú pericolosi. Esso li costrinse a vivere una condizione innaturale, in ambienti angusti e alienanti dove – al di là delle ristrettezze materiali e della difficoltà di soddisfare i bisogni essenziali – essi subirono l'ozio forzato e le provocazioni dei vigilanti, che attuavano una sorta di «repressione depressiva» tesa a fiaccare le capacità di resistenza, e a spegnere la carica di ribellismo dei deportati[17].

Le prime ordinanze di assegnazione al confino, che furono pronunciate dalle commissioni provinciali di Roma, Bologna, Verona, Bergamo, Perugia, L'Aquila e Siena, colpirono soprattutto gli attivisti di partito (operai, professionisti, intellettuali ed ex deputati). E i primi confinati – comunisti, socialisti, repubblicani, anarchici e liberaldemocratici – vennero condotti nelle isole di Favignana, Lampedusa, Pantelleria e Ustica, già sedi di colonie di domicilio coatto, dalle condizioni di vita al limite della sopravvivenza. Piú tardi avrebbero cominciato a essere popolate le isole di Lipari e Tremiti, fino a che, per il continuo aumentare del numero dei confinati (alla fine del 1926 essi erano già 900) non fu presa in considerazione l'ipotesi di realizzare delle «colonie» anche sulla terraferma o nei territori d'oltremare[18].

[17] L'obbligo di «darsi a stabile occupazione», previsto per i confinati, era una pretesa assurda, se si considera che nella stragrande maggioranza dei luoghi di confino la disoccupazione imperava sovrana. Nei fatti, il governo si dimostrò tuttavia realista fornendo un minimo contributo giornaliero (il *sussidio* o *mazzetta*), ai confinati privi di mezzi di sostentamento. Inizialmente – con le 10 lire al giorno del *sussidio* e autoamministrando le mense e gli spacci interni – i «politici» riuscirono a salvaguardarsi dall'abbrutimento della vita di confino. Dal dicembre 1930, col dimezzamento del *sussidio*, le loro condizioni materiali peggiorarono notevolmente. Cfr. J. Busoni, *Nel tempo del fascismo*, Editori Riuniti, Roma 1975, p. 142; L. Salvatori, *Al confino e in carcere*, cit., p. 94; L. Musci, *Il confino fascista di polizia*, cit., pp. LXXVI-LXXVIII.

[18] Sulle vecchie colonie per coatti, cfr. F. Canfora, «Domicilio coatto», in *Il Digesto italiano*, Unione Tipografica Editrice, Roma 1899-1902, vol. IX, p. III. Un dibattito sulla deportazione oltremare di criminali e oppositori si era sviluppato già prima dell'avvento del fascismo e dell'acquisizione di possedimenti coloniali. Ma una vera e propria proposta fu avanzata dal ministero dell'Interno soltanto nel gennaio 1927, e una località ritenuta idonea allo scopo venne individuata a Gasr Bu Hadi, 478 km a Sud-Est di Tripoli. Cfr. L. Musci, *Il confino fascista di polizia*, cit., p. LXV; A. Dal Pont, *I Lager di Mussolini, L'altra faccia del confino nei documenti della polizia fascista*, La Pietra, Milano 1975, pp. 133-36 (*L'operazione Libia*).

Favignana Come avrebbe scritto l'ex deputato Luigi Salvatori, le condizioni di vita dei confinati avviati sull'isola di Favignana erano a dir poco raccapriccianti: i «politici» dormivano «letto a letto» coi delinquenti comuni e, dall'imbrunire sino al mattino successivo, dovevano restare segregati nei luridi stanzoni carcerari dell'antica colonia per coatti[19].

Lampedusa Anche i circa 120 confinati di Lampedusa vivevano in condizioni pessime, stipati in uno squallido camerone che ne avrebbe potuti accogliere al massimo 50. A rendere nota questa situazione – peraltro aggravata dalle vessazioni imposte ai confinati politici da qualche fanatico esponente della milizia – contribuí all'epoca un documento di denuncia trasmesso clandestinamente alla stampa estera da Francesco Fausto Nitti[20].

Pantelleria Quest'isola, destinata ad accogliere i coatti fin dal tempo dei Borboni, fu utilizzata per il confino politico per brevissimo tempo. Un edificio privato, piuttosto ampio e provvisto di grate in ferro, serviva da alloggio comune per i «politici» di Pantelleria, alcuni dei quali poterono anche affittare appartamenti privati. I confinati comuni (che nel 1927 erano circa 700, e la cui manodopera aveva un ruolo fondamentale nell'economia isolana) abitavano in alloggiamenti separati[21].

Ustica Ad Ustica regnavano le stesse, tristi condizioni di vita – già note all'opinione pubblica – che nel 1911 avevano condotto a morte 161 deportati libici e negli anni 1915-16 altri 141[22]. Il fa-

[19] L. Salvatori *Al confino e in carcere*, Feltrinelli, Milano 1958, pp. 64-65. Salvatori, aggredito selvaggiamente dagli squadristi il 31 ottobre 1926, venne confinato a Favignana nel dicembre dello stesso anno. Cfr. *Enciclopedia dell'Antifascismo e della Resistenza*, La Pietra - Walk Over, Milano 1987, vol. V, pp. 333-34.

[20] Cfr. A. Freziosi, *Il tenente Veronica*, in aa.vv., *Il prezzo della libertà*, Anppia, Roma 1958, pp. 125-29; *Enciclopedia dell'Antifascismo e della Resistenza*, La Pietra, Milano 1976, vol. III, pp. 254-55; G. Scalarini, *Le mie isole*, a cura di M. De Micheli, Franco Angeli, Milano 1992, p. 38.

[21] Cfr. E. Musolino, *Quarant'anni di lotte in Calabria*, Teti, Milano 1977, pp. 77-78. Tra i confinati politici di Pantelleria, oltre al Musolino, si ricordano Fabrizio Maffi, Giuseppe Romita, Giuseppe Berti, ecc.

[22] Cfr. P. Valera, *Prigionieri di guerra nell'isola di Ustica* in «l'Avanti!», 20 gennaio 1912 e Id., *La fine dei prigionieri di stato*, in «La folla», 27 ottobre 1912; M. Genco, *L'agonia dei deportati libici nella colonia penale di Ustica*, in «Studi Piacentini», 1989, n. 5; C. Moffa, *I deportati libici della guerra 1911-12*, in «Rivista di Storia Contemporanea», 1990, n. 1; V. Ailara e M. Caserta, *I deportati libici: una questione ancora aperta*, in «Lettera del Centro studi e documentazione Isola di Ustica», I, dicembre 1999, n. 3, e, *ivi*, II, aprile 2000, n. 4.

scismo sistemò i confinati politici in una decina di stanzoni di varie dimensioni, sparsi qua e là nel paese sino alla marina. La possibilità concessa ad alcuni di dormire in case private rese la vita meno triste a quanti ne poterono beneficiare[23]. Ma le limitate dimensioni dell'isola rendevano difficile persino la convivenza diurna coi 150 confinati comuni: fu in questo clima che il 15 agosto del 1927 uno di questi assassinò il sindacalista anarchico Spartaco Stagnetti[24]. Il quinto confinato politico ad arrivare sull'isola fu Antonio Gramsci. Incatenato come un pericoloso criminale, il 7 dicembre del 1926 egli raggiunse Ustica con le sue poche cose raccolte nella federa di un cuscino, dopo aver subito l'isolamento del carcere e le fatiche del lungo viaggio in «traduzione ordinaria». L'isola gli parve bellissima e, al suo occhio di perspicace scienziato sociale, anche molto interessante[25].

La stessa impressione non ebbe, invece, l'ex deputato fascista Alfredo Misuri che laggiú venne relegato, dopo seri contrasti col suo partito. Egli descrisse l'isola sovraffollata, povera e sporca, con poca acqua e scarse risorse alimentari[26].

Nel 1932, per decisione del ministero dell'Interno, la maggior parte dei confinati politici fu trasferita a Ponza e a Ventotene, mentre solo una piccola parte, a scopo punitivo, sarebbe rimasta a Ustica insieme ai confinati comuni. Le isole Lipari e Tremiti furono inizialmente poco utilizzate per i «politici», ma in seguito al crescente coinvolgimento di Lampedusa, Favignana e Pantelleria, fu Mussolini stesso a richiederne l'utilizzazione per gli oppositori

[23] Cfr. G. Scalarini, *Le mie isole*, cit., p. 73; J. Busoni, *Al tempo del fascismo*, Editori Riuniti, Roma 1975, p. 142.

[24] Cfr. «Stagnetti Spartaco» in *Antifascisti nel Casellario politico centrale*, Quaderni dell'Anppia, Roma 1994, vol. XVII, p. 300.

[25] Gramsci, arrestato a Roma l'8 novembre 1926, restò sull'isola solo pochi giorni ma riuscí a lasciarvi un'impronta molto forte: con Amadeo Bordiga, egli fondò una «scuola di cultura» che combatté l'abbrutimento intellettuale dei confinati e divenne un «laboratorio» ch'è stato di esempio per le altre colonie. Cfr. A. Fellegara, *La scuola dei confinati politici*, in «Lettera del Centro studi e documentazione Isola di Ustica», I, dicembre 1999, n. 3. Sulla permanenza sull'isola del dirigente comunista cfr. A. Gramsci, *Lettere dal carcere*, Einaudi, Torino 1965 (lettere inviate a Tatjana Schucht il 19 novembre 1926 e l'11 aprile 1927); sulla «traduzione ordinaria»: G. Monaco, *Traduzione ordinaria*, in aa.vv., *Il prezzo della libertà*, cit., pp. 119-21.

[26] Cfr. A. Misuri, *«Ad bestias!». Memorie di un perseguitato*, Edizioni delle catacombe, Roma 1944. Misuri (già capo del fascismo nell'Umbria) in un discorso tenuto alla Camera il 29 maggio 1923, criticò il partito e il movimento fascista. Venne, perciò, aggredito per strada ed espulso dal partito. Sul confino di Ustica, cfr. pure N. Rosselli, *Al confino*, in «Il Ponte», II, 1946, n. 4, pp. 291-302.

piú strenui, in quanto esse «permettevano le maggiori garanzie di sicurezza»[27].

Lipari Fra tutte le isole di confino, Lipari fu certamente quella piú vivibile, sia perché le sue notevoli dimensioni favorivano i rapporti dei confinati con gli abitanti, sia perché, in misura maggiore che altrove, a Lipari veniva consentito ai confinati di abitare in residenze private, insieme ai propri familiari o ad altri compagni[28].

La colonia confinaria iniziò la sua attività nel 1926, dopo che i vecchi alloggiamenti erano stati ristrutturati. Nell'estate del '29, l'isola fu teatro della celebre evasione messa a segno da Carlo Rosselli, Emilio Lussu e Francesco Fausto Nitti. Approdati avventurosamente a Tunisi, a bordo del grosso natante *Dream V*, il 1° agosto 1929 essi riuscirono a raggiungere la Francia, dove poterono testimoniare alla stampa del mondo libero sul sistema di repressione della dittatura fascista[29]. La fuga da Lipari, che ebbe grande ripercussione anche fra gli italiani all'estero, fece esplodere, violenta, l'ira del capo della polizia, Arturo Bocchini che, da allora in poi, conferí alla milizia fascista il ruolo di principale forza d'ordine nelle colonie confinarie[30]. Nell'isola furono inflitte numerose punizioni e rappresaglie che causarono, tra l'altro, la destituzione del direttore della colonia e la morte del liparese Antonino Costa e del confinato giuliano Giuseppe Fi-

[27] Cosí un *appunto* del ministero dell'Interno per il Gabinetto del ministro del 3 maggio 1927, citato in A. Dal Pont, *I Lager di Mussolini*, cit., pp. 44-45.

[28] Le case prese in affitto, a proprie spese, dai pochi confinati autorizzati, dovevano essere ubicate nel «limite di confino» consentito dalle autorità.

[29] A Parigi gli evasi furono accolti da Filippo Turati, Alberto Cianca, Gaetano Salvemini ed altri fuorusciti italiani. Su «La Libertà» (settimanale della Concentrazione antifascista diretto a Parigi da Claudio Treves), il 25 agosto, apparve un'ampia rassegna con le reazioni della stampa inglese, francese e tedesca. Sull'avvenimento cfr. pure F. Turati, *Vincitori e vindici*, in «La Libertà», 11 agosto 1929; G. Salvemini, *Ricordi di un fuoruscito*, Feltrinelli, Milano 1973, p. 116; E. Lussu, *Teoria dell'insurrezione*, Jaka Book 1969 (prima ediz. Edizioni Giustizia e Libertà, Parigi 1936); L. Valiani, *Il domicilio coatto*, in *Il confino politico a Lipari*, a cura del Centro Studi e Ricerche di Storia e Problemi Eoliani, Pungitopo Editrice, Marina di Patti 1990, p. 38.

[30] Ciò fu disposto in base all'art. 10 del r.d.l. 9 gennaio 1927 n. 33, che conferiva al ministero dell'Interno la facoltà di utilizzare la Milizia per «servizi speciali». Risulta dai documenti, come ha chiarito Dal Pont, che, dall'inizio del 1929, i servizi segreti italiani erano al corrente d'una possibile evasione da Lipari (*I Lager di Mussolini*, cit., p. 63).

lippich[31]. Nel 1933 la colonia di Lipari venne definitivamente soppressa.

Dalla fine del 1934 sino al 1939, l'isola sarebbe stata utilizzata dal regime per l'acquartieramento di 450 nazionalisti croati aderenti all'organizzazione ustaša di Ante Pavelić. Il gruppo dei croati, tranne 38 sistemati nell'abitato di Canneto, avrebbe alloggiato negli stessi cameroni che avevano ospitato i confinati[32].

Ponza A Ponza il confino politico prese avvio nel luglio 1928, con la continua affluenza - come nella vicina Ventotene - degli antifascisti precedentemente assegnati a isole in seguito ritenute insicure per la relativa vicinanza alle coste africane. Il 10 settembre 1935, vi sarebbe stato tradotto anche Sandro Pertini. Il futuro presidente della Repubblica era pedinato giorno e notte, e, quando provò a protestare per questa ulteriore misura vessatoria, per tutta risposta, venne arrestato[33].

I confinati di Ponza alloggiavano nei cameroni dell'antico bagno penale borbonico nel quale Carlo Pisacane aveva «reclutato» la maggior parte degli uomini impiegati nella storica spedizione di Sapri. Si trattava di un edificio malsano, nel quale tanti confinati avrebbero perso la salute e, in qualche caso, la vita[34].

Per via della decisione di dimezzare la *mazzetta* (o *sussidio*) ai confinati, presa dal governo alla fine del 1930, a Ponza - come del resto anche in altre colonie - si ebbero clamorose proteste e forme di resistenza passiva, presto seguite da ondate di arresti e traduzioni in carcere[35]. Il culmine della repressione fu raggiunto nel '35 quando le autorità decisero di sopprimere, per rappresaglia, le piú importanti strutture autogestite realizzate dai confinati: gli spacci, le mense, la biblioteca e i laboratori artigianali.

[31] Cfr. L. Musci, *Il confino fascista di polizia*, cit., p. LXXXI; J. Busoni, *Confinati a Lipari*, Vangelista, Milano 1980, pp. 106-8.

[32] Cfr. T. Sala, *Le basi italiane del separatismo croato (1929-1941)*, in aa.vv., *L'imperialismo italiano e la Jugoslavia*, Atti del convegno Ancona 14-16 ottobre 1977, Argalía Editore, Urbino 1981, pp. 283-350; P. Iuso, *Il fascismo e gli ustascia. 1929-1941. Il separatismo croato in Italia*, Gengemi Editore, Roma 1998, pp. 81-105.

[33] Cfr. S. Pertini, *Sei condanne, due evasioni*, Mondadori, Milano 1982.

[34] Si veda il rapporto inoltrato clandestinamente al centro estero del partito comunista nel 1930 in *Enciclopedia dell'Antifascismo e della Resistenza*, Milano 1984, vol. IV, pp. 697-98.

[35] Il 12 dicembre 1930, 92 confinati di Ponza «contravventori degli obblighi di confino» vennero tradotti in diverse carceri campane; trenta di loro, indicati come «capeggiatori della rivolta», vi furono trattenuti sino al marzo dell'anno successivo.

Malgrado la repressione fascista e le tante divergenze politico-ideologiche esistenti tra confinati[36], nella colonia di Ponza si realizzò «un formidabile sodalizio culturale-politico, nel quale si fondevano le più diverse esperienze e conoscenze»[37]. Ma l'«università antifascista» – com'era comunemente definita dagli oppositori la colonia pontina – venne inaspettatamente chiusa nel luglio del 1939.

Ventotene Dopo la chiusura della colonia di Ponza, un piccolo gruppo di quei confinati politici fu trasferito alle isole Tremiti, mentre la restante parte nella vicina Ventotene che, da allora in poi, avrebbe sostituito la colonia pontina nel ruolo di «quartier generale» della deportazione politica italiana[38]. A fronte di un migliaio di abitanti, l'isola di Ventotene contò circa ottocento confinati. Negli anni 1939-40 vi furono relegati buona parte degli antifascisti italiani che si erano battuti nelle Brigate internazionali durante la guerra civile spagnola[39].

Nella Grande Guerra Ventotene era stata sede di deportazione per internati civili (politici e non) provenienti dalla Venezia Giulia; mentre dall'Albania vi sarebbero stati deportati interi gruppi familiari[40]. Nel corso della Seconda guerra mondiale, Altiero Spinelli, Eugenio Colorni ed Ernesto Rossi – propugnatori del federalismo europeo – elaborarono sull'isola lo storico «Manifesto di Ventotene»[41]. Mentre la clamorosa espulsione dal gruppo comunista di Umberto Terracini e Camilla Ravera, avvenuta nel 1942,

[36] Contrapposizioni che portarono, ad esempio, alla grave aggressione del militante di Giustizia e Libertà Giuseppe Germani, avvenuta a Ponza il 4 novembre '32 per mano di confinati di differenti idee politiche.

[37] P. Grifone, *Come si studiava al confino*, Introduzione a *Il capitale finanziario in Italia*, Torino, Einaudi 1971, p. XLIX.

[38] Cfr. C. Ravera, *Diario di trent'anni 1913-1943*, Editori Riuniti, Roma 1973, pp. 628 sgg.

[39] Già internati dai francesi, i reduci vennero tradotti in Italia dai tedeschi in seguito all'occupazione della Francia. Furono quindi confinati in blocco dalle autorità italiane. Cfr. P. Vilar, *La guerre d'Espagne 1936-1939*, Puf, Paris 1986 (trad. it. *La guerra di Spagna. 1936-1939*, Editori Riuniti, Roma 1996), p. 137; *La Spagna nel nostro cuore. 1936-1939. Tre anni di storia da non dimenticare*, Associazione Italiana Combattenti Volontari Antifascisti in Spagna, Roma 1996, p. 37.

[40] Cfr. *«Un esilio che non ha pari». 1914-1918 Profughi, internati ed emigrati di Trieste, dell'Isontino e dell'Istria*, Libreria Editrice Goriziana, Gorizia 2001, pp. 82 sgg.; A. Spinelli, *Gli antifascisti in galera*, cit., p. 149.

[41] Cfr. L. Valiani, *Il domicilio coatto*, cit., p. 39.

testimonia anche della difficile coabitazione e delle dure contrapposizioni ideologiche che dividevano i deportati politici[42].

I confinati, inizialmente, alloggiarono nella «torre» (o «castello»), un vecchio edificio borbonico, mentre in seguito venne costruita un'apposita e imponente «cittadella confinaria» affidata a un piccolo esercito di 350 uomini armati (carabinieri, agenti di pubblica sicurezza e militi)[43]. La nuova struttura, aperta nella primavera del 1940, comprendeva una caserma e dodici enormi padiglioni, uno dei quali destinato alle donne; sino alla caduta di Mussolini essa avrebbe costituito in Italia il luogo piú rappresentativo della deportazione antifascista[44].

Tremiti Nell'arcipelago delle Tremiti, l'isola di San Nicola (detta, essa stessa, Tremiti) era utilizzata quale luogo di relegazione da tempi immemorabili[45]. Nel gennaio del 1912, in seguito alla rivolta di Sciara Sciat, vi erano stati «esiliati» 1080 civili libici[46]. Il fascismo inviò a San Nicola sia confinati politici che comuni (tra questi ultimi, per lo piú, sardi e siciliani) che vennero sistemati nei quattro grandi «casermoni» di età borbonica, posti entro le mura che cingevano la parte piú abitata dell'isola[47]. In seguito tra il 1929 e il 1934, sarebbero stati costruiti nuovi padiglioni in «stile carcerario» simili ai precedenti.

Il dirimpettaio isolotto di San Dòmino, il maggiore dell'arcipelago, era, invece, destinato ad accogliere le confinate, anche se

[42] Sul settarismo, i contrasti e le diffidenze portati sino all'eccesso del «mondo artificiale» delle colonie, cfr. E. Rossi, *Miserie e splendori del confino di polizia. Lettere da Ventotene 1939-1943*, a cura di M. Magini, Feltrinelli, Milano 1981.

[43] Cfr. G. M. De Rossi, *Ventotene e S. Stefano*, Guidotti Editore, Roma 1993, pp. 69-72.

[44] Tra le tante testimonianze sulla colonia di Ventotene, cfr. A. Spinelli, *Come ho tentato di diventare saggio*, Il Mulino, Bologna 1984, pp. 261-343; A. Jacometti, *Ventotene*, Marsilio, Padova 1974.

[45] Fino al 21 gennaio 1932 – considerate come isole-prigioni – le Tremiti non erano state ancora inserite amministrativamente in alcun comune italiano. Venivano «governate» dal direttore della colonia, che aveva anche funzione di ufficiale di stato civile. Cfr. E. Mancini, *Isole Tremiti. Sassi di Diomede. Natura, storia, arte, turismo*, Mursia, Milano 1979, p. 117.

[46] Cfr. C. Moffa, *I deportati libici alle Tremiti dopo la rivolta di Sciara Sciat*, in *Fonti e problemi della politica coloniale italiana*, Atti del Convegno Taormina-Messina, 23-29 ottobre 1989; A. M. Ashiurakis, *Perché la deportazione?*, Libyan Studies Center, Tripoli 1992; L. Del Fra, *Sciara Sciat. Genocidio nell'oasi. L'esercito italiano a Tripoli*, Datanews, Roma 1995.

[47] Dislocati in doppia fila, fra la Porta a mare e quella d'ingresso all'antica fortezza, gli edifici (costituiti da pianterreno e primo piano) erano parzialmente abitati da discendenti di antichi coatti.

vi alloggiarono pure circa duecento tra omosessuali e confinati comuni addetti a lavori agricoli[48]. Sempre a San Dòmino, nella seconda metà degli anni Trenta, fu avviata la costruzione di un villaggio rurale, col proposito di trasferirvi gradualmente tutta la popolazione civile dell'arcipelago, e di riservare l'isola di San Nicola ai soli confinati. Di fatto – per la riluttanza degli isolani a lasciare le loro vecchie abitazioni – le «casette popolari», sarebbero servite soltanto, a partire dal giugno 1940, ad accogliere internati civili.

Dal 1937-38, soppressa la colonia per «comuni», il confino delle isole Tremiti acquisí una funzione essenzialmente punitiva, ospitando soprattutto confinati ritenuti «indisciplinati» o «incorreggibili». Negli stessi anni, l'isola fu teatro di significative proteste, organizzate dai confinati contro l'uso che la direzione della colonia faceva del «saluto romano», considerato un punto qualificante del proprio programma repressivo anche se non era previsto da alcuna legge o disposizione di pubblica sicurezza. La protesta si trasformò presto in una vera e propria rivolta contro il tentativo della polizia «di applicare il principio nazista secondo cui l'avversario non era solo da tenere prigioniero, ma da umiliare e sprezzare moralmente»[49]. È degna di nota, in questo contesto, la vicenda del confinato Giovanni Gervasoni, straordinaria figura di evangelico, che proprio per la battaglia sul «saluto romano» scontò cinque mesi di carcere e quaranta giorni di consegna[50].

La clamorosa protesta delle Tremiti, dilagata anche in altre colonie, convinse alla fine le autorità locali a revocare gli ordini precedentemente impartiti e, nel 1939, Mussolini stesso preferí troncare la vicenda del «saluto romano» con un clamoroso dietrofront[51].

[48] Cfr. Acs, Mi, Dgps, Dagr, Ufficio confino politico, Affari generali, b. 13, 740/14, s.f. 2 «Tremiti»(1939); G. Goretti, *Omosessuali e confino nel periodo fascista*, Tesi di Laurea, Università di Roma I La Sapienza, a.a. 1990-91; V. A. Leuzzi, M. Pansini e F. Terzulli, *Fascismo e leggi razziali in Puglia, Censura, persecuzione antisemita e campi d'internamento (1938-1943)*, Progedit, Bari 1999, pp. 142-43.

[49] A. Spinelli, *Come ho tentato di diventare saggio*, cit., p. 258.

[50] Su Giovanni Gervasoni (Venezia 1909 - Dachau 1945), cfr. G. Rochat, *Regime fascista e chiese evangeliche*, cit., pp. 195-205 (sul rifiuto del «saluto romano», pp. 200-3).

[51] Il dittatore, che non si poneva problemi di coerenza, colse la prima occasione per tagliare corto, vergando di proprio pugno la determinazione nella quale si diceva che: «Confinati non hanno diritto fare saluto romano nelle colonie di confino politico» (A. Dal Pont, *I Lager di Mussolini*, cit., p. 127). Cfr. pure *Saluto romano all'isola di Ponza*, in aa.vv., *Il prezzo della libertà*, cit., pp. 213-16.

Se il confino nelle isole minori interessò principalmente gli oppositori ritenuti piú pericolosi, quelli meno «temibili» furono confinati in località di terraferma: generalmente piccoli paesi, situati soprattutto nell'Italia centro-meridionale – Sicilia e Sardegna comprese[52]. In quei luoghi il controllo e la sorveglianza erano affidati ai podestà e ai carabinieri, e poiché nella vita, spesso sonnacchiosa, della provincia meridionale ci si poteva imbattere talvolta in funzionari poco zelanti e non faziosi, era possibile che questi ultimi fossero anche «disposti a lasciar correre parecchie cose, sempre che non ne derivassero grane per loro»[53]. La popolazione locale generalmente nutriva rispetto e considerazione per i confinati politici, ma poiché essi erano sparsi nei paesi in piccolo numero (a volte uno per località), in qualche caso l'isolamento «all'interno» risultava anche piú completo di quello delle colonie[54].

Un esperimento «a sfondo sociale»

Con l'aumentare delle assegnazioni al confino, che in poco tempo avrebbero potuto «saturare» le tradizionali isole di deportazione, negli ambienti del ministero dell'Interno si cominciò a ipotizzare la realizzazione di colonie confinarie sulla terraferma anche per gli oppositori piú pericolosi. Le prime tracce di una tale ipotesi risalgono al 1927[55], ma fu presa concretamente in considerazione all'inizio degli anni Trenta, per giungere ad attuazione solo nel 1939, con la creazione, in provincia di Matera, della colonia di Pisticci[56].

[52] Spettava alle commissioni provinciali esprimersi sull'opportunità di confinare su un'isola o in un comune di terraferma: la scelta generalmente si basava, oltre che sulla «pericolosità politica», anche sulle condizioni di salute dell'imputato.

[53] C. Ghini e A. Dal Pont, *Gli antifascisti al confino. 1926-1943*, cit., p. 73.

[54] Sul confino «all'interno» esistono, anzitutto, le testimonianze ormai celebri di Carlo Levi, Cesare Pavese, Camilla Ravera, Cesira Fiori e altri noti antifascisti. Tra le ricerche condotte negli archivi si ricordano: S. Carbone, *Il popolo al confino. La persecuzione fascista in Calabria*, Lerici, Cosenza 1977; M. Crispino, *Storie di confino in Lucania*, Edizioni Osanna, Venosa 1990; S. Pirastu, *I confinati antifascisti in Sardegna 1926-1943*, Anppia, Cagliari 1997; *Le ali della memoria. Confinati a Cortale durante il regime fascista*, a cura di P. Mascaro, Centro-stampa Dal Margine, Lamezia Terme 2000.

[55] Cfr. Acs, Mi, Dgps, Dagr, Ufficio confino politico, Affari generali, b. 11, Appunto della Direzione della polizia politica del 9 agosto 1927.

[56] Su questa colonia, ben documentata è la ricostruzione fatta da Adele Meneghini nella Tesi di laurea *L'antifascismo nella provincia di Matera (1926-1943)*, Università di Roma «La Sapienza», aa. 1990-91. Cfr. pure L. Sacco in *Provincia di confino. La Lucania nel ventennio fascista*, Fasano, Schena 1995, pp. 275 sgg.; L. Pescarolo, *Il lungo cammino (dalla dittatura alla democrazia)*, Edizioni Bottazzi, Suzzara 1984, pp. 29-84. Sulla cittadina di Pisticci cfr. D. D'Angella, *Saggio storico sulla città di Pisticci*, I.M.D. Lucana, Pisticci 1978.

Definita «primo campo di concentramento italiano»[57], oppure, piú spesso, «centro agricolo per confinati», la nuova colonia rappresentò comunque un'assoluta novità, non soltanto per il fatto di trovarsi sulla terraferma, ma anche perché ai confinati era permesso realmente di «darsi a stabile occupazione»[58]. Secondo quanto afferma nelle sue memorie il capo dell'Ovra Guido Leto[59], nelle intenzioni di Mussolini, la colonia lucana avrebbe dovuto rappresentare addirittura «un esperimento a sfondo sociale», in quanto essa avrebbe perseguito il «recupero» degli antifascisti attraverso il lavoro[60]. Ma, quella di Pisticci fu, piuttosto, una sorta di «azienda-prigione» al servizio di Eugenio Parrini, impresario e faccendiere molto ben inserito negli ambienti del ministero dell'Interno[61].

Quando intorno alla metà degli anni Trenta – alla fine di lunghe ricerche e numerosi sopralluoghi – la scelta del sito per la realizzazione di una colonia non insulare era caduta sulla contrada Bosco Salice, il comune di Pisticci, al quale apparteneva quell'area demaniale di 25 chilometri quadrati, stava cercando di ottenerne la trasformazione fondiaria per poterla utilizzare a fini agricoli[62].

[57] Cfr. G. A. Persichilli, *Disposizioni normative e fonti archivistiche per lo studio dell'internamento in Italia (giugno 1940 - luglio 1943)*, cit. p. 81.

[58] L'art. 189 del T.U. delle Leggi di Pubblica Sicurezza (promulgato con r.d.l. 6 novembre 1926, n. 1848) recitava: «Tanto nel caso del confino in un Comune del Regno, quanto nel caso di confino in una Colonia, il confinato ha l'obbligo di darsi a stabile occupazione nei modi stabiliti dall'autorità di pubblica sicurezza preposta alla sua sorveglianza».

[59] Leto, entrato nella Pubblica sicurezza alla fine della Guerra, dal 1922 al 1938 fu direttore della Dagr e, nel 1938, divenne capo dell'Ovra. Dopo l'8 settembre '43 aderí alla Rsi, collaborando strettamente con la Gestapo nella repressione antipartigiana. Nel dopoguerra, dopo essere stato temporaneamente sospeso dalle sue funzioni dall'Alto commissariato per l'epurazione, e sottoposto a giudizio, Leto venne assolto con formula piena. Le sue prese di posizione pubbliche (con libri, articoli giornalistici, ecc.) relative al passato fascista, palesemente mistificatorie, suscitarono aspre reazioni negli ambienti resistenziali. Cfr, per esempio, E. Rossi, *La pupilla del duce, l'Ovra*, Guanda, Parma 1956.

[60] Cfr. G. Leto, *Ovra. Fascismo - antifascismo*, Cappelli, Bologna 1951, p. 65.

[61] Eugenio Parrini, titolare della «Società anonima prodotti agricoli nuoresi» e poi della «Eugenio Parrini e Figli», ebbe forti entrature negli ambienti governativi e trasse notevole profitto dalla costruzione di diversi campi di concentramento italiani. A giudizio dell'antifascista mantovano Loris Pescarolo, Parrini era amico personale di Galeazzo Ciano e, probabilmente, membro dell'Ovra (L. Pescarolo, *Il lungo cammino (dalla dittatura alla democrazia)*, cit., p. 33.

[62] A Pisticci, che contava 12 000 abitanti, circa 400 famiglie vivevano allora in condizioni di estrema povertà. Il progetto comunale prevedeva l'appoderamento dell'area attraverso la costruzione di 100 casette coloniche da assegnare ai cittadini piú bisognosi. Sulle dinamiche sociali della comunità rurale pisticcese, cfr. J. Davis, *Pisticci. Terra e famiglia*, Teda Edizioni, Castrovillari 1989 (ma questa ricerca non accenna all'esperienza della colonia di confino).

Effettivamente, con il decreto n. 207 del ministero dell'Agricoltura e delle Foreste, datato 25 novembre 1938, l'area fu trasferita dalla categoria «a» (*pascolo e vincoli forestali*) a quella «b» (*utilizzazione per l'agricoltura*) dell'apposita classificazione per il riordinamento degli usi civici[63]. Ma poiché su quei terreni aveva messo l'occhio il cavaliere Parrini, al comune di Pisticci fu impedito di utilizzarli per gli scopi sociali previsti[64].

I primi confinati, giunti a Pisticci nell'aprile del 1939, vennero alloggiati in otto capannoni in via di riadattamento esistenti dal 1924 in contrada Caporotondo[65]. Era questa la zona piú centrale dell'intera area, nella quale presero anche sede la direzione della colonia e quella della ditta Parrini. Ma, di fatto, l'azienda privata del Parrini e la colonia confinaria dello Stato fascista erano tutt'uno, sebbene avessero formalmente amministrazioni separate[66]. Già dall'estate precedente, in vista dell'apertura della nuova colonia il ministero dell'Interno aveva cominciato ad individuarne i possibili ospiti attingendo alle liste dei confinati relegati in altri luoghi: in un elenco datato 31 agosto 1938 se ne contavano 433. Essi venivano scelti a seconda delle attitudini, del grado di «pericolosità» e – come affermava lo stesso Arturo Bocchini – «con la promessa di qualche riduzione di pena a coloro che, attraverso il lavoro, se ne mostrassero meritevoli...»[67]. In luglio, i confinati di Pisticci erano già un centinaio, e il loro numero si sarebbe triplicato entro novembre, allorché la colonia poté considerarsi pienamente operativa[68].

La direzione fu affidata al commissario di pubblica sicurezza Gabriele Crisciuoli, e per il servizio di vigilanza vennero dispiegati 154 uomini della Milizia – in seguito piú che raddoppiati – af-

[63] Legge 16 giugno 1927 n. 1766.

[64] Il decreto 207 nominava «delegato tecnico» per la trasformazione fondiaria l'ing. Orazio Lepore che, a sua volta, conferiva l'incarico per l'esecuzione delle opere agrarie alla ditta Eugenio Parrini. Cfr. L. Sacco, *Provincia di confino*, cit., p. 279.

[65] Acs, Mi, Dgps, Dagr, Ufficio confino politico, Affari generali, b. 13, fasc. 4 «Pisticci» (1939). Alla fine di aprile i posti già disponibili erano 60, i confinati presenti 39.

[66] Al direttore della colonia competevano solo le questioni «politiche» e di polizia; a tutto il resto pensavano Parrini e i suoi dipendenti.

[67] Acs, Mi, Dgps, Dagr, Ufficio confino politico, Affari generali, b. 32, fasc. 4, «Pisticci» (1939), Relazione del Capo della polizia, Arturo Bocchini a Mussolini del 6 agosto 1938 ed elenco del 31 agosto ripartito in base alla colonia di provenienza.

[68] Acs, Mi, Dgps, Dagr, Ufficio confino politico, Affari generali, b. 13, fasc. 4 «Pisticci» (1939).

fiancati da 100 carabinieri e 50 agenti di pubblica sicurezza. In un primo tempo l'area non fu recintata, anche se il suo perimetro e gli ingressi stradali erano controllati con frequenti posti di blocco e sorveglianza armata; successivamente venne steso il filo spinato intervallato da paletti di legno, e furono impiantate alcune torrette di avvistamento[69]. Il lavoro dei confinati, che era di tipo edile, agricolo o artigianale, aveva per finalità la costruzione delle infrastrutture della colonia stessa e delle «casette» previste dal programma di riassetto fondiario, oltre che il dissodamento e la messa a coltura dei terreni[70]. Ma non mancò neppure l'opera di un prete, di alcuni artisti e di qualche intellettuale[71].

I confinati-lavoratori ricevevano una paga giornaliera di 5 lire in aggiunta alla normale *mazzetta* di 6, e venivano invogliati al lavoro mediante la promessa di quattro mesi di «abbuono» per ogni anno di confino che avrebbero dovuto scontare[72]. L'«ammissione» nella nuova colonia era, però, subordinata al possesso di «sana e robusta costituzione», non solo perché il lavoro era pesante, ma anche perché la zona era soggetta alla malaria, e l'assistenza sanitaria lasciava molto a desiderare[73]. Tra la fine del 1939 e l'inizio del '40 – con l'apporto lavorativo non secondario dei confinati – a circa 4 km di distanza dal «centro agricolo», veniva edificato un villaggio in tipico stile dell'epoca. Fu denominato Marconia, in onore del celebre scienziato scomparso due anni prima[74].

Secondo il regime, l'attività lavorativa doveva corrispondere

[69] Testimonianza degli ex confinati Otello Sarzi e Carlo Porta (Reggio Emilia, 25 gennaio 1999; Ventotene, 27 settembre 1994).

[70] Dall'esame di 200 fascicoli personali di confinati, Adele Meneghini ha tratto questi dati: il 50 per cento era costituito da muratori, manovali ed elettricisti; il 23 per cento da falegnami e panettieri; il 17 per cento da braccianti agricoli e contadini. Quanto a provenienza geografica, il 70 per cento circa risultava composto da settentrionali (soprattutto emiliani, friulani e istriani), mentre i meridionali (in particolare campani, pugliesi e siciliani) costituivano all'incirca il 13 per cento (*L'antifascismo nella provincia di Matera*, cit.).

[71] Don Francesco Brambilla, cremonese, vi fu confinato per attività sovversiva. Come pittori si distinsero Morandino Zapparoli, comunista, e Pompeo Borra, repubblicano. Cfr. L. Pescarolo, *Il lungo cammino (dalla dittatura alla democrazia)*, cit., p. 65.

[72] In base alla circolare ministeriale n. 700 del 21 gennaio 1939.

[73] Il 22 febbraio 1941, il confinato Quintilio Di Lorenzi, trasportato all'ospedale di Matera quando ormai era troppo tardi, morí non appena entrato nel nosocomio: cfr. N. Cataldo, «Pisticci», in *Enciclopedia dell'Antifascismo e della Resistenza*, La Pietra - Walk Over, Milano 1984, vol. IV, p. 634. Sulla presenza della malaria a Pisticci, cfr. F. Avanzati, *Lo strano soldato*, La Pietra, Milano 1976, p. 14.

[74] Cfr. G. Coniglio, *La colonia confinaria di Pisticci. Dal Ventennio fascista alla nascita di Marconia*, Legatoria Lucana, Metaponto 1999, pp. 179-86. Interessante anche l'opuscolo *Marconia, frazione di Pisticci*, realizzato dalla Scuola elementare statale di Marconia nell'anno scolastico 1966-67.

ai propositi, piú volte enunciati, di «togliere i confinati dall'ozio», e di «unire alla bonifica agraria la bonifica umana»[75]. I risultati ottenuti furono, però, ben altri: «nata per ghettizzare l'antifascismo e metterlo nelle condizioni di non nuocere»[76], la colonia lucana ne rafforzò invece l'unità e la coscienza politica. Infatti, attraverso il confronto con altri compagni – prima soltanto italiani e, dopo l'entrata della nazione in guerra, anche stranieri – i confinati di Pisticci, anziché essere «bonificati», rafforzarono la determinata opposizione alla dittatura, vivendo quella particolare esperienza lavorativa soltanto come occasione per sottrarsi all'inedia e all'ozio forzato delle colonie insulari[77].

Il mito della «villeggiatura»

La maggior parte delle sentenze pronunciate dalle commissioni provinciali per il confino era stata determinata da ragioni politiche[78]. Tuttavia, nell'Italia fascista non vi furono mai campagne di deportazione in massa degli avversari come si ebbero nella Germania degli anni 1933-34. Alla fine del 1926, il numero dei dissidenti confinati ammontava a 900; dal 1926 al '43, nell'arco dei 17 anni di applicazione del confino, esso raggiunse complessivamente le 12 330 unità[79]. Queste cifre pongono il nostro paese molto al di sotto dei livelli raggiunti dalla deportazione politica interna tedesca; anche se, in effetti, ad esse bisogna aggiungere i dati relativi agli oppositori colpiti dall'internamento civile, un provvedimento che – come si dirà piú avanti – il fascismo utilizzò largamente con finalità di repressione politica[80].

[75] Acs, Mi, Dgps, Dagr, Ufficio confino politico, b. 32, f. 4, «Pisticci», Relazione del Capo della polizia, Arturo Bocchini a Mussolini del 6 agosto 1938.

[76] L. Pescarolo, *Il lungo cammino (dalla dittatura alla democrazia)*, cit., p. 46.

[77] Cfr. la testimonianza di Giovanbattista Nervo in C. Ghini e A. Dal Pont, *Gli antifascisti al confino (1926-1943)*, pref. di U. Terracini, Editori Riuniti, Roma 1971, p. 289, e L. Fanuzzi, *Gli antifascisti ritornano nei luoghi del loro confino*, in «La Gazzetta del Mezzogiorno» del 16 ottobre 1986.

[78] Erano considerati confinati «politici» gli individui sottoposti al confino in base al secondo comma dell'art. 184 del r.d.l. 6 novembre 1926, n. 1848. Gli altri confinati erano da considerarsi «comuni» e corrispondevano, in pratica, ai vecchi coatti. Il confino politico competeva alla «Sezione movimento sovversivi» della Divisione affari generali e riservati del ministero dell'Interno.

[79] Adriano Dal Pont e Simonetta Carolini, nel loro studio *L'Italia al confino 1926-1943*, cit., a oggi il piú completo ed esaustivo, conteggiano 12 330 confinati politici (genericamente definiti antifascisti), su un totale di 16 876 fascicoli personali dai quali vengono esclusi i confinati per truffa o traffico di valuta, i bancarottieri, i sospetti di spionaggio, i funzionari di enti pubblici e del partito fascista, ecc.

[80] Sulla conflittualità politica sotto il fascismo cfr. L. Casali, *E se fosse dissenso di massa? Elementi per una analisi della «conflittualità politica» durante il fascismo*, in «Italia contemporanea», 1981, pp. 101-20.

Nel famoso «discorso dell'Ascensione» pronunciato alla Camera il 26 maggio 1927, Mussolini, riferendosi alle recenti misure di polizia, comunicò di avere previsto la deportazione di tutti i cittadini «sospetti di antifascismo» o dediti «ad una qualsiasi attività controrivoluzionaria»[81]. Nei fatti, invece, il dittatore non perse occasione per raccomandare a polizia e prefetti di «non creare falsi martiri» attraverso l'uso eccessivo delle assegnazioni al confino. Nel comminare questo provvedimento, la dittatura scelse infatti la via di una repressione «costante, ma non eclatante», che tendesse a isolare le avanguardie contenendo il numero dei deportati. Ciò, in primo luogo, perché non venisse accreditata, all'estero, l'immagine di un antifascismo ancora vitale e numeroso, ma anche per ragioni riconducibili al modo in cui il regime aveva conquistato il potere, alla diversità delle forze che lo avevano appoggiato e alla qualità delle mediazioni che era stato costretto a praticare[82].

> Di fronte a questi dati di fatto il fascismo, e particolarmente Mussolini – a differenza di Hitler che rimodellò tutta la legislazione precedente – scelse la via dell'integrazione e della reinterpretazione dell'esistente apparentemente senza brusche rotture, utilizzando spesso, e spesso stravolgendola, la legislazione già in essere, come è il caso, appunto, della versione fascista dei campi di concentramento: il confino di polizia[83].

In generale, comunque, la tattica repressiva fascista fu incentrata piú sul paternalismo e sulla possibilità offerta ai dissidenti di «redimersi», che sulla repressione immediata e violenta, tipica del regime nazista. Queste due diverse modalità, che scaturivano dalla differente natura dei regimi e delle società nelle quali essi si attuavano, indubbiamente, «vanno giudicate ciascuna nel loro contesto, senza tentazioni di minimizzare il caso italiano in un confronto con quello tedesco»[84]. D'altra parte, il fascismo non ebbe bisogno di effettuare deportazioni di massa anche perché, nel 1926, non incombeva sull'Italia alcuna minaccia di tipo insurre-

[81] Cfr. B. Mussolini, *Discorso dell'Ascensione. Il Regime Fascista per la grandezza d'Italia*, Libreria del Littorio, Roma-Milano 1927.

[82] Cfr. le considerazioni di P. Ungari in *Alfredo Rocco e l'ideologia giuridica del fascismo*, Morcelliana, Brescia 1963.

[83] C. Daneo, *I luoghi della deportazione fascista fino alla guerra*, relazione al VII meeting della Fondazione Ferramonti (25 aprile 1995).

[84] P. Dogliani, *L'Italia fascista 1922-1940*, Sansoni, Milano 1999, p. 49. Sul raffronto col caso tedesco, cfr. A. J. De Grand, *Fascist Italy and Nazi Germany: the Fascist Style of Rule*, Routledge, New York 1995 (trad. it. *L'Italia fascista e la Germania nazista*, Il Mulino, Bologna 1999).

zionale. Nella prima metà degli anni Venti il dissenso politico era già stato sgominato, anche sanguinosamente, dallo squadrismo fascista e decine di migliaia di oppositori erano riparati all'estero[85]. La repressione, perciò, si limitò a selezionare gli oppositori piú in vista, e a isolarli tramite il confino[86]. Peraltro, gli antifascisti piú noti e i quadri dell'opposizione venivano generalmente deferiti al Tribunale speciale.

La tendenza a minimizzare la consistenza delle opposizioni fu uno dei modi attraverso cui il fascismo tentò di rispondere alla propaganda svolta all'estero dai fuorusciti[87]. I «giornali amici» – sia italiani che stranieri – erano perciò «invitati» a pubblicare articoli tranquillizzanti sulla vita delle colonie (presentata, pressappoco, alla stregua di una «villeggiatura»), in modo da accreditare l'idea che lo scopo del confino fosse quello di eliminare dalla circolazione i «disturbatori» che intendevano ostacolare il cammino dell'Italia «verso un futuro radioso»[88]. Per offrire al mondo l'immagine di un governo dal largo consenso sociale, e conferire al confino patente di normalità, Mussolini non rinunciò neppure a strumentalizzare la Croce Rossa, il cui presidente, dopo due rapide puntate a Ponza e a Lipari, affermò di sentirsi «rassicurato e soddisfatto» delle condizioni di vita dei confinati politici[89].

L'equiparazione delle colonie confinarie per gli oppositori a quelle marine per i villeggianti, cominciò a farsi strada dopo la «fuga da Lipari» del 1929. Da allora, nel quadro della stretta repressiva ordinata da Bocchini, i comandi della *milizia* pretesero di impartire ordini persino ai direttori delle colonie – che appartenevano alla Pubblica sicurezza – per far sí che il confino divenisse «*veramente un provvedimento restrittivo alla libertà del cattivo cittadino e non già una colonia marina, come purtroppo è sta-*

[85] Cfr. C. Daneo, *I luoghi della deportazione fascista fino alla guerra*, cit.

[86] Cfr. R. De Felice, *La situazione dei partiti antifascisti alla vigilia della loro soppressione secondo la polizia fascista*, in «Rivista storica del socialismo», 1965, n. 25-26, pp. 79-96; L. Musci, *Il confino fascista di polizia*, cit., p. LIV.

[87] L. Musci, *Il confino fascista di polizia*, cit., p. LVII; cfr. pure E. Collotti, *Fascismo, fascismi*, Sansoni, Milano 1994.

[88] I *reportages* sul confino (firmati talvolta da giornalisti che non ebbero mai occasione di visitare una colonia) divennero frequenti in seguito alla fuga da Lipari del 1929. Il quotidiano «La Stampa» pubblicò un'inchiesta in undici puntate realizzata da Mino Maccari: *Un mese a Ponza e a Lipari tra i confinati* (4 settembre 1930), ora in M. Maccari, *Visita al confino (1929)*, Cultura Calabrese Editrice, Marina di Belvedere Marittimo 1985.

[89] Cfr. F. Mazzonis, *Confinati politici a Lipari nei documenti inediti del Presidente Generale della C.R.I.*, in «Trimestre», IX, 1976, nn. 3-4, pp. 463-96.

to»[90]. A fronte di questo singolare parallelismo, alimentato – finanche nel dopoguerra – da quanti erano interessati a sminuire il carattere di vera e propria deportazione del confino di polizia, vale la pena di rileggere le parole di Carlo Rosselli:

> Sono a Lipari da sei mesi... Sono già stufo, orrendamente stufo di questa vita da pollaio, di questa falsa apparenza di libertà: meglio forse la prigione. In una cella l'impossibilità di fuggire è evidente e il sacrificio piú netto. Il confino è una cella senza muri, tutta cielo e mare: funzionano da muri le pattuglie dei militi. Muri di carne ed ossa, non di calce e di pietra. La voglia di scavalcarli diventa ossessionante...»[91].

2. *La deportazione e l'internamento*.

Le deportazioni, la Deportazione, l'internamento

Quella della deportazione è una pratica molto antica e diversificata. Essa si diffuse particolarmente nella Roma di Augusto, quando l'individuo colpito da *deportatio* non solo era costretto ad abbandonare l'*Urbe* (dove veniva privato della dimora e dei mezzi di sussistenza) ma perdeva la stessa cittadinanza romana. A differenza della *relegatio*, la deportazione era perpetua, e si scontava in Sardegna, sulle isole dell'Egeo oppure – negli ultimi anni dell'Impero – nei deserti dell'Asia o dell'Africa, dove al deportato poteva essere imposto l'obbligo del lavoro pesante.

Abbandonato quasi del tutto nel Medioevo, il ricorso alla deportazione tornò in uso in età moderna, specialmente in paesi come la Francia, la Spagna, il Portogallo, la Russia e la Gran Bretagna, ai quali risultò di grande utilità per la colonizzazione delle terre lontane e di nuova scoperta. Ai primi dell'Ottocento, oltre che come condanna penale, la deportazione cominciò a essere utilizzata anche quale provvedimento amministrativo di polizia nei confronti delle persone ritenute pericolose per l'ordine e la sicurezza, in primo luogo i «vagabondi», gli «oziosi», i «diversi». In Russia, la deportazione in Siberia e sull'isola di Sahalin – spesso abbinata

[90] Acs, Mi, Dgps, Ufficio confino politico, Affari generali, b. 16, f. 10, sf. 4, Relazione del seniore della Milizia Niccolò Nicchiarelli del 7 gennaio 1930. *La villeggiatura* è anche il titolo del film che, nel 1974, Marco Leto ha liberamente tratto dall'esperienza di confino di Carlo e Nello Rosselli.

[91] In A. Tarchiani, *L'impresa di Lipari*, in aa. vv., *No al fascismo*, a cura di E. Rossi, Einaudi, Torino 1957, p. 75.

ai lavori forzati – riguardò i sospetti oppositori del regime zarista e, successivamente, di quello sovietico[92].

In Italia, la possibilità di deportare i condannati cominciò a prospettarsi nel 1865, in seguito all'abolizione della pena di morte, e fu ipotizzata, per gli ergastolani, dal progetto di legge Vigliani del 1874, che però non venne poi realizzato. La deportazione comminata per via amministrativa, invece, veniva attuata in Italia fin dal 1863, attraverso l'istituto del «domicilio coatto», teoricamente limitato ai reati comuni, ma non di rado utilizzato anche per «tenere a bada» anarchici e socialisti[93].

Nel Novecento molti hanno cominciato a distinguere tra «deportazione» e «trasferimento forzato», laddove la prima indica una costrizione che implica l'attraversamento delle frontiere di uno Stato, il secondo l'obbligo di spostarsi da una regione all'altra dello stesso Paese. Ad ogni modo, l'assoluto divieto della pratica delle deportazioni è frutto dell'esperienza giudiziaria del Tribunale di Norimberga. Prima della seconda guerra mondiale, infatti, alcune forme di deportazione erano state persino previste da trattati internazionali. Come nel caso di quello siglato a Losanna il 24 luglio 1923, che prevedeva lo «scambio di popolazioni» tra la Grecia e la Turchia[94].

Fu nel secondo dopoguerra – con il diffondersi della consapevolezza dell'entità e delle brutalità dell'internamento e dello sterminio nazista – che il termine «deportazione» si caricò di connotazioni molto piú sinistre. Auschwitz rappresentò il terminale della deportazione e dell'annientamento degli ebrei d'Europa, e lo straordinario impatto emotivo di cui quel nome è portatore, ha offuscato – se non addirittura cancellato del tutto dalla memoria collettiva – le altre tipologie di deportazione e di campi di concentramento[95]. Divenuto il

[92] Cfr. la voce «Deportazione» in *Grande Dizionario Enciclopedico*, Utet, Torino 1986, vol. VI, p. 466.

[93] Il «domicilio coatto» fu introdotto dalla legge 15 agosto 1863 n. 1049 (detta legge Pica), diretta contro il brigantaggio. Nel Testo Unico delle leggi di Pubblica sicurezza del 1865 esso figurava tra le «misure di prevenzione», dette anche *ante-delictum*.

[94] Cfr. G. S. Goodwin-Gill, *International Law and the Movement of Persons beetween States*, Clarendon Press, Oxford 1978; De Zays, *International Law and Massive Population Transfers*, in «Harvard International Law Journal», 1975, n. 207.

[95] «L'uso metonimico di Auschwitz per indicare tutti i campi di concentramento e come nome-simbolo dello sterminio – ricorda Anna Vera Sullam Calimani – iniziò negli anni Sessanta. Nell'immediato dopoguerra, del piú grande campo di annientamento creato dal Reich non si sapeva molto, soprattutto perché era stato liberato dai sovietici ed era rimasto nel loro settore. All'inizio altri campi furono tristemente famosi: Buchenwald, Dachau, Mauthausen, dove erano stati rinchiusi anche intellettuali e uomini politici, i sopravvissuti tra i quali poterono offrire le loro testimonianze; o, in seguito, Bergen-Belsen dove era morta Anne Frank...» (*I nomi dello sterminio*, Einaudi, Torino 2001, p. 71).

luogo-simbolo dell'*universo concentrazionario* e della *Shoah*, Auschwitz ha finito per riassumere in sé l'intera storia della deportazione[96], condizionando anche il senso comune di noi italiani che – soprattutto per via degli ottocentomila connazionali deportati in Germania dopo l'8 settembre 1943 – tendiamo ad associare l'idea della deportazione esclusivamente alle immagini dei trasferimenti coatti verso i campi di concentramento nazisti. Con ciò trascurando – o dimenticando del tutto – l'esistenza di altre deportazioni storicamente realizzatesi; a partire da quelle messe in atto dall'Italia stessa, sia nella penisola che nelle proprie colonie[97].

L'«internamento», inteso quale misura restrittiva della libertà personale comminata per via amministrativa, consiste nella costrizione di individui in particolari strutture abitative (di solito baraccamenti cintati detti «campi di concentramento» o «campi di internamento») o in località distanti dal fronte e dai confini dello Stato (da cui il termine *internare*)[98]. L'internamento in senso stretto viene preceduto dal fermo degli individui in questione (dai singoli arresti alle retate collettive), sottoposti in genere – prima di essere effettivamente «internati» – a piú o meno lunghi periodi di detenzione e tragitti di deportazione.

L'atto dell'*internare*, per il dizionario, consiste nel «relegare persone pericolose o sospette in campi di concentramento o sedi coatte lontane dallo Stato»[99]. Ma «internare» e «internamento» sono termini oltremodo generici, che ricorrono nell'uso comune per indicare innumerevoli tipi di segregazione di individui e di popolazioni, civili e non. Nel corso del Novecento, ad esempio, si annoverano l'internamento nazista degli ebrei, quello francese dei reduci della guerra di Spagna, quello britannico dei «ribelli» ir-

[96] Cfr. G. Bensoussan, *Auschwitz en héritage? D'un bon usage de la mémoire*, Éditions Mille et une nuit, Paris 1998 (trad. it. *L'eredità di Auschwitz. Come ricordare?*, Einaudi, Torino 2002), p. 16; M. Sarfatti, *Il volume «1938 Le leggi contro gli ebrei» e alcune considerazioni sulla normativa persecutoria*, in *La legislazione antiebraica in Italia ed in Europa*, Camera dei Deputati, Roma 1989, pp. 53-54.

[97] Cfr. B. Mantelli, *Deportazione dall'Italia (aspetti generali)*, in *Dizionario della Resistenza*, a cura di E. Collotti, R. Sandri e F. Sessi, Einaudi, Torino 2000, vol. I, p. 124; C. S. Capogreco, *L'oblio delle deportazioni fasciste: una «questione nazionale». Dalla memoria di Ferramonti alla riscoperta dell'internamento civile italiano*, cit., pp. 92-109 (in part. pp. 97-100).

[98] Cfr. «Internamento», in *Lessico Universale Italiano*, Istituto dell'Enciclopedia Italiana, Roma 1972, vol. X, p. 507.

[99] In questo caso, la definizione è del *Vocabolario della lingua italiana di Nicola Zingarelli*, Zanichelli, Bologna 1987.

landesi, quello messo in atto, durante i due conflitti mondiali, dai paesi belligeranti nei confronti dei cittadini degli stati nemici presenti sul proprio territorio, ecc.[100]. Situazioni – è evidente – che sono state profondamente diverse tra di loro.

L'internamento dei civili nella Prima guerra mondiale

Tra i tanti elementi che concorsero a rendere «totale» il carattere della Grande Guerra, uno dei piú significativi fu la cancellazione, quasi completa, della linea di demarcazione tradizionalmente esistente tra società civile e campi di battaglia[101]. Come scrive Enzo Traverso, «benché su scala incomparabilmente inferiore rispetto alla seconda guerra mondiale, i bombardamenti delle città, l'internamento dei cittadini dei paesi nemici, la deportazione e il lavoro forzato dei civili segnavano una svolta nei rapporti sociali e varcavano una nuova soglia della violenza»[102].

Sin dall'inizio delle ostilità, nel 1914, la maggior parte degli Stati chiusero le loro frontiere, bloccando cosí gli stranieri presenti sul proprio territorio e internando i civili di nazionalità nemica[103]. E, quasi sempre, venivano sottoposti a internamento anche alcune categorie di connazionali ritenuti pericolosi. Seppure con notevoli differenze tra loro, le nazioni belligeranti internarono i civili nemici per impedire che potessero compiere atti di spionaggio o che rientrassero in patria per arruolarsi nelle forze armate del proprio paese. Un provvedimento che muoveva dalla considerazione che ogni civile in età di leva costituisce un potenziale nemico, sulla base del presupposto che colui che non è un combattente oggi potrebbe diventarlo in futuro[104].

[100] Un internamento in massa di civili irlandesi, ad opera della Gran Bretagna, si ebbe all'inizio della «insurrezione di Pasqua» del 1916 e si ripeté durante i moti dell'Ulster del 1971. Cfr. R. F. Foster, *Modern Ireland 1600-1972*, Viking-Penguin, New York - London 1990.

[101] Sul concetto di «guerra totale», cfr. S. Guarracino, *Il Novecento e le sue storie*, Bruno Mondadori, Milano 1997, p. 79.

[102] E. Traverso, *La violenza nazista. Una genealogia*, Il Mulino, Bologna 2002, p. 104.

[103] Nei confronti dei cittadini nemici, in aggiunta o in alternativa a provvedimenti limitativi della libertà fisica, qual è l'internamento, venivano talora adottati l'espulsione o il rimpatrio, la revoca della capacità processuale, la confisca, il sequestro, la liquidazione o la requisizione dei beni.

[104] Già il 16 ottobre 1793, un decreto della Convenzione nazionale francese affermava che «Gli stranieri nati sul territorio delle potenze con le quali la Repubblica è in guerra saranno messi agli arresti in case di sicurezza...», in J. C. Farcy, *Les camps de concentration français de la Première Guerre mondiale (1914-1920)*, Anthropos, Paris 1995, p. 362.

«Da un momento all'altro – afferma un rapporto dell'epoca stilato dalla Croce Rossa – questi civili si videro assimilare a dei criminali, e vennero condotti in campi di concentramento o in depositi piú o meno improvvisati ed insufficienti...»[105]. Infatti, il principio che le operazioni militari debbano limitare i loro effetti alle forze armate e che alle popolazioni civili venga garantita una generale immunità è entrato a far parte del diritto bellico in un'epoca relativamente recente[106].

Le richieste di notizie e di intervento in favore dei civili internati affluirono allora numerose alla Croce Rossa, il cui Comitato internazionale che gestiva l'Agenzia per i prigionieri di guerra si trovò improvvisamente di fronte una problematica del tutto nuova. Infatti, a differenza dei militari caduti in cattività, gli «internati civili di guerra» non erano garantiti da alcuna legge o convenzione: rappresentavano «una novità della guerra», assolutamente non prevista dai trattati internazionali[107]. Soltanto nel secondo dopoguerra, dopo le drammatiche esperienze delle due guerre mondiali, l'uso di internare i civili durante i conflitti armati – affermatosi negli anni per consuetudine – sarebbe stato regolamentato da una convenzione internazionale[108]. In precedenza, neppure la Conferenza dell'Aia del 1907, che regolamentò le leggi e i costumi della guerra terrestre, aveva introdotto alcuna norma sull'internamento dei civili[109].

Entrata in guerra contro l'Austria-Ungheria il 24 maggio 1915, l'Italia intraprese misure d'internamento sia nei confronti dei sudditi austro-ungarici, sia degli italiani schedati dalla polizia per spionaggio o motivi politici[110]. Piuttosto che sulla creazione di campi,

[105] Cfr. *L'activité du CIRC en faveur des civils détenus dans les camps de concentration en Allemagne (1939-1945)*, Comité International de la Croix-Rouge, Genève 1947, p. 5.

[106] Cfr. E. Greppi, *I crimini di guerra e contro l'umanità nel diritto internazionale. Lineamenti generali*, Utet, Torino 2001, pp. 24 sgg.

[107] Cfr. A. Becker, *Oubliés de la Grande Guerre. Humanitaire et culture de guerre. Populations occupées, déportes civils, prisonniers de guerre, Noêsis*, Paris 1998, p. 236 ; H. Arendt, *The Origins of Totalitarism*, Harcourt Brace, New York 1948 (trad. it. *Le origini del Totalitarismo*, Edizioni di Comunità, Torino 1999, pp. 599 sgg).

[108] «Protezione delle persone civili in tempo di guerra», IV Convenzione adottata a Ginevra il 12 agosto 1948. Cfr. A. Marcheggiano, *Diritto umanitario e sua introduzione nella regolamentazione dell'esercito italiano*, Ufficio Storico Sme, Roma 1991, vol. II, pp. 274-98.

[109] Nella prima e nella seconda Conferenza dell'Aia (rispettivamente del 1899 e del 1907) la spinta tesa alla codificazione per iscritto delle norme consuetudinarie al fine di «umanizzare la guerra» aveva avuto il suo momento culminante.

[110] Nella storiografia ricorre la cifra di 70 000 internamenti, sebbene non possieda un sicuro supporto documentario. Cfr. *«Un esilio senza fine». 1914-1918 Profughi, internati ed emigranti di Trieste, dell'Isontino e dell'Istria*, a cura di F. Cecotti, Libreria Editrice Goriziana, Gorizia 2001, pp. 83 e 95.

lo Stato italiano puntò sull'isolamento e sulla «dispersione» degli internati sul territorio: soprattutto nelle isole e in piccole località isolate. I circa 30 000 civili austriaci residenti nel Regno furono in massima parte deportati in piccoli centri della Sicilia e della Sardegna, e lí sottoposti a particolari misure di sorveglianza[111]. Anche l'internamento dei civili italiani interessò alcune decine di migliaia di persone. Esso si basava su generiche accuse di «ostilità alla causa nazionale», quali, ad esempio, il «sospetto di spionaggio», l'«ostilità alle truppe», il «sentimento austriacante»[112].

Un'apposita normativa del 1915 affidava la decisione dell'internamento al Comando Supremo, che delegava i Comandi delle Armate, i quali a loro volta autorizzavano i Corpi d'Armata; ai Commissari civili dei territori occupati, invece, spettava soltanto l'invio degli internati nelle località individuate dal ministero dell'Interno[113]. Con le evacuazioni, gli internamenti e gli «allontanamenti», il governo italiano puntava a contenere e ridimensionare l'influsso delle forze politico-sociali sommariamente etichettate come antinazionali (preti, maestri e *leaders* cattolici, socialisti e anarchici)[114].

Dalle zone prossime al fronte venne evacuata pressoché tutta la popolazione slovena (circa 12 000 persone), mentre dai paesi posti lungo l'Isonzo, furono deportati quasi tutti i sindaci, i maestri e i sacerdoti. Ben 42 parroci, dei 54 ch'erano rimasti presso la propria sede parrocchiale, furono internati col ricorso a una disposizione del 10 luglio 1915 che regolava la rimozione degli ecclesiastici resi colpevoli di «contegno pericoloso per l'ordine pubblico»[115]. Misu-

[111] Essi erano fermati, generalmente, col ricorso all'art. 16 del r.d.l. 2 maggio 1915, n. 634, relativo al soggiorno degli stranieri nella nazione. Inizialmente venivano avviati nelle fortezze di Verona e di Alessandria, che fungevano da centri di smistamento.

[112] Per le accuse vaghe e pretestuose sulle quali veniva basato l'internamento, vi fu allora un aspro scontro parlamentare. Molto critico fu il leader socialista Filippo Turati che contestava la legalità del provvedimento. Cfr. Camera dei Deputati, Raccolta degli Atti parlamentari, Legislatura XXIV, Sessione prima, Discussioni, Tornata dell'11 dicembre 1915, p. 8557.

[113] Cfr. *«Un esilio senza fine». 1914-1918 Profughi, internati ed emigranti di Trieste, dell'Isontino e dell'Istria*, a cura di F. Cecotti, cit., pp. 82 sgg.

[114] Cfr. M. Rossi, *Irredenti giuliani al fronte russo. Storie di ordinaria diserzione di lunghe prigionie e di sospirati rimpianti (1914-1929)*, Del Bianco Editore, Udine 1998, pp. 111-12. Sugli allontanamenti cfr. A. Visintin, *L'Italia a Trieste*, cit., pp. 127 e 179.

[115] Cfr. P. Svoljšak, *L'occupazione italiana dell'Isontino dal maggio 1915 all'ottobre 1917 e gli sloveni*, in «Qualestoria», XXVI, dicembre 1998, n. 1-2, pp. 33-63; C. Medeot, *Storie di preti isontini internati nel 1915*, Gorizia 1969; L. Bruti Liberati, *Il clero italiano nella Grande Guerra*, Editori Riuniti, Roma 1982.

re d'internamento particolare furono adottate nei confronti dei prigionieri di guerra austro-ungarici, quando si trattava di sloveni, tedeschi o croati originari delle terre su cui l'Italia voleva estendere il suo dominio. Essi vennero avviati in prigioni o campi speciali come quello di Nocera Umbra, per poi essere concentrati – a guerra conclusa – nei «campi di quarantena» di Forte Procolo (Verona), Gardolo (Trento), e San Giusto (Trieste). Successivamente, la maggior parte di essi venne trasferita sulle isole di Lipari e dell'Asinara o rinchiusa nei campi di concentramento operanti ad Altamura, Servigliano Marche, Nisida e Bagni di Comano[116].

Anche dopo la fine del conflitto, l'Italia internò i civili sloveni e croati – se ritenuti simpatizzanti del nuovo Stato jugoslavo – deportandoli in Sardegna, nelle isole del Quarnero e della Dalmazia, oppure nel campo di Gardolo, che sarebbe stato chiuso solo in seguito alle innumerevoli manifestazioni di protesta[117]. Nel dicembre 1918 le manifestazioni popolari e le denunce della stampa socialista indussero il commissariato civile ad allentare i rigori dell'internamento[118], e due mesi dopo, finalmente, si giunse al formale proscioglimento «di tutti i cittadini redenti di qualsiasi nazionalità già residenti nel territorio occupato, e da esso espulsi anteriormente al 3 novembre 1918»[119]. Ma – subordinato al possesso di un «nullaosta» difficilmente ottenibile – l'effettivo rilascio dai luoghi di deportazione avvenne, in realtà, con sorprendente lentezza[120], tant'è che il governo italiano, per il suo comportamento pretestuoso, venne attaccato ancora una volta dalla stampa estera. Solo grazie all'intervento di Francesco Saverio Nitti, allora neo-

[116] Particolarmente tristi furono le condizioni di vita degli internati dell'Asinara, dove le morti per colera si contarono a migliaia. Cfr. A. Visintin, *L'Italia a Trieste*, cit., pp. 181-85; M. Kacin Wohinz - J. Pirjevec, *Storia degli sloveni in Italia 1866-1998*, cit., p. 29.

[117] Cfr. G. Ghini - A. Dal Pont, *Gli antifascisti al confino 1926-1943*, cit., pp. 125 sgg.; R. Ursini-Uršic, *Attraverso Trieste. Un rivoluzionario pacifista in una città di frontiera*, Studio i, Roma 1996, p. 18.

[118] Cfr. A. Visintin, *L'Italia a Trieste*, cit., p. 178; M. Rossi, *Irredenti giuliani al fronte russo*, cit., p. 109.

[119] Telegramma sottocapo di Stato Maggiore dell'Esercito, generale Pietro Badoglio, del 7 febbraio 1919, cit. in A. Visintin, *L'Italia a Trieste*, cit., p. 178.

[120] I nullaosta tendevano «a ritardare il piú possibile il rientro di quanti apparivano un ostacolo, in un momento di delicata transizione, all'affermarsi del nuovo ordine statuale e politico nelle "terre redente"» (P. Malni, *Profughi e internati della Grande guerra*, in *Friuli e Venezia Giulia. Storia del '900*, cit., p. 133).

presidente del Consiglio, la situazione poté essere sbloccata. L'11 agosto 1919, Nitti invitò i commissari generali civili per la Venezia Giulia e la Venezia Tridentina e il governatore della Dalmazia a promuovere un sollecito «rimpatrio» degli internati a carico dei quali non risultavano particolari addebiti, dicendosi certo che l'Italia non avrebbe dovuto preoccuparsi dell'«ostilità di qualche elemento legato all'antico regime o simpatizzante, per ragioni di razza, con gli altri Stati»[121].

L'internamento dei civili nella Seconda guerra mondiale

Nel corso della Seconda guerra mondiale i vari Stati ricorsero ampiamente alla pratica dell'internamento. Lo fece persino la Svizzera, che pure era ufficialmente neutrale[122].

Va ricordato che nel 1929 – dopo le tragiche esperienze della guerra mondiale – la Conferenza diplomatica riunitasi a Ginevra per ratificare la Convenzione sui prigionieri di guerra, aveva significativamente menzionato l'unanime volontà dei partecipanti di intraprendere al piú presto «studi approfonditi in vista della conclusione di una convenzione internazionale concernente la condizione e la protezione dei civili di nazionalità nemica che si sarebbero potuti trovare sul territorio di uno Stato belligerante o su un territorio da esso occupato»[123]. Un proposito questo che venne sviluppato nel 1930 a Bruxelles, dove, nel corso della XIV Conferenza internazionale della Croce Rossa, fu costituito un comitato incaricato di elaborare un progetto di convenzione sull'internamento civile. Tale studio, noto come «Progetto di Tokyo» (perché presentato poi alla XV Conferenza internazionale della Croce

[121] Cit. in A. Visintin, *L'Italia a Trieste*, cit., p. 180. Tornando sull'argomento alcuni giorni dopo, il presidente Nitti affermava che «Solo la massima larghezza in tali provvedimenti potrebbe servire, sia a smentire le accuse che all'estero ci si muovono, sia a ricondurre nelle nuove province, con la pacificazione degli animi, la normalità della vita civile. Il ritorno alle loro case della maggior parte degli internati varrà, senza dubbio, a smentire le esagerate voci sparse circa gli internamenti, mentre il mantenere il provvedimento a carico di coloro che sono piú gravemente compromessi per la loro opera a noi ostile, servirà ad evitare che la revoca degli internamenti possa essere interpretata come atto di debolezza da parte nostra» (in C. Ghini e A. Dal Pont, *Gli antifascisti al confino 1926-1943*, cit., pp. 125 sgg.).

[122] Vennero colpiti gli oppositori del regime nazista e gli ebrei espulsi dalla Germania e dall'Austria: una decisione con la quale il governo elvetico sperava di tutelarsi nei confronti dei tedeschi, privandoli di un possibile pretesto per invadere il paese. Cfr. *Les interneés en Suisse. Tels qu'ils nous ont vous*, Les Éditions Labor, Genève 1940.

[123] *L'activité du CICR en faveur des détenus dans les Camps de concentration en Allemagne (1939-1945)*, Comité international de la Croix-Rouge, Genève 1947, p. 8.

Rossa riunitasi nel 1934 nella capitale giapponese), avrebbe dovuto essere discusso e ratificato a Ginevra nel 1940. Ma, il sopraggiungere repentino della Seconda guerra mondiale, impedí che ciò potesse avvenire[124].

Nel settembre 1939, perciò, allo scoppio della guerra centinaia di migliaia di civili si trovavano in territorio nemico privi di qualsiasi protezione convenzionale. Il Comitato internazionale della Croce Rossa – in mancanza di normative già in vigore – si preoccupò immediatamente di assicurare a questi individui uno *status* provvisorio, il piú liberale possibile. Cosicché, sin dal 4 settembre 1939, propose ai paesi belligeranti l'adozione temporanea (attraverso accordi bilaterali *ad hoc*) del «Progetto di Tokyo», oppure l'applicazione ai civili, per analogia, della Convenzione del 1929 relativa ai prigionieri di guerra, con l'eccezione – ovviamente – delle disposizioni che non fosse stato possibile applicare in ragione della natura stessa degli internati civili. La maggior parte degli Stati (alcuni con una dichiarazione formale, altri con un'applicazione di fatto) diedero il proprio assenso per la tutela dei civili internati, individuati dal Circ in due categorie:

1. civili di nazionalità nemica che, allo scoppio delle ostilità, si trovavano sul territorio di un paese belligerante;
2. civili appartenenti ad uno Stato militarmente occupato dal nemico.

Questa iniziativa fece fare un grande passo avanti all'azione umanitaria nei confronti degli internati civili nella Seconda guerra mondiale, rispetto a quella svoltasi negli anni 1914-18. Resta il fatto, però, che di norma la tutela della Croce Rossa – anche nel caso in cui veniva accordata dagli Stati – non riguardava gli «internati politici» o le altre categorie di civili a questi assimilate[125].

Per quanto riguarda l'Italia, il nostro paese aveva una rete di «campi» sul territorio (le colonie di confino) la cui realizzazione

[124] Cfr. il *memorandum* del Progetto di Tokyo in «Revue Internationale de la Croix-Rouge», XXI, settembre 1939, n. 249, pp. 741-48.

[125] Il Cicr dispose in favore degli internati un'azione assimilabile a quella svolta per i prigionieri di guerra: visite ai campi, ricevimento di elenchi ufficiali degli internati, inchieste, invio di soccorso, rimpatri, ecc. Inoltre cercò di stabilire una certa assimilazione con il trattamento dei prigionieri di guerra anche per gli internati militari presenti in paesi neutrali e per i rifugiati civili. Cfr. «Revue Internationale de la Croix-Rouge», XXV, febbraio 1943, n. 290, pp. 144-45.

era precedente allo scoppio della guerra. A partire dal giugno 1940, con il suo ingresso nella Seconda guerra mondiale, l'Italia adottò misure d'internamento civile sia nei confronti degli stranieri presenti nella penisola che dei connazionali ritenuti «pericolosi o sospetti». Con l'internamento degli stranieri (in particolare dei «sudditi nemici»), il governo fascista perseguiva quattro principali obiettivi: tutelare la sicurezza militare; evitare lo spionaggio; impedire l'«intelligenza» con gli oppositori politici interni e bloccare il rientro in patria di quanti fossero «atti a portare le armi», prevenendone cosí l'arruolamento. L'internamento dei civili italiani (che ufficialmente perseguiva finalità «di pubblica sicurezza») venne utilizzato, in realtà, come alternativa al confino di polizia per mettere al bando gli avversari veri o presunti del regime e, talvolta, gli stessi fascisti che si ponevano in posizioni di dissidenza rispetto alla linea del partito.

Come il confino, anche l'internamento civile si esplicò attraverso due opzioni. La prima – detta di *internamento libero* (o *in località*) – consisteva nell'obbligo di residenza in particolari località, generalmente piccoli centri posti nelle zone piú interne e disagiate della penisola. La seconda – l'*internamento in campi di concentramento* – prevedeva la costrizione degli internati in apposite strutture, che potevano essere costituite da edifici riadattati o da veri e propri campi a baraccamenti.

Di pari passo all'internamento «regolamentare» sin qui descritto come gestito dal ministero dell'Interno, l'Italia fascista praticò anche – specialmente nei territori occupati – un internamento civile «parallelo». Gestito generalmente dal Regio Esercito, questo internamento rappresentò la parte numericamente piú consistente dell'intero fenomeno, e – sul piano del diritto – la meno giustificabile, soprattutto per le dure condizioni di vita degli internati.

L'internamento dei prigionieri di guerra

«I prigionieri di guerra devono essere trattati e mantenuti con generosità»: cosí affermava Sun Tsu, già nel V secolo avanti Cristo, nel suo celebre *L'arte della guerra*[126]. Ma nell'antichità la regola non era la benevolenza del vincitore: i soldati nemici catturati, di norma, venivano uccisi o ridotti in schiavitú. Durante le

[126] Sun Tsu, *L'arte della guerra*, a cura di Huang Jialin e Luraghi, Ufficio Storico dello Stato Maggiore dell'Esercito, Roma 1990, p. 42.

guerre di conquista, erano spesso trasformati in schiavi non soltanto i guerrieri, ma persino le loro mogli e i loro figli. Poteva capitare, in tal modo, che divenissero schiavi gli abitanti di intere città sottomesse. Nell'ordinamento romano, il *miles* caduto in mano nemica perdeva automaticamente, insieme alla libertà, anche lo *status civitatis*; ridotto in schiavitú, esso poteva venire utilizzato in attività lavorative o addirittura essere posto in vendita. Perciò, per molti secoli, perdurò l'uso del pagamento di un riscatto onde ottenere la restituzione del prigioniero[127].

L'uccisione del nemico che avesse deposto le armi o manifestato la volontà di arrendersi, venne gradualmente vietata sotto l'influsso del Cristianesimo e il diffondersi delle regole della cavalleria. Con l'Illuminismo, si giunse a una svolta davvero decisiva: i prigionieri di guerra venivano considerati delle persone sfortunate e non piú dei criminali. La loro prigionia, di conseguenza, non equivaleva piú a una sanzione ma a una semplice misura cautelare adottata dallo Stato cattore[128].

La determinazione giuridica di uno status speciale per i soldati divenuti prigionieri – pietra miliare dello sviluppo della civiltà, al pari dell'abolizione della schiavitú – si ebbe solo nella seconda metà dell'Ottocento, con la codificazione di apposite norme e l'elaborazione di strumenti convenzionali internazionalmente condivisi. Fu il presidente Lincoln ad emanare le prime regole moderne per il trattamento dei prigionieri[129], nel corso della guerra di secessione. E nel 1864, durante lo svolgimento di quel conflitto, venne aperto ad Andersonville, in Georgia, quello che da molti viene considerato il «primo campo di concentramento della storia». Una struttura nella quale vi furono connessioni molto strette tra l'internamento dei soldati e quello dei civili[130]. Nello stesso

[127] La prassi consuetudinaria, tuttavia, elaborò anche altre modalità (in particolare lo *scambio* o il *rilascio* dei prigionieri *sulla parola*) che, man mano, contribuirono a superare la concezione economico-privatistica della prigionia di guerra. Cfr. A. F. Pansera, «*Prigionia di guerra*», in *Enciclopedia del Diritto*, Giuffrè Editore, Varese 1986, vol. XXXV, pp. 463-554.

[128] Cfr. V. Starace, «Prigionieri di guerra (diritto internazionale)», in *Nuovissimo Digesto Italiano*, Utet, Torino 1957, vol. XIII, pp. 853 sgg.

[129] Le cosiddette *Lieber's Instructions* del 1863.

[130] Quello di Andersonville (dove, in quindici mesi, persero la vita 13 000 reclusi nordisti) anticipò molte caratteristiche dei futuri campi di concentramento. Anzitutto le sofferenze e la morte diffusa, per stenti, degli internati. Cfr. R. Mitchell, *The American Civil War, 1861-1865*, Longman London - New York 2001 (trad. it. *La Guerra civile americana*, Il Mulino, Bologna 2003); J. M. MacPherson, *Drawn with the Sword: Reflections on the American Civil War*, Oxford University Press, New York 1996.

anno, a Ginevra le maggiori nazioni europee firmavano la prima di una serie di convenzioni internazionali (pietra miliare del cosiddetto diritto umanitario) volte alla definizione dello status e delle condizioni di vita dei militari fatti prigionieri[131].

Nei conflitti armati moderni, l'impiego di eserciti sempre piú grandi e agguerriti aumentò a dismisura il numero dei prigionieri; da qui la crescente necessità di un «internamento» capace di neutralizzare, per tutta la durata della guerra, i militari nemici catturati. E l'espressione «campo di concentramento», a partire dalla Grande Guerra, entrò sempre piú nell'uso (al posto di «campo di prigionia» o «campo d'internamento») per indicare i luoghi destinati alla detenzione cautelare dei militari nemici. Peraltro, i «campi di concentramento» per prigionieri di guerra della Prima guerra mondiale (in particolare quelli russi e tedeschi) si caratterizzarono per l'estrema disumanità del trattamento riservato ai reclusi[132]: frequente era la morte in massa, e le schiere spettrali di prigionieri rapati a zero sembravano anticipare di venticinque anni le immagini di annientamento dei campi nazisti e sovietici della Seconda guerra mondiale, sorti talvolta nelle stesse località[133].

Alla fine della Grande Guerra, a causa dell'enorme numero di soldati catturati durante il conflitto, fu posta con urgenza la necessità di un trattato internazionale sulla prigionia di guerra[134]. Su iniziativa della X e dell'XI Conferenza internazionale della Croce Rossa, tenutesi a Ginevra negli anni 1921 e 1923, fu elaborato un progetto di convenzione da sottoporre all'esame di una Conferenza diplomatica, che si tenne nella stessa Ginevra, il 27 luglio 1929. La delicata problematica relativa alla prigionia di guerra, precedentemente affrontata nell'ambito di strumenti normativi

[131] Cfr. G. Rochat, *La società dei Lager. Elementi generali della prigionia di guerra e peculiarità delle vicende italiane nella seconda guerra mondiale*, in *Fra sterminio e sfruttamento. Militari e prigionieri di guerra nella Germania nazista (1939-1945)*, a cura di N. Labanca, Le Lettere, Firenze 1992, p. 127.

[132] Sui campi di prigionia tedeschi e zaristi della Grande Guerra, cfr. C. Mullins, *The Leipzig Trials. An account of the war criminals' trials and a study of German mentality*, Witherby, London 1921; *Report of July 8, 1920 to the International Committee of the Red Cross by Elsa Brändström, Swedish Delegate of the Red Cross on the Situation of the Prisoners of War in Russia*, London s.d. (ma 1929).

[133] Cfr. O. Abel, *Les prisonniers de la Grande Guerre*, in «Guerres mondiales et conflits contemporains», luglio 1987, n. 7; A. Gibelli, *La grande guerra degli italiani*, Sansoni, Milano 1988, pp. 124 sgg.

[134] Ad esempio, 600 000 soldati italiani vennero fatti prigionieri, tra il 1915 e il 1918, dagli eserciti degli imperi centrali. Cfr. G. Procacci, *Soldati e prigionieri italiani nella Grande Guerra*, Bollati Boringhieri, Torino 2000, pp. 168 sgg.

concernenti il diritto bellico in generale[135], veniva cosí per la prima volta regolamentata da una Convenzione a essa specificamente dedicata[136].

Il testo della Convenzione prevedeva che i militari fatti prigionieri fossero internati in luoghi appositamente scelti (città, fortezze o località qualsiasi), oppure in «campi cintati», con l'obbligo di non allontanarsi oltre determinati limiti. E gli edifici o i baraccamenti nei quali venivano alloggiati i prigionieri avrebbero dovuto dare garanzia d'igiene e di salubrità, oltre che essere dotati di servizi essenziali come infermerie, spacci e bagni con docce[137]. Tuttavia, le garanzie previste dalla Convenzione «sulla carta» non sempre furono rispettate e riconosciute ai prigionieri nei fatti. In particolare durante la Seconda guerra mondiale, nella quale il diritto umanitario naufragò quasi completamente. Basti ricordare – è forse il caso piú emblematico – l'atroce destino dei soldati sovietici ammassati nei campi di concentramento nazisti[138]: nel solo campo-satellite di Birkenau (realizzato a tre chilometri da Auschwitz, in vista dell'attacco all'Unione Sovietica) ne furono internati senza tutela circa 15 000, nessuno dei quali si sarebbe salvato[139]. Sono ben documentate, inoltre, le sofferenze dei circa 650 000 soldati italiani deportati nel Terzo Reich, dopo gli avvenimenti dell'8 settembre 1943, come «internati militari» (*Italie-*

[135] Ci si riferisce qui, in particolare, alla prima e alla seconda Conferenza di pace tenutasi all'Aia, rispettivamente, nel 1899 e nel 1907, inerenti le leggi e i costumi della guerra terrestre. Cfr. F. Pansera, *Prigionia di guerra*, in *Enciclopedia del Diritto* cit., vol. XXXV, pp. 464-65.

[136] La Convenzione sul «Trattamento dei prigionieri di guerra», costituita da 97 articoli, fu firmata a Ginevra il 27 luglio 1929 dai rappresentanti di 47 stati. Cfr. *Convention relative au traitement des prisonniers de guerre signèe à Gèneve le 27 juillet 1929*, in *Société des Nations. Recueil des Traités*, 1931-1932, vol. CXVIII, pp. 344-411. La Convenzione è stata ratificata e resa esecutiva dal governo italiano con la legge 23 ottobre 1930, n. 1615. Il testo in italiano apparve sulla «Gazzetta Ufficiale» n. 243 del 16 ottobre 1940 (pp. 3820-29). La nuova convenzione si premurava di definire con precisione i suoi beneficiari: solo i «legittimi combattenti», in caso di cattura, potevano essere considerati «prigionieri di guerra». Cfr. G. Cansacchi, «Combattenti legittimi» in *Enciclopedia del Diritto*, cit., vol. VII, pp. 721 sgg.

[137] Cfr. *Convenzione di Ginevra relativa al trattamento dei prigionieri di guerra del 27 luglio 1929*, Sezione II, in «Rivista di Diritto internazionale»,1933, pp. 284 sgg.

[138] Si ritiene che il 58 per cento dei militari sovietici caduti in mano tedesca (3,3 milioni su 5,7) morí nel corso della prigionia (C. Streit, *Keine Kameraden*, Deutsche Verlag-Anstalt, Stuttgart 1975).

[139] Quello di Birkenau (detto anche Auschwitz II), realizzato nel marzo 1941, fu il piú grande fra tutti i complessi concentrazionari: in alcuni periodi vi vennero ammassate piú di 100 000 persone. Cfr. G. Gozzini, *La strada per Auschwitz. Documenti e interpretazioni sullo sterminio nazista*, Bruno Mondadori, Milano 1996.

nische Militär-Internierten, in sigla Imi) – qualifica priva di significato giuridico che, in concreto, li rendeva manodopera schiava[140]. Anche 180 000 prigionieri di guerra polacchi in mano ai russi, dal giugno 1941, vennero trattati da «internati» e non da prigionieri di guerra; e il nome Katyn ha ormai assunto un valore tristemente simbolico ed evocativo[141].

Il 24 giugno 1940, il ministro degli Affari Esteri Ciano cosí comunicava al presidente del Comitato internazionale della Croce Rossa:

> In riferimento alla vostra dell'11 corrente, indirizzata al Duce, vogliamo informarVi che la Croce Rossa italiana, in conformità con l'Art. 77 della Convenzione internazionale del 1929 relativa al trattamento dei prigionieri di guerra, ha già provveduto all'istituzione di un ufficio informazioni per quei prigionieri stranieri che si troveranno in territorio italiano...[142].

Ma, nei fatti, anche l'Italia durante l'ultimo conflitto mondiale violò frequentemente la Convenzione di Ginevra. Ad esempio con soldati e ufficiali del disciolto esercito jugoslavo, fermati dopo la cessazione delle ostilità e trattati da «internati civili»[143]. Stesso trattamento venne riservato dagli italiani agli ufficiali greci originari delle isole Jonie, arrestati «non per la loro qualità di combattenti, ma per l'attività politica da essi svolta», affidati in custodia all'autorità militare, quali semplici internati[144].

[140] Cfr. G. Schreiber, *I militari italiani internati nei campi di concentramento del Terzo Reich 1943-1945*, Ufficio Storico dello Sme, Roma 1992; *Fra sterminio e sfruttamento*, cit.; A. Natta, *L'altra Resistenza. I militari italiani internati in Germania*, cit.

[141] Nel bosco di Katyn (14 chilometri a ovest di Smolensk) sono stati riesumati i corpi di oltre 4000 ufficiali polacchi internati in Urss negli anni 1939-1940, provenienti probabilmente dal lager di Kozel'sk. Tale crimine, per lungo tempo, è stato attribuito ai nazisti. Cfr. D. Artico, *La strage di Katyn nella storiografia sovietica*, in «Italia Contemporanea», giugno 2001, n. 223, pp. 351-62.

[142] Cfr. «Revue Internationale de la Croix-Rouge», XXII, luglio 1940, n. 259, p. 525.

[143] Acs, Mi, Dgps, Dagr, Cat. Massime M4, f. 16 (Campi di concentramento), b. 110, s.f. 1 (Affari generali), ins 43, Promemoria della Croce Rossa italiana sugli internati civili stranieri e i prigionieri di guerra, 27 marzo 1943. Cfr. pure F. Potočnik, *Koncentracijsko taborisce Rab*, Lipa, Koper 1975 (trad. it. *Il campo di sterminio fascista: l'isola di Rab*, Anpi, Torino 1979, p. 21).

[144] Acs, Mi, Dgps, Dagr, Cat. Massime M4, b. 109, f. 16 (campi di concentramento), s.f. 1 (Affari generali), ins. 30 «internamento greci», Da Comando Supremo a Dgps del ministero dell'Interno, comunicazione del 23 marzo 1942, recante «Internamento in Italia di civili greci»; Acicr, G17/Italie, da Croce Rossa Italiana a Comitato internazionale di Ginevra, richiesta di ufficiali ellenici, 30 agosto 1941.

In Italia (considerando anche alcuni «campi contumaciali» e «campi-ospedale»), all'inizio del 1943 funzionarono 75 campi di concentramento per prigionieri di guerra[145]. Per alcuni periodi, alcuni di questi campi (come ad esempio Gonars, Cairo Montenotte, Fiume) vennero destinati agli internati civili. Altri, progettati per la prigionia di guerra, videro cambiata la propria destinazione d'uso nel corso della loro costruzione (tipico è il caso di Renicci, in Toscana)[146].

Alla vigilia dell'8 settembre 1943, nei campi italiani per prigionieri di guerra erano internati circa 70 000 militari alleati, distribuiti soprattutto nelle regioni piú settentrionali del paese[147]. Dagli studi disponibili e dai resoconti delle visite ai campi effettuate dalla Croce Rossa internazionale, risulta che, in linea di principio, nel trattamento dei militari nemici catturati le autorità italiane si richiamavano ai dettami della Convenzione di Ginevra. Tuttavia, tale richiamo non sempre venne rispettato nei fatti; anche perché – dalla seconda metà del 1942 – l'afflusso di prigionieri superò a tal punto le previsioni numeriche della vigilia da mettere fortemente in crisi un'organizzazione già, di per sé, molto deficitaria[148].

Particolarmente carenti (talvolta disastrose) furono le condizioni dei campi di transito situati in Libia e di quelli «di prima accoglienza» dell'Italia meridionale. Discrete erano invece le condizioni delle strutture «definitive», dislocate nell'Italia centro-settentrionale, che presentavano però notevoli differenze tra loro quanto ad alloggiamenti e condizioni di vita dei prigionieri – fra i quali, comunque, gli ufficiali ebbero sempre un trattamento privilegiato. In generale, dai rapporti redatti dai delegati della Croce Rossa, emerge una notevole differenza tra il trattamento concesso ai prigionieri britannici e francesi e quello riservato a jugo-

[145] Aussme, Fondo Diari Storici II Guerra Mondiale, Stato Maggiore del Regio Esercito, Diario Storico-Militare, Racc. 1243, Bimestre marzo-aprile 1943, *Situazione campi di concentramento p.g. al 31 Marzo 1943 XXI*.

[146] Cfr. le «schede» qui nella *Mappatura dei campi*.

[147] Cfr. M. Minardi, *L'orizzonte del campo. Prigionia e fuga dal campo PG 49 di Fontanellato (1943-44)*, Comune di Fontanellato - Editrice Mattioli, Fidenza 1995, p. 13.

[148] *Ibid.*; A. Brignone e N. Calvini, *Campo di concentramento n. 95 (1941-1945) Cairo Montenotte*, Arti Grafiche D. R. - Comune di Cairo Montenotte 1995; *Al di là del filo spinato. Prigionieri di guerra e profughi a Laterina (1940-1960)*, a cura di I. Biagianti, Comune di Laterina - Centro Editoriale Toscano, Firenze 2000; A. Marziali, *Vita quotidiana dei prigionieri di guerra britannici in Italia durante la Seconda guerra mondiale*, in «Storia e problemi contemporanei», 1977, n. 19, pp. 63-113.

slavi e greci. Questi ultimi, accolti solitamente in strutture precarie e fatiscenti, lamentarono spesso le violazioni degli articoli 36, 37, 38, 39, 40 e 41 della Convenzione di Ginevra[149]. Anche quando si trovavano con inglesi e americani negli stessi campi, la loro condizione risultava particolarmente penosa. Significativa, in tal senso, è la testimonianza di un prigioniero jugoslavo del campo n. 78, ubicato a Fonte d'Amore presso Sulmona:

> Per ben due anni siamo stati esclusi da ogni forma di vita civilizzata: solo umiliazioni, fame e sporcizia. Ma la malattia piú pericolosa che ci ha contagiati è stato il pessimismo; la sensazione costante che tutto fosse diretto contro noi jugoslavi... Una sensazione che difficilmente riuscivamo ad allontanare. I nostri «vicini di casa» – i prigionieri di guerra inglesi e americani internati nello stesso campo – attraverso il filo spinato che separava i diversi settori, potevano constatare «in diretta» la nostra disperata condizione ed hanno, perciò, suggerito al comando di offrire a noi jugoslavi una parte dei pacchi che giungevano loro. Ma, naturalmente, la proposta è stata rifiutata dagli italiani[150].

In generale, a parte qualche comportamento di tipo razzista nei confronti di indiani e sudafricani[151], l'atteggiamento degli italiani verso i prigionieri di guerra fu piuttosto corretto.

Sui prigionieri di guerra italiani in mano agli Alleati è disponibile ormai un'ampia bibliografia[152].

[149] Cfr., per esempio, Acicr, B. G.17/Italie, Aide-Mémoire des officiers yougoslaves prissoners de guerre, au camp Corte Maggiore (19 luglio 1941); Rapporto del capitano V. Budimir Simić al comandante del campo p.d.g. di Cortemaggiore, 11-9,1941; *Rapport sur le conditions de traitement des prisonniers de guerre britanniques en Italie, d'après les renseignements de notre Délégué au 3 décembre 1942*, 30 marzo 1942.

[150] I. Miclavec, *Skoti deset taborišč*, in «Borec», Ljubljana 1998, nn. 565-66, pp. 158-59. Quanto ai prigionieri di guerra greci in Italia, dal maggio 1941 all'aprile dell'anno successivo – per una serie di inadempienze e ostruzionismi – essi non poterono incontrare i rappresentanti della Croce Rossa Internazionale. «*Une telle situation ne peut se prolonger. Elle ridiculise le CICR aux yeux des PG grecs...*»: cosí protestava, il 14 aprile 1942, il responsabile del Servizio ellenico della Croce Rossa in una nota diretta al Comitato di Ginevra (Acicr, B. G.17/Italie, note du Service Hellenique sur les visites de camps de PG en Italie).

[151] Cfr. A. Marziali, *Vita quotidiana dei prigionieri di guerra britannici in Italia durante la seconda guerra mondiale*, cit., pp. 63-113.

[152] Si ricordano: J. L. Miège, *I prigionieri di guerra italiani in Africa del Nord*, in *I prigionieri militari italiani durante la seconda guerra mondiale*, a cura di R. Rainero, Marzorati, Milano 1985; F. Conti, *I prigionieri di guerra italiani* 1940-1945, Il Mulino, Bologna 1986; G. Tumiati, *Prigionieri nel Texas*, Mursia, Milano 1985; V. Zilli, *Gli italiani prigionieri di guerra in Urss*, in «Rivista di storia contemporanea», 1981, n. 2; P. S. Spadoni, *I prigionieri in Africa nella Seconda guerra mondiale*, in *Italia 1939-1945. Storia e Memoria*, a cura di A. L. Carlotti, prefazione di F. Della Peruta, Vita e Pensiero, Milano 1996.

3. *I campi*.

Campi «di concentramento» e campi «di internamento»

L'espressione «campo di concentramento», che riunisce in sé due termini appartenenti al vocabolario militare, «campo» e «concentramento», è entrata nel vocabolario dei paesi occidentali tra il 1914 e il 1918. Fu la Grande Guerra, infatti, a diffondere per il mondo il fenomeno concentrazionario nato, all'inizio del secolo, durante le guerre coloniali. I campi per civili e per prigionieri di guerra si moltiplicarono sempre piú, tanto che nel 1916 se ne contavano centinaia, non solo in Europa ma anche in Africa, India, Australia, Canada e persino in Giappone. I campi di concentramento della Prima guerra mondiale – prodotto imprevisto della «guerra totale» – seppure non paragonabili ai Lager e ai Gulag (che saranno concepiti con una precisa strategia di disumanizzazione e di annientamento), ne furono, in buona misura, il laboratorio, costituendo una tappa importante del percorso che condusse l'Europa dalle prigioni dell'Ottocento ai sistemi concentrazionari dei paesi totalitari del Novecento[153].

Il totalitarismo, «male nuovo» e tratto piú caratteristico della storia del XX secolo, ha potuto dominare su buona parte del mondo soprattutto attraverso l'utilizzazione sistematica dei campi di concentramento che, non a caso, sono stati definiti «il maggior marchio d'infamia del Novecento»[154]. Difatti, le immagini immediatamente evocate dall'espressione «campo di concentramento» sono, in primo luogo, quelle del *Lager* nazista e – forse in seconda battuta – quelle del *Gulag* stalinista[155].

[153] Cfr. E. Traverso, *La violenza nazista. Una genealogia*, Il Mulino, Bologna 2002, pp. 104-7.

[154] La definizione è di Andrei J. Kamiński, militante della Resistenza polacca deportato dai nazisti nei campi di Gross Rosen e Flossenbürg, e autore della prima storia comparata della forma-Lager: *Konzentrationslager 1896 bis heute. Eine Anslyse*, Kohlhammer, Stuttgart 1982 (trad. it. *I campi di concentramento dal 1896 a oggi. Storia, funzioni, tipologia*, Bollati Boringhieri, Torino 1997, p. 13). Importanti considerazioni sul rapporto tra totalitarismo e XX secolo in: T. Todorov, *Il secolo delle tenebre*, in aa. vv., *Storia, verità, giustizia. I crimini del XX secolo*, a cura di M. Flores, Bruno Mondadori, Milano 2001; W. Sofsky. *L'ordine del terrore. Il campo di concentramento*, cit.

[155] La sigla «Gulag» (acronimo di *Glavnoe Upravlenie Lagerei*, «Amministrazione centrale dei campi»), introdotta nel 1930 in sostituzione della precedente Gutl («Direzione centrale dei campi di rieducazione al lavoro»), è utilizzata ormai comunemente per indicare i campi di concentramento sovietici.

I campi di concentramento – sostiene Hannah Arendt – sono serviti al totalitarismo quali «laboratori per la verifica della sua pretesa di dominio assoluto sull'uomo», divenendo ben presto l'«istituzione centrale del potere totalitario»[156]. David Rousset, sopravvissuto ai campi di Buchenwald e Neuengamme, coniò l'efficace definizione di «universo concentrazionario» – divenuta di uso comune in seguito alla pubblicazione della sua opera omonima nel 1946[157] – per indicare che i campi nazisti non furono un semplice strumento di repressione, ma un vero e proprio «universo separato», un «mondo a parte» retto da proprie terribili e particolarissime leggi[158]. La nozione di «universo concentrazionario» lasciava intendere, d'altra parte, che possono anche esserci dei campi che non fanno parte di un «sistema»; e che quindi l'esistenza di campi, in un dato momento della storia di un paese, di per sé, non costituisce la prova dell'esistenza di un sistema concentrazionario[159].

L'espressione «campo di concentramento», sostiene giustamente Annette Wieviorka, «è troppo erratica per permetterci di comprendere dei fenomeni differenti. La volontà di far convenire in una definizione precostituita avvenimenti di natura diversa, obbedienti a delle logiche differenti, rischia in sostanza di interdire la stessa intelligenza degli storici»[160]. Certo è che, dalla Seconda guerra mondiale in poi, tale espressione ha veicolato, sempre piú, idee di sopraffazione, schiavitú e morte violenta dell'individuo, divenendo, per cosí dire, «una parola malata». Del resto, la proclamazione dell'*unicità*, che ha conferito ad Auschwitz il valore simbolico di uno standard negativo, non poteva non interferire col significato stesso dell'espressione «campo di concentra-

[156] H. Arendt, *Le origini del totalitarismo*, cit., pp. 599-600.

[157] D. Rousset, *L'Univers concentrationnaire*, Éditions du Pavois, Paris 1946 (trad. it. *L'universo concentrazionario*, Baldini&Castoldi, Milano 1997). L'opera fu pubblicata in italiano da Longanesi, nel 1947, con il titolo semanticamente inadeguato di *Dio è caporale*: cfr. A. V. Sullam Calimani, *I nomi dello sterminio*, cit., p. 30.

[158] Cfr. A. Wieviorka, *L'expression «camp de concentration»*, in «Vingtième Siécle», aprile-giugno 1997, n. 54, pp. 9-10.

[159] Cfr. A. J. Kamiński, *I campi di concentramento dal 1896 ad oggi*, cit., p. 260; A. Wieviorka, *L'expression «camp de concentration»*, cit., p. 10. Rousset, alcuni anni dopo, si interrogò sui campi di concentramento realizzati da altri sistemi dittatoriali (in primo luogo quello sovietico e maoista) e costituí una commissione internazionale sui campi concentrazionari.

[160] A. Wieviorka, *L'expression «camp de concentration»*, cit., p. 12.

mento». Che, ancora oggi, si correla a un concetto piuttosto nebuloso, ambiguo, abusato[161].

Credo, perciò, che siano qui opportune due considerazioni:

a) Ciò che identifica un «campo di concentramento» è la presenza di uno spazio deputato ad accogliere dei civili segregati attraverso una decisione amministrativa, sia essa civile o militare[162]. È evidente, perciò, che qualsiasi luogo che risponda a queste caratteristiche potrà essere considerato quale «campo di concentramento», indipendentemente dalla specifica tipologia delle sue strutture fisiche (un terreno cintato, un edificio, o quant'altro), o dal fatto che esso, ufficialmente, venga denominato in modo differente. Posto ciò, ritengo che anche le colonie di confino istituite dal regime fascista debbano essere assimilate ai campi di concentramento: sono state, infatti, a tutti gli effetti i campi di concentramento «metropolitani» dell'anteguerra;

b) La condizione senza dubbio fondamentale, che, cioè, le persone rinchiuse in un «campo» vi siano state costrette con l'abuso e in spregio alla legalità, ci dovrebbe consigliare di distinguere i campi «di concentramento» dai campi «di internamento». Nel campo d'internamento propriamente detto, infatti, gli individui reclusi, seppure privati della libertà, lo sono sulla base di motivazioni che, in genere, costituiscono la giustificazione temporanea di quell'abuso.

Definire in modo non generico le strutture nelle quali un internamento si realizza serve non solo per la corretta identificazione del «campo» in questione, ma anche per la comprensione del tipo di procedimento amministrativo cui sono stati sottoposti i relativi internati. In tal modo si rende chiaramente visibile, tra l'altro, l'incompatibilità (che pure ha avuto non poche eccezioni[163]) tra «campi di concentramento» veri e propri e stato di diritto: in democrazia non dovrebbero esistere altro che campi «legali e prov-

[161] Cfr. G. Gozzini, *Lager e Gulag: quale comparazione?*, cit.; Kotek e Rigoulot, *Il secolo dei campi*, cit.

[162] Il fatto che la decisione dell'internamento sia stata presa con provvedimento amministrativo non è di poco conto, ma fondamentale: non sarebbe possibile, altrimenti, distinguere tra campi e prigioni. «Le deviazioni da tale norma nella Russia staliniana – ha scritto Hannah Arendt – devono essere attribuite alla disastrosa scarsità di prigioni e forse anche al desiderio, rimasto irrealizzato, di trasformare l'intero sistema giudiziario in un sistema di campi di concentramento (*Le origini del totalitarismo*, cit., pp. 612-13).

[163] Cfr., per esempio, D. Cesarani, *Camps de la mort, camps de concentration et camps d'internement dans la mémoire collective britannique*, cit., pp. 20-23.

visori», nei quali la segregazione degli individui sia giustificata da situazioni assolutamente contingenti e transitorie[164]. In linea di principio, quindi, la presenza di «campi» in un sistema democratico non comporta, di per sé, un atto arbitrario o illegittimo, a condizione che tali strutture siano effettivamente «di internamento», cioè provvisorie e soggette a delle norme di garanzia.

Tuttavia, nell'uso corrente, le espressioni «campo di concentramento» e «campo d'internamento» sono state usate come sinonimo e ancora oggi, in buona misura, continuano a esserlo[165]. Per il dizionario francese *Nouveau Petit Larousse illustré* (edizione 1949), ad esempio, il «campo di concentramento» era un «luogo in cui, in tempo di guerra, si rinchiudono i cittadini civili dei paesi nemici»[166]: una definizione che, in realtà, indicava i campi «di internamento». Anni dopo, uno dei maggiori specialisti del sistema concentrazionario nazista, Olga Wormser-Migot, è insorta contro la definizione di «campo di concentramento» del dizionario *Petit Robert*, giudicata dalla storica «incompleta e tendenziosa»[167].

Nel dopoguerra – non soltanto in Francia – si continuò sostanzialmente a non fare distinzioni tra i differenti tipi di campi. Fatto questo che, in alcuni casi, è avvenuto in modo intenzionale, col preciso scopo di mascherare l'essenza prettamente illegale dei veri e propri campi di concentramento dei regimi totalitari, definendoli piú blandamente campi «di internamento», «di lavoro», «di rieducazione» o, semplicemente, «campi»[168]. Ciò, ad esempio, è avvenuto in Polonia nel dicembre 1981, quando la giunta mili-

[164] Come, ad esempio, lo stato di guerra, allorché le nazioni hanno il potere (o il dovere giuridico) di procedere all'internamento di determinate categorie di civili. Cfr., per esempio, la voce «internamento» in *Lessico universale italiano*, Istituto dell'Enciclopedia Italiana, Roma 1972, pp. 506-7.

[165] Cfr. A. J. Kamiński, *I campi di concentramento dal 1896 a oggi*, cit., pp. 15, 43, 287. Cfr. pure, ad esempio, la voce «internare» del *Grande dizionario italiano dell'uso*, Utet, Torino 1999, p. 678.

[166] Segnalato in A. J. Kamiński, *I campi di concentramento dal 1896 a oggi. Storia, funzioni, tipologia*, cit., p. 15 nota 5.

[167] «Un lieu où l'on groupe, en temps de guerre ou de troubles politiques, sous la surveillance des autorités de guerre militaires ou policières, les suspects, les étrangers, les nationaux ennemis». L'episodio è citato da Annette Wieviorka in *L'expression «camp de concentration»*, cit., p. 8.

[168] «Specialmente nel regime staliniano – rammenta Hannah Arendt – i campi di concentramento erano per lo piú descritti come campi di lavoro coatto perché la burocrazia aveva voluto nobilitarli con tale nome, era chiaro che non si trattava di questo; il lavoro coatto era la condizione normale di tutti i lavoratori russi, che non avevano libertà di spostamento e ad ogni istante potevano essere arbitrariamente mobilitati per l'invio in qualsiasi luogo...» (H. Arendt, *Le origini del totalitarismo*, cit., pp. 608-9).

tare comunista rinchiuse decine di migliaia di oppositori in quelli che essa chiamò «campi di internamento»: definizione impropria e fuorviante, che venne tuttavia accettata senza obiezioni anche in Occidente[169].

I casi di adozione di definizioni improprie si possono contare a dozzine. È auspicabile perciò che – attraverso una rigorosa concettualizzazione delle categorie – si giunga a rimarcare chiaramente, con le denominazioni appropriate, almeno una distinzione fondamentale: quella, cioè, che separa le strutture d'internamento basate sul sopruso e sulla negazione dei diritti dell'uomo, da quelle che – pur presentando talvolta aspetti negativi e deprecabili – conservano tuttavia un margine di giustificazione formale e di legalità. Gli studi storici e comparativi sui campi – questa nuova area che si sta aprendo alla ricerca – non potranno certo continuare ancora per molto a basarsi su approssimazioni lessicali ormai francamente insufficienti.

I campi coloniali

Storicamente, i primi campi non furono quelli «concentrazionari» nazisti e sovietici, bensí quelli «coloniali», spagnoli, americani e inglesi. Realizzati nel corso di guerre coloniali per rinchiudervi i familiari e i probabili fiancheggiatori dei combattenti avversari[170], tali strutture non assomigliavano affatto ai famigerati campi russi o tedeschi. Anzi – a fronte delle dimensioni, della crudeltà e della durata nel tempo del Gulag e del Lager – se non fosse per la loro primogenitura, i campi coloniali ci apparirebbero oggi come un episodio del tutto secondario.

I primi campi del genere furono realizzati nel 1896 a Cuba, dove da un anno era in corso una rivolta contro la Spagna, contrastata da Valeriano Weyler y Nicolau, un generale di origine prussiana ch'era stato nominato governatore dell'isola dagli spagnoli[171]. Appena giunto all'Avana Weyler ordinò che, entro il termine di otto giorni, tutti i contadini non desiderosi di essere trattati co-

[169] Cfr. A. J. Kamiński, *I campi di concentramento dal 1896 a oggi*, cit., p. 15 nota 5.

[170] Sarebbe forse corretto individuare nelle prime strutture di concentramento quelli che Kamiński definisce *Geisellager*, cioè «campi per ostaggi» (*I campi di concentramento dal 1896 a oggi*, cit., p. 42).

[171] Nato a Palma di Maiorca il 17 settembre 1838, tra il 1901 e il 1907, Weyler y Nicolau fu per ben tre volte ministro della guerra del Regno di Spagna.

me insorti «si riconcentrassero» in «campi fortificati»[172], strutture che, in seguito, sarebbero state definite da altri *campos de concentración*[173]. Gli americani – che pure avevano definito Weyler y Nicolau «un macellaio» – nel 1900, finirono col riproporre i suoi metodi nelle Filippine. Gli inglesi – ma non per primi, come spesso viene erroneamente riportato – realizzarono, durante la guerra anglo-boera in Sudafrica, strutture di questo tipo, nelle quali trovarono la morte tra i 20 e i 28 000 internati[174].

Anche l'Italia espresse un suo «colonialismo concentrazionario». Nell'estate del 1930, dopo quasi quattro anni di guerra, il generale Rodolfo Graziani portò infatti a termine la «pacificazione» della Libia con la deportazione e l'internamento di circa centomila civili (appartenenti alle popolazioni seminomadi del Gebel, della Marmarica e del territorio degli Aughiar), costringendoli a vegetare, insieme a 200 000 capi di bestiame, dietro il filo spinato di 15 tendopoli impiantate nella Sirtide[175].

El-Agheila, Marsa el-Brega, Agedabia, Sidi Ahmed el-Magrun, Soluch, Ain Gazala, el-Abiar... sono i nomi di alcuni degli enormi *Lager* italiani, i maggiori dei quali arrivavano a contenere addirittura ventimila tende. Il campo di el-Agheila, nel quale erano stati concentrati i familiari dei guerriglieri, fu quello dalle condizioni di vita piú dure. Vi persero la vita migliaia di libici, «morti di stenti, fucilati per le infrazioni piú banali ai regolamenti italiani, uccisi dalle malattie che colpivano l'anomalo concentramento forzato di nomadi. Altri erano morti prima, nello spostamento del-

[172] Cfr. J. Terrero, *Historia de España*, Editorial Ramón Sopena, Barcelona 1972, p. 545.

[173] Cfr. M. A. Fernandéz, in *Nueva Historia de España* (18 voll.), Edarf Ediciones, Madrid 1974, vol. XVI, p. 117; R. I. Canosa, *La reconcentración 1896-1897*, Verde Olivo, La Habana 1997.

[174] Le terribili condizioni dei campi coloniali britannici furono denunciate, in modo particolare, dalla filantropa Emily Hobhouse (1860-1926), che visitò i campi in questione nel dicembre 1900 e nell'ottobre del 1901. Cfr. E. Hobhouse, *Report of a visit to the Camps of Women and Children in the Cape and Orange River Colonies*, Friars Printing Association, London 1901; B. Bianchi, *Deportazione e memoria femminile. La Guerra del Sud Africa (1899-1902)*, in «Rassegna Italiana di Sociologia», XLII, 2001, n. 3, pp. 423-39; cfr. T. Pakenham, *The Boer War*, Abacus, London 1994. Nel parlamento britannico la denuncia contro i «*laagers*» fu condotta soprattutto dai deputati liberali Lloyd George e John Ellis.

[175] Cfr. E. Salerno, *Genocidio in Libia. Le atrocità nascoste dell'avventura coloniale 1911/1931*, SugarCo, Milano 1979; G. Rochat, *La repressione della resistenza in Cirenaica (1927-1931)*, in *Omar al Mukhtar e la riconquista fascista della Libia*, cit., pp. 53-189; A. Del Boca, *Gli italiani in Libia. Dal fascismo a Gheddafi*, Laterza, Roma-Bari 1988; G. Ottolenghi, *Gli italiani e il colonialismo. I campi di detenzione italiani in Africa*, SugarCo, Milano 1997; R. Graziani, *Cirenaica pacificata*, Mondadori, Milano 1932.

le popolazioni da una parte all'altra dell'immenso paese. I prigionieri avevano razioni da fame: mezzo chilo di riso per cinque persone, cento grammi di riso al giorno...»[176]. Nel settembre 1931, proprio sul piazzale del campo di concentramento di Soluch venne impiccato Omar al-Mukhtar, il temutissimo capo della resistenza anti-italiana.

La segregazione nei campi della Sirtide, durata pressappoco tre anni, si concluse nel settembre del 1933: dei 100 000 deportati, costretti all'inanizione o sottoposti al lavoro coatto, rimasero in vita meno di 60 000[177]. Per gli storici del regime quei campi rappresentarono «una grande e singolare impresa»[178], ma dalla stampa e dall'opinione pubblica internazionale vennero bollati come «una visione da incubo»[179]. I loro nomi, tuttavia, suonano ancora oggi come «sconosciuti e distanti alla coscienza civile degli italiani»[180].

[176] E. Salerno, *Genocidio in Libia*, cit. Cfr. pure N. Labanca, *L'internamento coloniale italiano*, in *I campi di concentramento in Italia. Dall'internamento alla deportazione (1940-1945)*, cit., pp. 40-67; *La menzogna della razza. Documenti e immagini del razzismo e dell'antisemitismo fascista*, a cura del Centro Furio Jesi, Grafis, Bologna 1994, pp. 276-79.

[177] A. Del Boca, *Gli italiani in Libia*, cit.

[178] R. Sertoli Salis, *Storia e politica coloniale italiana*, Principato, Messina-Milano 1936, pp. 250-52.

[179] M.-E. De Bonneuil, *Vers la farouche Senoussi*, in «L'Illustration», 4 novembre 1933.

[180] Cosí scriveva Enzo Santarelli nel 1967; ma tale assunto, in buona parte, rimane ancora attuale. Cfr. *Storia del fascismo*, Roma 1973, vol. II, pp. 71-74.

Capitolo secondo

La macchina burocratica

1. *L'internamento civile regolamentare.*

Gli adempimenti tecnici e normativi finalizzati alla regolamentazione dell'internamento dei civili, erano stati avviati dal governo italiano intorno alla metà degli anni Venti, in stretta connessione con gli altri preparativi intrapresi in vista di un possibile ingresso in guerra[1]. È datato giugno 1925, infatti, il «Piano generale di organizzazione della nazione per la guerra», nel quale cominciano a essere delineati i termini della mobilitazione militare e di quella civile che saranno ulteriormente disciplinate negli anni successivi[2].

Nel 1929, presso ogni prefettura italiana venne istituita una *Anagrafe delle persone sospette in linea politica*, nella quale figuravano i nomi dei cittadini da arrestare in caso di «particolari contingenze», quali le visite dei gerarchi, le manifestazioni patriottiche, i momenti di particolari tensioni sociali e, ovviamente, lo stato di guerra. Gli schedari provinciali – aggiornati e perfezionati su incessante sollecitazione ministeriale di modo che si potesse «in qualunque evenienza, provvedere senza alcun indugio, nei confronti degli individui di che trattasi...»[3] – facevano capo al Casel-

[1] Cfr. G. Antoniani Persichilli, *Disposizioni normative e fonti archivistiche per lo studio dell'internamento in Italia (giugno 1940 - luglio 1943)*, in «Rassegna degli Archivi di Stato», XXXVIII, 1978, n. 1-3, pp. 77-96.

[2] La prima disciplina della «mobilitazione civile» (un complesso di misure riguardanti vari settori della società) si ebbe con la legge 8 giugno 1925, n. 969. L'art. 3 del r.d.l. 15 ottobre 1925 n. 2281 regolamentava, poi, il «Comitato per la mobilitazione civile», che costituiva uno degli organi consultivi della «Commissione suprema di difesa» (istituita nel 1923), preposta all'organizzazione della nazione per la guerra. A essi fece seguito, in particolare, la legge 14 dicembre 1931, n. 1699, integrata – per le esigenze belliche – dal r.d.l. 5 settembre 1938 n. 1731 e dal bando del duce del 22 marzo 1941. Cfr. G. Dallari, *«Mobilitazione civile»*, in *Enciclopedia del Diritto*, Giuffré Editore, Varese 1976, vol. XXVI, pp. 665-70.

[3] Cosí la circolare inviata dal ministero dell'Interno ai prefetti il 21 gennaio 1936: in Acs, Mi, Dgps, Dagr, Cat. Massime M4, f. 1, b. 98. Anche in G. Antoniani Persichilli, *Disposizioni normative e fonti archivistiche per lo studio dell'internamento in Italia (giugno 1940- luglio 1943)*, cit., p. 80, e S. Carolini (a cura di), *«Pericolosi nelle contingenze belliche». Glin internati dal 1940 al 1943*, Anppia, Roma 1987, pp. 350-51.

lario politico centrale, che era uno speciale strumento creato nel 1894 per il controllo dei «sovversivi»[4].

Nel 1930, il ministero della Guerra diede avvio al lavoro preparatorio per l'individuazione delle misure da adottare – in caso di mobilitazione – nei confronti degli «agenti accertati o sospetti di spionaggio» e dei «provocatori al servizio di altre nazioni capaci di esercitare propaganda anti-italiana o di arrecare danno alle forze armate»[5]. Tre anni dopo, per disposizione del ministero dell'Interno, su tutto il territorio nazionale sarebbero iniziate le ricerche per il reperimento di strutture o luoghi che fossero idonei all'installazione di «campi di concentramento»[6]. L'intenzione prevalente era quella di utilizzare edifici già esistenti, sia di proprietà pubblica che privata (normali abitazioni, ville, castelli, opifici, ex conventi, ecc.), limitando a pochi casi la realizzazione *ad hoc* di veri e propri campi a baraccamenti[7].

Nel maggio del 1936 il ministero della Guerra forní indicazioni dettagliate sui criteri generali relativi all'istituzione dei campi e all'individuazione delle persone da internare; nella sostanza, tali indicazioni prevedevano:

a) che i campi fossero preferibilmente ubicati nelle province di Perugia, Macerata, Ascoli Piceno, Aquila e Avellino;

b) che il loro numero, inizialmente, si limitasse a un massimo di tre;

c) che ciascun campo accogliesse non piú di 1000/1500 internati;

d) che, oltre agli oppositori politici (già confinati o ancora da fermare), fossero da internare anche le «spie accertate»;

[4] Dopo l'approvazione delle Leggi di P. S. del 1926 e la creazione dell'Ovra, il «Casellario» era divenuto un vero e proprio ufficio alle dipendenze della I Sezione della Dagr del ministero dell'Interno. Cfr. G. Tosatti, *Il ministero dell'Interno: le origini del Casellario politico centrale*, in *Le riforme crispine*, I, *Amministrazione statale*, Giuffrè, Milano 1990; Idem, *L'anagrafe dei sovversivi italiani: origini e storia del Casellario politico centrale*, in «Le carte e la storia», 1977, n. 2, pp. 133-50; P. Carucci, *L'organizzazione dei servizi di Polizia dopo l'approvazione del Testo Unico delle leggi di P.S. nel 1926*, in «Rassegna degli Archivi di Stato», XXXVI, 1976, n. 1, pp. 84-114; *Antifascisti nel Casellario politico centrale*, a cura di A. Dal Pont, S. Carolini, L. Martucci e altri, Quaderno n. 1, Anppia, Roma 1988, pp. 9-23.

[5] Cfr. G. Tosatti, *Gli internati civili in Italia nella documentazione dell'Archivio centrale dello stato*, in *Una storia di tutti. Prigionieri, internati, deportati italiani nella seconda guerra mondiale*, Atti del Convegno Torino 2-4 novembre 1987, Angeli, Milano 1989, pp. 35-50.

[6] Inizialmente se ne occupò Ercole Conti, già responsabile dell'acquartieramento in Italia dei nazionalisti croati protetti dal governo fascista. Cfr. Acs, Mi, Dgps, Archivio dell'ispettore E. Conti, b. 18, f. «Ricerche di località per campi di concentramento».

[7] *Ibid.*

e) che l'internamento rientrasse tra le competenze del ministero dell'Interno[8].

In merito ai provvedimenti da adottare «caso per caso ed al momento voluto» nei confronti delle persone in oggetto, il 31 gennaio dello stesso anno si era espresso il Sim (*Servizio informazioni militari*). Il quale, dopo un lungo lavoro di elaborazione durato sei anni, aveva stabilito le circostanze in cui si dovesse ricorrere all'arresto, all'internamento, o – nel caso degli stranieri – all'espulsione dal Regno. Dal termine «mobilitazione» derivò allora lo «Schedario M», nel quale, per ognuno dei nominativi, erano indicati i provvedimenti da adottare all'occorrenza[9].

Civili stranieri Nel luglio del 1938, la possibilità di internare i cittadini dei paesi belligeranti contro l'Italia fu ufficialmente contemplata dai *Testi della Legge di guerra e della Legge di neutralità*[10], che conferiva al ministero dell'Interno – e per estensione ai prefetti – la facoltà di «disporre l'internamento dei sudditi nemici atti a portare le armi» o che potessero «svolgere attività dannosa per lo Stato». Il testo, inoltre, demandava a un apposito decreto del duce tutto ciò che riguardava il trattamento degli internati.

Il controllo sugli stranieri presenti in Italia era tradizionalmente svolto dal ministero dell'Interno. Già dalla fine del 1914, la Direzione generale di pubblica sicurezza aveva approntato un primo schedario centrale relativo agli «stranieri sospettati di spionaggio». L'anno successivo esso sarebbe divenuto l'*Anagrafe centrale degli stranieri*, una nutrita banca-dati relativa agli spostamenti e ai comportamenti dei non italiani presenti nel Regno, realizzata sulla base delle notizie trasmesse a Roma dalle prefetture. Trascurata dopo la fine della Grande Guerra, l'*Anagrafe* tornò a essere aggiornata con regolarità a partire dal 1929, divenendo in breve tempo uno dei piú importanti strumenti di vigilanza politica del ministe-

[8] Acs, Mi, Dgps, Dagr, Cat. Massime M4, b. 98, f. 1 (Provvedimenti di carattere politico-militare da adottare all'atto della mobilitazione). Cfr. pure G. Antoniani Persichilli, *Disposizioni normative e fonti archivistiche per lo studio dell'internamento in Italia*, cit., p. 80, nota 4.

[9] Circolare del Sim n. 3/227 del 31 gennaio 1936, cit. in G. Antoniani Persichilli, *Disposizioni normative e fonti archivistiche per lo studio dell'internamento in Italia (giugno 1940 - luglio 1943)*, cit., p. 80. Cfr. pure G. Tosatti, *Gli internati civili in Italia nella documentazione dell'Archivio Centrale dello Stato*, cit., p. 36.

[10] R.d. 8 luglio 1938 n. 1415, in Supplemento alla «Gazzetta Ufficiale» del 15 settembre 1938, n. 211 (cfr., in particolare, gli articoli 284, 286 e 289).

ro dell'Interno[11]. Il compito di occuparsi degli stranieri (ingressi, soggiorni, respingimenti, espulsioni, ecc.) spettò alla Divisione affari generali e riservati (Terza Sezione della Direzione generale della pubblica sicurezza) che svolgeva anche il servizio investigativo relativo al controspionaggio militare[12].

Di fatto, l'internamento degli stranieri cominciò a essere attuato solo dopo l'emanazione del decreto sull'*Applicazione della Legge di Guerra nei territori dello Stato*, che rese operante la giurisdizione bellica a partire dalle ore ventiquattro del 10 giugno 1940[13].

Civili italiani Mentre l'internamento dei «sudditi nemici» era regolato dalle *Leggi di guerra*, quello degli italiani ritenuti pericolosi o sospetti (gli «internati per motivi di polizia») si appoggiò, invece, al *Testo Unico delle Leggi di Pubblica Sicurezza*. Ciò fu reso possibile grazie ad alcuni «aggiustamenti» apportati a quest'ultimo da un decreto del 17 settembre 1940[14], che conferirono all'internamento anche un carattere di «misura preventiva». Di fatto, esso fu un formidabile strumento repressivo, da adottare contro quegli italiani (ma in alcuni casi anche contro civili stranieri) per i quali era già possibile l'invio al confino[15].

Questo tipo di internamento, in realtà, fu applicato per via amministrativa già dai primi giorni dell'entrata in guerra dell'Italia (piú di tre mesi prima, quindi, dell'emanazione del decreto 17 settembre 1940 che gli avrebbe conferito copertura legale), grazie ad

[11] «L'*Anagrafe centrale degli stranieri* era uno strumento di controllo permanente dal quale poter desumere – come ha scritto Giovanna Tosatti – oltre i necessari dati statistici, tutte le notizie occorrenti per il servizio di pubblica sicurezza e di vigilanza politica» (*Gli internati civili in Italia nella documentazione dell'Archivio Centrale dello Stato*, cit., p. 41). Secondo la circolare n. 443/20030 emanata dal ministero dell'Interno il 1° dicembre 1929, dovevano essere registrati all'*Anagrafe* «tutti gli stranieri residenti nel Regno, secondo la propria nazionalità, specialità e motivo della loro presenza».

[12] Nell'ottobre 1942 i Servizi di controspionaggio (che disponevano di 16 Centri dislocati nelle principali città italiane) vennero accorpati in un organismo unico, il Sim (*Servizio Informazioni Militari*), diretto dal colonnello Cesare Amé. Cfr. C. Amé, *Guerra segreta in Italia (1940-43)*, Casini Editore, Roma 1954.

[13] R.d. 10 giugno 1940 n. 566, apparso sulla «Gazzetta Ufficiale», 15 giugno 1940, n. 140.

[14] R.d.l. 17 settembre 1940 n. 1374 (*Modificazioni ed aggiunte al Testo Unico delle Leggi di P. S. per il periodo dell'attuale stato di guerra*), in «Gazzetta Ufficiale», 12 ottobre 1940 n. 240.

[15] Ci si riferisce qui a coloro i quali venivano considerati «pericolosi alla sicurezza pubblica» dall'art. 181 del Testo Unico delle Leggi di Pubblica sicurezza (r.d. 18 giugno 1931, n. 773).

una circolare inviata dal ministero dell'Interno il 1° giugno 1940, nella quale si diceva:

> Appena dichiarato lo stato di guerra dovranno essere arrestate e tradotte in carcere le persone pericolosissime sia italiane che straniere di qualsiasi razza, capaci turbare ordine pubblico aut commettere sabotaggi o attentati nonché le persone italiane aut straniere segnalate dai centri di controspionaggio per l'immediato internamento[16].

La circolare raccomandava, inoltre, che gli arresti venissero eseguiti «con il massimo ordine et senza destare allarmismi», in modo da dare l'impressione che ogni singolo provvedimento avesse come obiettivo «casi isolati di effettiva pericolosità», e non rispondesse, invece, a disposizioni di ordine piú generale.

Una successiva circolare – emanata dal ministero dell'Interno a soli due giorni dall'entrata in guerra dell'Italia – forní alle autorità periferiche le «prescrizioni» per i «campi di concentramento e le località di internamento»[17]. In esse veniva disposto l'obbligo di effettuare tre appelli giornalieri, tenere registri e fascicoli personali degli internati, e stabilire il perimetro entro il quale essi potevano circolare durante l'eventuale orario di «libera uscita».

Fu attraverso tali disposizioni amministrative che, da provvedimento cautelare rivolto essenzialmente al controllo dei «sudditi nemici», l'internamento civile divenne in Italia anche uno strumento di polizia finalizzato alla repressione dell'opposizione politica e sociale.

Che si trovassero in «campi di concentramento» o fossero nella condizione di «internati liberi», tra i civili internati dal ministero dell'Interno erano riscontrabili, dunque, due status ben distinti: da un lato figuravano gli *internati per motivi di guerra*, cioè i civili stranieri la cui pericolosità era riconducibile al fatto di essere «nemici»; dall'altro gli *internati per motivi di polizia* (o di *pubblica sicurezza*), in gran parte italiani, che per la loro «pericolosità» venivano internati alla stregua dei civili nemici.

Per entrambi, la condizione di internamento determinò la per-

[16] Circolare n. 442/38954, dal ministero dell'Interno il 1° giugno 1940 a prefetti del Regno e questore di Roma (in Acs, Mi, Dgps, Dagr, Cat. A5G - II Guerra Mondiale, f. 1, «Disposizioni varie - Circolari»).

[17] Circolare n. 442/12267, dal ministero dell'Interno l'8 giugno 1940 a prefetti del Regno e questore di Roma (in Acs, Mi, Dgps, Dagr, Cat. A5G - II Guerra Mondiale, f. 1, «Disposizioni varie - Circolari»).

dita della libertà individuale, l'allontanamento dai propri cari (solo in pochi campi venne ammessa la presenza di interi nuclei familiari) e la sottomissione a un sistema di innumerevoli controlli e restrizioni. Ma le garanzie assicurate agli internati per motivi di polizia furono decisamente ridotte rispetto a quelle conferite a quanti godevano dello status di «suddito nemico»: questi ultimi, infatti, poterono anzitutto beneficiare della tutela e dei riguardi concessi dal governo italiano in ossequio alle norme non scritte della «reciprocità di trattamento» con i sudditi italiani internati in altri Stati[18].

Quanto ai sudditi ebrei, va ricordato che le leggi antisemite promulgate in Italia a partire dal 1938, non contenevano alcun riferimento a immediate o future pratiche d'internamento. Tuttavia, per gli «ebrei stranieri»[19] e per quelli che erano divenuti apolidi, le norme sull'internamento finirono per interagire – potenziandosi – con le disposizioni razziste che vietavano loro l'ingresso e la permanenza in Italia. Infatti, gli ebrei stranieri e apolidi che non erano riusciti a lasciare la penisola entro il termine stabilito dal decreto di espulsione, vennero in gran parte internati[20]. Essi si trovarono cosí in una condizione anomala che Liliana Picciotto ha definito efficacemente come situata «a metà strada tra quella di chi, in quanto nemico, era in grado di nuocere, e [quella di] chi era soggetto a provvedimento poliziesco di pubblica sicurezza»[21].

A proporre l'internamento erano anzitutto le prefetture, che, come emanazioni periferiche del ministero dell'Interno, fin dal 1929 schedavano puntigliosamente tutti gli individui ritenuti pericolosi e da fermare «in determinate contingenze». I nominativi

[18] Gli internati riconosciuti ufficialmente come «sudditi nemici» potevano essere tutelati dalla Croce Rossa, i cui delegati effettuavano periodicamente delle visite nei campi, come avveniva per i prigionieri di guerra. Cfr. Acs, Mi, Dgps, Dagr, Cat. Massime M4, b. 104, f. 16 (Campi di concentramento), s.f. 1 (Affari generali), ins. 14.

[19] Con questa espressione – come ha puntualizzato Klaus Voigt – venivano definiti dalla burocrazia fascista gli ebrei provenienti da stati ufficialmente antisemiti.

[20] Alla metà di maggio del 1941 in Italia erano presenti 3812 ebrei stranieri e di essi 2700 erano stati internati: Acs, Segreteria particolare del Duce, Carteggio Riservato (1922-43), Cat. 169/R, f. 14 «Statistica degli ebrei residenti in Italia».

[21] Cosí la Picciotto nella *Prefazione* a C. S. Capogreco, *Ferramonti. La vita e gli uomini del piú grande campo d'internamento fascista (1940-1945)*, La Giuntina, Firenze 1987, p. 10. Cfr. pure K. Voigt, *Il rifugio precario*, cit., vol. II, pp. 10 sgg.

venivano annotati nei registri con riferimento a cinque supposte «classi di rischio»[22]:

1) *pericolosissimi;*
2) *pericolosi perché capaci di turbare il tranquillo svolgimento di cerimonie;*
3) *pericolosi in caso di turbamento dell'ordine pubblico;*
4) *squilibrati mentali;*
5) *pregiudicati per delitti comuni.*

Presso il ministero dell'Interno, la struttura responsabile delle questioni inerenti all'internamento era la Direzione generale di pubblica sicurezza – diretta dal capo della polizia. In particolare, nell'ambito della Divisione affari generali e riservati, guidata da Epifanio Pennetta, venne attivato un *Ufficio internati*, o *Ufficio internandi*. Si trattava di una struttura burocratica centralizzata – che comprendeva una sezione per gli internati italiani, e una per gli stranieri – la quale ebbe il compito di predisporre i provvedimenti d'internamento sulla base delle proposte che provenivano, oltre che dalle prefetture, dai ministeri, dalle ambasciate e consolati italiani all'estero o da altri organismi quali, ad esempio, l'Ovra, la *Demorazza* (Direzione generale demografia e razza), gli Ispettorati di pubblica sicurezza, la Commissione migrazione e lavoro, ecc.

L'*Ufficio internati*, organo con compiti esclusivamente amministrativi, istruiva i fascicoli personali contenenti la documentazione relativa agli individui da sottoporre a internamento e – quando si dava il caso – disponeva la revoca del provvedimento[23]. L'*Ufficio internati italiani*, diretto inizialmente da Ugo Magistrelli, quindi da Ulderico Ercoli, dipendeva dalla I Sezione della Divisione affari generali e riservati (che si occupava del «movimento sovversivi»), dalla quale dipendevano pure l'*Ufficio confino politico* e il *Casellario politico centrale*[24]. L'*Ufficio internati stranieri*, diretto da Alfonso Lione, dipendeva invece dalla III Sezione della

[22] Una volta trasmessi al ministero dell'Interno, tali dati venivano conservati nel *Casellario politico centrale*, il cui archivio – comprendente dal 1894 al 1945 circa 5000 buste – è oggi conservato a Roma presso l'Acs.

[23] Cfr. G. Tosatti, *Gli internati civili in Italia nella documentazione dell'Archivio Centrale dello Stato*, cit., pp. 37-38.

[24] L'archivio dell'*Ufficio internati italiani* è confluito, presso l'Acs, in parte nel fascicolo 32 («Internati civili pericolosi») della Categoria permanente «A5G - II Guerra mondiale», e in parte nei fascicoli 16 e 18 della serie «Massime» (disposizioni a carattere generale della Dgps), della Categoria M4 (Mobilitazione civile).

Divisione affari generali e riservati, alla quale spettava anche il controllo sugli stranieri. I compiti dell'*Ufficio internati stranieri* erano molto ampi, poiché la sua competenza non si limitava ai soli «sudditi nemici», ma si estendeva a tutti i civili (stranieri o italiani che fossero) «sospetti o accertati di spionaggio». Per tale ragione, pur operando nell'ambito del ministero dell'Interno, questo ufficio mantenne stretti e continui contatti con i servizi d'informazione delle varie armi e, in particolare, con il Sim[25].

Per far fronte alle necessità finanziarie dell'internamento (che comportarono una spesa annuale media di circa ottanta milioni di lire) il ministero dell'Interno istituí un apposito fondo presso le prefetture interessate, sul quale, con cadenza quadrimestrale, versava le somme necessarie alle spese di *routine* relative all'internamento nei campi e a quello «libero». Quindi, come previsto dall'apposita normativa, fu costituito un Comitato speciale di controllo amministrativo e contabile, nel quale erano rappresentati il Consiglio di Stato, la Corte dei Conti e il ministero delle Finanze[26].

In materia di internamento civile, nei primi tre mesi di guerra, i principali testi di riferimento furono le circolari del ministero dell'Interno trasmesse ai prefetti come semplici disposizioni amministrative, in particolare quella dell'8 giugno, relativa alle *Prescrizioni per i campi di concentramento e per le località di internamento* (circolare n. 442/12267); e quella integrativa, recante lo stesso oggetto (circolare n. 442/14178), del 25 giugno 1940. Le norme generali contenute in queste due disposizioni avrebbero regolato la vita degli internati anche negli anni successivi. Le loro linee essenziali, infatti, sarebbero confluite nel decreto del

[25] L'archivio dell'*Ufficio internati stranieri* è confluito nella Categoria «A4-bis» della Dgps, che si riferisce ai fascicoli personali degli individui internati in base alla legge di guerra e non comprende soltanto stranieri, ma anche italiani «di sospetta o accertata attività spionistica». Sulle vicende delle diverse strutture del ministero dell'Interno cfr. G. Tosatti, *Il ministero dell'Interno*, in *L'amministrazione centrale dall'Unità alla Repubblica. Le strutture e i dirigenti*, a cura di G. Melis, Il Mulino, Bologna 1992.

[26] Del «Comitato speciale», previsto dagli Articoli 3 e 4 del r.d.l. 21 giugno 1940, n. 856, facevano parte: Antonio Sorrentino per il Consiglio di Stato, Giovanni Pardo per la Corte dei Conti ed Enrico La Penna per il ministero delle Finanze. Ne era segretario il commissario di pubblica sicurezza Alfredo Tagliavia, responsabile dell'attività di pianificazione e coordinamento generale della Seconda sezione della Dagr della Dgps. Cfr., in particolare, l'*Appunto* della Dagr del 25 maggio 1943 in Acs, Mi, Dgps, Dagr, Cat. Massime M4, f. 16 (Campi di concentramento), b. 111, s.f. 1 (Affari generali).

duce del 4 settembre 1940, che costituí l'effettiva base giuridica dell'internamento civile fascista[27].

Gli arresti degli individui da sottoporre a internamento furono avviati nei giorni immediatamente successivi all'entrata in guerra dell'Italia. Nelle grandi città, dove risiedeva la maggior parte degli stranieri, le forze dell'ordine intrapresero azioni di rastrellamento in grande stile, spesso senza neppure notificare per iscritto l'ordine di arresto ai diretti interessati. Il provvedimento generalmente non risparmiava gli anziani o gli ammalati, anche se tra le prefetture delle varie province si registrarono notevoli differenze di comportamento[28]. Dopo l'arresto, i malcapitati venivano condotti nelle questure da dove chi era destinato ai campi di concentramento veniva trasferito nelle carceri. Si era assegnati a un «campo» oppure ad una «località di internamento», in relazione al supposto grado di pericolosità: nei campi venivano internati gli elementi ritenuti piú pericolosi, e nelle «località» i rimanenti altri; una opzione ancora piú rigorosa prevedeva l'internamento nei campi posti sulle isole[29].

La permanenza nelle celle carcerarie si protraeva in genere per alcune settimane, durante le quali gli internandi erano costretti a convivere con delinquenti e criminali comuni; non è un caso che, in quasi tutte le testimonianze disponibili, quel periodo venga descritto come il piú duro e umiliante dell'intera vicenda[30]. Quanti venivano assegnati all'*internamento libero*, invece, non subivano di solito la carcerazione. Nel trasbordo dalle carceri alle stazioni ferroviarie, gli internati restavano ammanettati e, talvolta, incatenati l'uno con l'altro; soltanto in treno gli agenti di scorta potevano decidere se, eventualmente, liberarli dalle manette[31].

[27] Decreto del Duce del fascismo, capo del governo, del 4 settembre 1940 (*Disposizioni relative al trattamento dei sudditi nemici*), in «Gazzetta Ufficiale», LXXXI, 11 ottobre 1940, n. 239.

[28] Cfr. K. Voigt, *Il rifugio precario*, cit., vol. II, pp. 1-22; C. S. Capogreco, *Ferramonti*, cit., pp. 38-40; M. Minardi, *Tra chiuse mura. Deportazione e campi di concentramento nella provincia di Parma*, Comune di Montechiarugolo 1987, p. 129.

[29] Cfr. S. Carolini (a cura di), *«Pericolosi nelle contingenze belliche»*, cit., pp. 388-89.

[30] Maria Eisenstein (nata Moldauer) ha raccontato con dovizia di particolari la propria detenzione nelle carceri di Catania (*L'internata n. 6. Donne fra i reticolati del campo di concentramento*, cit., pp. 73-89). Cfr. pure la testimonianza di Carlo Alberto Viterbo in C. S. Capogreco, *L'internamento degli ebrei italiani nel 1940 e il campo di Urbisaglia - Abbadia di Fiastra*, in «La Rassegna mensile di Israel», n. 1, 2003. E ancora C. Cassar, *The Bru story*, Gozo Press, Malta 1997, pp. 12-13.

[31] Cfr. K. Voigt, *Il rifugio precario*, cit., vol. II, pp. 19-20.

Le fasi dell'arresto e della detenzione costituivano un copione fedelmente ricalcato su quello delle traduzioni al confino; e per questo esse risultarono del tutto familiari a coloro i quali, in precedenza, erano stati confinati. Per gli «ebrei stranieri» – di solito già duramente provati dalla persecuzione nazista, ma non tanto avvezzi alle pratiche repressive del fascismo – il dubbio sulle reali intenzioni del governo italiano nei loro confronti fu motivo di forti preoccupazioni. Il timore principale era quello di essere consegnati alle autorità naziste, e solo nel momento in cui erano certi che i treni sui quali erano stati fatti salire non si dirigevano verso il confine italo-tedesco, riuscivano a ritrovare una relativa tranquillità[32].

Nel settembre del 1939, la Direzione generale di pubblica sicurezza ipotizzò che, nel caso l'Italia fosse intervenuta nella Seconda guerra mondiale, sarebbe stato necessario internare 3631 civili stranieri: 1462 da avviare nei campi e 2169 nelle località previste per l'*internamento libero*. Quanto agli italiani, la previsione d'internamento ammontava allora a 754 individui: 458 nei campi e 296 nelle «località». Complessivamente, tra italiani e stranieri, veniva perciò preventivato l'internamento di «appena» 4385 civili[33].

Ma le cifre effettivamente raggiunte nel corso della guerra furono piú alte. Nell'ottobre del 1940 gli internati stranieri erano già 4251 (di cui 1839 «ariani» e 2412 ebrei) e quelli italiani 1373 (di cui 331 ebrei). A quattro mesi dall'ingresso in guerra, perciò, tra italiani e stranieri, erano stati già internati dal ministero dell'Interno 5624 civili[34]. Nel 1941 si registrò un certo rallentamento nelle comminazioni, ma nonostante ciò, nel novembre 1942, l'ammontare degli internati raggiunse un totale di 11 735 persone (4366

[32] Giungendo alle stazioni, di solito gli arrestati non conoscevano ancora la loro destinazione. Per paura di finire in mano ai tedeschi, a Fiume un profugo ebreo si suicidò durante l'arresto, e un tentativo di suicidio venne messo in atto nel carcere femminile di Roma (cfr. K. Voigt, *Il rifugio precario*, cit., vol. II, pp. 13-22). Situazioni analoghe – compresa la messa in atto di un suicidio – si realizzarono, in quegli anni, anche a carico degli ebrei stranieri internati in Gran Bretagna: cfr. F. Lafitte, *The internment of Aliens*, Libris, London 1988, pp. 112-13.

[33] Acs, Cat. Massime 14 (Istruzioni di polizia militare), b. 59, f. 60 (Provvedimenti da attuarsi in caso di guerra a carico di stranieri), s.f. (Affari generali), appunto senza data (ma 19 settembre 1939) col timbro «Visto dal Duce». Alla stessa data si ipotizzava di espellere dall'Italia 1367 civili stranieri e di sottoporne a vigilanza speciale 253; fra gli italiani i sottoposti a vigilanza speciale sarebbero dovuti essere 360.

[34] Cfr. G. Tosatti, *Gli internati civili nella documentazione dell'Archivio Centrale dello Stato*, cit., p. 46, nota 48.

italiani e 7369 stranieri) e, nell'aprile 1943, quello di 19 117 (12 285 italiani e 6832 stranieri)[35]. Tant'è che, «per far fronte alle nuove esigenze relative agli internamenti dei responsabili dei reati annonari e delle numerose altre persone che *avrebbero dovuto* essere trasferite dalla Francia metropolitana e dalla Corsica nonché dalla Venezia Giulia», il ministero dell'Interno dispose l'ampliamento del campo di Ferramonti e l'accelerazione dei lavori di costruzione di un nuovo campo di grandi dimensioni presso Fara Sabina[36]. Nel 1943, inoltre, fu presa in considerazione l'ipotesi di realizzare «campi di concentramento» a Montalbano Jonico (Matera), Marino del Tronto (Ascoli Piceno), Pienza (Siena), Cortona e Lucignano (Arezzo)[37].

Buona parte dei provvedimenti d'internamento disposti dal ministero dell'Interno tra il 1940 e il '43 fu comminata nel primo anno di guerra. Passato il convulso periodo iniziale, l'obiettivo degli arresti si andò sempre piú spostando dai «sudditi nemici» e dagli stranieri – per il cui controllo si cominciavano a preferire misure di vigilanza alternative all'internamento – ai «nemici interni», rappresentati dagli antifascisti e dagli oppositori in genere.

All'inizio del 1941, in verità, il ministero della Guerra, attraverso il Sim, proponeva ancora al governo un internamento «radicale e totalitario». Ma il capo della polizia giudicò inattuabili iniziative tanto drastiche per via dell'elevato numero dei sudditi nemici presenti nella penisola, valutato allora in 10 683 unità: 4513 inglesi, 4731 francesi e 1619 greci[38]. La posizione cauta del capo della polizia – come ha osservato Paola Carucci – era indice «di una maggiore competenza tecnica rispetto ad altre autorità» e rifletteva anche un principio di fondo cui si era sempre ispirato in Italia il sistema di polizia, quello di «evitare provvedimenti inutilmente vessatori se considerati inefficaci»[39]. Successivamente,

[35] Acs, Mi, Dgps, Dagr, Cat. Massime M4, b. 116, f. 16 (Campi di concentramento), s.f. 1 (Affari generali), ins. 49 «costruzione nuovi campi», *Appunto* della Direzione generale della pubblica sicurezza del 12 aprile 1943. Dei 19 117 civili internati a questa data, 10 666 si trovano nei campi e 8451 nelle località di internamento.

[36] *Ibid.*

[37] Acs, Mi, Dgps, Dagr, Cat. Massime M4, b. 116, f. 16 (Campi di concentramento), s.f. 1 (Affari generali), ins. 49 «costruzione nuovi campi».

[38] Acs, Mi, Dgps, Dagr, A5G 89, b. 412, f. «Provvedimenti sottoposti al Duce. Notiziario giornaliero 1941».

[39] P. Carucci, *Il ministero dell'Interno: prefetti, questori, ispettori generali*, in *Sulla crisi del regime fascista 1938-1943*, Istituto veneto per la storia della Resistenza - Marsilio, Venezia 1996, p. 44.

questa scelta moderata fu rafforzata da altre motivazioni dettate dalla necessità che la «macchina» dell'internamento aveva di privarsi di alcune migliaia di posti-letto, utilizzati nei piccoli paesi dagli «internati liberi», per metterli a disposizione degli sfollati delle città bombardate; e affrontare un inaspettato afflusso di internati provenienti dalle «nuove province», dai territori occupati e dalla Libia.

Il ministero dell'Interno, perciò, da un lato avviò il trasferimento nei campi di buona parte degli «internati liberi», dall'altro invitò i prefetti a una revisione generalizzata dei provvedimenti d'internamento già adottati e a un «vaglio piú rigoroso» delle nuove proposte. Tant'è che, in breve tempo, il numero delle presenze nei campi raddoppiò fino a raggiungere, all'inizio del 1943, le 10 493 unità, su un totale complessivo di 18 862 civili sottoposti ad internamento[40].

Quantificare l'esatto numero delle persone internate dal ministero dell'Interno dall'ingresso dell'Italia in guerra sino all'8 settembre 1943, non è tanto semplice. Soprattutto perché una parte dei fascicoli personali originariamente istruiti agli internati (verosimilmente trafugata o distrutta durante il trasferimento delle strutture ministeriali da Roma a Valdagno (Vicenza), dove esse ebbero sede sotto la Repubblica sociale italiana) non è giunta sino a noi.

Tuttavia, i fascicoli tuttora disponibili, conservati presso l'Archivio Centrale dello Stato, sono oltre 20 000. Di essi, 8410 appartengono a «italiani pericolosi» (tra cui circa 1000 «allogeni» della Venezia Giulia e circa 400 ebrei), mentre 12 000 riguardano civili stranieri (in buona parte «sudditi nemici») e italiani internati per spionaggio[41].

2. *L'internamento civile «parallelo»*.

Sebbene l'internamento civile rientrasse tra le specifiche competenze del ministero dell'Interno, durante la Seconda guerra mondiale furono, di fatto, le autorità militari italiane, e non quelle civili, a ricorrere maggiormente all'uso di tale pratica.

[40] Cfr. G. Tosatti, *Gli internati civili nella documentazione dell'Archivio Centrale dello Stato*, cit., p. 46.

[41] Cfr. Acs, Mi, Cat. A4bis (Internati stranieri), e Cat. A5G-II Guerra mondiale.

Il Regio Esercito praticò l'internamento dei civili su larga scala soprattutto nelle aree della Jugoslavia occupate o annesse nel 1941, dove mise in atto una strategia che spesso mirava a fare «piazza pulita» delle popolazioni locali di intere zone abitate[42]. Una prassi questa che caratterizzò le frequenti «operazioni di polizia» volte al controllo del territorio e si abbinò agli speciali «cicli operativi» antipartigiani, trasformandosi talvolta in vera e propria deportazione di massa, in violazione delle piú basilari norme del diritto internazionale. Inoltre, contravvenendo alla convenzione sulla prigionia di guerra, il Regio Esercito sottopose a «internamento civile» anche un gran numero di militari dell'ex esercito jugoslavo[43].

In Jugoslavia l'esercito italiano ricorse all'internamento dei civili nel quadro di un'occupazione violenta ed esplicitamente razzista che non escludeva l'incendio dei villaggi e la fucilazione di ostaggi civili, e che ha lasciato nelle popolazioni locali «uno strascico di rancori e di risentimenti nei confronti della comunità italiana, che ancora oggi stenta ad attenuarsi»[44]. L'internamento, oltre all'obiettivo di allontanare dalle principali località gli individui che potevano aiutare i partigiani o agire in prima persona contro gli occupanti italiani, perseguiva spesso anche il fine della «sbalcanizzazione» del territorio. Era questo un vecchio proposito fascista – che oggi diremmo di «pulizia etnica» – che nella porzione di Slovenia annessa all'Italia come «Provincia di Lubiana»[45] sembrò potersi realizzare mediante la «sostituzione» delle popolazio-

[42] Anche durante l'occupazione della Grecia le nostre autorità militari procedettero autonomamente all'internamento dei civili, ma in scala decisamente piú ridotta. Cfr. D. Rodogno, *Il nuovo ordine mediterraneo*, cit., pp. 426 sgg.

[43] Cfr. A. Marcheggiano, *Diritto umanitario e sua introduzione nella regolamentazione dell'esercito italiano*, Sme, Roma 1991, vol. II, t. I, pp. 378-417.

[44] M. Coslovich, *I percorsi della sopravvivenza. Storia e memoria della deportazione dall'Adriatisches Küstenland*, Mursia, Milano 1994, p. 28. Sui metodi dell'occupante cfr. D. Rodogno, *Il nuovo ordine mediterraneo*, cit., pp. 314 sgg.; T. Ferenc, *«Si ammazza troppo poco». Condannati a morte, ostaggi, passati per le armi nella Provincia di Lubiana. 1941-1943. Documenti*, Društvo piscev zgodovine NOB-Inštitut za novejso zgodovino, Ljubljana 1999; E. Collotti, *Sulla politica di repressione italiana nei Balcani*, in *La memoria del nazismo nell'Europa di oggi*, a cura di L. Paggi, La Nuova Italia, Firenze 1997, pp. 181-208; P. Moraca, *I crimini commessi da occupanti e collaborazionisti in Jugoslavia durante la Seconda guerra mondiale*, in *L'occupazione nazista in Europa*, a cura di E. Collotti, Editori Riuniti, Roma 1964, pp. 517-52.

[45] La «Provincia di Lubiana» venne annessa al Regno d'Italia, in violazione al diritto internazionale, il 3 maggio 1941.

ni autoctone con coloni italiani provenienti dalle piú lontane regioni del Regno. «Non sarei alieno dal trasferimento in massa di popolazioni», affermò Mussolini a Gorizia il 31 luglio 1942[46]; un'ipotesi sulla quale, poco dopo, avrebbe fornito maggiori dettagli il generale Mario Roatta[47]. Questo disegno si inseriva, d'altra parte, nella ventennale politica di violenza e di soprusi – o di vero e proprio «genocidio culturale», secondo le parole di Elio Apih – messa in atto dal «fascismo di frontiera» nei confronti delle minoranze slovena e croata in Italia[48].

Nei territori jugoslavi annessi le autorità italiane si servirono per l'internamento dei civili di diversi campi di concentramento gestiti «in proprio». Le strutture principali furono tre: il campo di Arbe (Rab) per le esigenze del quadrante adriatico settentrionale (il Fiumano e la Slovenia); il campo di Melada (Molat) per l'area centrale (la Dalmazia); i campi integrati di Mamula e Prevlaka per il quadrante adriatico meridionale (principalmente le Bocche di Cattaro, territorio montenegrino che venne accorpato alla Dalmazia annessa all'Italia come «Governatorato civile» nel 1941).

Il campo di maggiori dimensioni – quello allestito sull'isola di Arbe – fu sottoposto all'Intendenza della II Armata (dal 5 maggio 1942 denominata «Supersloda»[49]). Da essa dipesero pure, per il movimento degli internati, cinque grandi campi per internati jugoslavi ubicati in Italia: Gonars e Visco nella Venezia Giulia; Mo-

[46] Cfr. U. Cavallero, *Comando Supremo. Diario 1940-43 del Capo di S.M.G.*, Cappelli, Bologna 1948, pp. 297-99; G. Fogar, *Venezia Giulia 1941-1943. Il quadro politico militare*, in «Qualestoria», XII, 1984, n. 3; M. Kacin Wohinz, *I programmi fascisti di snazionalizzazione di sloveni e croati nella Venezia Giulia*, in «Storia contemporanea in Friuli», XVIII, 1988, n. 19, pp. 9-33.

[47] «L'internamento – precisava Roatta nel settembre 1942 – può essere esteso, a prescindere dalle convenienze militari, sino allo sgombero di intere regioni (per esempio: Slovenia), o di parte di esse (per esempio: a cavallo delle ferrovie). In questo caso si tratterebbe di trasferire, al completo, masse ragguardevoli di popolazione, di insediarle all'interno del Regno e di sostituirle in loco con popolazioni italiane» (Ars, II, XI Corpo d'Armata, b. 1082, s.f. VIII, da Comando Supersloda a Comando Supremo, «Internamenti», 8 settembre 1942). Anche in *Zločini italijanskega okupatorja v «Ljublijanski Pokrajini»*, I, *Internacije*, cit., doc. n. 38/a, pp. 132-33.

[48] Cfr. E. Apih, *Italia, fascismo e antifascismo nella Venezia Giulia (1918-1943)*, Laterza, Bari 1966; T. Sala, *Programmi di snazionalizzazione del «fascismo di frontiera»*, in «Qualestoria», II, 1974, n. 2, pp. 24-29; G. Cobol, *Il fascismo e gli allogeni*, in «Gerarchia», settembre 1927.

[49] Il *Supersloda* («Comando Superiore Slovenia Dalmazia»), con sede a Sušak, presso Fiume, comprendeva lo Stato Maggiore, il Comando dell'Aeronautica, il Comando del Genio, quello dei Carabinieri e il Comando amministrativo che aveva competenza anche sui campi di concentramento.

nigo e Chiesanuova in Veneto; Renicci in Toscana[50]. Dipendeva invece dal Governatorato civile della Dalmazia, il campo di Melada (Molat), secondo per dimensioni tra quelli allestiti nei territori jugoslavi. Dal V Corpo d'Armata furono invece controllati i campi minori, prevalentemente di transito, di Buccari (Bakar) e Porto Re (Kraljevica), e dal XVIII Corpo d'Armata il campo di transito di Scoglio Calogero (Ošljak); i due campi di Mamula e Prevlaka dipesero, invece, dal VI Corpo d'Armata. Numerosi civili jugoslavi furono internati, inoltre, nei campi di concentramento sottoposti alla IX Armata o «Superalba» («Comando Superiore Albania»), allestiti ad Antivari (nel Montenegro) e a Kukës, Klos, German, Kavajë, Puke, Scutari e Durazzo (in Albania)[51].

In Montenegro, già nell'estate del 1941, le forze armate italiane emanarono bandi e disposizioni sull'internamento dei civili nei campi di concentramento[52]. Ma il piú voluminoso e dettagliato corpo di disposizioni relative all'internamento *manu militari* – configurato come «provvedimento di primaria importanza» nel quadro della lotta diretta a stroncare la rivolta popolare jugoslava – è rintracciabile nella famigerata «Circolare 3C-L», emanata il 1° marzo 1942 dal generale Roatta, da poco al comando della II Armata.

Nel secondo capitolo della circolare si legge tra l'altro che:

> Quando necessario agli effetti del mantenimento dell'ordine pubblico e delle operazioni i comandi delle Grandi Unità possono provvedere: ad internare, a titolo protettivo, precauzionale o repressivo, individui, famiglie, categorie di individui della città e campagna, e – se occorre – intere popolazioni di villaggi e zone rurali...[53].

Le direttive della II Armata – che in parte ricalcavano misure già in vigore in Montenegro sin dal luglio 1941 e in parte antici-

[50] Cfr. Circolare n. 3CL, Parte Prima - Cap. XVI «Costituzione e funzionamento dei campi per internati civili, in C. S. Capogreco, *Renicci. Un campo di concentramento in riva al Tevere*, Mursia, Milano 2003, pp. 151-55. Il campo di Visco non figurava nella circolare perché aperto in un secondo tempo.

[51] Cfr. C. S. Capogreco, *Aspetti e peculiarità del sistema concentrazionario fascista. Una ricognizione tra storia e memoria*, in AA.VV., *Lager, Totalitarismo, Modernità*, cit., p. 227.

[52] Cfr. D. Rodogno, *Il nuovo ordine mediterraneo*, cit., pp. 416-17.

[53] Emanata dal *Supersloda* il 1° marzo 1942 (e integrata il 7 e il 19 aprile dello stesso anno), la «Circolare 3C» fu pubblicata in un opuscolo ampiamente diffuso tra la truppa. Un esemplare originale è consultabile presso l'Inštitut za Novejšo Zgodovino di Lubiana. Cfr. pure M. Legnani, *Il «ginger» del generale Roatta. Le direttive della 2ª armata sulla repressione antipartigiana in Slovenia e Croazia*, in «Italia contemporanea», dicembre 1997 - marzo 1998, nn. 209-210, pp. 155-74.

pavano quelle che nel 1944 avrebbe adottato il feldmaresciallo Albert Kesselring per stroncare la Resistenza italiana – prevedevano l'internamento anche di interi gruppi sociali e professionali «pericolosi», comprese quelle famiglie dalle quali, «senza chiaro motivo», risultassero assenti componenti di sesso maschile di età compresa tra i sedici e i sessant'anni. Ulteriori direttive sugli internamenti vennero fornite dalla meno nota «Circolare 3C-L» (stampata il 1° maggio 1943 in un libretto di oltre 400 pagine) e da tante altre disposizioni emanate dai vertici delle Forze Armate e dai comandi militari inferiori[54].

In base alle direttive di Roatta, che ipotizzava lo «sgombero» di 20-30 000 sloveni, venne predisposto un piano che prevedeva, per la «Provincia di Lubiana», l'internamento di operai, disoccupati, profughi, senzatetto, ex militari, «frequentatori di dormitori pubblici», studenti disoccupati, persone senza famiglia, studenti universitari, maestri, impiegati, professionisti, operai, ex militari italiani trasferitisi in Jugoslavia dalla Venezia Giulia dopo l'avvento del fascismo, e «simpatizzanti del movimento partigiano»[55]. La stessa sorte (con in piú la confisca del bestiame e la distruzione delle abitazioni) era riservata agli abitanti delle case prossime ai luoghi in cui fossero attuati sabotaggi dei quali – entro quarantotto ore dall'attentato – non si riuscisse a identificare i responsabili. Quanto all'età e al sesso delle persone da internare, la prima disposizione che indicava solo gli uomini dai 16 ai 60 anni venne ben presto superata ed estesa alle donne e ai bambini. Studenti e intellettuali dovevano essere internati a prescindere dall'eventuale militanza politica: «il nostro nemico è costituito dall'*intelligenza* di Lubiana», ebbe a dire il generale Mario Robotti nel settembre del 1942. Un giudizio che, seppure esagerato, ben coglieva l'importanza dell'appoggio di cui l'*Oslobodilna Fronta* (il Fronte di Liberazione sloveno) godeva tra gli intellettuali[56].

Nella prima parte della «Circolare 3C-L» (cap. XVI) figurava

[54] La «Circolare 3C-L» è composta da due parti per complessivi 23 capitoli. Le pagine 398-404 riguardano espressamente l'internamento. Un esemplare a stampa è consultabile presso l'Inštitut za Novejšo Zgodovino di Lubiana.

[55] Ars, II, XI Corpo d'Armata, b. 660 s.f. VI, Comando Divisione «Granatieri di Sardegna», «Progetto di epurazione della città e provincia di Lubiana dagli elementi sovversivi», allegato alla comunicazione del generale Taddeo Orlando del 3 giugno 1942 diretta al Comando dell'XI Corpo d'Armata. Anche in *Zločini italijanskega okupatorja v «Ljubljanski Pokrajini»*, I, *Internacije*, Ljubljana 1946, p. 116, doc. n. 18.

[56] B. Godeša, *Le autorità italiane di occupazione e gli intellettuali sloveni*, in «Qualestoria», XXVII, 1999, n. 1, pp. 168-69.

un'ampia descrizione sulla «costituzione e il funzionamento dei campi per internati civili» con l'indicazione dei compiti organizzativi e della ripartizione fondamentale degli internati: «protettivi» e «repressivi». L'internamento «protettivo», nella sua accezione originaria, avrebbe dovuto interessare gli elementi «ostili al movimento partigiano, presentatisi spontaneamente alle autorità italiane per essere protetti da eventuali azioni di rappresaglia degli avversari»[57]. Ma esso venne ampiamente utilizzato anche per tutelare i delatori e i collaborazionisti[58]. Ad ogni modo, la linea di demarcazione, inizialmente prevista, tra internamento «protettivo» e «repressivo» (a volte detto anche «precauzionale»), divenne col tempo sempre piú labile e difficilmente individuabile[59].

La «Circolare 3C-L» stabiliva, ancora, che gli spostamenti degli internati nel territorio della II Armata e tutte le pratiche connesse, dovessero essere decisi dall'Intendenza della stessa. Ai punti «e» e «f» del documento, infine, figuravano due norme «da osservare e ricordare», con le quali, evidentemente, il generale Roatta tentava di dare una parvenza di legalità a questo tipo d'internamento, di per sé arbitrario:

> e) Non essendovi in vigore una regolamentazione o disposizioni internazionali da osservare per gli internati civili, vengono emanate dallo S.M.R.E., dal Comando Supersloda o dall'Intendenza quelle che si rendono necessarie per regolare ogni attribuzione, competenza o diritto, sia dei comandi di campo che degli internati;
>
> f) Gli internati nei campi esistenti nel territorio dell'Armata sono soggetti alle disposizioni del codice penale militare (Bando del Duce n. 143 in data 15 novembre 1942 – XXI)[60].

La categoria degli internati «protettivi» (o «proteggendi») poneva, in verità, l'internamento «parallelo» in stretta relazione con due procedure tipiche dei periodi di guerra: lo sfollamento e l'evacuazione della popolazione civile (o di sue componenti) dai terri-

[57] M. Cuzzi, *L'occupazione italiana della Slovenia (1941-1943)*, Stato Maggiore dell'Esercito, Roma 1998, p. 195.

[58] Un documento indirizzato al ministero dell'Interno dall'Alto Commissario per la Provincia di Lubiana definiva «protettivi» quegli sloveni ch'erano stati internati in quanto «minacciati di morte dai partigiani perché confidenti o in relazioni amichevoli con nostre autorità o soldati» (Ars, II, Alto Commissario, b. 14, s.f. 5, da Alto Commissariato a Mi, «Sistemazione in provincia di Bergamo di sloveni», 25 giugno 1942).

[59] Dalla consultazione attenta dei documenti emerge, infatti, il dato che anche gli internati «protettivi», solitamente, venivano considerati sospetti, se non pericolosi.

[60] Circolare n. 3C-L, riprodotta parzialmente in C. S. Capogreco, *Renicci. Un campo di concentramento in riva al Tevere*, cit., pp.154-55.

tori considerati a rischio[61]. E infatti, col procedere sempre piú massiccio degli internamenti, tra il Comando Supremo, la Direzione generale di pubblica sicurezza e l'Ispettorato per i servizi di guerra (in seguito divenuto Direzione generale per i servizi di guerra)[62], intercorsero numerosi contatti finalizzati a chiarire i rispettivi ambiti d'intervento e a definire lo *status* di alcune categorie di civili deportati dalla penisola Balcanica.

Ma, ancora il 3 ottobre 1942, nell'importante *summit* a tre tenutosi presso il Comando Supremo in riferimento alla «classificazione» dei 18-20 000 «ex-jugoslavi» internati dall'esercito, regnò il piú completo disaccordo. I rappresentanti del Comando Supremo affermarono che – essendo stati fermati per «pericolosità politica» – i civili in oggetto avrebbero dovuto essere presi in carico dalla Direzione generale di pubblica sicurezza. Rappresentante di quest'ultima, il commissario Alfredo Tagliavia sostenne invece che gli stessi fossero da considerare semplicemente «civili sfollati, con provvedimenti di carattere generale, per motivi precauzionali». Dal canto loro, i rappresentanti dell'Ispettorato per i servizi di guerra affermarono che gli internati in oggetto erano «elementi politicamente pericolosi» e, pertanto, non rientrava nella loro competenza istituzionale occuparsene[63].

Alcuni giorni dopo, con un'ampia *nota* diretta al Comando Supremo, la Direzione generale di pubblica sicurezza volle ribadire la piú assoluta mancanza di spazio, nei propri campi, onde potersi eventualmente far carico – sfollati o internati che fossero da considerare – dei civili jugoslavi rastrellati dal Regio Esercito:

> Questo ministero predispose, prima dello scoppio della guerra, l'organizzazione dei campi di concentramento per l'internamento dei sudditi nemici e dei connazionali politicamente pericolosi. Tali campi, che sono stati aumentati fino al possibile e attualmente raggiungono il numero di quaranta, in conseguenza dell'estendersi del conflitto, e soprattutto per l'intenso,

[61] Non di rado, nei documenti della II Armata, i termini «internati» e «sgomberati» sono utilizzati come sinonimi. Cfr. il «Programma dei provvedimenti e delle operazioni da attuare in Slovenia» redatto il 25 maggio 1942 dal generale Robotti: Ars, II, XI Corpo d'Armata, b. 661, s.f. III.

[62] L'Ispettorato per i servizi di guerra, istituito con r.d.l. 5 maggio 1941 n. 410, operava in seno al ministero dell'Interno occupandosi soprattutto della mobilitazione civile e dello sfollamento o sgombero di popolazioni civili. Il r.d.l. 16 dicembre 1942 lo trasformò in «Direzione generale per i servizi di guerra». Cfr. Acs, Mi, Dgps, Dagr, Cat. A5G 216, b. 431, f. (Disciplina servizi di guerra).

[63] Cfr. Acs, Mi, Dgps, Dagr, Cat. Massime M4, b. 109, f. 16 (Campi di concentramento), s.f. 1 (Affari generali), ins. 33 «Sloveni - internamento», appunto del 3 ottobre 1942 a firma A. Tagliavia.

ininterrotto afflusso d'internati dalle nuove province, dai territori occupati e dalla Libia, sono ora completamente saturi, anche oltre la loro effettiva capienza.

Qualsiasi ricerca di nuovi locali per l'impianto di altri campi è difficilissima per la mancanza di stabili adatti, ormai utilizzati dalle autorità militari. Del pari, difficilissimo, se non impossibile, sarebbe intraprendere la costruzione di nuovi campi data la deficienza dei materiali necessari. Anche le località d'internamento nei vari comuni del Regno, dove sono internate molte migliaia di persone, sono quasi del tutto sature e, a prescindere da ciò, non è consigliabile mettere a contatto con la popolazione civile gli sloveni politicamente pericolosi[64].

Dopo ulteriori contatti e disquisizioni sulla «sistemazione» piú opportuna per i civili jugoslavi in oggetto e sul chiarimento dell'autorità competente per la loro custodia, alla fine del 1942, le parti interessate raggiunsero un compromesso: in attesa che il ministero dell'Interno provvedesse alla costituzione di nuovi campi, degli «ex jugoslavi» si sarebbe continuata a occupare l'Autorità militare, che avrebbe provveduto tra l'altro, «in via d'eccezione», alla costruzione «di un secondo lotto di baraccamenti per 5000 unità», nel campo di Arbe[65].

Quello «parallelo» gestito essenzialmente dal Regio Esercito e quello «regolarmente» sottoposto al ministero dell'Interno non costituivano quindi – come si potrebbe erroneamente pensare – due compartimenti separati o «concorrenti» dell'internamento civile fascista[66]. Peraltro, in Jugoslavia venivano attuati dagli italiani anche il confino di polizia e l'internamento di *routine*: già dalla seconda metà del 1941, i prefetti e le varie autorità di governo destinavano i civili «pericolosi o sospetti» all'*internamento libero* o ai campi del ministero dell'Interno distribuiti nella penisola italiana[67].

[64] Ivi, da Direzione Generale di Pubblica Sicurezza a Comando Supremo-Terzo reparto e, p. c., all'Ispettorato servizi di guerra, «Internati in campi di concentramento militari», nota dell'8 ottobre 1942.

[65] Acs, Mi, Dgps, Dagr, Cat. Massime M4, b. 109, f. 16 (Campi di concentramento), s.f. 1 (Affari generali), ins. 33 «Sloveni - internamento», dal Capo della polizia alla Dgsg, comunicazione del 18 gennaio 1943, prot. 451/35445, recante «costruzione campo di Arbe».

[66] D'altra parte, il generale Roatta, in piú occasioni, aveva espresso l'auspicio che la questione degli internati «ex jugoslavi» potesse essere gestita «con visione unitaria dalle autorità centrali», riservando al *Supersloda* soltanto «il compito di raccolta, discriminazione e smistamento» (Ars, II, XI Corpo d'Armata, b. 1082, s.f. VIII, da Comando Supersloda a Comando Supremo, «Internamenti», 8 settembre 1942).

[67] Per la «Provincia di Lubiana» la prima notizia di un confinamento risale al 25 luglio 1941; fino a dicembre le proposte di confino furono circa quattrocento. Cfr. T. Ferenc, *Rab-Arbe-Arbissima. Confinamenti-rastrellamenti-internamenti nella Provincia di Lubiana 1941-1943. Documenti*, p. 5.

Tra la fine del 1941 e l'inizio del '42, per fronteggiare quella che col tempo divenne l'«emergenza ex jugoslavi», la Direzione generale di pubblica sicurezza riservò pressoché esclusivamente a questa categoria di internati i propri campi di Casoli, Città S. Angelo, Corropoli, Lanciano, Notaresco e Scipione; ne istituí uno nuovo a Sassoferrato; e riattivò nella nuova veste di «campi di concentramento» le ex colonie di confino di Ponza e di Lipari[68]. Ma, per quanto significative, tali misure non potevano bastare ad assorbire la gran massa dei civili rastrellati dall'esercito in Jugoslavia, che superava numericamente l'insieme di tutti quanti gli internati sottoposti al ministero dell'Interno[69].

Fu cosí che negli anni 1942-43 – parallelamente a quella «regolamentare» istituita dal ministero dell'Interno a partire dal 1940 – si venne a sviluppare in Italia una seconda rete (solo per internati civili «slavi») composta, in primo luogo, da sei grandi campi sottoposti all'Autorità militare: Gonars, Monigo, Chiesanuova, Renicci, Colfiorito e Visco. Tali campi, nella cui gestione ebbero un ruolo fondamentale gli «uffici prigionieri di guerra» del Comando Supremo, dello Stato Maggiore e dell'Intendenza della II Armata, vennero allestiti in caserme funzionali dell'esercito e in strutture originariamente destinate alla prigionia di guerra[70].

Il 18 gennaio del 1943, l'Alto commissario per la Provincia di Lubiana Emilio Grazioli – per il suo ruolo particolarmente coinvolto nella problematica dell'internamento «parallelo» – tentò di ricondurre la materia sotto la «naturale giurisdizione» del ministero dell'Interno, in modo da porre fine alla confusione dei ruoli e delle responsabilità tra le Autorità civili e quelle militari. Facendo riferimento «ai gravissimi inconvenienti che si sono verificati in seguito all'internamento in massa di civili effettuato dall'Autorità Militare», Grazioli proponeva al ministero dell'In-

[68] Cfr. le schede dedicate ai singoli campi nella mappatura finale.

[69] Il 9 giugno 1942 l'Alto commissario Grazioli comunicò al ministero dell'Interno che il generale Robotti prevedeva di internare 30 000 persone: Acs, Mi, Dgps, Dagr, Massime cat. M4, b. 110, f. 16 (Campi di concentramento), s.f. 1 (Affari generali), ins. 33 «Sloveni internamento». Cfr. pure T. Ferenc, *Rab-Arbe-Arbissima*, cit., p. 25.

[70] Anche il campo per P.d.G. n. 83 (ubicato a Fiume) ebbe un ruolo importante (ma soprattutto di smistamento e di transito) nell'internamento dei civili jugoslavi. Cfr. T. Ferenc, *Rab-Arbe-Arbissima*, cit., pp. 11, 480. In merito alle competenze sui campi di concentramento in questione, cfr. Aussme, Diari storici II guerra mondiale, Smre, Racc. 1130, Ufficio Pdg, Dsm, bimestre gennaio-febbraio 1943, alleg. 131, da Ufficio P.d.G. a Supersloda, «Campi concentramento i. c.», 25 febbraio 1943.

terno (e, per conoscenza, alla Direzione generale di pubblica sicurezza e a quella per i servizi di guerra) che, per il futuro, i provvedimenti d'internamento e di proscioglimento degli ex jugoslavi venissero effettuati esclusivamente dall'Autorità di governo, come peraltro era previsto dalle normative. Quanto ai campi di concentramento in mano all'Autorità militare[71], l'Alto commissario auspicava che essi restassero affidati al Regio Esercito soltanto sino a quando non vi avesse potuto provvedere direttamente il ministero dell'Interno[72].

A Roma le proposte di Grazioli sembrarono trovare favorevole accoglienza: il 23 gennaio '43 il sottosegretario all'Interno Guido Buffarini Guidi comunicò a Lubiana la loro «superiore approvazione»[73]; in aprile Mussolini stesso dispose con un bando che i campi ubicati nella penisola – a parte quello di Visco – passassero, in breve, al ministero dell'Interno[74]. Ma il successo dell'Alto commissario, la cui proposta avrebbe dovuto portare sotto le redini dell'Autorità civile l'internamento «parallelo», rimase tale solo sulla carta. Il ministero dell'Interno infatti – pur confermando, in linea di principio, la propria disponibilità a una «graduale assunzione» della gestione dei campi in questione – si dichiarò non in grado di poterlo fare sul momento[75].

D'altro canto, con gli Alleati prossimi allo sbarco in Italia ed il regime fascista non lontano dal collasso, il ministero dell'Interno non poteva certo, nella primavera del 1943, preoccuparsi del pre-

[71] I campi in questione erano allora quelli di Gonars, Chiesanuova, Monigo, Renicci, Colfiorito ed il «campo di lavoro» di Pietrafitta.

[72] Acs, Mi, Dgps, Agr, Cat. Massime M4, b. 110, f. 16 (Campi di concentramento), s.f. 1 (Affari generali), ins. 43 «Campi di concentramento per internati civili gestiti dall'autorità militare», lettera riservata dell'Alto commissario per la Provincia di Lubiana del 18 gennaio 1943.

[73] Acs, Mi, Dgps, Agr, Cat. Massime M4, b. 110, f. 16 (Campi di concentramento), s.f. 1 (Affari generali), ins. 43 «campi di concentramento per internati civili gestiti dall'autorità militare», da Gabinetto del ministero dell'Interno ad Alto Commissario per la Provincia di Lubiana, telegramma del 23 gennaio 1943.

[74] Acs, Mi, Dgps, Agr, Cat. Massime M4, b. 109, f. 16 (Campi di concentramento), s.f. 1 (Affari generali), ins. 33 «Sloveni - internamento», da Gabinetto del ministero dell'Interno a Direzione generale di pubblica sicurezza, 30 aprile 1943, oggetto: «internamento civili sloveni». Secondo le disposizioni del Duce, restavano tuttavia al *Supersloda* i campi ubicati nei territori annessi, nonché la prerogativa di prosciogliere gli internati che – pur trovandosi in campi gestiti dalle autorità civili – erano stati fermati da quelle militari.

[75] Sulla problematica del loro «cambio di gestione» cfr. T. Ferenc, *Rab-Arbe-Arbissima*, cit., p. 25; C. S. Capogreco, *Per una storia dell'internamento civile nell'Italia fascista (1940-1943)*, cit., pp. 571-74.

visto cambio delle consegne[76]. Peraltro, nei campi in questione, le organizzazioni politiche clandestine dei reclusi avevano costituito cellule paramilitari. E, senza l'apporto dell'esercito, difficilmente l'autorità di governo sarebbe riuscita a mantenere ulteriormente in segregazione la gran moltitudine degli internati. Cosicché, nel momento critico dell'8 settembre 1943, i «campi per slavi» dell'Italia centro-settentrionale, come quelli dei territori occupati, si trovavano ancora in mano alle autorità militari[77].

È difficile stabilire con precisione quanti civili jugoslavi furono coinvolti nell'internamento fascista. Va considerato anzitutto – stando al parere dell'Alto commissario per la Provincia di Lubiana[78] – che non sempre le autorità militari istruivano un fascicolo personale per ogni individuo avviato all'internamento. Un elemento questo – confermato da vari documenti dell'XI Corpo d'Armata[79] – che rende oggi piú incerto il computo numerico degli internati civili *manu militari*.

Considerando le fonti piú attendibili (in primo luogo quelle della Croce Rossa Internazionale) e facendo riferimento all'insieme dei campi dell'Autorità militare, a quelli dell'Autorità civile e all'*internamento libero*, si può tuttavia valutare in circa 100 000

[76] D'altro canto, in quegli stessi mesi, le Autorità militari si stavano adoperando per l'apertura di altri due campi (a Ceprano e a Labico, nel Lazio) per internati provenienti da Slovenia e Dalmazia. Cfr. Aussme, Smre, Uff. P.G., Dsm, Racc. 1130, bim. gennaio-febbraio 1943, oggetto «campi di concentramento per p.d.g. e i.c.», allegato n. 64 (da Smre a ministero della Guerra, 18 marzo 1943, «approntamento campi per i.c.»).

[77] Cfr. V. Ivetič, *Oslobađanje političkih zatvorenika i interniraca iz italijanskih zatvora i logora u Jugoslaviji sredinom septembra 1943. godine*, in «Vojnoistoriski Glasnik», 1987, n. 2-3, pp. 93-111.

[78] «Gli internamenti sono stati effettuati con criteri diversi, a seconda del modo di vedere dei vari Comandanti di Presidio, sino ai reparti minori (plotoni). Non si è mai quindi potuto conoscere, neanche con relativa approssimazione, il numero dei civili internati, i relativi nominativi, dove sono stati internati e per qual motivo il provvedimento è stato adottato...» [Acs, Mi, Dgps, Dagr, Cat. Massime M4, b. 110, f. 16 (Campi di concentramento), s.f. 1/43, da Alto commissario per la Provincia di Lubiana a Gabinetto del Ministro dell'Interno, lettera riservata del 18 gennaio 1943].

[79] Ad esempio, in un Promemoria del 31 ottobre 1942 il tenente Luca Magugliani scrive: «Il rastrellamento degli uomini validi, ed il conseguente internamento nei vari campi di concentramento, è stato fatto, nel corrente anno, con criteri molto diversi e senza procedere alla compilazione di uno schedario e di note biografiche di tutti gli sloveni colpiti dal provvedimento dell'internamento in un campo di concentramento...» (Ars Ljubljana, II, XI Corpo d'Armata, b. 726, a/VIII, «Promemoria sugli internati politici», 31 ottobre 1942).

(per la gran parte sloveni, croati e montenegrini) il numero dei civili «ex jugoslavi» internati dall'Italia[80].

In riferimento alla sola «Provincia di Lubiana», si può ritenere che, sino al settembre 1943, siano stati internati circa 25 000 civili tra sloveni e croati[81]. Mentre pare eccessiva – pur considerando anche l'internamento attuato dal ministero dell'Interno – la cifra di 67 230 internati sloveni (tra cui 9691 donne e 4282 bambini) avanzata dal governo jugoslavo nell'immediato dopoguerra[82].

In una relazione ufficiale predisposta per il Comando Supremo a metà dicembre del 1942, il generale Roatta, riferiva della presenza nei campi ad amministrazione militare di circa 17 369 internati civili sloveni[83].

Come si dirà piú ampiamente nel terzo capitolo, una sorta di «internamento parallelo» svincolato da quello regolamentare – gestito dall'Ispettorato Speciale di Pubblica Sicurezza per la Venezia Giulia – interessò, a partire dagli ultimi mesi del 1942, anche gli «allogeni» sloveni e croati residenti nei vecchi confini del Regno d'Italia[84]. A essi venne esclusivamente destinato il campo di concentramento di Cairo Montenotte (in Liguria) e alcuni «posti di concentramento» (piccoli campi di transito e con funzione, anche, di «prigioni sussidiarie») situati nella stessa Venezia Giulia:

[80] Cfr. Acicr, C Sc, B. G.17/Italie, «Aide-Memoire sur la question des internés ex-yougoslaves en Italie», 27 agosto 1943. Nel 1946, la Commissione d'indagine jugoslava per l'accertamento dei crimini degli occupanti riferiva di 149 488 internati per mano italiana (*Saopćenje o talijanskim zločima protiv Jugoslavije i nienih naroda*, cit., n. 1-6. p. 102). Questa cifra, nel 1982, era stata dimensionata a 109 437 dallo storico jugoslavo V. Teržič (*Slom Kraljevine Jugoslavije 1941*, Beograd-Titograd-Ljubljana 1982, vol. I, p. 608).

[81] Una fonte attendibile è rappresentata dalle relazioni mensili stilate dal Comando dell'Intendenza della II Armata, che riportano anche le capacità ricettive dei singoli campi (ma purtroppo esse sono conservate solo per alcuni periodi). Anche dalle relazioni della Croce Rossa si possono attingere dati importanti.

[82] *Saopćenje o talijanskim zločima protiv Jugoslavije i nienih naroda*, cit., n. 1-6, p. 92.

[83] Aussme, Diari storici II Guerra Mondiale, Smre, Racc. 1130, Ufficio PdG, Dsm, bimestre gennaio-febbraio 1943, alleg. n. 58, Risposta del generale Roatta al Comando Supremo (III Reparto - Ufficio Affari Generali), «Situazione in Slovenia - campi di concentramento», 16 dicembre 1942, citato la prima volta in C. S. Capogreco, *Per una storia dell'Internamento civile nell'Italia fascista (1940-1943)*, cit., p. 556, nota n. 96. Ma va considerato qui che la dicitura «internati sloveni» comprendeva anche croati provenienti dalle aree del Gorski Kotar e di Kočevje, accorpate alle province di Fiume e di Lubiana.

[84] Cfr. T. Ferenc, *Primorska in italijanska koncentracijska taborišča*, in «Prispevki za novejšo zgodovino», XL, 2000, n. 1, pp. 197-220 (in part. pp. 208-219); F. Filipič, *Slovenci v Mauthausnu*, Carkarjeva Založba, Ljubljana 1998, pp. 31-37.

a Poggio Terzarmata (Zdravščina), a Piedimonte (Podgora), una frazione di Gorizia, e nella stessa Gorizia[85].

3. *Condizioni dell'internamento*.

Nel giugno del 1940, costretta in una squallida cella carceraria e in procinto di essere internata in un campo italiano, Maria Luisa Moldauer – una giovane ebrea polacca appena laureatasi in Italia – si chiedeva quale fosse l'inquietante destino che la stava attendendo:

> Cosa era, poi, un Campo di Concentramento? Dora ed io ne avevamo spesso discusso, ma senza mai giungere ad una visione chiara. Mancavamo completamente di dati e cercavamo di fare una media fra l'isola di Man e Dachau, cioè fra quel che avevamo letto o sentito sull'internamento degli stranieri nemici in Inghilterra, e degli ebrei e anti-nazisti in Germania.
>
> Case o baracche? Uomini e donne assieme o separati? Mensa comune o approvvigionamento individuale? Lavoro forzato? Trattamento uguale per tutti o a secondo dei rispettivi «dossiers»? Che libertà, quali restrizioni?[86].

In quelle stesse settimane, a Roma, alcuni funzionari della Direzione generale di pubblica sicurezza si domandavano, dal canto loro, quale fosse l'organizzazione dei campi di concentramento tedeschi. Reinhard Heydrich, il responsabile dell'Ufficio centrale di sicurezza del Reich (Rsha) da essi consultato, si affrettava a rispondere al capo della polizia italiana, Arturo Bocchini, inviandogli il «regolamento» dei campi germanici e offrendo piena disponibilità a ricevere eventualmente – per ulteriori chiarimenti e delucidazioni – una «delegazione di studio» di funzionari italiani[87].

Nell'aprile del 1936, in verità, il commissario capo di pubblica sicurezza Tommaso Petrillo aveva già visitato il campo di Dachau, e nel dicembre 1938 Guido Landra e Lino Businco (direttore e vicedirettore dell'Ufficio studi sulla Razza del ministero della Cultura popolare) erano stati in quello di Sachsenhausen, dove

[85] Per un brevissimo periodo un «posto di concentramento» fu attivo anche ad Aidussina (Ajdovščina), allora in provincia di Gorizia, e vi fu convogliata la popolazione del villaggio di Ustje, dopo essere stato distrutto dai militari.

[86] M. Eisenstein, *L'internata numero 6. Donne fra i reticolati del campo di concentramento*, cit., p. 90.

[87] Cfr. Acs, Mi, Dgps, Dagr, Ufficio rapporti con la Germania, R/G, f. 1940, 33.

avevano incontrato esponenti nazisti di primo piano. Tali contatti «tecnici», però, erano rimasti episodici, non suffragati successivamente da volontà e atti politici concreti. Lo stesso Bocchini lasciò cadere l'invito di Heydrich, adducendo difficoltà dovute alla guerra e alla conseguente carenza di personale[88].

Allo scoppio della Seconda guerra mondiale – vista la faziosa campagna propagandistica nazista mirante ad attribuire agli inglesi la primogenitura dei Lager – il governo di Sua Maestà evitò prudentemente di denominare «campi di concentramento» le apposite strutture allestite in Gran Bretagna per accogliere gli internati civili di guerra[89]. Quanto all'Italia, vale ricordare che, nel luglio del 1930, con riferimento ai campi della Sirtica, Mussolini aveva già raccomandato ai suoi generali di evitare accuratamente, nelle comunicazioni e nelle relazioni ufficiali, l'uso dell'espressione «campi di concentramento», suggerendo di utilizzare, invece, le diciture «campo di raccolta» o «accampamento popolazioni», al fine di non allarmare le popolazioni locali e, soprattutto, la stampa internazionale[90]. Negli anni 1940-43 invece – forse per il bisogno di un allineamento, quantomeno lessicale, con l'alleato tedesco – l'Italia attribuí tranquillamente la definizione di campo di concentramento a tutti gli stabilimenti destinati all'internamento di civili[91].

[88] Cfr. R. De Felice, *Storia degli ebrei italiani sotto il fascismo*, Einaudi, Torino 1988, pp. 358-59 e 553-54; G. Antoniani Persichilli, *Disposizioni normative e fonti archivistiche per lo studio dell'internamento in Italia (giugno 1940 - luglio 1943)*, cit., p. 85.

[89] Cfr. D. Cesarani, *Camps de la mort, camps de concentration et camps d'internement dans la mémoire collective britannique*, cit., p. 18. I luoghi di raccolta per i civili rastrellati vennero allora definiti dal governo britannico «centri provvisori» o «centri di transito».

[90] Circolare riservata inviata da Mussolini a Badoglio il 4 luglio 1930, citata in G. Ottolenghi, *Gli italiani e il colonialismo. I campi di detenzione italiani in Africa*, SugarCo, Milano 1997, p. 98, nota 2. Rodolfo Graziani nella conferenza stampa tenuta a Bengasi il 9 giugno 1931 – in merito alle strutture concentrazionarie realizzate dall'Italia – dichiarò, tra l'altro, ai giornalisti: «mi preme precisare che non trattasi di campi di concentramento veri e propri come qualcuno potrebbe supporre...». Cfr. in G. Rochat, *La repressione della resistenza in Cirenaica (1922-1931)*, cit., pp. 169-70.

[91] Ancora nel 1947, il campo di Lipari (divenuto centro di raccolta temporaneo per profughi stranieri) veniva definito «campo di concentramento» dall'Italia repubblicana. Da qui la singolare richiesta rivolta alla Croce Rossa dagli ospiti di quel campo: «Changer la dénomination du camp, actuellement appelé "Campo di concentramento" in "Campo raccolta profughi", ceci pour des raisons morales, vu qu'il s'agit effectivement de réfugiés, qui craignent que le timbre "Campo di concentramento" appliqué sur chacune de leurs lettres ne leurs nuise, la dénomination "camp de concentration" pouvant donner lieu à une fausse interprétation et faire croire qu'il s'agit de criminels ou de détenus de droit commun». [Acicr, C Sc, B. G.17/Italie, Camp de Lipari (Internés étrangers en mains italiennes), Visité du 1er au 3ème mars 1947].

In sede storiografica, sarebbe però piú opportuno limitare la denominazione di campo di concentramento alle strutture dell'internamento civile «parallelo», nelle quali venivano internati individui privi di qualsiasi tutela; usando invece quella di «campo d'internamento» per gli stabilimenti «regolamentari» sottoposti al ministero dell'Interno che possedevano una legalità formale, riconosciuta dalla Croce Rossa e dagli stessi paesi in guerra contro l'Italia.

Una distinzione ancora piú attenta - basata sulle intrinseche motivazioni dell'internamento, cosí come argomentate nel capitolo precedente - permetterebbe di mettere in evidenza, inoltre, il «doppio ruolo» svolto dai campi italiani durante la Seconda guerra mondiale. Difatti, quelli amministrati dal ministero dell'Interno furono insieme campi «di internamento» per alcune categorie di reclusi (i «sudditi nemici» e gli stranieri a essi equiparati), e campi «di concentramento» per quelle categorie (anzitutto gli oppositori) internate col ricorso a «misure preventive», equivalenti, nella sostanza, alla *Schutzhaft* tedesca[92]. La stessa distinzione permetterebbe di notare, ancora, che i campi dell'internamento «parallelo» furono «di concentramento» per la maggior parte degli internati (civili deportati senza alcuna tutela), ma anche «di internamento» nei casi in cui ospitavano veri e propri internati «protettivi». E non si tratta qui - come potrebbe apparentemente sembrare - di pura pedanteria o di inutili disquisizioni accademiche[93].

I campi italiani della Seconda guerra mondiale, a parte il nome, avevano poco o nulla in comune con i *Konzentrationslager*. Neppure le strutture di concentramento «per slavi» fecero parte, difatti, di un organico «sistema concentrazionario» di tipo totalitario. La «filosofia ispiratrice» dell'internamento civile fascista, in linea di principio, non mirava infatti allo sfinimento degli indi-

[92] La *Schutzhaft* («custodia preventiva» o «di sicurezza») faceva riferimento alla legge prussiana sullo stato d'assedio del 4 luglio 1851. Era una sorta di fermo di polizia a tempo illimitato, svincolato dal controllo giudiziario. Nella Germania nazista gli internati di nazionalità tedesca e polacca ebbero la qualifica di *Schutzhäftlinge* (cioè «internati per ragioni di sicurezza») e non di internati civili di guerra. Cfr. A. Poniatowska - S. Liman - I. Krężalek, *Związek Polaków w Niemczech w latach 1922-1982*, Warszawa 1987.

[93] Un'analoga, interessante situazione di «doppio ruolo» è stata registrata da Kamiński per i campi statunitensi per giapponesi e quelli francesi per gli esuli tedeschi e i repubblicani spagnoli (*I campi di concentramento dal 1896 ad oggi*, cit., p. 277).

vidui o allo sfruttamento del lavoro schiavistico. L'obiettivo da esso perseguito era la messa al bando degli elementi ritenuti pericolosi, sospetti o indesiderabili (a partire dagli oppositori interni) e inoltre – soprattutto nelle zone di occupazione – la «pulizia» dei territori considerati a rischio.

I modelli di riferimento dei campi fascisti sono perciò individuabili, in buona misura, nella stessa prassi concentrazionaria italiana che – non va trascurato – negli anni Quaranta aveva già una sua tradizione consolidata[94]. In particolare, le strutture gestite dal ministero dell'Interno ebbero come riferimento piú prossimo le colonie di confino; quelle dell'internamento «parallelo» presentarono sia (sul piano organizzativo e strutturale) collegamenti con i campi per prigionieri di guerra, sia (limitatamente alle tendopoli delle isole jugoslave) significative analogie con i campi coloniali del decennio precedente[95].

Una singolare visione dei campi di concentramento emerge da un documento della Direzione generale di pubblica sicurezza dei primi mesi del 1940. Nella «nuova concezione sociale dell'Italia fascista» – si legge in quel testo – i campi

> non debbono piú essere intesi come luoghi di ozio dove gli individui sono costretti, inattivi, ad attendere la calata del sole, ma devono essere campi di operosità per produrre, comunque, ciò che occorre alla generalità...
>
> Tanto piú organico e proficuo riuscirà il campo di concentramento, e meno oneroso per lo Stato, quanto piú si sarà provveduto a tempo a predisporlo, cioè a costruire il primo nucleo dei servizi generali e i dormitori per i primi ospiti, i quali, seguendo un piano prestabilito, dovranno subito iniziare i lavori che, per quanto possibile, debbono coincidere con quelli della trasformazione agraria dei terreni.
>
> I soggetti saranno tenuti come il nostro spirito umano ci distingue; ma certo, mentre la nazione è impegnata nella sua estrema battaglia, non

[94] Nel 1935, a poche settimane dall'inizio del conflitto italo-etiopico, un grande campo di concentramento era stato aperto dall'Italia a Danane, in Somalia. Avrebbe dovuto accogliere militari nemici; ma durante la guerra d'Etiopia – prettamente di annientamento – di prigionieri se ne fecero pochi. Il campo si riempí invece di civili, soprattutto a guerra finita: notabili, funzionari, monaci copti, indovini, cantastorie, ecc. Vi trovarono posto anche i resti dell'esercito imperiale etiopico e delle formazioni ribelli. Dall'ottobre 1935 al marzo 1941, si avvicendarono a Danane circa 6500 internati tra etiopi e somali; poco meno della metà dei reclusi persero la vita per la sottoalimentazione e le disastrose condizioni igienico-sanitarie. Cfr. A. Del Boca, *L'Africa nella coscienza degli italiani*, cit., p. 41-57.

[95] Cfr. C. S. Capogreco, *Aspetti e peculiarità del sistema concentrazionario fascista. Una ricognizione tra storia e memoria*, cit., p. 219; G. Rochat, *La repressione della resistenza in Cirenaica (1927-1931)*, cit., pp. 155 sgg.

sarà certamente agli individui meno desiderabili che useremo dei privilegi...[96].

L'ipotizzata utilizzazione degli internati nella trasformazione agraria del territorio faceva riferimento a una concezione «autarchica» dei campi di concentramento, che li collegava al piú vasto programma fascista della «bonifica integrale»[97]. Non a caso, essa ebbe uno dei principali «teorici» e fautori (certamente non disinteressato) nel cavaliere del lavoro Eugenio Parrini, l'artefice della «colonia agricola» di Pisticci («primo campo di concentramento italiano») e del campo di Ferramonti, gravitanti proprio attorno a suoi cantieri di bonifica agraria. Nel 1942, in un articolato rapporto nel quale vantava «osservazioni ed esperienze che risalgono anche alla guerra europea», Parrini riproponeva al ministero dell'Interno le sue vedute sulla fattibilità e le finalità dei campi per internati civili. Che dovevano essere allestiti in zone tali da consentire – attraverso la realizzazione di orti e la trasformazione agraria e fondiaria – la possibilità di impiego lavorativo a tutti gli internati «volenterosi». E dovevano fungere da «veri e propri paesi provvisori», popolati da famiglie al completo e concepiti in modo tale che i relativi fabbricati – una volta andati via gli internati – avrebbero potuto costituire le prime strutture di nuovi villaggi agricoli[98].

In alcuni campi realizzati ex novo dal ministero dell'Interno (Ferramonti, Fraschette, Farfa) la mano d'opera degli internati fu impiegata per la costruzione delle stesse infrastrutture abitative. Anche in altri campi, un piccolo numero di internati trovarono occupazione come addetti alle pulizie ed alle cucine, cuochi, artigiani e, addirittura, per curare la salute dei propri compagni[99].

[96] Acs, Mi, Dgps, Dagr, Cat. Massime M4, b. 99, f. 16 (Campi di concentramento), s.f. 1/1, documento senza firma né data, verosimilmente dei primi mesi del 1940. Anche in S. Carolini (a cura di), *«Pericolosi nelle contingenze belliche»*, cit., pp. 349-50.

[97] Cfr, G. Tassinari, *Autarchia e bonifica*, Zanichelli, Bologna 1940; R. Mariani, *Fascismo e «città nuove»*, Feltrinelli, Milano 1976; P. Bevilacqua, *Le bonifiche*, in *I luoghi della memoria. Simboli e miti dell'Italia unita*, a cura di M. Isnenghi, Laterza, Roma-Bari 1996, pp. 405-16.

[98] Acs, Mi, Dgps, Dagr, Cat. Massime M4, b. 112, f. 16 (Campi di concentramento), s.f. 1 (Affari generali), ins. 65, «Osservazioni e norme per la costruzione di un campo di concentramento per internati non militari», Relazione redatta da Eugenio Parrini il 24 febbraio 1942.

[99] Il riferimento va, in primo luogo, ai campi di Bagno a Ripoli, Montalbano, Urbisaglia, Fabriano, Manfredonia e Ferramonti.

Tuttavia, nella stragrande maggioranza dei campi italiani – nonostante i propositi della vigilia e l'impegno profuso dal Parrini perché essi divenissero «comunità autarchiche capaci di favorire il lavoro volontario» – l'ozio, come si vedrà in seguito, regnò sovrano. Come già, del resto, nelle colonie di confino.

Capitolo terzo

Gli internati

1. *Gli internati stranieri*.

Sul finire dell'agosto 1939, in vista del probabile scoppio della Seconda guerra mondiale, il ministero dell'Interno invitò i prefetti a svolgere accertamenti sulla consistenza numerica degli appartenenti a Stati potenzialmente nemici che risiedevano in Italia[1]. Furono cosí stilati quattro elenchi. Il primo elenco comprendeva coloro i quali si riteneva opportuno espellere dal Regno; il secondo, i soggetti da internare nei campi di concentramento, il terzo quelli da destinare all'*internamento libero* e il quarto quelli da sottoporre a speciale vigilanza. Secondo l'indagine delle prefetture, 1367 civili stranieri risultavano passibili dell'espulsione e 3631 dell'internamento. Di questi ultimi, 1462 erano da internare nei «campi» e 2169 nelle apposite «località». Per l'eventuale provvedimento di vigilanza vennero individuati 253 stranieri.

Allo scoppio della guerra ulteriori informazioni su civili stranieri da espellere o internare, «perché capaci di attività dannosa agli interessi italiani e perché atti a portare le armi», vennero richieste ai prefetti dal ministero dell'Interno che intendeva conoscere, ora, non soltanto il numero degli appartenenti agli Stati «presunti nemici», ma anche se vi fossero stranieri di altre nazionalità, «dei quali, comunque, si ritenesse opportuno l'allontanamento dal Regno»[2].

I preparativi finalizzati all'attuazione pratica dell'internamento vennero intensificati ed affinati in seguito all'attacco militare

[1] Acs, Mi, Dgps, Dagr, Cat. Massime I 4 (Istruzioni di polizia militare), b. 59, f. 60 (Provvedimenti da attuarsi in caso di guerra a carico di stranieri), s.f. 1 (Affari generali), circolare n. 443/43427, da ministero dell'Interno a Prefetti del Regno e Questore di Roma, 31 agosto 1939.

[2] Ivi, circolare n. 443/79351, da ministero dell'Interno a prefetti del Regno e questore di Roma, 12 settembre 1939.

tedesco alla Francia. Il 20 maggio 1940, in particolare, le prefetture italiane furono invitate ad aggiornare le liste dei potenziali sudditi nemici, e per la prima volta si chiese loro che negli elenchi fossero compresi anche gli «ebrei stranieri»[3]. Il 1° giugno, quindi, mediante la circolare già citata nel secondo capitolo, che riassumeva le varie norme predisposte negli anni precedenti dal ministero della Guerra e da quello dell'Interno, vennero trasmesse in periferia le decisioni del governo relative al fermo degli individui interessati.

Le modalità di trattamento degli stranieri internati dall'Italia vennero fissate da quel decreto del duce del 4 settembre 1940, con il quale, appunto, il nostro paese improntò ufficialmente l'internamento civile a criteri di rispetto dei diritti dell'individuo, prevedendo che i nemici internati fossero trattati con tolleranza, protetti da eventuali violenze e sottoposti al controllo della Croce Rossa[4]. Questa posizione «garantista» non venne estesa del tutto ai civili internati per ragioni di pubblica sicurezza e a quanti altri non furono riconosciuti come «sudditi nemici»[5].

«Sudditi nemici» e altri civili stranieri

Il compito di proporre l'internamento dei «sudditi nemici» e degli altri civili stranieri spettava soprattutto ai Centri di controspionaggio e, in primo luogo, al Sim, responsabile anche dell'internamento dei civili italiani «di sospetta o accertata attività spionistica»[6].

[3] Ivi, circolare n. 443/35615, da ministero dell'Interno a prefetti del Regno e questore di Roma, 20 maggio 1940.

[4] Allo scoppio della guerra – come detto nel primo capitolo – il Cicr rivolse un appello ai governi ed ai comitati della Croce Rossa degli stati belligeranti e di quelli neutrali, nel quale chiedeva che – per il trattamento dei civili nemici internati – venisse adottato possibilmente (attraverso accordi bilaterali stipulati tra i singoli governi e la Croce Rossa) il progetto di Convenzione approvato a Tokyo nel 1934. Cfr. «Revue Internationale de la Croix-Rouge», XXI, settembre 1939, n. 249 (testo dell'appello alle pagine 741-48). Per il decreto del Duce cfr. anche S. Sorani, *L'assistenza ai profughi ebrei in Italia (1933-1947). Contributo alla storia della «Dealasem»*, Carucci, Roma 1983, pp. 211-13.

[5] Il garantismo verso i sudditi nemici stava per essere abbandonato nell'aprile 1943, quando un progetto di legge del neo ministro delle Corporazioni Tullio Cianetti prevedeva di avviare al lavoro obbligatorio alcune categorie di persone, tra cui gli internati civili appartenenti a stati nemici. Cfr. Acs, Presidenza del Consiglio dei Ministri, Atti 1942-1943, ministero delle Corporazioni, f. 80, Schema di R. Decreto Legge relativo all'avviamento al lavoro di alcune categorie di persone in speciali condizioni di soggezione alla pubblica autorità.

[6] Dal 1942 il Sim sarebbe divenuto l'organo centrale del controspionaggio italiano, cfr. G. Tosatti, *Gli internati civili in Italia nella documentazione dell'Archivio centrale dello Stato*, cit., p. 42, nota 35.

Ma nel giugno del 1940 – in contrasto con le piú rigide indicazioni provenienti dal Sim – il ministero dell'Interno decise di internare soltanto i «piú pericolosi». Questa scelta moderata fu dettata sia dalla necessità di limitare il numero degli internati – vista la scarsità di campi di concentramento già operativi e l'insufficiente disponibilità di posti all'*internamento libero* –, sia dalla volontà di dar prova ai governanti nemici che l'Italia intendeva attuare l'internamento non in modo indiscriminato, bensí soltanto nei casi di «effettiva pericolosità». A questa preoccupazione faceva chiaro riferimento il capo della polizia nelle disposizioni trasmesse ai prefetti il 10 giugno 1940, nelle quali affermava di confidare nel fatto

> che tutte le disposizioni impartite at organi polizia relative allo stato di guerra saranno applicate con atto di diligenza», procedendo «con oculato et vigile rigore colpendo giusto et senza esagerazione al fine di evitare in modo assoluto ripercussioni internazionali et ritorsioni contro nostri connazionali residenti all'estero[7].

La stessa circolare, in relazione all'internamento dei «sudditi nemici», affermava in particolare che dovevano essere fermati «soltanto quelli pericolosi», mentre per gli altri si sarebbero dovute attendere ulteriori disposizioni. Agli stranieri appartenenti a paesi neutrali o non belligeranti – in accordo con i Centri di controspionaggio – doveva invece essere consentita l'uscita dal Regno, anche se fossero stati proposti per l'internamento.

Nella definizione di «sudditi nemici» l'Italia includeva coloro i quali erano in possesso di doppia cittadinanza (se una delle due era relativa ad un paese avversario), nonché gli apolidi che avevano, o avevano avuto, cittadinanza nemica. Non erano invece sudditi nemici quanti, oltre alla cittadinanza di uno Stato nemico, possedevano pure quella italiana[8]. Da ciò potevano derivare situazioni piuttosto paradossali, come quella di due figli di emigranti italiani, francesi di adozione, che – internati nel 1940 quali «sudditi nemici» – trascorsero ben quindici mesi nel campo di concentramento prima di riuscire ad ottenere il proscioglimento dal ministero dell'Interno[9]. D'altra parte – in ossequio alla politica fa-

[7] Acs, Mi, Dgps, Dagr, Cat. Massime I 4 (Istruzioni di polizia militare), b. 59, f. 60 (Provvedimenti da attuarsi in caso di guerra a carico di stranieri), s.f. 1 (Affari generali), Circolare n. 443/43778, da ministero dell'Interno ai Prefetti del Regno e al Questore di Roma, 10 giugno 1940.

[8] Ivi, telespresso da ministero Affari Esteri a ministero dell'Interno, 15 giugno 1940.

[9] La singolare vicenda è ricostruita in A. Regis, *Esperienze al margine della guerra. Testimonianze di militari valsesiani*, in «L'impegno», XV, 1995, n. 3, pp. 34-40.

scista che considerava Malta una «terra irredenta» – l'Italia trattava spesso come «italiani non regnicoli» anziché come «sudditi britannici», e quindi nemici, i maltesi residenti nei territori del Regno[10].

Nell'ottobre 1940 (a distanza di quattro mesi dall'entrata in guerra) a fronte di oltre 10 000 stranieri passibili d'internamento presenti nel Regno, l'Italia ne aveva internati 4251. Di essi, 2396 erano stati avviati nei «campi» e 1855 nelle apposite «località»[11]. La linea «moderata» inizialmente delineata dal capo della polizia nei confronti dei «sudditi nemici» venne mantenuta anche nei mesi successivi; tant'è che nel marzo 1941 erano internati nei campi soltanto 161 inglesi su 4490, 99 francesi su 4732 e 78 greci su 1612. Alla stessa data figuravano all'internamento libero 414 inglesi, 316 francesi e 136 greci[12]. Tale situazione rimase sostanzialmente immutata col trascorrere degli anni, come pure la diversità di vedute tra il ministero dell'Interno e quello della Guerra che – tramite il Sim – continuava a spingere per un internamento «radicale e totalitario» degli stranieri presenti sul territorio italiano. In un *appunto per il Duce*, predisposto dalla Direzione generale di pubblica sicurezza nell'aprile del 1941, si afferma infatti che

> ... dall'inizio del conflitto è stato provveduto ad esaminare caso per caso la posizione dei sudditi nemici residenti in Italia, una parte dei quali sono stati, a seconda delle pericolosità, internati in piccoli comuni o ristretti in campi di concentramento. Recentemente il ministero della Guerra (Sim) aveva richiesto che tutti indistintamente gli inglesi fossero inviati in campo di concentramento, ma l'ambasciata degli Stati Uniti d'America, che tutela gli interessi inglesi in Italia, avuto sentore di ciò, ha svolto dei passi presso il nostro ministero degli Esteri, al quale ha fatto presente che in Inghilterra e nei territori dell'Impero inglese solo una parte degli italiani è stata internata. Il ministero degli Esteri ha pertanto prospettato le conseguenze che un analogo provvedimento da parte inglese avrebbe avuto a danno dei nostri connazionali e il ministero della Guerra (Sim) ha rinunziato alla richiesta...[13].

[10] Acs, Mi, Dgps, Dagr, A5G II Guerra mondiale, b. 23, f. 7, s.f. 6, *Maltesi d'Italia! Italiani di Malta!*, stampata a cura del Comitato di Azione maltese. Cfr. anche la nota 20 di questo capitolo. Cfr. A. Scicluna Sorge, *Italianità di Malta*, Editrice Dante Alighieri, Roma 1940.

[11] Acs, Mi, Dgps, Dagr, Cat. A4 bis, f. 63. Dei 4251 internati stranieri 2412 erano ebrei. Alla stessa data, gli internati italiani erano complessivamente 1373 e i confinati 4732 (di cui 2335 politici). Cfr. G. Tosatti, *Gli internati civili in Italia nella documentazione dell'Archivio Centrale dello Stato*, cit., pp. 45-46.

[12] Acs, Mi, Dgps, Dagr, Cat. Massime I 4 (Istruzioni di polizia militare), b. 59, f. 60 (Provvedimenti da adottarsi in caso di guerra a carico di stranieri), s.f. 1, da Dgps a Gabinetto ministero della Guerra, 22 marzo 1941.

[13] Acs, Mi, Dgps, Dagr, Cat. Massime M4, b. 134, f. 16 (Campi di concentramento), s.f. 2 (Affari per provincia), ins. 34 «Rieti». Appunto per il Duce s.d. (ma aprile 1941).

Alla metà di luglio del 1941, difatti, risultavano internati in Italia e in Libia appena 759 sudditi britannici su un totale di 2655 residenti. Degli internati, 179 si trovavano nei campi e 580 in condizione di *internamento libero*[14]. In Italia, i campi che accoglievano internati britannici erano quelli di Montechiarugolo, Civitella della Chiana, Civiltella del Tronto, Tremiti, Treia, Pollenza e Solfora, mentre i greci erano internati preferenzialmente nei campi di Bagno a Ripoli, Montechiarugolo, Civitella della Chiana, Treia e Pollenza[15].

Nel 1942 veniva disposta la revisione della posizione individuale di tutti gli stranieri nemici presenti nel Regno che ammontavano complessivamente a 10 863 unità: 4513 inglesi, 4731 francesi, 1619 greci. Ancora una volta il ministero della Guerra proponeva misure d'internamento drastiche, ma soltanto gli individui giudicati pericolosi o sospetti continuarono ad essere internati; per gli altri furono soltanto intensificate le misure di vigilanza[16].

In Libia, «imprescindibili necessità» legate alla repressione dello spionaggio e alle difficoltà dei rifornimenti alimentari indussero nel settembre 1941 il governatore Ettore Bastico a disporre l'allontanamento di quasi tutti i «sudditi nemici» – circa 7000 – presenti nella colonia[17]. Gran parte di essi, in effetti, erano già stati internati, prima nel campo di Togiura, presso Tripoli, poi in quello di Buerat el-Hsun, nella Sirtica[18]. In seguito a quel provvedimento, nei primi mesi del 1942 furono deportati in Italia 263 ebrei libici con cittadinanza britannica, 225 membri della locale comunità greco-ortodossa, 1900 maltesi, ed altri stranieri[19]. Dalla Grecia, nel maggio del 1942 vennero trasferiti in Ita-

[14] Acicr, G17/Italie, da Ambasciata Usa a Roma a Comité international de la Croix-Rouge, Genève, British civilians interned in Italy and Libya, 25 luglio 1941. In Libia i campi in questione erano quelli di Tagiura e Gargaresc.

[15] Acicr, G17/Italie, da Legazione Svizzera in Italia, Roma a Division des Intérêts Etrangers, Berne, Intérêts grecs - Internés et camps de concentration, 5 febbraio 1941.

[16] Acs, Mi, Dgps, Dagr, Cat. A5G, II Guerra mondiale, b. 412. Cfr. S. Carolini (a cura di), *Gli antifascisti italiani dal confino all'internamento*, cit., p. 115.

[17] Acs, Mi, Dgps, Dagr, Cat. Massime M4, b. 105, f. 16 (Campi di concentramento), s.f. 1 (Affari generali), ins. 23, da ministero dell'Africa Italiana a ministero dell'Interno, dispaccio telegrafico del 9 settembre1941.

[18] Cfr. Acdec, testimonianza di Jacob Habib (nato a Bengasi il 21 aprile 1918), in I. Iacoponi, *Campi di concentramento in Abruzzo durante il secondo conflitto mondiale: 1940-1945. Civitella del Tronto*, «Rivista abruzzese di studi storici dal fascismo alla Resistenza», V, 1984, n. 2, p. 217.

[19] Cfr. Acs, Mi, Dgps, Dagr, Cat. Massime M4, b. 105, f. 16 (Campi di concentramento), s.f. 1 (Affari generali), «sfollati dalla Libia»; K. Voigt, *Il rifugio precario*, cit., vol. II, p. 42.

lia 331 sudditi britannici, un contingente che comprendeva «tutti gli internati maschi di 15-55 anni, in prevalenza maltesi e ciprioti»[20].

In piú occasioni il ministero degli Esteri consigliò a quello dell'Interno, di non internare – «per ragioni di opportunità» – i maltesi in campi di concentramento. Ed infatti, quelli trasferiti dalla Libia (salvo casi di «comprovata pericolosità») furono avviati inizialmente in «centri di accoglienza» predisposti dall'Ispettorato servizi di guerra, alla stregua di normali sfollati italiani. Quindi, il ministero dell'Interno invitò le prefetture interessate ad accertare se e quanti, tra i maltesi giunti nella penisola, nutrissero effettivamente «sentimenti filoitaliani»[21].

Dapprima i «sudditi nemici» internati in Italia furono distribuiti in un gran numero di campi: Montechiarugolo, Salsomaggiore Bagno a Ripoli, Civitella del Tronto, Pollenza, Treia, Petriolo, Lanciano, Solofra, Civitella della Chiana, Chieti, Agnone, Isernia, Corropoli, Alberobello, ecc. Ma dopo qualche tempo il numero dei campi utilizzati si ridusse notevolmente: quelli rimasti in uso per questa categoria di internati avevano una collocazione geografica che rendeva piú agevole il loro raggiungimento alle delegazioni ispettive del Comitato Internazionale della Croce Rossa e della Legazione svizzera, allocate nella capitale[22]. L'esclusione dei campi piú meridionali rispondeva, peraltro, alla decisione presa dall'Italia sin dallo scoppio della guerra, di interdire il Sud del paese agli stranieri. Una scelta che – come conferma un documento del ministero dell'Interno del maggio 1942 – impediva generalmente ai delegati della Croce Rossa, ammessi a visitare i «sudditi nemici», l'incontro con altre categorie di internati:

[20] Acs, Mi, Dgps, Dagr, Cat. Massime M4, b. 109, f. 16 (Campi di concentramento), s.f. 1 (Affari generali), ins. 32 «Internamento inglesi già confinati in Grecia», da ministero degli Affati Esteri a ministero Interno, telespresso del 9 maggio 1942, recante «Sudditi maltesi e ciprioti internati in Grecia». Nell'occasione il ministero degli Esteri, «per ragioni di opportunità», consigliò quello dell'Interno di non internare i maltesi (peraltro non pericolosi) in campi di concentramento.

[21] In base alle indicazioni fornite dai prefetti, vennero poi ritenuti «anglofili» 164 anglo-libici e le rispettive famiglie, che furono internati nel campo di Fraschette. Cfr. L. Gromme, *I campi di concentramento per internati civili di guerra (10 giugno '40 – 8 settembre '43): il caso del Lazio*, cit., pp. 28-32 sgg.

[22] Tuttavia, non mancarono le eccezioni: nel marzo del 1942, ad esempio, 300 civili greci vennero internati (seppure per breve tempo) nel campo di Ferramonti. Cfr. Acs, Mi, Dgps, Dagr, Cat. Massime M4, b. 109, f. 16 (Campi di concentramento), s.f. 1 (Affari generali), ins. 30 «Internamento greci», Dgps a Comando Supremo, comunicazione del 12 marzo 42 recante «Civili greci da internare in Italia».

Il Comando Supremo ha fatto presente – si legge nella nota diretta al ministero degli Esteri – che è assolutamente necessario, per motivi di sicurezza, non concedere agli stranieri autorizzazioni a recarsi in Italia meridionale. Pertanto si conferma il parere espresso circa l'opportunità di fornire alla Croce Rossa Internazionale soltanto l'elenco dei campi di concentramento dove sono internati stranieri sudditi di Stati nemici, con esclusione degli altri dove sono destinati connazionali ed elementi provenienti dalle zone occupate, che si trovano in Italia meridionale. Ciò per evitare che i delegati della CRI chiedano di visitare anche detti campi[23].

Ebrei stranieri e apolidi

Le leggi antiebraiche, promulgate in Italia negli anni 1938-39, non contenevano riferimenti a eventuali pratiche d'internamento. E a misure del genere nei confronti degli ebrei (italiani o stranieri) non accennavano né la circolare 31 agosto 1939 – che comunicava ai prefetti i provvedimenti da adottarsi nei confronti dei civili stranieri – né quella del 5 settembre dello stesso anno, riferita agli appartenenti a Stati «presunti nemici»[24]. Evidentemente, per l'Italia fascista la «pericolosità» ebraica rappresentava ancora una questione «di ordine generale», non sufficiente a determinare l'internamento. In seguito allo scoppio della guerra in Europa, tuttavia, il regime invitò prefetture e forze dell'ordine ad una speciale vigilanza sugli ebrei, come risulta da una circolare del capo della polizia, datata 25 settembre 1939:

È stato segnalato che notizie false et tendenziose che circolano Regno momento politico attuale sarebbero diffuse da elementi ebraici scopo creare disorientamento tra il popolo alt Raccomandasi impartire precise categoriche disposizioni dipendenti autorità P.S. singole province perché sia esercitata oculata vigilanza sugli ebrei et ove risultino accertati nella specie elementi concreti responsabilità siano adottati provvedimenti rigore loro confronti alt Informare ministero eventuali emergenze[25].

[23] Acs, Mi, Dgps, Dagr, Cat. Massime M4, f. 16 (Campi di concentramento), b. 110, s.f. 1 (Affari generali), ins. 39 «Croce Rossa- Richiesta notizie varie», da ministero Interno a ministero Affari Esteri, 29 maggio 1942 (442/12277).

[24] L'internamento degli stranieri era ufficialmente motivato dalla necessità di garantire la sicurezza nazionale. In quest'ottica esso avrebbe dovuto colpire soltanto gli ebrei che fossero cittadini di stati nemici; come, ad esempio, quelli polacchi residenti in Italia. Cfr. K. Voigt, *Il rifugio precario*, cit., vol. II, p. 5.

[25] Acs, Mi, Gabinetto, Ufficio Cifra, Telegrammi in partenza, Circolare telegrafica n. 442/47394, «Provvedimenti da adottare nei confronti di elementi ebraici», da capo della polizia a prefetti del Regno e questore di Roma, 25 settembre1939. Anche in M. Toscano, *L'internamento degli ebrei italiani 1940-1943: tra contingenze belliche e politica razziale*, cit., p. 95.

Occorre ricordare, d'altra parte, che l'ingresso e il soggiorno in Italia degli ebrei stranieri era stato per lungo tempo consentito – a condizione che non si trattasse di persone che avessero attivamente operato in partiti politici antifascisti – persino dopo l'ascesa al potere del nazismo e il conseguente esodo dalla Germania di migliaia di ebrei tedeschi. Tale atteggiamento, del resto, era stato spesso ostentato da Mussolini, a dimostrazione dell'«universalità di Roma» e della propria «superiorità culturale» nei confronti di Hitler[26].

Le condizioni di vita dei profughi e degli emigranti ebrei giunti in Italia furono accettabili sino alla promulgazione della legislazione razziale, quando, con il decreto legge del 7 settembre 1938 n. 1381 (*Provvedimenti nei confronti degli ebrei stranieri*) e con quello datato 17 novembre 1938 n. 1728 (*Provvedimenti per la difesa della razza italiana*), venne stabilito che gli ebrei entrati nel Regno dopo il 1° gennaio 1919 dovessero abbandonare il paese entro sei mesi (pena la loro espulsione), e che tutte le cittadinanze italiane concesse agli ebrei dopo quella stessa data, dovevano essere revocate[27]. Allo scadere del tempo limite stabilito dalla legge (il 12 marzo 1939), però, non tutti gli interessati erano riusciti ad abbandonare la penisola – essendo ormai ben poche le nazioni disposte ad accoglierli – ; altri, addirittura, vi continuavano ad arrivare. La minacciata espulsione in massa, comunque, non venne attuata, sebbene il relativo decreto – il cui *ultimatum* fu piú volte prorogato – continuasse a rimanere in vigore[28].

La prima traccia dell'inclusione degli «ebrei stranieri» tra i civili per i quali andava profilandosi l'internamento si trova – come già detto – in una circolare diramata il 20 maggio 1940 dal ministero dell'Interno; alcuni giorni dopo lo stesso ministero precisava che anche gli ebrei provenienti da stati amici avrebbero potuto costituire un rischio per la sicurezza militare e per quella interna dell'Italia, e che, pertanto, si dovesse prospettare anche il loro

[26] Fino all'*Anschluss* non vi furono limitazioni (a parte quelle politiche) all'ingresso e al soggiorno in Italia degli ebrei stranieri, ai quali veniva concesso di esercitare attività libero-professionali. Cfr. K. Voigt, *Il rifugio precario*, cit., vol. I, pp. 1-54, 139-264.

[27] In realtà, molti ebrei avevano già lasciato l'Italia in seguito all'accordo di polizia italo-tedesco dell'aprile 1936 che aveva reso il loro esilio piú difficile. Cfr. R. De Felice, *Storia degli ebrei italiani sotto il fascismo*, cit., pp. 547-54, documento n. 15.

[28] Tra l'inizio del 1939 e il maggio 1940 – quando fu completamente impedito loro il varco delle frontiere – circa altri 6000 ebrei in pericolo di vita si riversarono in Italia Cfr. K. Voigt, *Il rifugio precario*, cit., vol. I, p. 299-349; R. Paini, *I sentieri della speranza. Profughi ebrei, Italia fascista e la «Delasem»*, Xenia, Milano 1988, p. 25.

internamento[29]. Questa preoccupazione si riferiva, evidentemente, agli ebrei sfuggiti alle persecuzioni naziste. Ne è conferma un'ulteriore affermazione del ministero dell'Interno, secondo il quale gli ebrei stranieri residenti in Italia, e

> specialmente quelli che vi sono venuti con pretesto, inganno o mezzi illeciti, dovrebbero essere considerati appartenenti a Stati nemici, criterio che a quanto risulta, viene seguito in Germania[30].

La posizione del ministero degli Esteri fu espressa con una nota del 15 giugno 1940, e in linea di principio condivideva la necessità di internare gli «ebrei tedeschi o quelli di uno Stato caduto di fatto in potere della Germania», mentre, per gli ebrei apolidi e per quelli appartenenti a Stati neutrali, essa propendeva per l'allontanamento dal Regno[31]. Nella stessa giornata, il capo della polizia emanava l'ordine di arresto per gli ebrei «appartenenti a Stati che fanno politica razziale», e per gli apolidi compresi tra i diciotto e i sessant'anni, etichettati come «elementi indesiderabili imbevuti di odio contro i regimi totalitari»:

> Appena vi sarà posto nelle carceri ciò che dovrà ottenersi sollecitando traduzione straordinaria individui già arrestati ai campi concentramento loro assegnati dovrà procedersi rastrellamento ebrei stranieri appartenenti a Stati che fanno politica razziale. Detti elementi indesiderabili imbevuti di odio contro i regimi totalitari, capaci di qualsiasi azione deleteria per la difesa Stato et ordine pubblico vanno tolti subito dalla circolazione. Dovranno pertanto essere arrestati ebrei stranieri tedeschi, ex cecoslovacchi, polacchi apolidi dall'età di diciotto a sessant'anni. Di essi dovrà essere inviato ministero elenco con generalità per assegnazione campi di concentramento. Loro famiglie in attesa apprestamento appositi campi concentramento già in allestimento dovranno essere provvisoriamente avviate con foglio di via obbligatorio at capoluoghi di Provincia che mi riservo indicare non appena mi saranno pervenuti elenchi relativi. Ebrei ungheresi et rumeni dovranno essere allontanati dal Regno...[32]

In seguito a tale disposizione (che, di fatto, collegava le misure d'internamento all'ambito della normativa antiebraica), venne-

[29] Un'efficace sintesi sulla questione è tracciata da Voigt ne *L'internamento degli immigrati e dei profughi ebrei in Italia (1940-1943)*, in *La legislazione antiebraica in Italia e in Europa*, Atti del Convegno Roma 17-18 ottobre 1988, Camera dei Deputati, Roma 1989.

[30] Acs, Mi, Dgps, Dagr, Cat. Massime I4 (Istruzioni di polizia militare), b. 59, f. 6c (Provvedimenti da attuarsi in caso di guerra a carico di stranieri), s.f. 1, nota 443/6454, da ministero dell'Interno a ministero Affari esteri, 26 maggio 1940.

[31] Ivi, nota 34/R08383, da ministero Affari Esteri a ministero Interno, 15 giugno 1940.

[32] Acs, Mi, Dgps, Cat. Massime Mc, b. 99, f. 16, s.f. 1 (Disposizioni di massima su campi di concentramento), ins. 1 (Affari generali), telegramma n. 443/45626, da capo della polizia ai prefetti del Regno e al questore di Roma, 15 giugno 1940. Citato in A. Reitano, *La persecuzione razziale*, in *Il coraggio di dire no*, a cura di U. Alfassio Grimaldi, Pavia 1976, p. 124, nota 37.

ro arrestati tutti gli ebrei tedeschi, polacchi, ex cecoslovacchi, ex austriaci ed altri loro correligionari apolidi presenti in Italia[33]. I maschi adulti furono avviati nei campi, mentre alle donne ed ai bambini venne comminato l'*internamento libero*[34].

Nella seduta della giunta dell'Unione delle Comunità israelitiche Italiane, tenutasi a Roma il 30 maggio del 1940, il presidente Dante Almansi comunicava ai presenti che:

> Lo stato di guerra ha indotto il governo a prendere dei provvedimenti nei confronti dei profughi ebrei stranieri i quali verranno accentrati in una località dell'Italia meridionale e precisamente a Tarsia (provincia di Cosenza), dove dovranno restare anche a guerra ultimata per essere trasferiti di là nei paesi disposti a riceverli[35].

Almansi riferiva, inoltre, che il provvedimento sarebbe stato attuato in due tempi: un iniziale internamento di uomini e donne in diverse località del Regno, e quindi la loro riunione nel campo di Ferramonti, presso Tarsia, dove le varie famiglie si sarebbero potute «ricostituire» in appositi baraccamenti[36]. Questa dichiarazione conferma il ruolo peculiare che il governo italiano intendeva conferire (almeno inizialmente) al campo di Ferramonti e all'internamento degli ebrei stranieri, visto non tanto come provvedimento «a tempo indeterminato» legato alla guerra, quanto piuttosto come temporanea misura di polizia, in attesa di individuare «paesi disposti a riceverli».

Con la distinzione tra «sudditi nemici» ed «ebrei stranieri appartenenti a Stati che fanno politica razziale», insomma, il ministero dell'Interno creò un'ulteriore categoria di internati stranieri, chiarendo ben presto che l'internamento degli appartenenti a

[33] Per gli ebrei ungheresi e rumeni, invece, fu predisposto l'allontanamento dal Regno.

[34] Una circolare aggiuntiva (la n. 443/47137 del 27 giugno 1940), nella quale il ministero dell'Interno precisava ai prefetti di non internare gli ebrei immigrati in Italia prima del 1919 e quelli sposati con cittadini italiani, confermava inequivocabilmente che gli «ebrei stranieri» che il fascismo intendeva internare fossero gli stessi soggetti sui quali pendeva il decreto di espulsione del settembre 1938. Cfr. K. Voigt, *L'internamento degli immigrati e dei profughi ebrei in Italia (1940-1943)*, cit., p. 61.

[35] Per l'affermazione di Almansi, tratta dal libro-verbali della giunta dell'Unione delle Comunità Israelitiche Italiane, cfr. M. Sarfatti, *Gli ebrei negli anni del fascismo*, in C. Vivanti (a cura di), *Gli ebrei in Italia*, Einaudi, Torino 1997, tomo II, p. 1698.

[36] Nella stessa data del 30 maggio 1940, il capo della polizia conferiva l'appalto dei lavori all'impresario fascista Eugenio Parrini. Cfr. Acs, Mi, Dgps, Agr, Cat. Massime M4, b. 121, f. 16 (campi di concentramento), s.f. 2 (Affari per provincia), ins. 13/6 «Demanio Ferramonti».

questo gruppo non dipendeva dallo stato di belligeranza e sarebbe comunque avvenuto, anche senza di esso[37].

All'entrata in guerra dell'Italia, tra partenze avvenute ed ingressi sopraggiunti, il bilancio degli ebrei stranieri presenti nella penisola si era assestato sulle 3800 unità. Ad essi, successivamente, se ne sarebbero aggiunti circa altri 2200, provenienti da zone poste sotto il controllo italiano (Slovenia, Dalmazia, Albania, Dodecaneso, Libia), ai quali fu consentito eccezionalmente l'ingresso in Italia[38]. Quanto a Ferramonti, in realtà, gli ebrei stranieri e apolidi non furono internati solo in quel campo – come inizialmente ipotizzato dal governo – ma anche in altre strutture[39], e in centinaia di località destinate all'*internamento libero*.

A guerra conclusa, di fronte all'immane bilancio della *Shoah*, l'internamento in Italia sembrò il male minore che dal 1933 al '45 avesse potuto colpire gli ebrei d'Europa. Il semplice dato geografico che la maggior parte dei campi si fossero trovati nel Sud della penisola – dopo l'8 settembre raggiunto dagli Alleati – , significò concretamente la salvezza per migliaia di ebrei che si sottrassero cosí alla persecuzione nazista. Per questa ragione, dalla gran parte delle testimonianze e dei rapporti autobiografici degli ebrei stranieri che lo vissero, emerge generalmente un ricordo positivo dell'internamento fascista. Ciò non deve far dimenticare, però, che il regime di Mussolini, sin dal 1938 praticò una politica di persecuzione razziale e che, dal 1943 al '45, il fascismo repubblicano di Salò ebbe un ruolo attivo e di primo piano nella deportazione degli ebrei nei *Lager* del Terzo Reich[40].

Zingari

Con i termini generici di «zingari» o «zigani» vengono comunemente definiti un gran numero di popolazioni nomadi apparte-

[37] Cfr. K. Voigt, *Il rifugio precario*, cit., vol. II, p. 10.

[38] *Ibid.*, p. 88-99. Il numero degli «ebrei stranieri» internati nei campi, durante la guerra, si mantenne costante sulle 2000 unità.

[39] A parte Ferramonti (che, comunque, fu di gran lunga il campo piú grande per questa categoria di internati), accolsero ebrei stranieri e apolidi – nell'ordine della consistenza numerica – i campi di Campagna, Civitella del Tronto, Isola del Gran Sasso, Urbisaglia, Nereto, Notaresco, Tortoreto, Tossicia, Agnone, Boiano, Isernia, Casoli, Lama dei Peligni, Civitella della Chiana, Bagno a Ripoli.

[40] Cfr. L. Picciotto, *Il Libro della memoria*, cit., p. 855; C. S. Capogreco, *Il campo di concentramento di Campagna e l'internamento ebraico nel Meridione*, cit.

nenti a diversi gruppi etnici – nella maggioranza Sinti e Rom – alcuni dei quali presenti in Italia da molti secoli[41]. Durante il Ventennio, quando si ritiene che la consistenza di questi gruppi nomadi nella penisola si aggirasse sulle 25 000 unità[42], le prefetture venivano frequentemente invitate dalle autorità centrali a fornire informazioni sui loro movimenti.

Gli zingari stranieri, entrati clandestinamente nel paese, furono i primi a trovarsi nel mirino della polizia fascista, per ragioni di «igiene pubblica e prevenzione della criminalità». Nella circolare su «pubblica sicurezza e pubblica igiene», trasmessa ai prefetti il 19 febbraio 1926, il ministero dell'Interno denunciava infiltrazioni in Italia di

> zingari dediti al vagabondaggio e alla questua, verificatesi negli ultimi tempi per evidente negligenza degli uffici di Pubblica Sicurezza, tenuti invece tassativamente a fare osservare le norme in vigore, impedendo agli zingari, saltimbanchi o somiglianti, in carovana o isolatamente, di entrare nel nostro paese, anche se muniti di regolare passaporto, e rinviando alla frontiera, nel piú breve tempo possibile, gli zingari stranieri che fossero in Italia penetrati[43].

L'8 agosto 1926 una nuova circolare ribadiva l'intenzione del governo di

> epurare il territorio nazionale della presenza di carovane di zingari, di cui è superfluo ricordare la pericolosità nei riguardi della sicurezza e dell'igiene pubblica per le caratteristiche abitudini di vita [...], e colpire nel suo fulcro l'organismo zingaresco, respingendo le carovane che si presentassero con il solito corredo di animali, carri e masserizie...

Il ministero, inoltre, rammentava ai prefetti che il transito sul territorio nazionale era ammesso soltanto alle carovane provviste di «passaporti già vistati dai consolati degli Stati che avrebbero dovuto attraversare, e di quello di destinazione»[44].

Nella prima metà del 1938, in particolare nelle province nord-orientali della penisola, furono condotti numerosi rastrellamenti di nomadi (verosimilmente tutti stranieri o quantomeno con cittadinanza dubbia)[45]. In genere, gli arresti venivano seguiti da re-

[41] I termini «zingaro» o «zigano» derivano dal greco *atsíganoi* (da cui anche il tedesco *Zigeuner*, l'ungherese *Czigany*, lo spagnolo *Gitanos*, l'inglese *Gipsies*).

[42] Cfr. D. Kenrick - G. Puxon, *Il destino degli zingari. La storia sconosciuta di una persecuzione dal Medioevo a Hitler*, Rizzoli, Milano 1975, pp. 121 sgg.

[43] Cfr. A. Masserini, *Storia dei nomadi. La persecuzione degli zingari nel* XX *secolo*, Edizioni GB, Padova 1990,pp. 45-46.

[44] Circolare riportata in A. Masserini, *Storia dei nomadi*, cit., pp. 46-47.

[45] Cfr. G. Levakovich - G. Ausenda, *Tzigari. Vita di un nomade*, Bompiani, Milano 1975. D. Kenrick - G. Puxon, *Il destino degli zingari*, cit., pp. 122 sgg.

spingimenti oltre-frontiera o da deportazioni in Sardegna, Abruzzo, Calabria o altre zone dell'Italia meridionale. Ma gli zingari non venivano segregati in campi di concentramento o in strutture di tipo analogo. In Sardegna, ad esempio, si lasciava che essi «si disperdessero nell'interno dell'isola e che badassero a se stessi»[46]. Neppure per il paese di Perdasdefogu, sul quale si hanno alcune testimonianze contrarie, è stata confermata l'esistenza di un vero e proprio «campo». Lo stesso per Poggio Mirteto, in provincia di Rieti, dove furono raccolti la maggior parte dei rom rastrellati in Abruzzo e nell'alto Lazio[47]. Verosimilmente ai nomadi erano riservate particolari aree nelle quali accamparsi; ed i «campi» di cui riferisce qualche testimone, altro non erano che normali campi-nomadi allestiti, di volta in volta, dagli stessi zingari su disposizione delle autorità[48].

Gli arresti e i rastrellamenti dei nomadi aumentarono notevolmente nel 1941, in seguito all'occupazione nazi-fascista della Jugoslavia. Molte loro carovane, provenienti dalla Croazia e dalla Bosnia-Erzegovina, si diressero allora verso l'Italia per sfuggire alla persecuzione del regime ustaša dal quale gli zingari venivano sistematicamente sterminati[49].

Una presenza, piú o meno significativa, di internati zingari è accertata nei campi allestiti dal ministero dell'Interno a Boiano, Agnone, Tossicia, Ferramonti, Tremiti, Vinchiaturo e in diverse località di *internamento libero*[50]. Nel campo di Boiano, a partire dal settembre del 1940, vennero internati, in settori separati, anche cinesi ed altri civili stranieri. Quindi, per un breve periodo vi rimasero solo gli zingari, finché, nell'estate del '41, la struttura non venne definitivamente chiusa e destinata ad opificio. I 58 zingari ancora presenti furono allora trasferiti ad Agnone[51], un campo

[46] A. Masserini, *Storia dei nomadi*, cit., pp. 52-53.

[47] Cfr. M. Karpati, *La politica fascista verso gli zingari in Italia*, in «Lacio drom», 1984, n. 2-3; D. Kenrick - G. Puxon, *Il destino degli zingari*, cit., pp. 121 sgg; e la lettera del sindaco di Perdasdefogu, in A. Masserini, *Storia dei nomadi*, cit., p. 64, nota 1.

[48] Cfr. le testimonianze contenute in M. Karpati, *La politica fascista verso gli Zingari in Italia. Testimoni sui campi di concentramento in Italia*, in «Quaderni del Centro studi sulla deportazione e l'internamento», n. 11, Roma 1983-1986.

[49] Cfr. R. Hudorovic, *Il racconto di Rave*, in «Lacio drom», 1983, n. 1; D. Kenrick - G. Puxon, *Il destino degli zingari*, cit., p. 203.

[50] Cfr. M. Karpati, *La politica fascista verso gli Zingari in Italia*, cit., pp. 117-121; Id., *La politica fascista verso gli zingari in Italia*, cit.; L. Piasere (a cura di), *Italiani Romaní*, Cisu, Roma 1999.

[51] Acs, Mi, Dgps, Dagr, Cat. Massime M4, b. 117, f. 16 (Campi di concentramento), s.f. 2 (Affari per provincia), ins. 11/6.

sgomberato degli altri internati per far posto a intere famiglie nomadi provenienti in gran parte dalla Jugoslavia. Malgrado il freddo e la carenza di cibo, essi non giudicarono negativamente le condizioni del nuovo campo[52]. Al contrario, gli zingari giunti a Tossicia nel giugno del 1942, internati nel precario edificio di proprietà della famiglia Mirti, vissero in situazioni molto disagevoli[53]. Un rapporto su quel campo, redatto dalla tenenza dei carabinieri di Teramo il 6 agosto 1942, risulta particolarmente emblematico:

> In data 22 luglio 1942, proveniente da Lubiana, è giunto un contingente di 28 zingari al campo di concentramento di Tossicia portando il totale a 112 unità. L'assegno giornaliero di L. 5,50 per capo famiglia e di L. 1,00 per altra persona di famiglia, non offre la possibilità di acquisto nemmeno per i generi tesserati. I negozianti, non essendo stati soddisfatti dei generi forniti a credito da vari giorni, cedono agli acquirenti soltanto quello che viene coperto con la somma assegnata.
>
> Il Podestà (Direttore del campo) tempo fa per alleviare in qualche modo le tristissime condizioni degli internati aveva rilasciato dei permessi alle donne capo famiglia, affinché si recassero nelle campagne per provvedersi di verdura e latte. Tale ripiego ha dato luogo all'accattonaggio attraverso le campagne motivato dalla raccolta dei suddetti generi di alimentazione.
>
> In data 30 luglio 1942, il comandante della stazione dei CC.RR. di Motoria a Vomano, fermava ed accompagnava al campo di concentramento di Tossicia le sottonotate persone che, sebbene in possesso del permesso rilasciato dal Podestà di Tossicia, si erano spinte sino a Montorio a Vomano.
>
> 1) Hudorovic Francesco fu Giorgio, nato a Lubiana, d'anni 28;
> 2) Hudorovic Zora fu Paolo, nata a Presza di Lubiana, d'anni 36;
> 3) Hudorovic Ida di Franz, nata a Lubiana, d'anni 10;
> 4) Hudorovic Albina di Giovanni, nata a Lubiana di anni 10
>
> Dopo tale incidente il Direttore del campo ha abolito qualsiasi permesso allo scopo di evitare il ripetersi di inconvenienti, specialmente quello dell'accattonaggio.
>
> Pertanto è necessario che le competenti autorità adottino dei provvedimenti onde porre in grado gli internati di acquistare i generi necessari per l'alimentazione: si ravvisa inoltre la necessità di trasportarli in un altro campo di concentramento ben recintato, perché l'attuale non offre sicurezza sebbene la porta d'ingresso venga chiusa a chiave.
>
> La vigilanza da parte dei due militi addetti al campo è assidua e continua ma si rende inefficace sia per il grande numero degli internati e sia per le possibilità di incontrollata sortita dal campo.
>
> Si rende noto che la soppressione dei permessi sopraspecificati ha aumentato fra gli internati il malumore aggravato dal fatto che i bambini, i qua-

[52] Testimonianza di Zilka Heldt, in D. Kenrick - G. Puxon, *Il destino degli zingari*, cit., pp. 123-24.

[53] Cfr. I. Iacoponi, *Tossicia*, in «Rivista abruzzese di studi storici dal fascismo alla resistenza», IV, 1985, n. 1, pp. 199-210; C. Di Sante, *I campi di concentramento in Abruzzo*, a cura di C. Di Sante, Angeli, Milano 2001, pp. 194-95. Cfr. pure la testimonianza di Giuseppe Levakovich, in G. Levakovich - G. Ausenda, *Tsigari*, cit., p. 70.

li rappresentano la maggioranza, patiscono la fame ed i genitori non possono lenire le loro pene per la mancanza di mezzi. Non si esclude che tale situazione possa dar motivo ad una fuga in massa, non reprimibile per l'esiguità della forza dei militari preposti alla custodia.

Un altro grave inconveniente del campo è rappresentato dall'igiene che difetta e si prevede lo sviluppo di qualche malattia infettiva. La presenza attuale degli internati è superiore alla capienza dei locali, ed essi essendo per natura sudici permettono lo sviluppo di pidocchi ed altri insetti.

Ad evitare che malattie infettive si propaghino con facilità fra la popolazione del luogo, si ravvede l'urgente necessità del trasloco in aperta campagna e fuori del centro abitato del campo di concentramento[54].

Dopo l'8 settembre 1943 alcuni zingari internati, rilasciati o fuggiti dai campi italiani, si aggregarono alle bande partigiane nella lotta contro i nazifascisti[55].

2. *Gli internati italiani*.

In vista dell'ingresso in guerra della nazione, la Direzione generale di pubblica sicurezza predispose gli elenchi dei sudditi da internare, come si è visto nel secondo capitolo, desumendone i nominativi dalle liste degli individui «pericolosi», tenute aggiornate dalle prefetture fin dal 1929. Le motivazioni con le quali le autorità suggerivano l'internamento degli italiani erano già sufficienti a determinarne l'assegnazione al confino; ma, durante la guerra, il regime preferí ricorrere soprattutto all'internamento, che non era subordinato al pronunciamento di una speciale commissione, né limitato da termini di scadenza. L'internamento, inoltre, riferendosi alle tipizzazioni assolutamente generiche delle cinque «classi di rischio» previste dal ministero, forse piú del confino, poteva essere utilizzato pressoché per ogni esigenza repressiva del regime. Venne impiegato, ad esempio, per colpire «sospetti autori» di reati comuni quali il mercato nero, il furto, la prostituzione, le infrazioni annonarie, ecc. Ma la maggioranza delle persone schedate come pericolose (e per questo internate) lo furono, sostanzialmente, per ragioni di ordine politico. L'internamento per mo-

[54] Acs, Mi, Dgps, Dagr, Cat. A5G, II Guerra Mondiale, b. 67, da Prefettura di Teramo a ministero dell'Interno, «Zingari provenienti da Lubiana internati a Tossicia», 8 agosto 1942, allegata copia del Rapporto a firma del comandante la compagnia dei Carabinieri Regi di Teramo, tenente Carlo Canger, del 6 agosto 1942.

[55] Cfr. M. Karpati, *La politica fascista verso gli Zingari in Italia*, cit., pp. 118, 121; B. Nicolini, *Caduti per la patria*, in «Lacio Drom», 1965, n. 2, pp. 44-45.

tivazioni politiche – come il confino – interessò pressoché tutti i settori della società italiana. Tuttavia, nella composizione sociale degli internati spicca una presenza consistente di contadini e sacerdoti. Ciò era dovuto al fatto che nella Venezia Giulia (la regione che «forní» il maggior numero di internati) l'internamento interessava frequentemente intere famiglie contadine ed un alto numero di religiosi[56].

Presso la Direzione generale di pubblica sicurezza del ministero dell'Interno, ad occuparsi dell'internamento dei connazionali era stato preposto l'*Ufficio internati italiani*, che provvedeva a contrassegnare i vari fascicoli personali con sigle diverse (A/C, A/I, E/C, E/I) a seconda che si trattasse di internati «ariani» o ebrei, o che fossero destinati ai campi o all'*internamento libero*[57]. Uno studio pubblicato nel 1987 dall'Anppia (Associazione nazionale perseguitati politici italiani antifascisti) proponeva la ripartizione degli internati italiani (esclusi i «non politici») in sei categorie[58]. Le prime tre si riferivano, in vario modo, al «reato» di antifascismo (antifascisti *schedati*, antifascisti *trattenuti come internati* a fine pena, antifascisti *in atto*), mentre le ultime tre comprendevano *ebrei*, *zingari* e *lavoratori rimpatriati dalla Germania* punitivamente[59].

[56] Cfr. G. Tosatti, *Gli internati civili in Italia nella documentazione dell'Archivio Centrale dello Stato*, cit., pp. 38-39; A. Bonelli, *L'internamento*, cit., p. 17.

[57] L'Ufficio internati italiani operava nell'ambito della Prima Sezione della Divisione affari generali e riservati della Dgps. La relativa documentazione, conservata presso l'Acs, si trova oggi in parte in Mi, Dgps, Dagr, Cat. A5G II Guerra mondiale, f. 32 (Internati civili pericolosi), in parte in Mi, Dgps Cat. Massime M4 (Mobilitazione civile), ff. 16 e 18. Cfr. G. Tosatti, *Gli internati civili in Italia nella documentazione dell'Archivio Centrale dello Stato*, cit, p. 39.

[58] Si tratta della già citata, e benemerita, ricerca curata da Simonetta Carolini, *«Pericolosi nelle contingenze belliche»*. Dopo avere stralciato dal fondo Cat. A5G II Guerra mondiale, f. 32 (Internati civili pericolosi), conservato presso l'Acs, tre gruppi di internati (i fermati per «reati non politici»; gli «allogeni» della Venezia Giulia senza precedenti come antifascisti o quelli internati momentaneamente in occasione dell'attacco militare alla Jugoslavia; gli individui internati dopo l'8 settembre '43), lo studio dell'Anppia prende in rassegna i rimanenti 2711 nominativi. Essi sono stati considerati in base: all'anno di internamento; all'organismo che ha decretato il provvedimento; alla motivazione adottata. E proprio in riferimento a quest'ultima è avvenuta la suddivisione degli internati italiani in sei categorie.

[59] Quest'ultima categoria comprende individui rimpatriati in Italia ed internati per «atti di indisciplina» avvenuti in Germania (insubordinazione, rivendicazioni economiche, incitamento allo sciopero), oppure per essersi rifiutati di ritornare nel Reich allo scadere d'una licenza. I *rimpatriati* erano destinati in genere ai «campi di lavoro» di Castel di Guido e di Pisticci e – dopo due o tre mesi d'internamento – venivano rimessi in libertà. Cfr. A. Bonelli, *L'internamento*, cit., p. 21; C. Bermani, *Il lavoro nella Germania di Hitler. Racconti e memorie dell'emigrazione italiana (1937-1945)*, Bollati Boringhieri, Torino 1998. Quanto agli ebrei la ripartizione proposta dall'Anppia convince poco, dal momento che essi non venivano mai internati in quanto tali.

Lo studio dell'Anppia considerava, inoltre, la «supercategoria» degli «allogeni» della Venezia Giulia, per la quale – come si dirà piú avanti – l'internamento fascista si trasformò spesso in un vero e proprio calvario. In base alla ripartizione ufficiale nel novembre del 1942, su un totale di 4148 internati italiani, 2165 erano classificati dal ministero dell'Interno come «ribelli» della Venezia Giulia, 910 come oppositori politici e «squilibrati di mente», 794 come pregiudicati comuni, 233 come ebrei e 46 come zingari[60].

Oppositori

La vasta area degli oppositori al regime (dal ribellismo piú generico sino allo «zoccolo duro» dell'antifascismo militante), che per il ministero dell'Interno rientrava nell'ampia ed eterogenea categoria degli «italiani pericolosi», nella ripartizione proposta dall'Anppia comprendeva essenzialmente, come già detto, tre gruppi di internati: gli *antifascisti schedati*, gli *antifascisti trattenuti come internati* al termine di una precedente condanna al carcere o al confino, e gli *antifascisti in atto*.

Nel gruppo degli «schedati» erano presenti oppositori i cui nominativi, da tempo, erano stati inclusi dalle prefetture negli elenchi delle persone da arrestare in determinate circostanze, vale a dire nei momenti di particolare tensione sociale e, naturalmente, in caso di guerra. Il loro internamento, pertanto, non era motivato da fatti contingenti, ma da «precedenti politici» relativi alla loro biografia. Si trattava spesso di antifascisti già condannati dal Tribunale speciale, ex confinati ed ammoniti, militanti politico-sindacali di partiti disciolti dal regime, ecc. Dal momento che il loro arresto era stato pianificato per tempo dalle prefetture, essi furono tra i primi ad essere internati, in buona parte entro i primi di luglio del 1940[61].

Il secondo gruppo di oppositori (quelli «trattenuti come internati») era costituito dagli appartenenti all'*élite* dell'antifascismo italiano, e raggruppava quanti di loro, allo scoppio della guerra, si trovavano già in carcere o al confino. Allo scadere della pena che stavano scontando, essi subivano in genere un provvedimento «automatico» di internamento che – teoricamente – li avrebbe man-

[60] Dati ufficiali del ministero dell'Interno, in Acs, Mi, Dgps, Dagr, Cat. A4bis, f. 63.

[61] Emblematico di questo gruppo può essere considerato il caso di Siro Attilio Nulli, un docente liceale che nel 1926 era stato allontanato dall'insegnamento per «incompatibilità con le direttive politiche del governo». Per quel precedente nel 1941 veniva internato, in quanto ancora «convinto delle sue idee politiche». Cfr. S. Carolini (a cura di), *«Pericolosi nelle contingenze belliche»*, cit., pp. 330-34.

tenuti «fuori gioco» sino alla fine del conflitto[62]. Come ha scritto Altiero Spinelli, attraverso tale automatismo arbitrario, che consentiva al regime di trasformare i «liberandi» in internati, ogni antifascista poteva diventare una sorta di prigioniero a tempo indeterminato[63].

Alfredo Bonelli – antifascista relegato al confino sin dal 1936 – cosí ricorda quest'esperienza, vissuta mentre si trovava a Ventotene:

> Molti di noi si trovarono passati automaticamente da confinati ad internati, rimanendo in colonia e senza ottenere alcun mutamento nella propria situazione di fatto, malgrado il mutamento della propria condizione giuridica. Io fui uno di costoro. Approssimandosi il 4 dicembre 1941 venni convocato in ufficio per sentirmi dire che, a partire dal 5 dicembre, sarei rimasto come internato fino alla fine della guerra. Tutto era come prima...[64].

Ma il caso piú emblematico è probabilmente quello del martire delle Fosse Ardeatine Mario Magri che – di rinnovo in rinnovo – rimase al confino dal 1926 sino al 1940, per essere, infine, «dichiarato» internato. Un cambiamento di status che – scrive Magri –

> non aveva però influito per nulla sulla mia condizione. Continuavo esattamente la stessa vita di prima con gli stessi obblighi e gli stessi orari. Era soltanto finita la commedia dei rinnovi. Ero internato per tutto il periodo della guerra e, finché questa durasse, il mio destino era segnato...[65].

Tanti antifascisti non seppero neppure della loro nuova condizione di internati, poiché nessuna autorità si preoccupò mai di informarli.

Facendo ancora riferimento alla classificazione proposta dall'Anppia, il terzo gruppo di oppositori (quello che si potrebbe definire dell'«antifascismo generico») comprendeva individui in-

[62] Tale procedura non rappresentava del resto una novità poiché, già da alcuni anni, moltissimi condannati del Tribunale speciale – una volta scontata la pena – venivano assegnati al confino. Cfr. A. Bonelli, *L'internamento*, cit., p. 18; C. Ghini - A. Dal Pont, *Gli antifascisti al confino*, Roma, 1971, pp. 158-59; C. S. Capogreco, *Per una storia dell'internamento civile nell'Italia fascista (1940-1943)*, cit., pp. 536-37.

[63] Cfr. A. Dellepiane, *La lunga via della libertà. Testimonianze per servire la storia della Resistenza*, Silva, Milano 1963, p. 109.

[64] A. Bonelli, *L'internamento*, cit., p. 18.

[65] M. Magri, *Una vita per la libertà. Diciassette anni di confino politico di un Martire delle Fosse Ardeatine*, Roma s.d. (ma 1948), pp. 180-81.

ternati per manifestazioni di dissenso sporadiche o comunque «non organizzate». Ad esempio, per aver pronunciato «offese al capo del governo» o «critiche verso il regime»; per avere intonato «canti sediziosi»; per avere ascoltato «trasmissioni radio vietate»; per avere prodotto «scritte murali non dovute», o altre simili azioni allora proibite. Tutti «reati», questi, commessi da chi aveva deciso scientemente di dare pubblicità al proprio stato d'animo non ossequiente al regime; oppure era stato colto in flagrante nel corso di proteste occasionali. In tal caso, l'internamento colpiva comportamenti piuttosto vaghi che potevano riguardare, talvolta, persino gli stessi fascisti[66].

Pertanto, uno dei problemi consueti degli internati antifascisti – come anche per i confinati – fu quello della convivenza con personaggi equivoci, spie e provocatori. Lo sottolinea Giovanni Grilli, già condannato dal Tribunale speciale nel 1927, il quale ricorda che nel campo di Istonio – chissà mai perché –

> vi erano addirittura fascisti, anche se non tale era la loro qualifica ufficiale. Zelantissimo servitore del regime era Carlo Silvestri, un ex giornalista di Milano, che in passato aveva fatto parlare di sé e che anche piú tardi fece di tutto per mettersi in mostra. Egli spingeva chiunque si prestasse a rivolgere al duce domanda di grazia; e quando un disgraziato abboccava a quell'amo, redigeva egli stesso la domanda, o ne suggeriva i termini, facendo dire al poveretto ogni specie di cose vergognose e umilianti: che si prosternava davanti alla saggezza di Mussolini, che chiedeva pietà per i suoi falli e per le sue idee sbagliate che senz'altro rinnegava, ecc., ecc. Naturalmente quel tipo era nella manica del direttore del campo, il quale, perché egli potesse adempiere bene a quella funzione, gli assegnò addirittura un ufficio ...
>
> Ma i fascisti non si limitavano a fare e far fare domande di grazia; essi facevano anche propaganda per il regime e le forze dell'asse. Attorno a quell'ex giornalista vi erano degli altri (fra essi un certo dottor Bonfantini, diventato poi deputato saragattiano), e tutti insieme si adunavano alla sera, quando arrivavano i giornali: l'ex giornalista impugnava il *Popolo d'Italia* e con voce stentorea, in modo che udisse anche chi non voleva, leggeva tutto il leggibile: i bollettini di guerra, i discorsi di questo e di quello e gli articoli di Mario Appelius, che magnificavano la «coventrizzazione» dell'una o dell'altra città inglese (...). In un ambiente di quel genere non era facile organizzare scuole come si era fatto nelle carceri. Intanto si cambiava campo con molta facilità, e molti erano i compagni che andavano e venivano; poi la direzione ci controllava rigorosamente con i carabinieri e i poliziotti, che vivevano in mezzo a noi, e con informatori e provocatori[67].

[66] L'internamento comminato per questi «reati» (ad esempio, per l'ascolto di Radio Londra, quasi un'usanza collettiva degli italiani), di solito, veniva revocato facilmente. Tuttavia, anche tra i componenti di questa «categoria» non mancarono quanti rimasero internati sino alla caduta del fascismo.

[67] G. Grilli, *Due generazioni. Dalla settimana rossa alla guerra di liberazione*, Edizioni Rinascita, Roma 1953, pp. 139-91.

Quanti non avevano dei precedenti politici rimasero particolarmente colpiti nel dover abbandonare «senza una ragione» la casa, la famiglia e il luogo di lavoro a causa del provvedimento di internamento: è il caso, tra i tanti, di Achille Spallino, che a sessant'anni e senza alcun precedente, si vide internare nel campo di Manfredonia come «italiano pericoloso»[68]. Gli antifascisti di vecchia data, abituati a convivere con le angherie della dittatura, non mostrarono invece particolare sorpresa di fronte al nuovo tipo di deportazione degli anni di guerra. Per chi, come loro, aveva conosciuto le isole di confino, l'ambiente dei campi si rivelò addirittura familiare.

> Intorno alle brande si vedevano valigie, scatole, rozze mensole, vestiti appesi ai muri, biancheria stesa ad asciugare... proprio come nei cameroni di Lampedusa e di Ustica[69].

Cosí Giuseppe Scalarini descriveva l'ambiente del campo di Istonio. Il «casermaggio» dei campi di concentramento, infatti, era lo stesso di quello previsto per le colonie di confino dall'apposito capitolato del 1938. Per ogni internato, esso comprendeva normalmente: un letto con rete metallica o telo; un materasso con guanciale, due lenzuola, una coperta, due asciugamani, una seggiola, un attaccapanni, un catino metallico, un comodino di legno, una bottiglia e, infine, un bicchiere[70].

Nell'organizzazione interna dei campi gli antifascisti utilizzarono, quando possibile, criteri e modelli analoghi a quelli sperimentati nelle colonie di confino sin dalla fine degli anni Venti. Ma la frequente convivenza di gruppi disomogenei di internati, con problemi ed esigenze tanto diversi, la loro notevole mobilità e la minore durata dei campi rispetto alle colonie, impedirono – salvo casi particolari – che in essi si sviluppasse una vita comunitaria di una certa complessità. Tuttavia, l'appellativo di «università dell'antifascismo», piú volte formulato per le colonie di Ponza e Ventotene, fu attribuito talvolta anche ai campi del ministero dell'Interno[71].

[68] Nel maggio 1941, Spallino si rivolgeva costernato all'ispettore generale Riccardo Pastore facendogli presente di «non avere alcun precedente politico e di non essere stato mai sottoposto a provvedimenti di polizia...». Cfr. Acs, Mi, Dgps, Dagr, Cat. Massime M4, f. 16 (Campi di concentramento), b. 125, s.f. 2 (Affari per provincia), ins. 17 «Foggia», da Ispettore R. Pastore a Direzione generale di pubblica sicurezza, «internati campo di concentramento di Manfredonia», 12 maggio 1941.

[69] G. Scalarini, *Le mie isole*, cit., p. 122.

[70] Acs, Mi, Dgpa, Dagr, Cat. Massime M4, b. 112, f. 16 (Campi di concentramento), s.f. 1 (Affari generali), ins. 65, comunicazione del ministero dell'Interno ai prefetti, «Casermaggio per i campi di concentramento», 13 giugno 1940.

[71] Carlo Alberto Viterbo, in un articolo pubblicato nel 1965 sull'«Israel», la rivista da lui diretta, definiva «università di antifascismo e antinazismo» il campo di Urbisaglia, dov'egli era stato internato nel 1940.

Manfredonia, Colfiorito, Istonio, Ariano Irpino, Monteforte Irpino e Fabriano, rappresentarono le principali sedi d'internamento per gli oppositori, insieme alle colonie di Ustica, Tremiti, Ventotene e Pisticci (durante la guerra, «campi di concentramento») e al centro di lavoro di Castel di Guido.

A Manfredonia, forti dell'esperienza maturata nelle carceri e nelle colonie, gli antifascisti riuscirono a guadagnarsi un ruolo di primo piano nella gestione delle mense e del «botteghino», ed istituirono una «commissione di controllo» che, clandestinamente, seguiva l'andamento del campo e, se necessario, interveniva in difesa degli internati. Essi, inoltre, organizzarono un campo di bocce e coltivarono un piccolo orto dal quale trassero una discreta quantità di ortaggi e legumi. I comunisti misero in piedi una cellula clandestina del partito con annessa una «scuola di marxismo» suddivisa in tre corsi, a seconda del livello di preparazione politica dei frequentanti[72].

Uno dei primi campi per oppositori ad essere aperti fu quello di Colfiorito di Foligno, ed uno dei suoi primi ospiti fu il bracciante pugliese Alfonso Superbo[73], «pericoloso antifascista» giunto nel campo il 26 giugno 1940. Era reduce della classica trafila degli oppositori piú strenui alla dittatura, avendo scontato sei anni di carcere e tre di confino. Cosí pure Agostino Fumagalli[74], magazziniere milanese ed Eugenio Musolino[75], dirigente comunista, entrambi già condannati dal Tribunale speciale, il primo nel 1930 e il secondo nel 1928; Lelio Basso[76], già confinato nel 1928 e incarcerato nel 1930, e tanti altri ancora. Tra gli «elementi politicamente sospetti» di Colfiorito figurò anche il giornalista e scrittore fascista Edmondo Cione[77].

La seguente testimonianza riferita ad Ariano Irpino rende bene l'idea di quali fossero le condizioni di vita riservate agli «italiani pericolosi» nei campi dove la loro categoria era esclusiva oppure maggioritaria:

[72] Cfr. V. Iazzetti, *Il campo di concentramento di Manfredonia (1940-1943)*, in «La capitanata», 1984-85, n. 21-22, pp. 53-84.

[73] Cfr. *Antifascisti nel Casellario politico centrale*, Quaderno n. 17, Anppia, Roma 1994, voce «Superbo Alfonso», p. 373.

[74] *Ibid.*, Quaderno n. 8, Roma 1992, voce «Fumagalli Agostino», p. 405.

[75] *Ibid.*, Quaderno n. 13, Roma 1993, voce «Musolino Eugenio», p. 219.

[76] *Ibid.*, Quaderno n. 2, Roma 1989, voce «Basso Lelio», p. 263.

[77] Nei primi mesi del 1941 Cione ottenne la reiscrizione al Partito fascista e la trasformazione del provvedimento di internamento in semplice ammonizione. Cfr. F. Gentile, *Edmondo Cione: dal crocianesimo liberale al corporativismo della Repubblica Sociale Italiana*, in «Studi bresciani», Quaderni della Fondazione Micheletti, n. 13 (2002), pp 54-65. Della sua esperienza a Colfiorito Cione ha scritto nel dopoguerra sul periodico neofascista «Brancaleone» *Campo di concentramento a Colfiorito di Foligno. Al confino con Lelio Basso e con gli slavi*, II, 14 dicembre 1947, n. 4-9.

La disciplina nel campo non sarebbe insopportabile, ma tutti i servizi sono trascurati; l'infermeria, ad esempio, non possiede neppure un termometro e quando dal locale dispensario mi vengono ordinate delle iniezioni endovenose, chi le pratica è costretto a disinfettarmi il braccio con un po' d'acqua calda. Chi dirige «s'arrangia» e «tira a campa'»; chi protesta è trasferito alle Tremiti o va a finire in prigione per contravvenzione al regolamento disciplinare. Le fughe dal campo sono frequenti, ma vengono scoperte con gli appelli che si ripetono tre volte al giorno: alle ore otto, alle dodici e alle sedici. I fuggitivi sono sempre tutti ripresi e puniti con prigione da tre a sei mesi. Ogni settimana dalla Questura di Avellino abbiamo una visita ispettiva, ma il funzionario, piú che degli internati, s'occupa di portar via, sulla stessa macchina della polizia, centinaia d'uova e qualche prosciutto, incettato per lui preventivamente dagli agenti.

Tra gli internati v'è un folto gruppo di «politici» che vanta un passato di lotte e di prigionia; v'è perfino un reduce dalla Spagna rossa. Ma i piú vivono moralmente lontani l'uno dall'altro, forse perché le lunghe persecuzioni subite e l'avvilente miseria hanno fiaccato la loro combattività e la loro iniziativa. Cerco di elevare moralmente gli sparsi compagni iniziando, con dei piccoli versamenti ad ogni decade, l'acquisto di libri e cercando di formare un fondo che serva a sovvenire chi si trova in estremo bisogno. Il desiderio maggiore sarebbe però quello d'istituire una mensa nostra. Mi interesso pure per ottenere dal municipio l'uso della locale biblioteca cittadina ed, in via di massima, l'autorità comunale sarebbe favorevole, sennonché la direzione del campo che dovrebbe dare il suo benestare al progetto, per non avere seccature tiene la pratica a sonnecchiare nell'ufficio...[78].

«Allogeni»

A cavallo fra la prima e la seconda guerra mondiale, le minoranze etnico-linguistiche rappresentavano in Italia circa il 2 per cento della popolazione e – a parte il gruppo francofono della Valle d'Aosta – erano distribuite essenzialmente nei territori annessi dopo la Grande Guerra: la Venezia Giulia e il Sud Tirolo. Dal censimento del 1921 risultava che nelle «vecchie province» erano presenti otto minoranze ben strutturate (francesi, albanesi, sloveni, greci, catalani, tedeschi, croati e ladini), per un totale di circa 250 000 persone. Ma le acquisizioni territoriali derivanti dalla Prima guerra mondiale ne aumentarono l'entità, inserendo nell'ambito dello Stato italiano grosse comunità (circa 327 000 persone si dichiararono di lingua slovena,

[78] A. Dellepiane, *La lunga via della libertà*, cit., p. 116.

228 000 di lingua tedesca e 98 000 di lingua croata) che si portavano alle spalle una struttura socio-politico-culturale e una tradizione di diritti nazionali che le «vecchie» minoranze certamente non possedevano[79].

Nel Trentino, nel Sud Tirolo e nell'Ampezzano (la Venezia Tridentina), dove il commissario civile nominato nel 1919 aveva lavorato per favorire la convivenza fra trentini e sud-tirolesi, il fascismo avviò una rozza politica di «italianizzazione»: vennero soppresse le scuole e i giornali di lingua tedesca, fu italianizzata la toponomastica e proibita la stessa denominazione del Sud Tirolo, che divenne «Alto Adige»[80]. Inoltre, a causa delle forti ondate immigratorie incoraggiate dal regime, gli abitanti di lingua italiana salirono dal 3 per cento del 1918 al 58 per cento del 1939. Un'ulteriore alterazione dei rapporti demografici e del tessuto economico-sociale si ebbe tra il '39 e il '43, con l'introduzione del «diritto di opzione» concordato tra Hitler e Mussolini. Grazie ad esso, alle comunità di lingua e cultura germanica e ladina veniva concessa la possibilità di abbandonare il paese e trasferirsi con i propri averi nel Terzo Reich[81].

Il rapporto con l'Italia delle minoranze slave aveva radici lontane che risalivano al trattato di pace del 10 agosto 1866, con il quale il Regno sabaudo si era assicurato il controllo del Veneto, della Val Resia e di quelle del Natisone e del Torre. Alla fine della Prima guerra mondiale gli slavi italiani erano circa 425 000: il 50,02 per cento dell'intera popolazione locale dei territori ex austriaci, passati all'Italia col nome di «Venezia Giulia»[82].

Nella regione, connotata durante il Ventennio da un alto tasso di violenza repressiva destinata a prolungarsi «oltre i limiti estremi dell'avvento al potere e del declino del fascismo»[83], la prima

[79] Cfr. P. Stranj, *La comunità sommersa. Gli sloveni in Italia dalla A alla Ž*, Editoriale Stampa Triestina, Trieste 1992; F. Pristinger, *La minoranza dominante nel Sud Tirolo. Divisione etnica del lavoro e processi di modernizzazione dall'annessione agli anni settanta*, Patron, Bologna-Padova 1978.

[80] Cfr. G. Klein, *La politica linguistica del fascismo*, Il Mulino, Bologna 1986.

[81] Cfr. K. Stuhlpfarrer, *Il problema delle opzioni in Alto Adige come esempio della politica etnica nazista*, in *Spostamenti di popolazione e deportazioni in Europa 1939-1945*, Cappelli, Bologna 1987, pp. 140-51.

[82] Dopo la Grande Guerra erano venuti a far parte dello stato italiano 327 000 sloveni (un quarto dell'intero popolo, con un'area di insediamento corrispondente a un terzo del territorio etnico sloveno nel suo insieme) e 98 000 croati. Cfr. C. Podrecca, *Slavia italiana. Polemica*, EST, Trieste 1997 (ristampa anastatica dell'edizione del 1884); P. Stranj, *La comunità sommersa*, cit., pp. 79-80; M. Kacin Wohinz - J. Pirjevec, *Storia degli sloveni in Italia 1866-1998*, Marsilio, Venezia 1998, pp. 30-33; *Memorandum sulla legge di tutela della minoranza slovena in Italia e motivazioni delle richieste*, Slovenska kulturno gospodarska zveza, Trieste 1985.

[83] P. Dogliani, *L'Italia fascista. 1922 - 1940*, Sansoni, Milano 1999, p. 311.

clamorosa azione squadristica antislava si ebbe il 13 luglio 1920, con l'incendio del *Narodni Dom* di Trieste, la «Casa della nazione», principale sede delle organizzazioni slovene in Italia. Nel novembre 1925, Mussolini pose le basi di quel «fascismo di frontiera» tutore degli interessi del paese sul confine orientale, e che coagulò le forze nazionaliste italiane attorno all'asse dell'antislavismo combinato con l'antibolscevismo[84]. Col consolidarsi del regime, la politica di snazionalizzazione degli «allogeni» eliminò progressivamente le poche istituzioni slovene e croate mantenute dopo la prima guerra mondiale, ispirandosi ad un'ideologia di sopraffazione etnica, portata avanti «in nome di una presunta superiorità della civiltà italiana che non concedeva alternative all'assimilazione, spontanea o coatta»[85]. Fu successivamente dato avvio alla «bonifica etnica» (o «nazionale») della regione, che prevedeva la promozione dell'emigrazione, la confisca delle terre e l'esclusione delle lingue slovena e croata persino dall'ultimo loro rifugio: la chiesa[86].

La vigilanza poliziesca nei confronti delle comunità slovena e croata si intensificò a partire dall'aprile 1939, in correlazione alle proteste espresse dallo Stato jugoslavo per l'occupazione italiana dell'Albania[87]. Nel giugno del 1940, con l'entrata in guerra dell'Italia, la polizia colpí con particolare durezza le associazioni clandestine slave, effettuando innumerevoli arresti. Buona parte dei fermati, classificati generalmente come «terroristi», «nazionalisti», «comunisti», o semplicemente «intellettuali», vennero sottoposti ad internamento, mentre una sessantina di essi furono deferiti al Tribunale speciale, che, nel dicembre 1941, col cosiddetto secondo processo di Trieste, inflisse delle durissime condanne[88].

[84] Cfr. L. Ragusin Righi, *Politica di confine*, Mutilati e Combattenti, Trieste 1929; M. Kacin Wohinz - J. Pirjevec, *Storia degli sloveni in Italia 1866-1998*, cit., p. 37.

[85] P. Stranj, *La comunità sommersa*, cit., p. 81; L. Čermelj, *Sloveni e croati in Italia tra le due guerre*, Editoriale Stampa Triestina, Trieste 1974.

[86] L. Čermelj, *Sloveni e croati in Italia tra le due guerre*, cit., pp. 172-74; E. Apih, *Dal regime alla Resistenza. Venezia Giulia 1922-'43*, Del Bianco, Udine 1960; F. Nazzi, *Il duce lo vuole. La proibizione dello sloveno nella vita religiosa della Slavia Friulana*, Lipa Editrice, Premariacco, 1995.

[87] Cfr. M. Kacin Wohinz - J. Pirjevec, *Storia degli sloveni in Italia 1866-1998*, cit., pp. 58 sgg.; A. Bonelli, *L'internamento*, cit., p. 21.

[88] Cfr. M. Pacor, *Confine orientale. Questione nazionale e Resistenza nel Friuli-Venezia Giulia*, Feltrinelli, Milano 1964, pp. 170-172; M. Kacin Wohinc, V. Vremec e L. Turk, *Il secondo processo di Trieste*, Biblioteca Pinko Tomažič, Opicina 2001; A. Dal Pont, A. Legnetti, F. Macello e L. Zocchi, *Aula IV. Tutti i processi del Tribunale speciale fascista*, La Pietra, Milano 1976. Il processo iniziò il 2 dicembre 1941 contro 60 imputati: nove furono condannati a morte; agli altri vennero inflitti 978 anni di reclusione. Tra il 1927 e il '43, 131 dei 978 processi celebrati dal Tribunale speciale riguardarono sloveni e croati (544), 10 dei quali furono condannati a morte e fucilati prima della Seconda guerra mondiale.

Durante la guerra, molti degli appartenenti alla minoranza slava inquadrati nell'esercito italiano, venivano accorpati a «battaglioni speciali di lavoro» privi di armi, ed inviati generalmente in Sardegna, in Sicilia o nell'Italia meridionale, dov'erano trattati piú da vigilati speciali che da soldati[89]. Con un tale «servizio di leva», beffardo ed umiliante (che rappresentava, per molti versi, una condizione peggiore dell'internamento), il regime fascista mirava ad evitare che gli «allogeni» – ritenuti di per sé sospetti ed inaffidabili – finissero con l'aggregarsi alle bande partigiane[90].

In coincidenza con l'attacco alla Jugoslavia del 6 aprile 1941, quando le autorità fasciste procedettero all'evacuazione di tutta la popolazione «ostile» abitante nelle vicinanze del confine orientale, l'internamento delle comunità slave della Venezia Giulia divenne quasi un fenomeno di massa. In seguito, quando il movimento partigiano cominciò ad espandersi nella regione[91], vennero applicati anche qui i metodi sperimentati nella «Provincia di Lubiana», con proibizioni d'ogni tipo, incendi di alcuni villaggi e internamento dei familiari o dei presunti «collaboratori» dei partigiani[92].

Nel giugno del 1942 si insediò a Trieste, in una villa di via Bellosguardo, il famigerato Ispettorato speciale di pubblica sicurezza per la Venezia Giulia (con suoi nuclei dislocati anche in Istria), sottoposto al comando di Giuseppe Gueli e dipendente direttamente dal ministero dell'Interno. L'Ispettorato – che si distinse per la «professionalità» e la crudeltà dei sistemi repressivi adottati contro l'antifascismo slavo ed italiano[93] – poteva decidere liberamente (senza cioè il tramite di questure e prefetture) sulla deportazione dei civili. L'internamento degli «allogeni» divenne, da allora, un vero e pro-

[89] M. Pacor, *Confine orientale*, cit., p. 175.

[90] Ma in realtà – come scrive Mario Pacor – essi «furono, insieme con migliaia di deportati e di confinati, nuclei attivi di resistenza e di propaganda antifascista nei paesi in cui venivano a trovarsi, fraternizzando con quelle popolazioni...» (*Confine orientale*, cit., p. 175). Cfr. anche M. Kacin Wohinz - J. Pirjevec, *Storia degli sloveni in Italia 1866-1998*, cit., p. 67.

[91] Già dagli ultimi mesi del 1941, le formazioni partigiane slovene operanti al di là della vecchia frontiera italo-jugoslava azzardarono qualche incursione nella Venezia Giulia.

[92] Cfr. M. Kacin Wohinz - J. Pirjevec, *Storia degli sloveni in Italia 1866-1998*, cit., pp. 74-76; A. Zidar, *Il popolo sloveno ricorda e accusa. I crimini compiuti dallo stato fascista italiano contro gli sloveni*, Založba Lipa, Koper/Capodistria 2001, pp. 106-31.

[93] In breve tempo l'Ispettorato divenne noto per i suoi spietati aguzzini, che sottoponevano gli arrestati ad atroci torture nella cantina di quella che Mario Pacor ha definito come «la prima *Villatriste* delle tante simili che poi ne sorsero in Italia» (*Confine orientale*, cit., pp. 175-76). Cfr. pure G. Fogar, *Ispettorato speciale di Pubblica sicurezza per la Venezia Giulia*, in *Dizionario della Resistenza*, cit., vol. II, pp. 428-30.

prio incubo collettivo, ed anche il Regio Esercito ebbe in esso un ruolo molto attivo[94].

Speciali «posti di concentramento» per famiglie di disertori, che spesso ebbero funzione di vere e proprie carceri sussidiarie al servizio delle questure, furono allestiti a Gorizia e Poggio Terzarmata (Zdravščina). A Gorizia le donne venivano concentrate nell'ex monastero di Castagnevizza («Na kapeli») e gli uomini in un ex stabilimento tessile della frazione di Piedimonte (Podgora); mentre a Poggio Terzarmata, anche qui in un ex stabilimteno tessile, erano accolti uomini e, in alcuni periodi, anche donne.[95].

Il prefetto di Gorizia, Aldo Cavani, considerando che innumerevoli giovani della provincia si erano allontanati dalle abitazioni, nel settembre del 1942 emanò un bando nel quale rendeva noto che

> a tutti coloro che si sono recentemente allontanati per unirsi alle bande armate è garantita la impunità se faranno ritorno alle loro abitazioni non piú tardi dell'ottavo giorno dalla data della pubblicazione della presente ordinanza. Trascorso infruttuoso tale termine, essi saranno denunciati al Tribunale Speciale, mentre saranno privati dei loro beni ed arrestati ed internati tutti i loro famigliari[96].

L'iniziativa di Cavani non provocò il risultato sperato ma, nelle settimane e nei mesi successivi all'emanazione del bando, fece crescere a dismisura il numero degli internandi. Ragion per cui, l'Ispettorato speciale e il ministero dell'Interno presero contatto col Comando Supremo onde ottenere la disponibilità di un campo di concentramento di grande capienza (come quelli utilizzati per i prigionieri di guerra) nel quale avviare esclusivamente gli slavi della Venezia Giulia[97]. Fu cosí che, a partire dal 23 febbraio

[94] Il generale Ferrero, comandante del XXIII Corpo dell'Ottava Armata con sede a Trieste, si distinse per la sua particolare intraprendenza. D'altra parte, per l'azione antipartigiana, l'Ispettorato svolse anche il ruolo di organo tecnico di coordinamento alle dipendenze dell'Ottava Armata. Cfr. M. Pacor, *Confine orientale*, cit., p. 168.

[95] Cfr. A. Buvoli, *Il fascismo nella Venezia Giulia e la persecuzione antislava*, in «Storia contemporanea in Friuli», I, 1996, n. 27; *Bili so uporni*, Ljubljana 1980, pp. 186-87.

[96] Acs, Mi, Dgsg, I, b. 90, f. 322 «Posti di concentramento per famiglie di disertori in Aidussina e Poggio III Armata», bando del prefetto di Gorizia Aldo Cavani, 19 settembre 1942.

[97] Cfr. S. Pahor, *Vzpostavitev italijanskega protipartizanskega polocijskega aparata (Primorska 1942-1943)*, in *Jadranski koledar 1997*, Trieste 1997, pp. 96-98; Acs, Mi, Dgps, Dagr, Cat. A5G, II Guerra mondiale, b. 425, f. 170. s.f. 2, da ministero dell'Interno a Direzione generale per i servizi di guerra e prefetto di Gorizia, 3 marzo 1943.

1943, l'Ispettorato ebbe a disposizione il campo per prigionieri di guerra n. 95, operante a Cairo Montenotte (in provincia di Savona), una struttura in grado di accogliere circa 2000 internati[98].

Inizialmente in questo campo venivano internati sia individui di sesso maschile che femminile, in un secondo tempo, invece, donne e bambini vennero avviati nel campo di Fraschette (in provincia di Frosinone), gestito dal ministero dell'Interno[99].

L'esperienza dell'arresto e della deportazione a Fraschette sarà ricordata cosí da una goriziana, allora quattordicenne, arrestata il 27 settembre 1942 in una piccola frazione del capoluogo, Vertoiba:

> Mio fratello maggiore era fuggito, come altri della zona, con i partigiani. Erano perciò venuti i carabinieri a chiedere notizie e noi avevamo detto che si era allontanato in cerca di lavoro, ma siccome da tempo erano molti quelli che sparivano cosí, in modo sospetto, non ci credettero. Cosí quella notte fecero una retata di varie famiglie e ci portarono alla caserma dei carabinieri di San Pietro di Gorizia dove restammo per l'intera giornata. Poi ci dissero di distribuirci il denaro che avevamo perché gli uomini sarebbero stati separati dalle donne. La nostra famiglia non si divise nulla perché denaro non ne possedevamo affatto...
>
> Dalla caserma ci trasferirono in Questura, a Gorizia; breve interrogatorio e nuova traduzione al locale carcere giudiziario... Il susseguirsi degli arresti come conseguenza dello sviluppo del movimento di liberazione sloveno, in atto già da circa un anno, aveva creato tali condizioni di sovraffollamento che nelle celle non si trovava neppure un piccolo spazio libero...
>
> Dopo un paio di settimane fummo tradotte all'ex convento della Castagnevizza, su una collina fuori città. Il convento, nella cui cappella sono sepolti Carlo X e i successivi pretendenti al trono di Francia, era stato adattato per poter ospitare il sempre crescente numero di arrestate. Lo comandava un maresciallo dei carabinieri mentre in servizio vi erano dei militi fascisti. Una convivenza non certo facile; con i militi che rubavano a man bassa: a qualcuna, per togliere gli orecchini, strapparono addirittura i lobi delle orec-

[98] Acs, Mi, Dgps, Dagr, Cat. Massime M4, b. 135, f. 16, s.f. 2, ins. «Savona»: «Campo Cairo Montenotte est at disposizione codesto corpamiles per note necessità da giorno 23 c. m. alt Trasferimenti internati dovranno essere segnalati questo statomaggiore et difesamiles Genova et effettuati in analogia norme cui circolare 3/29380 data 30 aprile u.s.». Con questo telegramma, firmato dal dirigente dell'Ufficio prigionieri di guerra dello Stato Maggiore del Regio Esercito (E. Pallotta), il 20 febbraio 1943, veniva comunicato alla Direzione generale di pubblica sicurezza la disponibilità del campo di Cairo Montenotte (il documento mi è stato gentilmente segnalato dal prof. Samo Pahor che colgo l'occasione per ringraziare). Sulle vicende del campo di Cairo cfr. F. Filipič, *Slocenci v Mauthausnu*, Carkarjeva Založba, Ljubljana 1998; A. Frignone e N. Calvi, *Campo di concentramento n. 95 (1941-1945). Cairo Montenotte*, Arti grafiche D. R.-Comune di Cairo Montenotte 1995.

[99] Acs, Mi, Dgps, Dagr, Cat. Massime M4, b. 135, f. 16, s.f. 2, ins. «Savona», telegramma da ministero dell'Interno (capo della polizia) a Ispettorato speciale di pubblica sicurezza per la Venezia Giulia, 5 marzo 1943.

chie; vi furono tentativi di violenza su alcune detenute piú giovani, ma il maresciallo comandante riuscí a tenere in mano la situazione, stroncando ogni illegalità ed esigendo la piú assoluta correttezza, meritandosi con ciò la nostra stima...

Il 15 marzo 1943 ci portarono con degli autocarri alla stazione ferroviaria di Gorizia. Eravamo circa 150 donne, salimmo su un treno speciale cellulare. Non avevamo idea di dove saremmo andate. Rinchiuse in cellette – in verità a me fu concesso di rimanere nel corridoio – il treno partí verso le due del pomeriggio e, salvo una breve sosta in aperta campagna dopo Mestre, viaggiammo ininterrottamente fino al mezzogiorno dell'indomani, giungendo a Frosinone. Da qui, sui camion, dopo un non lungo tragitto, arrivammo al campo di Fraschette, nel comune di Alatri. Durante l'intero viaggio nessuno ci diede da mangiare...[100].

Nulla cambiò per gli internati «allogeni», nel luglio 1943, dopo la caduta di Mussolini: un dato, questo, che conferma una sostanziale continuità tra la repressione antislava fascista e quella badogliana[101]. Continuando la guerra e vigendo gli stessi metodi repressivi, nelle popolazioni slave si consolidava la convinzione che, per loro, l'Italia era comunque sempre la stessa, «tanto piú che circa allo stesso modo si era presentata in quelle terre prima del fascismo»[102].

Solo il 17 agosto 1943, in seguito alle numerose proteste, il capo della Polizia diramò una circolare telegrafica che invitava le autorità periferiche a «rivedere posizione allogeni... et esaminare quali ritengano possano essere liberati»[103]. Ma il numero dei proscioglimenti effettivamente eseguiti risultò di entità pressoché irrilevante. Pertanto, sostenuti anche dalla Nunziatura apostolica, gli internati intensificarono le loro proteste – in molti casi intraprendendo lo sciopero della fame – per ottenere dal nuovo governo una loro liberazione generalizzata.

In una lettera inviata al nuovo prefetto il 20 agosto 1943, il vescovo di Trieste Santin – dichiarandosi convinto che i partigiani

[100] Testimonianza di Milena Bizjak (documento gentilmente avuto dal responsabile dell'Anppia di Gorizia, Vincenzo Marini, che ha eseguito l'intervista nel febbraio del 1987). Con il cognome dell'intervistata errato, il testo è stato pubblicato in S. Carolini (a cura di), *«Pericolosi nelle contingenze belliche»*, cit.

[101] Cfr. E. Apih, *Italia, fascismo ed antifascismo nella Venezia Giulia (1918-1943)*, Laterza, Bari 1966, p. 451; M. Coslovich, *I percorsi della sopravvivenza. Storia e memoria della deportazione dall'Adriatisches Küstenland*, Mursia, Milano 1994, p. 28.

[102] M. Pacor, *Confine orientale*, cit., p. 183. Cfr. anche la cronologia dei provvedimenti emanati dal governo Badoglio, a pp. 292-94.

[103] Acs, Mi, Dgps, Dagr, 1943, Cat. C2 (Affari generali), f. «Scarcerazione detenuti politici», da capo della Polizia a questori del Regno; a ispettori speciali di polizia presso le prefetture; a direttori delle colonie di confino di Ventotene, Tremiti e Pisticci; all'ispettore generale di Pubblica sicurezza Gueli, presso la questura di Trieste, dispaccio telegrafico 441/49615 del 17 agosto 1943.

dovessero essere «combattuti perché nemici dell'Italia» – richiamava l'attenzione dell'alto funzionario sulla necessità di distinguere tra «i partigiani e coloro che volontariamente li aiutano», e il resto della popolazione slava internata che – a parere del prelato – doveva essere liberata e «lasciata in pace»:

> Villaggi e case incendiati, innumerevoli famiglie disperse, gente uccisa senza motivo all'impazzata, torture e bastonature violente durante gli interrogatori, arresti in massa, campi pieni di internati spesso tenuti in modo disumano (chi parla ha visto con i suoi occhi), hanno seminato odio, amarezza, sfiducia e hanno favorito la propaganda partigiana. Bisogna riparare i danni causati con gli incendi. Bisogna rimandare a casa gran parte degli internati, rivedendo rapidamente le singole posizioni senza preconcetti (parlo ora di internati e non di condannati). Bisogna rivedere le norme che riguardano i parenti dei fuggiti che sono draconiane. Non è umana la rappresaglia (che si è dimostrata inutile) dell'internamento dei congiunti, anche se innocenti, e l'esproprio totale dei beni della famiglia...[104].

Dopo l'8 settembre 1943, molti degli «allogeni» ancora internati caddero nelle mani delle forze armate tedesche. Emblematica, in tal senso, è la vicenda del campo di concentramento di Cairo Montenotte, i cui reclusi vennero tutti deportati in Germania[105].

Ebrei

Negli anni Trenta, allorché il governo fascista si apprestava a promulgare la legislazione antisemita, gli ebrei italiani apparivano ben integrati nello Stato e nella società civile. Verso il fascismo essi mantenevano, nel complesso, atteggiamenti non dissimili da quelli dei connazionali «ariani». I loro orientamenti politici, infatti, erano molto diversificati, e andavano dal consenso, o dall'indifferenza, alla piena opposizione al regime. Non va trascurato, peraltro, l'apporto che essi stessi avevano dato al movimento fascista, sin da quando aveva compiuto i primi passi[106].

Il motivo per cui l'Italia sia potuta approdare all'antisemitismo

[104] Lettera al prefetto di Trieste Cocuzza, in *A. Santin, Trieste 1943-1945. Scritti - discorsi - appunti - lettere*, a cura di G. Botteri, Del Bianco Editore, Udine 1963, p. 15.

[105] Cfr. I. Tibaldi, *Compagni di viaggio. Dall'Italia ai Lager nazisti. I «trasporti» dei deportati*, Milano, Franco Angeli, 1994; F. Filipič, *Slovenci v Mauthausnu*, cit.

[106] Cinque ebrei figuravano tra i fondatori del primo fascio di Milano; tre ebrei erano caduti «per la causa fascista»; ben 230 avevano preso parte, nel 1922, alla «marcia su Roma»; industriali e commercianti ebrei, inoltre, avevano spesso finanziato il partito fascista. Cfr. A. Milano, *Storia degli Ebrei in Italia*, Einaudi, Torino 1963, p. 392.

di Stato è fatto ampiamente argomentato dagli storici[107]. Michele Sarfatti, in particolare, esaminando la genesi e lo sviluppo della «politica della razza» del fascismo, ha scalzato la tesi di un Mussolini «riluttante», chiarendo il significato autonomo di quella svolta cruciale che trasformò l'antisemitismo – allora scarsamente diffuso in Italia – in una sorta di «sentimento nazionale obbligatorio»[108], e che fece degli ebrei, senza alcuna distinzione, una massa di individui «ufficialmente» pericolosi.

Il 26 maggio 1940, approssimandosi l'ingresso in guerra dell'Italia, il sottosegretario di Stato per l'Interno, Guido Buffarini Guidi, comunicava al capo della Polizia, Arturo Bocchini, il desiderio del duce di allestire campi di concentramento «anche per gli ebrei», invitandolo, altresí, «a riferire direttamente» sull'argomento[109].

Non è stato possibile appurare se Buffarini Guidi si fosse allora dimenticato di specificare quali categorie di ebrei si dovessero internare, o se invece l'intendimento di Mussolini (magari poi abbandonato per ripensamenti o difficoltà tecniche) fosse quello di internare *tutti* gli ebrei. Certo è che quella nota costituisce l'unico documento di cui a tutt'oggi si disponga, contenente un riferimento all'internamento degli ebrei «in quanto tali» da parte del regime fascista[110]. Le altre disposizioni in materia d'internamento civile emanate dall'Italia, infatti, non fanno mai riferimento agli ebrei *tout-court*, ma soltanto a quanti di loro fossero cittadini di

[107] Cfr. R. De Felice, *Storia degli ebrei italiani sotto il fascismo*, cit.; M. Michaelis, *Mussolini and the Jews. German - Italian Relations and the Jewish question in Italy, 1922-1945*, Institute of Jewish Affairs, Clarendon Press, Oxford 1978 (trad. it. *Mussolini e la questione ebraica. Le relazioni italo-tedesche e la politica razziale in Italia*, Milano, Edizioni di Comunità, 1982); M. Toscano, *Ebraismo e antisemitismo in Italia. Dal 1848 alla guerra dei Sei giorni*, Franco Angeli, Milano 2003. Per il *corpus* delle leggi antiebraiche fasciste cfr. aa. vv., *1938. Le leggi contro gli ebrei*, fascicolo monografico de «La Rassegna Mensile di Israel» a cura di M. Sarfatti, LIV, gennaio-agosto 1988, n. 1-2.

[108] Cfr. M. Sarfatti, *Mussolini contro gli ebrei. Cronaca dell'elaborazione delle leggi del 1938*, Zamorani, Torino 1994; Id., *Gli ebrei nell'Italia fascista. Vicende, identità, persecuzione*, Einaudi, Torino 2000; Id., *Le leggi antiebraiche spiegate agli italiani di oggi*, Einaudi, Torino 2002.

[109] Acs, Mi, Dgps, Dagr, Cat. Massime M4, b. 100, f. 16 (Campi di concentramento), s.f. 1 (Affari generali), ins. 2/2, da Buffarini Guidi a Bocchini, nota n. 11478 del 26 maggio 1940. Cit. la prima volta in G. Antoniani Persichilli, *Disposizioni normative e fonti archivistiche per lo studio dell'internamento in Italia*, cit., pp. 85, 89.

[110] Sul reale significato della nota di Buffarini Guidi si è molto discusso. Cfr., ad esempio, C. S. Capogreco, *Internamento, precettazione, mobilitazione forzata: l'escalation persecutoria degli ebrei italiani dal 1940 al 1943*, in «Qualestoria», XXIII, 1995, n. 1-2, p. 1; M. Toscano, *L'internamento degli ebrei italiani 1940-1943: tra contingenze belliche e politica razziale*, in aa.vv., *I campi di concentramento in Italia. Dall'internamento alla deportazione (1940-1945)*, cit., pp. 101-2; K. Voigt, *Il rifugio precario*, cit., vol. II, p. 11. Molto plausibile pare l'interpretazione proposta da Sarfatti, in *Gli ebrei nell'Italia fascista*, cit., p. 172.

Stati antisemiti, apolidi, oppure – tra gli ebrei italiani – individui «di reale pericolosità». Questa impostazione appare particolarmente evidente in una circolare diramata dal capo della Polizia il 27 maggio 1940, cioè il giorno dopo la citata nota di Buffarini Guidi:

> In caso emergenza – sottolineava Arturo Bocchini ai prefetti – oltre ebrei stranieri di cui a precedenti circolari sarà necessario internare quegli ebrei italiani che per la loro reale pericolosità fosse necessario allontanare da abituali loro residenze. Pregasi preparare relativi elenchi che dovranno essere pronti entro dieci prossimo giugno. Proposte da limitarsi ai casi che presentano effettivo pericolo per ordine pubblico saranno poi fatte con separati singoli rapporti[111].

Nel giugno 1940, dunque, la pericolosità ebraica «di ordine generale», decretata due anni prima dalle leggi razziste, non costituí condizione sufficiente a determinare l'internamento di *tutti* gli ebrei[112]. Nonostante ciò, il conflitto mondiale modificò i parametri di riferimento dell'antisemitismo dell'anteguerra, rendendo sempre piú inattuale – in specie per gli ebrei italiani – la precedente scelta fascista di «discriminare senza perseguitare»[113]. In questo contesto si inserí la decisione del regime di riproporre ufficialmente un suo vecchio progetto mirante all'espulsione degli ebrei dalla penisola, che venne comunicata, il 9 febbraio 1940, dal capo della polizia al neo-presidente dell'Unione delle comunità israelitiche italiane Dante Almansi.

Con l'ingresso dell'Italia nella Seconda guerra mondiale, il controllo dei comportamenti e degli orientamenti degli ebrei italiani – pur rientrando nelle piú generali misure di vigilanza sulla popolazione – assunse una sua ben specifica connotazione. Il 27 maggio 1940 – come si è detto – le prefetture erano state informate

[111] Acs, Mi, Dgps, Dagr, Cat. Massime M4, b. 99, f. 16 (Campi di concentramento), s.f. 1 (Affari generali), telegramma n. 442/37214, da ministero dell'Interno (a firma del capo della Polizia) ai prefetti del Regno e al questore di Roma, 27 maggio 1940.

[112] Cfr. K. Voigt, *L'internamento degli immigrati e dei profughi ebrei in Italia (1940-1943)*, in *La legislazione antiebraica in Italia e in Europa*, Camera dei Deputati, Roma 1989, pp. 57-78; C. S. Capogreco, *Ebrei italiani ed ebrei stranieri di fronte alle leggi razziali*, in «Fondazione Ferramonti», II, 1989, n. 2-3, pp. 7-19.

[113] Cfr., in particolare, M. Toscano, *L'internamento degli ebrei italiani 1940-1943: tra contingenze belliche e politica razziale*, cit., p. 100.

della necessità di internare gli ebrei italiani considerati di «effettivo pericolo» per l'ordine pubblico. Il 6 giugno, in aggiunta a ciò, il ministero dell'Interno precisò che la pericolosità degli ebrei italiani, in vista dell'internamento, doveva essere esaminata «anche nei riguardi loro capacità propaganda disfattista et attività spionistica»[114]. Queste indicazioni non solo implicavano, per ogni provincia, l'individuazione degli ebrei maggiormente «pericolosi», ma collocavano l'*ebraicità* a metà strada tra la funzione di semplice condizione aggravante e quella di elemento di per sé pericoloso[115].

Nel corso del 1941, il progetto di espulsione dall'Italia venne accantonato per oggettiva irrealizzabilità tecnica: con l'estendersi della guerra, infatti, erano divenute pressoché nulle, per gli ebrei, le possibilità di lasciare la penisola[116]. Ma – come testimonia il seguente documento – ciò non significò un abbassamento della guardia da parte del regime:

> Non pochi ebrei – scriveva Buffarini Guidi ai prefetti nel gennaio '41 – hanno ancora una volta dimostrato la loro ottusa incomprensione di fronte agli eventi politici e storici in corso, rivelandosi costituzionalmente avversi ad ogni sentimento nazionale. Occorre pertanto che la politica razziale contro gli ebrei venga sempre piú energicamente perseguita. Esaminate pertanto l'opportunità di inviare ai campi di concentramento gli elementi locali ebraici che piú danno luogo a sospetti con i loro sentimenti e la loro condotta[117].

Le «modalità tecniche» con le quali l'internamento degli ebrei andò realizzandosi, misero subito in chiaro che il ministero dell'Interno procedeva nei loro confronti in primo luogo a causa dell'appartenenza alla razza ebraica, e solo in secondo luogo perché oppositori del regime. Sui loro fascicoli personali, infatti, veniva be-

[114] Circolare telegrafica n. 442-42281, da ministero dell'Interno a prefetti del Regno e questore di Roma, 6 giugno 1940. Cfr. M. Toscano, *L'internamento degli ebrei italiani 1940-1943: tra contingenze belliche e politica razziale*, cit., p. 102.

[115] M. Sarfatti, *Gli ebrei nell'Italia fascista*, cit., p. 181.

[116] Tra agosto e ottobre del 1940, la *Demorazza* stese un dettagliato progetto sull'argomento, accompagnato da un disegno di legge: si prevedeva l'espulsione graduale ma generalizzata degli ebrei nell'arco di cinque anni e la soluzione della complicata questione delle famiglie miste (6820 su 10 000). Cfr. M. Sarfatti, *Gli ebrei nell'Italia fascista*, cit., pp. 176-79; R. De Felice, *Storia degli ebrei italiani sotto il fascismo*, cit., pp. 345-46; L. Picciotto, *Per ignota destinazione. Gli ebrei sotto il nazismo*, Mondadori, Milano 1994, pp. 64-65.

[117] Acs, Mi, Dgps, Dagr, Cat. Massime R9 (Razzismo), f. 6, da Buffarini Guidi a prefetti del Regno e questore di Roma, 14 gennaio 1941. Anche in G. Tosatti, *Gli internati civili in Italia nella documentazione dell'Archivio Centrale dello Stato*, cit., p. 39.

ne evidenziata la definizione razziale, mentre quella politica (a rigore la sola responsabile del provvedimento d'internamento), figurava solitamente in second'ordine e in forma appositiva. Pesanti ed esplicite argomentazioni razziste, inoltre, accompagnavano spesso i *dossier* degli internati. Nel settembre del 1940, ad esempio, un ebreo anconetano veniva internato con l'accusa di aver dimostrato «in tutte le manifestazioni del vivere civile... incorreggibile spirito di fraudolenza ebraica»[118].

Nel disbrigo delle diverse incombenze procedurali, comunque, il comportamento delle prefetture fu quanto mai differenziato. Alcuni prefetti procedevano ad un internamento drastico e generalizzato che comprendeva anche gli ebrei piú anziani; altri, invece, si comportavano con piú moderazione[119]. Talvolta lo zelo profuso dai funzionari periferici fu davvero stupefacente: alcuni di loro si spinsero a proporre per gli ebrei italiani delle «soluzioni» che oltrepassavano di gran lunga quanto previsto dalla normativa e richiesto dalle autorità centrali[120]. La prefettura di Ancona, ad esempio, il 4 giugno 1940 chiese il permesso di poter allontanare dalla città tutti gli ebrei in età di leva. E tale richiesta fu appoggiata dal questore con una missiva diretta personalmente a Mussolini, nella quale si sosteneva che

> per quanto in atto non ci siano ebrei realmente pericolosi, potenzialmente potrebbero esserlo in quanto che, se non tutti, gran parte di essi desiderano in cuor loro e nel loro stesso interesse che la guerra venga vinta dai paesi nemici nostri e della Germania...

La lettera si concludeva, quindi, con la proposta di adottare il provvedimento di internamento, anche se non completamente giustificato, «e per lo spirito stesso delle Leggi razziali, e nell'interesse della tranquillità e della prevenzione»[121].

[118] Acs, Mi, Dgps, Dagr, Cat. A5G - II Guerra Mondiale, b. 68, f. 32/E, comunicazione del prefetto di Ancona al ministero dell'Interno, 26 settembre 1949. Cit. in L. Garbini, *Ancona 1938-1940. Note e percorsi di ricerca*, in «Storia e problemi contemporanei», VII, 1994, n. 14, p. 48. Cfr. anche *La menzogna della razza. Documenti e immagini del razzismo e dell'antisemitismo fascista*, a cura del Centro Furio Jesi, Grafis, Bologna 1994, p. 338.

[119] Cfr. R. De Felice, *Storia degli ebrei italiani sotto il fascismo*, cit., p. 371; A. Bonelli, *L'internamento*, cit.; L. Vincenti, *Storia degli Ebrei a Palermo durante il fascismo. Documenti e testimonianze*, con un saggio introduttivo di Gabriella Portatone, Offset Studio, Palermo 1998.

[120] Cfr. R. De Felice, *Storia degli ebrei italiani sotto il fascismo*, cit., p. 370.

[121] Acs, Mi, Dgps, Dagr., Cat. A5G II Guerra mondiale, b. 68, f. 32/E, lettera del prefetto di Ancona Tullio Tamburrini al ministero dell'Interno, 4 giugno 1940, e lettera al Duce del questore di Ancona al duce, 7 giugno 1940. Cit. in L. Garbini, *Ancona 1938-1940. Note e percorsi di ricerca*, cit., p. 47.

La prefettura di Livorno, da parte sua, proponeva al ministero dell'Interno l'internamento del rabbino maggiore della città, Alfredo Sabato Toaff, che altrimenti – a giudizio del prefetto – avvalendosi dell'autorità e del prestigio che gli derivavano dalla sua carica, avrebbe potuto «dispiegare attività non consentita, volta alla tutela degli interessi della sua razza e dannosa a quelli politici della nazione»[122].

Al di là della differente animosità che poteva guidare l'operato delle autorità periferiche o di quelle centrali, nell'attuazione dei provvedimenti d'internamento nei confronti degli appartenenti alla minoranza ebraica italiana si possono individuare due aspetti significativi: 1) l'interazione fra motivi connessi alle «contingenze belliche» e motivi legati alla politica razziale; 2) la priorità anche nel caso degli ebrei italiani (seppure in misura minore rispetto a quelli stranieri) che assunse il «problema razziale» sulle questioni di ordine pubblico e di sicurezza nazionale.

Tra il giugno 1940 e il luglio 1943 furono circa 400 gli ebrei italiani che vennero internati per periodi piú o meno lunghi[123]. Questa cifra a prima vista potrebbe apparire di scarsa rilevanza; se rapportata però all'entità numerica dell'ebraismo italiano dell'epoca (poco meno dell'1,1 per mille della popolazione nazionale) essa dimostra che la minoranza ebraica fu colpita con netta sperequazione rispetto al resto della popolazione: oltre il 10 per cento degli internati italiani nel loro insieme fu costituito infatti da ebrei[124]. Di essi, un numero considerevole venne concentrato nei campi di Urbisaglia, di Campagna e di Gioia del Colle[125].

[122] Cfr. M. Toscano, *L'internamento degli ebrei italiani 1940-1943: tra contingenze belliche e politica razziale*, cit., p. 110. Cfr. anche S. I. Minerbi, *Un ebreo fra D'Annunzio e il sionismo: Raffaele Cantoni*, Bonacci, Roma 1992, pp. 95-115, 120.

[123] Dati numerici e statistici in Acs, Mi, Dagr, Cat. A5G II Guerra Mondiale, f. 32/175 «Statistica internati», e nei fascicoli relativi ai singoli campi. La cifra di «un migliaio» di internati, proposta da Renzo De Felice (*Storia degli ebrei italiani sotto il fascismo*, cit., pp. 370-71) e ripresa nel tempo da altri autori, compreso chi scrive, a un attento esame è risultata priva di riscontro oggettivo.

[124] Gli ebrei italiani (compresi quelli fiumani ed esclusi quelli delle colonie) nel 1938 erano circa 47 000. Cfr. M. Sarfatti, *Le leggi antiebraiche spiegate agli italiani di oggi*, cit., p. 10.

[125] Cfr. C. S. Capogreco, *I campi di internamento fascisti per gli ebrei (1940-1943)*, in «Storia contemporanea», XXII, 1991, n. 4, pp. 663-82; K. Voigt, *Il rifugio precario*, cit., pp. 54-57; F. Terzulli, *Il campo di concentramento per ebrei a Gioia del Colle (agosto 1940-gennaio 1941)*, in *Gioia*, cit., vol. III, pp. 495-593.

A partire dal 6 maggio 1942 gli ebrei italiani furono interessati anche dalla «precettazione civile a scopo di lavoro». Tale misura (che obbligava a lavori di tipo manuale uomini e donne dai diciotto ai cinquant'anni, che non fossero già internati per presunta o accertata «pericolosità»), in realtà si prefiggeva principalmente effetti propagandistici, volti ad evitare che la condizione degli ebrei – esclusi dal servizio di leva dalle leggi antisemite – potesse apparire privilegiata agli occhi delle «masse combattentistiche e lavorative italiane»[126]. Tullio Cianetti – assurto il 18 aprile 1943 alla carica di ministro delle Corporazioni – ebbe l'idea di imprimere un «salto di qualità» alla precettazione civile, ipotizzando la sua trasformazione in *mobilitazione totale degli ebrei al servizio del lavoro*; provvedimento che avrebbe dovuto introdurre un regime di vero e proprio lavoro forzato e l'istituzione di appositi campi per gli ebrei «fisicamente idonei dai 18 ai 36 anni»[127]. Ma il relativo disegno di legge – già approvato dal Consiglio dei ministri – venne bloccato nella sua attuazione pratica dagli eventi del 25 luglio 1943 che provocarono la caduta del regime[128].

Alla fine della Seconda guerra mondiale, la persecuzione subita dagli ebrei italiani fra il 1938 e il 1943 fu in larga misura poco considerata, a fronte della forte sottolineatura della deportazione

[126] Gli obblighi della precettazione venivano ottemperati nelle località di residenza o nelle immediate vicinanze, ma la Demorazza ipotizzò che i precettati venissero raccolti in appositi campi di concentramento. Per ragioni diverse (tra cui la diffusa ostilità delle autorità militari all'impiego di manodopera ebraica per «ragioni di sicurezza»), degli 11 806 ebrei precettati complessivamente, soltanto 2038 furono effettivamente avviati al lavoro (Cfr. R. De Felice, *Storia degli ebrei italiani sotto il fascismo*, cit., p. 373-75; M. L. San Martini Barrovecchio, *Documenti dell'Archivio di Stato di Roma nel periodo della persecuzione fascista (1939-1944)*, in *Italia Judaica IV*, cit., pp. 160-61; M. Morpurgo, *«Lavoro obbligatorio» e «Difesa territoriale» nei ricordi di un goriziano*, in *Gli ebrei in Italia durante il fascismo*, «Quaderni del Centro di Documentazione Ebraica Contemporanea», novembre 1963, n. 3, pp. 159-60).

[127] Cfr. G. Parlato, *Polemica antiborghese, antigermanesimo e questione razziale nel sindacalismo fascista*, in «Storia contemporanea», XIX, 1988, n. 6; *La menzogna della razza. Documenti e immagini del razzismo e dell'antisemitismo fascista*, cit., pp. 369-72 (Appendice III). La mobilitazione totale per scopi bellici era prevista dal Testo Unico delle Leggi sulla disciplina dei cittadini in tempo di guerra Approvato il 31 ottobre 1942 con il r.d. n. 1611.

[128] I contenuti della «mobilitazione degli ebrei» erano stati preannunciati da Mussolini nel discorso al Direttorio nazionale del Pnf del 24 giugno 1943: cfr. *Opera Omnia di Benito Mussolini*, XXXI (4 gennaio 1942/12 settembre 1943), cit., p. 193.

nazista avvenuta in Italia nel periodo 1943-45[129]. Questa duplicità di atteggiamento, che trova riscontro anche in Francia, rispondeva anche alla necessità, diffusamente sentita nella società civile dell'immediato dopoguerra, di favorire «la reintegrazione» degli ebrei nelle comunità nazionali. Cosicché gran parte degli storici – a partire da Renzo De Felice – si impegnarono a dimostrare l'estraneità delle leggi razziali all'«identità profonda» della nazione italiana[130].

Quanto all'internamento fascista, è innegabile che – nell'ambito piú generale della persecuzione degli anni 1938-43 – esso sia ricordato dagli ebrei italiani come un episodio «tutto sommato minore»[131]. Elemento questo ascrivibile probabilmente al fatto che, nel periodo bellico, la persecuzione colpí gli ebrei con modalità diversificate. La proporzione rilevante, con la quale la minoranza ebraica italiana fu colpita dall'internamento, conferma tuttavia il carattere di «profilassi sociale» svolto da quel provvedimento, sicuramente non dettato da «semplici» motivazioni di ordine pubblico[132].

Zingari

La legislazione razzista del fascismo non comprendeva alcuna menzione riguardante gli zingari; tutt'al piú essi ne erano interessati in base al decreto che proibiva ai cittadini italiani di contrarre matrimonio con persone appartenenti a razze «non ariane»[133]. Ma seppure non prevista a livello legislativo, la «questione degli

[129] Cfr. G. Schwarz, *Gli ebrei e la memoria della persecuzione fascista*, in «Passato e presente», 1999, n. 47, p. 130; C. Saletti, *Memorie che emergono, memorie che configgono. Il ricordo della persecuzione ebraica nell'Italia della «Seconda Repubblica» tra revisioni e uso pubblico della storia*, in «Bollettino della Società Letteraria di Verona», 2000, pp. 121-22.

[130] Cfr. G. Bensoussan, *L'eredità di Auschwitz*, cit., pp. 18, 170-73.

[131] M. Sarfatti, *L'internamento nei campi degli ebrei italiani antifascisti e degli ebrei stranieri (1940-1943). Rassegna bibliografica e spunti di ricerca*, in *Ferramonti un Lager nel Sud*, cit., p. 51.

[132] Certo è che la minimizzazione operata dagli stessi protagonisti ha finito per riflettersi sul lavoro degli storici, scoraggiandoli dall'indagare sull'internamento degli ebrei italiani che – per dirla con Mario Toscano – non costituí affatto «quel capitolo secondario cui sembra l'abbiano finora confinato la memoria e la storia» (*L'internamento degli ebrei italiani 1940-1943: tra contingenze belliche e politica razziale*, cit., pp. 96, 112).

[133] Ciò nel caso che anche da noi, come in Germania, si fosse giunti alla conclusione che gli zingari non dovevano essere considerati «ariani». Cfr. A. Masserini, *Storia dei nomadi*, cit., p. 50; G. Boursier, *La persecuzione degli zingari nell'Italia fascista*, in «Studi storici», 1996, n. 4.

zingari» fu comunque sollevata dal regime che, nel porla, si avvalse del supporto di improbabili argomentazioni «scientifico-culturali». Nel *Saggio sulla storia e le origini degli zingari*, pubblicato nel 1939, Renato Semizzi si soffermava, ad esempio, sulle «qualità psico-morali-razziali» di quel popolo, definendole «mutazioni regressive», e concludeva con un'ampia digressione sui «prodotti dell'incrocio fra zingari e italiani», considerati come «uno sfavorevole apporto razziale determinato da caratteri psichici e morali negativi»[134]. L'anno successivo, sulla rivista «La Difesa della Razza», appariva un nuovo contributo «scientifico» redatto da Guido Landra, direttore dell'*Ufficio studi e propaganda sulla Razza* del ministero della Cultura popolare, e firmatario, fra gli altri, del cosiddetto «Manifesto degli scienziati razzisti». Dopo aver richiamato l'attenzione dei lettori sul «pericolo dell'incrocio con gli zingari, dei quali sono note le tendenze al vagabondaggio e al ladronaggio», ed aver definito esemplare l'atteggiamento nei loro confronti tenuto dal governo tedesco, Landra auspicava che anche in Italia venissero adottati al piú presto «provvedimenti» contro gli zingari, definiti dal professore «eterni randagi privi di senso morale»[135].

Le prime disposizioni d'internamento giunsero con la circolare che l'11 settembre 1940 il capo della polizia inviò ai prefetti del Regno ed al questore di Roma. In essa, dopo aver ribadito la necessità del respingimento all'estero degli zingari stranieri, Arturo Bocchini ordinava:

> quelli nazionalità italiana certa aut presunta ancora in circolazione vengano rastrellati piú breve tempo possibile et concentrati sotto rigorosa vigilanza in località meglio adatte ciascuna provincia [...] salvo proporre per elementi piú pericolosi aut sospetti destinazione in isola aut comuni altre province lontane da zone frontiera aut interesse militare[136].

In pratica, la disposizione sortiva tre effetti immediati: poneva con forza la «questione zingara» all'ordine del giorno delle pre-

[134] Renato Semizzi, docente all'università di Trieste, pubblicò il saggio sul n. 1 della rivista scientifica «Rassegna di clinica, terapia e scienze affini»; citato in G. Boursier, *L'internamento degli zingari in Italia*, in *I campi di concentramento in Italia*, cit., p. 165.

[135] G. Landra, *Il problema dei meticci in Europa*, in «La difesa della razza», IV, 1940.

[136] Acs, Mi, Dgps, Dagr, Cat. Massime M4, f. 16 (Campi di concentramento), b. 105, s.f. 1 (Affari generali), ins. 19, circolare n. 63442/10, da capo della polizia a prefetti del Regno e questore di Roma, 11 settembre 1940. Anche in S. Carolini (a cura di), *«Pericolosi nelle contingenze belliche»*, cit., p. 396, e *La menzogna della razza. Documenti e immagini del razzismo e dell'antisemitismo fascista*, cit. p. 341. Cfr. anche G. Boursier, *La persecuzione degli zingari nell'Italia fascista*, cit., p. 1070, e Id., *Gli zingari nell'Italia fascista*, in L. Piasere (a cura di), *Italia Romani*, I, Cisu, Roma 1996.

fetture; accomunava esplicitamente la categoria degli zingari italiani a quelle degli altri civili soggetti ad internamento; metteva, infine, ogni prefetto nella condizione di dover approntare strutture di «accantonamento» (sorta di «campi provinciali» per zingari) non previste dalle disposizioni relative all'internamento civile.

Le autorità periferiche piú interessate diedero seguito a quell'ordine procedendo all'arresto degli zingari che si trovavano nelle rispettive zone di competenza[137]. Gli zingari italiani rastrellati nella provincia di Ferrara vennero concentrati nel comune di Berra, mentre quelli della provincia di Bolzano – in attesa che venisse individuata una «località adatta» – furono trattenuti in carcere. Il prefetto di Campobasso, dopo aver comunicato al ministero di aver disposto il censimento e il conseguente rastrellamento degli zingari presenti nella provincia, suggeriva l'opportunità di destinare esclusivamente all'internamento zingaro il «campo di concentramento» di Boiano. Alcune prefetture, invece, giudicarono inopportuno il concentramento degli arrestati nella propria area geografica, come nel caso di Udine, provincia con infrastrutture di particolare interesse militare, e troppo prossima alla frontiera orientale[138].

Nel 1941, con una circolare del 27 aprile, il ministero dell'Interno emise un esplicito ordine finalizzato all'«internamento degli zingari italiani»[139]. L'anno successivo, con una circolare del 7 agosto, lo stesso dicastero disponeva che agli zingari rastrellati che non avessero un lavoro fisso venisse corrisposto un sussidio di sette lire al giorno[140].

[137] Cfr. G. Boursier, *La persecuzione degli zingari nell'Italia fascista*, cit., pp. 1070-72.

[138] Sulle risposte inviate dai prefetti al ministero dell'Interno cfr. *La Menzogna della razza. Documenti e immagini del razzismo e dell'antisemitismo fascista*, a cura del Centro Furio Jesi, Grafis, Bologna 1994, pp. 340-41; G. Boursier, *La persecuzione degli zingari nell'Italia fascista*, cit., pp. 1070-72.

[139] Acs, Mi, Dgps, Dagr, Cat. A5G II Guerra mondiale, b. 68, f. 32, s.f. 2, ins 1, da ministero dell'Interno a Prefetti del Regno e questore di Roma, «Zingari italiani. Internamento», n. 10.10538/12971. Cit. in *La menzogna della razza. Documenti e immagini del razzismo e dell'antisemitismo fascista*, cit., p. 341.

[140] Acs, Mi, Dgps, Dagr, Cat. Massime M4, b. 100, circolare n. 10/10000, da ministero dell'Interno, a prefetti, «Zingari avviati fuori dei loro comuni e raccolti in determinate località ai fini della vigilanza - Confinati comuni in terraferma e isola», 7 agosto 1942.

Capitolo quarto
Vita nei campi e tutela degli internati

1. *I campi dell'internamento civile regolamentare*.

Dal gennaio 1940, l'ispettore generale Guido Lo Spinoso, insieme ad alcuni suoi colleghi e funzionari, cominciò a girare in lungo e in largo per l'Italia centro-meridionale, col compito di reperire edifici appropriati per l'attivazione di «campi di concentramento» che sarebbero stati gestiti dal ministero dell'Interno, in base all'internamento «regolarmentare» dal 10 giugno 1940 all'8 settembre 1943[1]. Nelle prime settimane di giugno, in effetti, furono già disponibili 4700 posti per gli internati, ma l'obiettivo prefissato dal ministero dell'Interno ne prevedeva, entro breve termine, una disponibilità di almeno 9400. Nel frattempo, proseguivano i lavori di ristrutturazione degli edifici già prescelti e le ricerche di altre strutture per l'allestimento di «campi», come pure l'individuazione di camere ammobiliate per la sistemazione di «internati liberi»[2]. Venivano presi in considerazione soprattutto edifici disabitati ubicati non troppo lontano dai centri abitati provvisti di caserma dei carabinieri. In base alle relazioni prodotte dagli ispettori ministeriali, veniva effettuata una prima selezione degli stabili, preferendo quelli ritenuti piú sicuri e meglio controllabili. Seguiva quindi la verifica in loco e – dopo aver ottenuto il definitivo assenso del ministero –, se necessario, si passava alla stipula dei contratti di affitto. A questi adempimenti spesso seguivano dei lavori di ristrutturazione e disinfestazione dei locali, mentre l'arredo necessario veniva reperito nei magazzini dell'esercito oppure – piú spesso – acquistato presso appositi fornitori[3].

[1] Per le relazioni di Lo Spinoso cfr. Acs, Mi, Dgps, Dagr, Cat. Massime M4 (Mobilitazione civile), bb. 17-20, 24, 34, 40, 42-43. Cfr. K. Voigt, *Il rifugio precario*, cit., p. 53.

[2] Cfr. Acs, Mi, Dgps, Dagr, Cat. Massime M4, f. 23/1, *Appunto* della Direzione generale di pubblica sicurezza del 31 maggio 1940.

[3] Cfr. Acs, Mi, Dgps, Dagr, Cat. Massime M4 (Mobilitazione civile), f. 16 (Campi di concentramento), s.f. 1, ins 4 «casermaggio, manutenzione, vestiario». Cfr. pure F. Terzulli, *L'internamento fascista in Puglia*, in «Fondazione Ferramonti», II, gennaio-giugno 1989, n. 2-3, pp. 49 sgg.

La parte settentrionale della penisola italiana e le sue isole maggiori – aree geografiche che, nel 1940, si riteneva potessero essere particolarmente coinvolte nelle operazioni militari – rimasero quasi completamente interdette alla dislocazione dei campi del ministero dell'Interno[4] e, inizialmente, all'individuazione di località da destinare agli «internati liberi»: i luoghi per l'internamento, infatti, non potevano trovarsi in zone di importanza militare o soggette al fuoco nemico[5].

In favore della scelta geografica giocarono anche considerazioni, quali la maggiore impervietà dei luoghi (ad esempio l'Abruzzo-Molise e le Marche – regioni montagnose e dalle disagevoli vie di comunicazione – accolsero sul proprio territorio circa la metà dei campi), la loro scarsa concentrazione abitativa, la minore politicizzazione degli abitanti delle province meridionali. E, non da ultimo, anche considerazioni di ordine economico; visto che la presenza sul territorio di un numero considerevole di persone «sussidiate» dallo Stato (erano tali la maggior parte degli internati e dei confinati) rappresentava una non indifferente «boccata di ossigeno» per l'economia di zone tradizionalmente depresse. Si trattava, in sostanza, delle stesse motivazioni che avevano già indotto il regime ad avviare la maggior parte dei confinati in località del Centro-Sud della penisola, dove in alcuni casi – specialmente sulle piccole isole – si era sviluppata una vera e propria «industria del deportato»[6].

Ma col procedere della guerra e l'inaspettato avvicinarsi del fronte alle regioni meridionali, una siffatta dislocazione geografica si sarebbe rivelata decisamente inappropriata. Cosicché, il ministero dell'Interno dovette procedere all'allestimento di nuove strutture d'internamento localizzate piú a settentrione, e – nella primavera-estate del 1943 – all'evacuazione degli internati dal Sud del paese[7].

[4] Gli unici due campi realizzati nell'Italia settentrionale furono quelli di Montechiarugolo e Scipione, in provincia di Parma.

[5] L'art. 5 del decreto del Duce del 4 settembre 1940 cosí recitava: «Gli internati devono essere trattati con umanità e protetti contro ogni offesa o violenza. Essi non possono essere destinati in località esposte al fuoco nemico o insalubri». Tali prerogative vennero talvolta clamorosamente disattese: il campo di Ferramonti, ad esempio, si trovava in un'area particolarmente insalubre e soggetta a endemia malarica.

[6] Significativa, in proposito, la testimonianza di una isolana riportata in E. Mancini, *Isole Tremiti*, cit., p. 138 (alle Tremiti – compresi i militi e gli addetti civili – la colonia di confino «occupava» oltre 1500 persone). In riferimento a Ustica, cfr. la lettera del direttore della colonia al prefetto di Palermo, in S. Carolini (a cura di), *«Pericolosi nelle contingenze belliche»*, cit., pp. 377-79.

[7] Particolarmente complessi e difficili, per il grave momento politico-militare in cui si vennero a realizzare, furono gli spostamenti verso i campi del Centro-Nord (Scipione, Chiesanuova, Corropoli, Renicci, Fraschette) dei deportati evacuati dalle isole di Ustica, Lipari, Ponza e Ventotene. Cfr. le «schede» relative ai singoli campi nella mappatura finale.

Inizialmente le province interessate dalla presenza di «campi» e di «località di internamento» vennero ripartite in cinque zone di ispezione, ognuna delle quali era sottoposta al controllo di un alto funzionario di pubblica sicurezza e comprendeva in genere i campi di quattro/cinque province.

La prima zona – quella piú settentrionale – riguardava le province di Parma, Pistoia, Firenze e Arezzo (ispettore Carlo Argentieri); la seconda Pesaro, Ancona, Macerata, Ascoli Piceno e Perugia (ispettore Francesco Cincaglini); la terza, Teramo, L'Aquila, Pescara, Chieti e Rieti (ispettore Roberto Falcone); la quarta, le province di Frosinone, Campobasso Avellino, Napoli e Salerno (ispettore Antonio Panariello); la quinta, le province di Foggia, Bari, Matera, Potenza e Cosenza, oltre che le piccole isole di deportazione (ispettore Enrico Menna)[8].

La vera novità dei «campi di concentramento» rispetto alle colonie di confino fu la loro localizzazione non insulare; vennero tuttavia allestiti dei «campi» anche in alcune piccole isole, come Lipari e Ponza, le cui colonie, da tempo, erano state soppresse.

Anche nella scelta delle località di internamento libero – fatta eccezione per la Sicilia – inizialmente erano state preferite dal ministero dell'Interno le regioni del Centro-Sud[9]. Questa scelta geografica, tuttavia, non restò definitiva e, col passare dei mesi, fu interessato al fenomeno un numero sempre maggiore di province settentrionali[10].

In Emilia-Romagna i campi d'internamento furono due: Montechiarugolo e Scipione di Salsomaggiore. In Toscana tre: Bagno a Ripoli, Sant'Andrea a Rovezzano, frazione di Firenze e Oliveto, frazione di Civitella della Chiana. Nelle Marche sei: Fabriano,

[8] La ripartizione delle «zone d'internamento» non corrispondeva a quella delle preesistenti undici «zone di ispezione» della Dgps o delle zone di competenza dell'Ovra. Dopo un po' di tempo, tuttavia, le «zone d'internamento» vennero assorbite dalle precedenti undici zone. Cfr. i fascicoli relativi alle province interessate in Acs, Mi, Dgps, Agr, Cat. Massime M4, ff. 16 e 18, e anche F. Terzulli, *L'internamento fascista in Puglia*, cit., p. 52; K. Voigt, *Il rifugio precario*, cit., vol. II, p. 113.

[9] Il 25 maggio 1940, tre giorni dopo l'approvazione della legge sull'organizzazione della nazione per la guerra, i prefetti delle regioni centro-meridionali ricevettero il seguente dispaccio telegrafico: «In caso di emergenza ministero disporrà internamento in comuni Italia Centrale e Meridionale stranieri et italiani che est necessario allontanare loro residenza...», circolare n. 442/36838 del 25 maggio 1940, in G. Antoniani Persichilli, *Disposizioni normative e fonti archivistiche per lo studio dell'internamento in Italia (giugno 1940-luglio 1943)*, cit., p. 83.

[10] Cfr. K Voigt, *Il rifugio precario*, cit., vol. II, tabella a p. 600.

Sassoferrato, Urbisaglia, Pollenza, Treia e Petriolo. In Umbria uno: Colfiorito di Foligno. Nel Lazio furono attivi tre campi: Fraschette nel comune di Alatri, Badia di Farfa, frazione di Fara Sabina e uno nell'ex colonia confinaria di Ponza. Mentre in Abruzzo-Molise furono addirittura diciannove: Civitella del Tronto, Corropoli, Isola del Gran Sasso, Nereto, Tortoreto, Tossicia, Notaresco, Città Sant'Angelo, Casoli, Istonio, Lama dei Peligni, Lanciano, Tollo, nella stessa Chieti, Agnone, Boiano, Casacalenda, Isernia e Vinchiaturo. In Campania quattro: Campagna, Ariano Irpino, Monteforte Irpino e Solofra. Tre in Puglia: Manfredonia, Alberobello e Gioia del Colle. Uno solo in Calabria: Ferramonti, nel demanio comunale di Tarsia; e uno anche in Sicilia: nell'ex colonia confinaria di Lipari.

Inoltre, svolsero anche funzione di «campo di concentramento» il «centro di lavoro» di Castel di Guido (Roma), e quattro colonie di confino funzionanti, dove gli internati civili vissero «in condominio» con i confinati: la colonia di Ventotene (Lazio), la colonia di Tremiti (Puglia), la colonia di Pisticci (Lucania), la colonia di Ustica (Sicilia).

Per la crescente carenza di cibo, la diffusa precarietà degli alloggiamenti e – non da ultimo – la sostanziale privazione della libertà, la vita degli individui relegati nei campi del ministero dell'Interno non fu priva di grandi disagi e sofferenze. «Persone delle piú disparate età e condizioni sociali, che spesso non si comprendevano perché parlavano diverse lingue, erano ammassate in uno spazio ristretto, condannate all'inazione, tormentate da preoccupazioni angosciose...», ammetteva un ebreo straniero, peraltro non prevenuto nei confronti dell'internamento fascista[11]. Quella della difficile convivenza in promiscuità è una lagnanza molto ricorrente tra tutte le «categorie» di internati dei campi del ministero dell'Interno. Nel dicembre 1942, ad esempio, un gruppo di greci deportati a Ponza dall'isola di Corfú, scrivevano al ministero dicendo che la dura condizione d'internamento sull'isola era resa ancora piú difficile dalla «coabitazione obbligatoria» con cinquecento slavi, ortodossi e musulmani, e per questo chiedevano il trasferimento, onde poter stare «con internati connazionali o persone della stessa cultura e posizione sociale»[12].

[11] P. Pollak, *Il campo di concentramento di Urbisaglia*, in Acdec, Fondo Kalk III-IV.

[12] Cfr. Acs, Mi, Dgps, Dagr, Cat. Massime M4, f. 16 (Campi di concentramento), b. 27, s.f. 2 (Affari per provincia), lettera firmata da nove internati, Ponza 16 dicembre 1942.

Il teorico della «socializzazione fascista» Edmondo Cione – anch'egli internato per dissapori con i suoi camerati – sottolineava il fatto che, se materialmente non era poi cosí terribile, l'internamento «spiritualmente rappresentava una sofferenza per i disagi morali e le preoccupazioni per l'avvenire»[13].

Il ritmo delle giornate era scandito dalle disposizioni del regolamento interno (stilato dai direttori tenendo conto sia delle direttive generali che delle esigenze locali), nonché dagli appuntamenti tipici delle comunità segregate: gli appelli, il pranzo, la distribuzione della posta, la presa in carico dei nuovi arrivati, la partenza dei trasferiti o dei prosciolti, l'oscuramento serale, ecc. Nei campi di maggiori dimensioni l'impianto normativo, la scansione dei ritmi giornalieri e il comportamento delle autorità, ricordavano molto la consueta routine delle colonie di confino. Come ai confinati, anche agli internati era vietato di intrattenere rapporti – salvo quelli indispensabili – con la popolazione locale. Era loro proibito, inoltre, di occuparsi di politica, leggere pubblicazioni non autorizzate, possedere apparecchi radio, tenere con sé passaporti o altri documenti personali. La corrispondenza con i familiari, seppure sottoposta a censura, era invece consentita, mentre non lo era quella con persone estranee, a meno che non si fosse ottenuta una particolare autorizzazione[14].

«Trovo inutile che ci vengano notificate le cose proibite: sono troppe. Sarebbe piú semplice dirci solo quelle permesse», lamentava Maria Eisenstein nel campo femminile di Lanciano[15]. Non diverso nella sostanza – sebbene piú colorito nella forma – il parere del vecchio socialista Giuseppe Scalarini, riferito a Istonio, un campo per «italiani pericolosi»: «Ogni giorno c'era una proibizione nuova! Pareva che le andassero a cercare col lanternino...»[16].

Nei campi di dimensioni ridotte le prescrizioni erano meno numerose. Lí le giornate seguivano ritmi pressoché analoghi a quelli dell'*internamento libero*, e in genere, durante le ore diurne, gli internati potevano lasciare gli alloggiamenti e «circolare» nell'ambito di un'area loro assegnata che, però, nel tempo venne ridotta

[13] E. Cione, *Campo di concentramento a Colfiorito di Foligno. Al confino con Lelio Basso e con gli slavi*, cit.

[14] Cfr. Acs, Mi, Dgps, Dagr, Cat. Massime M4, f. 16 (Campi di concentramento), b. 102, s.f. 1 (Affari generali), ins. 12/1, «Rimesse denaro. Franchigia e censura postale».

[15] M. Eisenstein, *L'internata numero 6*, cit., p. 63.

[16] G. Scalarini, *Le mie isole*, Franco Angeli, Milano 1992, p. 123.

dalle autorità. E poteva capitare, a volte, che in un comune che ospitava un campo ci fossero anche degli «internati liberi»[17].

La direzione dei campi di maggiore importanza fu affidata, come per le colonie di confino, a funzionari della pubblica sicurezza (generalmente si trattava di commissari) che venivano affiancati da alcuni agenti addetti ai servizi amministrativi e di polizia. Era invece il podestà, di solito, a dirigere i campi di piccole dimensioni, mentre i servizi di vigilanza esterna, negli uni e negli altri, venivano svolti dalla Milizia volontaria per la sicurezza nazionale e/o dai carabinieri[18]. Dai campi di maggiori dimensioni generalmente gli internati potevano uscire soltanto, sotto scorta, per particolari motivi come le visite mediche specialistiche, i ricoveri ospedalieri, gli acquisti collettivi per le mense. Tuttavia, le recinzioni perimetrali – nei pochi campi del ministero dell'Interno che ne furono provvisti – difficilmente rappresentarono delle barriere invalicabili: ne è prova il significativo numero di evasioni portate a termine con successo[19]. Gli evasi, come gli altri trasgressori del regolamento, venivano puniti con la segregazione in apposite «camere di sicurezza», di cui erano forniti i campi maggiori, oppure – nel caso di reati piú gravi – con la vera e propria carcerazione o il trasferimento in campi dal regime piú duro, generalmente quelli posti sulle isole[20].

Negli anni 1940-41, il sussidio giornaliero concesso dal ministero dell'Interno ai «sudditi nemici» e a tutti gli internati riconosciuti come «non autosufficienti» dal punto di vista finanziario consentiva di procurarsi un vitto abbastanza accettabile. Anche perché, in un certo numero di campi, sul modello delle colonie di confino, erano state allestite mense autogestite che effettuavano acquisti cumulativi, ottenendo cosí notevoli risparmi e migliore

[17] Fu questo il caso di Lanciano, dove figurò in internamento libero lo scrittore ebreo Aldo Oberdorfer (1885-1940). Cfr. Acs, Mi, Dgps, Agr, Cat.Massime M4, b. 118, f. 16 (Campi di concentramento), s.f. 2 (Affari per provincia), ins. 12 «Chieti», elenco nominativo degli internati della provincia di Chieti, 14 luglio 1940.

[18] Nel campo di Fraschette – che però ebbe delle peculiarità proprie – fu in servizio anche la Guardia di Finanza. Cfr. la relativa scheda nella mappatura finale.

[19] Ma le «fughe» si concludevano in genere con la constatazione della scarsa utilità per i loro protagonisti, dato che i campi erano situati generalmente in zone piuttosto remote e con poche vie di comunicazione.

[20] La destinazione piú frequente, per gli internati trasferiti punitivamente, era rappresentata dalle isole Tremiti. Cfr., in proposito, S. Minerbi, *R. Cantoni. Un ebreo anticonformista*, Carucci, Roma 1978, pp. 105-7; E. Musolino, *Quarant'anni di lotte in Calabria*, cit., pp. 116-20.

qualità del vitto. Il sussidio consisteva inizialmente in 6,50 lire, una cifra che, agli «internati liberi», veniva integrata con un'indennità di alloggio. Alle donne internate insieme al coniuge, quale sussidio spettavano appena quattro lire al giorno[21]. Ma l'internamento, in un primo tempo, tendeva a frantumare l'unità dei nuclei familiari, disseminandone i componenti in campi o località differenti e distanti[22].

Nelle regioni piú depresse, la condizione dell'internato (che «godeva» di un sostentamento economico garantito dallo Stato) poteva apparire persino invidiabile ai ceti sociali piú poveri che – in tempo di guerra – dovevano sottoporsi a difficili prove quotidiane per contenere la fame delle proprie famiglie[23]. Ciò trova riscontro anche in alcune considerazioni fatte da Giorgio Amendola, nell'anteguerra, confinato sull'isola di Ponza. L'esponente antifascista constatava difatti che, a parte le non poche sofferenze conseguenti alla privazione della libertà e «il senso di mortificante impotenza di fronte alla forza del regime», il sussidio assicurava ai confinati politici «condizioni superiori a quelle riservate, in talune regioni, a certe categorie di lavoratori»[24].

Dalla fine del 1941, il potere d'acquisto del sussidio cominciò a decrescere sensibilmente nonostante i successivi aumenti stabiliti dal governo[25]. Arturo Dellepiane, operaio e sindacalista ligure condannato dal Tribunale speciale e internato ad Ariano Irpino il 6 aprile 1942, a fine pena, ricorda in una sua testimonianza come il problema che piú di ogni altro preoccupava i reclusi fosse allora quello dell'alimentazione. Non essendo per niente facile – persi-

[21] Cfr. S. Carolini (a cura di), *«Pericolosi nelle contingenze belliche»*, cit., pp. 377, 385; S. Sorani, *L'assistenza ai profughi ebrei in Italia (1933-1947). Contributo alla storia della Delasem*, Carucci, Roma 1983, pp. 69-82.

[22] Cfr. R. De Felice, *Storia degli ebrei italiani sotto il fascismo*, Torino 1988, p. 371. Nel campo di Ferramonti, i primi nuclei familiari giunsero nel settembre del 1940: cfr. C. S. Capogreco, *Ferramonti*, cit., p. 59.

[23] Il campo di Ferramonti, ad esempio, si trovava in una regione, la Calabria, che, nel 1940, raggiunse la cifra record di 25 000 disoccupati: cfr. G. Conti, *L'opinione pubblica calabrese di fronte alla seconda guerra mondiale (dall'inizio del conflitto alla caduta del fascismo)*, in *Aspetti e problemi di storia della società calabrese nell'età contemporanea*, Atti del Convegno Reggio Calabria 1°-4 novembre 1975, Editori Meridionali Riuniti, Reggio Calabria 1977; P. Bevilacqua, *Le campagne del mezzogiorno tra fascismo e dopoguerra. Il caso della Calabria*, Einaudi, Torino 1980, pp. 273-74.

[24] G. Amendola, *Un'isola*, Rizzoli, Milano 1980, pp. 130-32.

[25] In Italia l'indice del costo della vita cresceva del 16 per cento nel 1941 e nel 1942, del 63 per cento nel 1943. Cfr. N. Gallerano, *Il fronte interno attraverso i rapporti delle autorità 1942-43*, in «Il movimento di Liberazione in Italia», 1972, n. 109.

no alle mense collettive create nei campi – riuscire a provvedere ai pasti giornalieri mantenendo la spesa nei limiti consentiti dal sussidio[26].

Anche il mantovano Loris Pescarolo, relegato a Pisticci nel 1940, con il prolungarsi della guerra individuava nella «questione alimentare» uno degli aspetti piú preoccupanti della vita degli internati:

> Per molti di noi le razioni giornaliere assegnateci erano insufficienti e cercavamo di procurarci qualcosa in piú... Ma poi arrivarono, fatali come il destino, i tempi di vacche ancora piú magre e venimmo spinti persino a catturare i cani randagi vaganti per la colonia e a farne spezzatini anche se lo stomaco poteva rivoltarsi[27].

L'*internamento libero*, oggettivamente, offriva agli internati condizioni di vita migliori di quelle loro consentite nei campi. In primo luogo, vivendo senza separazione fisica con gli abitanti del posto, gli «internati liberi» avevano maggiori occasioni per accattivarsene la simpatia, che in genere non mancò[28]. Neppure gli internati ebrei – nonostante la martellante propaganda governativa volta a farli emarginare – furono osteggiati dalle popolazioni locali: talvolta anzi riuscivano a svolgere attività professionali ufficialmente proibite dalla vigente legislazione razziale[29].

Nel gennaio 1942, venuto a conoscenza della crescente simpatia degli abruzzesi per gli stranieri internati, Mussolini, sbottava cosí al federale dell'Aquila:

> Evidentemente le differenze razziali sono scarsamente sentite e la differenza politica altrettanto. Si ha l'aria di considerare questi individui come poveri diavoli che non hanno nessuna colpa di essere nati ebrei, francesi, levantini. Ma sono pericolosi e bisogna fare il processo all'intenzione... Le autorità locali del partito non hanno fatto la propaganda necessaria per dire che questa gente deve essere perlomeno evitata[30].

[26] Cfr. A. Dellepiane, *La lunga via della libertà. Testimonianze per servire la storia della Resistenza*, Silva, Milano 1963.

[27] L. Pescarolo, *Il lungo cammino. Dalla dittatura alla democrazia*, cit., p. 55.

[28] Cfr. R. De Felice, *Storia degli ebrei italiani sotto il fascismo*, cit., pp. 420-21.

[29] Tra gli ebrei all'*internamento libero*, furono piuttosto diffusi l'esercizio della professione medica e l'insegnamento delle lingue straniere. Nel campo di Ferramonti, gli stessi familiari del direttore ricevevano lezioni di lingue da ebrei internati. Cfr. C. S. Capogreco, *Ferramonti*, cit., p. 174, nota 73.

[30] G. B. Guerri, *Rapporto al duce. L'agonia di una nazione nei colloqui tra Mussolini e i federali nel 1942*, Mondadori, Milano 2002, p. 114.

1. Campo di Fraschette, 1943.
2. Campo di Ferramonti, 1942.

3. Ernesto e Ada Rossi al confino di Ventotene, agosto 1941.
4. Il tricolore con lo stemma sabaudo sventola sull'Italia fascista ridotta a un carcere, disegno a china di Giuseppe Scalarini, 1945 circa.
5. Campo di Arbe, bambini jugoslavi, 1942.
6. Campo di Gonars, interno di una baracca maschile.

7. Campo di Renicci, interno di un settore.
8. Campo di Melada, alzabandiera, 1942.

9. Campo di Ferramonti, gruppo di mendicanti ebrei.

10. Impiccagione pubblica di un partigiano libico in un campo coloniale italiano in Cirenaica, 1931-32.

11. Campo di Arbe, cimitero, nell'immediato dopoguerra.

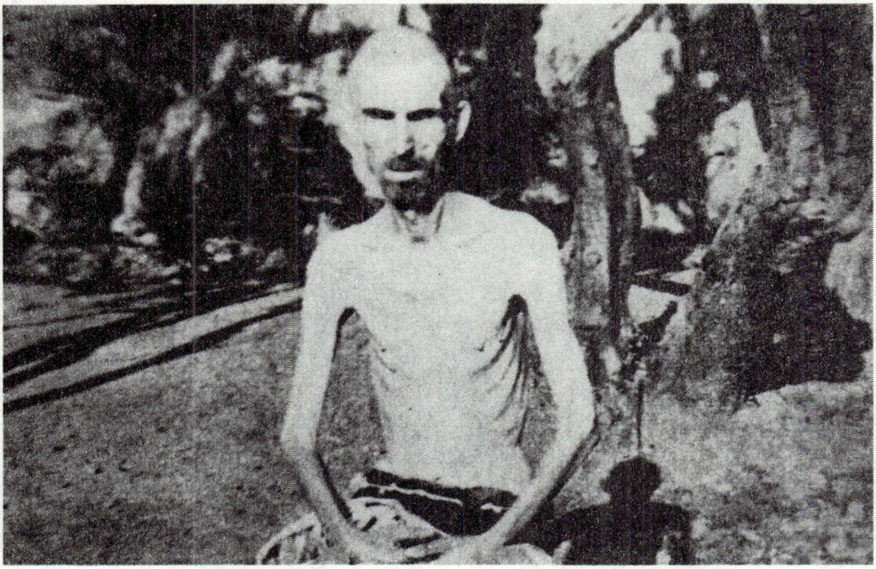

12. Campo di Arbe, l'internato sloveno Janez Mihelčič, 1942.
13. Campo di Arbe, distribuzione del rancio.

14. Campo di Campagna, ex-internati in fila per il rancio dopo l'arrivo degli Alleati, 1943.

Fossero concentrati nei campi, o sottoposti all'*internamento libero*, gli internati civili controllati dal ministero dell'Interno non furono oggetto di crudeltà gratuite o di qualsivoglia tipo di violenza fisica. Tuttavia, di tanto in tanto - specie nei campi di maggiori dimensioni - si verificarono atti vessatori da parte dei direttori o degli addetti alla sorveglianza. Nel campo di Ferramonti, ad esempio, il centurione della Milizia, Alberto Zei, istituí di sua iniziativa una «cerimonia» giornaliera di alza e ammaina bandiera, allo scopo - cosí avrebbe lamentato il direttore del campo al ministero dell'Interno - «di assoggettare a maggiori mortificazioni gli internati dai quali è richiesta nell'occasione la posizione d'attenti ed il saluto»[31]. Presso lo stesso campo, alcuni internati greci, tra cui un ex colonnello[32], furono schiaffeggiati da un tenente, che pero, venne subito trasferito[33]. Sappiamo anche di uno schiaffeggiamento avvenuto nel campo di Montechiarugolo (dove il direttore - secondo un rapporto della polizia - aveva «malmenato un internato che si era rivolto a lui per far presente alcuni inconvenienti»[34]); come pure delle ripetute sfuriate violente del maresciallo Sebastiano Marini, comandante dei carabinieri in servizio nel campo di Ponza, dirette contro i montenegrini internati sull'isola[35]. Ma, in generale, soprattutto quando riguardavano «sudditi nemici», tali azioni venivano disapprovate e perseguite con decisione dalle autorità superiori[36].

Neppure gli «ebrei stranieri» - quantunque bollati dal governo fascista come «elementi indesiderabili imbevuti di odio contro i regimi totalitari» - furono soggetti nei campi a particolari misu-

[31] S. Carolini (a cura di), *«Pericolosi nelle contingenze belliche»*, cit., p. 411.

[32] Sull'episodio, verificatosi il 10 maggio 1942, cfr. F. Folino, *Ferramonti. Un Lager di Mussolini. Gli internati durante la guerra*, Brenner, Cosenza 1985, pp. 163-64; C. S. Capogreco, *Ferramonti*, cit., pp. 72-74.

[33] Va detto, tra l'altro, che agli elementi piú in vista tra i greci internati in Italia, Mussolini aveva deciso di concedere alcuni privilegi (un congruo aumento dell'indennità giornaliera e il trasferimento in alberghi o case private), sperando cosí di favorire la loro acquiescenza. [Acs, Mi, Dgps, Dagr, Cat. Massime M4, b. 109, f. 16 (Campi di concentramento), s.f. 1 (Affari generali), ins. 30 «Internamento greci», da ministero degli Affari Esteri a Dgps del ministero dell'Interno, firmato Ciano, telespresso del 5 settembre 1942, «Internati greci in Italia. Rifer. nota del Mi n. 442/23564 del 14 agosto u.s.»].

[34] Acs, Mi, Dgps, Dagr, Cat. Massime M4, f. 16 (Campi di concentramento), b. 131, s. fasc. 2 (Affari per provincia), ins. 28/3, da commissario Armando Giglio a Capo della Polizia, 5 marzo 1943. Anche in K. Voigt, *Il rifugio precario*, cit., vol. II, p. 128.

[35] Testimonianza dell'ex internato Stevan Nikolić (Foligno 16 novembre 2000), nato a Podgoriza il 21 maggio 1909.

[36] Quanto agli stranieri - scrive Klaus Voigt - «il ministero dell'Interno disapprovava l'uso della violenza fisica... se non altro per timore di possibili conseguenze sugli italiani internati in altri paesi» (*Il rifugio precario*, cit., vol. II, p. 128).

re vessatorie. Le autorità periferiche vedevano nell'internamento un compito politico-organizzativo da eseguire con diligenza come una qualsiasi *routine* burocratica. E, per quanto includesse anche gli ebrei provenienti da paesi amici o alleati dell'Italia, esso era inteso generalmente quale misura bellica e non come un provvedimento antisemita. D'altra parte, la norma del decreto di internamento secondo cui «gli internati devono essere trattati con umanità e protetti contro ogni offesa e violenza», poneva dei limiti a quanti avessero voluto fare altrimenti:

> Durante il fascismo – osserva Voigt – diversamente che sotto il nazionalsocialismo, il concetto di «umanità» non era stato del tutto svalutato, anche se nella propaganda antisemita si tendeva a contrapporgli in senso spregiativo il termine «pietismo»... Si può discutere se «umanità» sia il termine piú adatto di fronte a misure di privazione della libertà come l'internamento, o se il suo uso non appaia piuttosto cinico. Va detto tuttavia che, all'interno del sistema coercitivo, la norma già citata del decreto di internamento, cui potevano far riferimento anche gli organi esecutivi inferiori (direttori dei campi, podestà, comandanti delle stazioni di polizia), non solo serviva ad evitare l'arbitrio e i maltrattamenti, ma comportava anche l'impegno a proteggere la vita degli internati[37].

Tant'è che le stesse organizzazioni ebraiche italiane, dopo le prime reazioni piuttosto allarmate, finirono per tranquillizzarsi in merito alle condizioni dei propri correligionari inviati nei campi. Su questa categoria di internati, tuttavia, pesò non poco l'incertezza sul futuro e il timore, mai sopito, di vedersi, prima o poi, consegnare nelle mani dei nazisti[38].

Severo e inflessibile fu l'atteggiamento del personale dirigente e di quello di custodia – anche nei campi «regolamentari» del ministero dell'Interno – nei confronti degli «slavi», «allogeni» italiani o sudditi jugoslavi che fossero. Non a caso, dai primi mesi del 1942, quando il numero di tali internati divenne piú consistente, il regime di vita nei campi assunse un carattere piú rigoroso. Inoltre, vi furono realizzate recinzioni perimetrali, inferriate alle finestre e mense interne che evitavano le uscite per i pasti; fu ridotta o abolita l'area urbana frequentabile dagli internati; si ebbe una sorta di «variazione della ragione sociale» di molti campi, che furono sgombrati dalle altre categorie di internati e limitarono l'attività pressoché ai soli «slavi»[39].

[37] K. Voigt, *Il rifugio precario*, cit., vol. II, p. 171.

[38] Cfr. M. Leone, *Le organizzazioni di soccorso ebraiche in età fascista*, Carucci, Roma 1983, pp. 187-88, 210-11.

[39] Come già detto, vennero «dedicati» agli internati «slavi» i campi di Casoli, Città S. Angelo, Corropoli, Lanciano, Notaresco e Scipione e altri ancora.

Nella relazione di un ispettore generale, riferita a uno sciopero della fame inscenato nel campo di Istonio nel febbraio del 1943, si possono cogliere alcuni dei tratti piú tipici dell'armamentario antislavo fascista:

Bisogna tenere presente – scriveva allora al ministero dell'Interno l'ispettore Falcone – che gli internati del campo di concentramento di Istonio sono in maggior parte ex jugoslavi, quasi tutti giovani, e molti colà inviati, perché stavano ad andare ad unirsi ai partigiani.

Hanno sentimenti di risoluta avversità a tutto quanto sa di italiano; prima erano piuttosto sommessi, ma da quando la Russia ha riportato qualche successo, si danno delle arie, e quasi non sanno piú nascondere i loro sentimenti. Quindi fatica sprecata ogni opera di persuasione.

Un segno di debolezza da parte del direttore, avrebbe potuto avere per effetto anche il confermarli nella certezza che essi hanno della vittoria della Russia, ragione per cui il direttore ne inviò nove in carcere, alcuni dei quali, lungo la via, con gesti minacciarono la moglie dell'appaltatore della mensa, che trovavasi davanti al suo esercizio. Una volta in carcere, tutti e nove si astennero dal mangiare...[40].

Col passare degli anni e l'inasprirsi della guerra – seppure in misura e con tempi diversi – le condizioni di vita nei campi del ministero dell'Interno andarono peggiorando per tutti gli internati. La penuria alimentare, che incalzava dall'autunno del 1941, e la progressiva perdita di valore della lira rendevano sempre piú scarso il potere d'acquisto del *sussidio*. La possibilità di procurarsi cibo dipendeva perciò, per gli internati, sempre piú dal mercato nero, sostanzialmente tollerato dai direttori ed alimentato dagli stessi addetti alla sorveglianza dei campi. Tali difficoltà erano avvertite maggiormente nei campi piú grandi e in quelli posti sulle isole, nei quali erano ovviamente piú rare le occasioni di approccio col mercato nero o di baratto con la gente del luogo.

Soffrivamo la fame – ricorda un ex internato jugoslavo delle isole Tremiti. – Molti svenivano dalla fame. Se a volte arrivava un po' di pesce, chi aveva i soldi cercava di comprarlo. In quei casi lo si arrostiva su un fuoco improvvisato, e si mangiava tutto, la testa e le spine comprese. Con grande ingordigia mangiavamo anche le bucce delle cipolle e delle patate. Qualcuno, addirittura, beveva anche l'acqua nella quale avevamo fatto bollire queste bucce, cosí gli veniva il mal di pancia che, per qualche tempo, faceva sparire la fame...[41].

[40] Acs, Mi, Dgps, Dagr, Cat. Massime M4, f. 16 (Campi di concentramento), b. 118, s.f 2 (Affari per provincia), ins. 12/11 «Istonio», da ispettore generale di PS di zona Falcone a ministero dell'Interno, prot. 038, 16 marzo 1943.

[41] Testimonianza scritta di Zoran Kompanjet (Fiume 18 gennaio 1990) messa gentilmente a disposizione da Francesco Terzulli. Kompanjet, insegnante e scrittore nato ad Abbazia (Opatija) il 17 agosto 1919, è stato rettore dell'università di Fiume (Rijeka) dal 1975 al 1978. Fu internato alle isole Tremiti dal novembre 1941 al marzo 1942.

Anche per cercare di far fronte a queste situazioni, dal luglio del 1942 il ministero dell'Interno consentí lo svolgimento di attività lavorative (principalmente di tipo agricolo ed edile) all'esterno dei campi a un considerevole numero di internati «non particolarmente pericolosi», che riuscivano cosí ad integrare con un piccolo salario o con un vitto piú consistente il magro contributo governativo. Tra *sussidio* e salario, ad ogni modo, la paga di un internato non poteva superare quella della mano d'opera locale. E gli ebrei, ovviamente, non potevano essere impiegati in lavori per i quali sussisteva divieto da parte delle leggi razziali[42]. Tra l'ottobre 1942 e il gennaio '43, anche l'Autorità militare si adoperò in tal senso, destinando stabilmente contingenti di internati slavi ad alcuni «campi di lavoro» a Tavernelle e Ruscio (entrambi in provincia di Perugia), e a Fertilia (Sassari)[43]; o individuando, nei campi «normali», gli internati «protettivi» o quelli «politicamente non pericolosi» ai quali – senza particolari rischi – poteva essere consentita, per ragioni di lavoro, l'uscita quotidiana all'esterno, che avveniva comunque sotto scorta militare[44]. Questa concessione garantí a molti qualche piccolo guadagno, ma anche di evitare l'ozio forzato, talvolta insopportabile quasi al pari della fame.

Nell'inverno 1942-43 la situazione dei rifornimenti alimentari divenne davvero critica, e le malattie da malnutrizione colpivano ormai buona parte degli internati reclusi nei campi. In un rapporto del 17 febbraio 1943, l'ispettore generale di pubblica sicurezza Salvatore Li Voti cosí riferiva al ministero dell'Interno:

> Si verificano casi di denutrizione, e talvolta avviene che qualcuno cerca tra i rifiuti di che sfamarsi; altri se ne stanno sdraiati a letto per risparmiare le energie fisiche ed alcuni preferiscono commettere delle infrazioni per essere rinchiusi in carcere, dove trovano maggiore razione di pane… Quanto ho esposto per Ventotene e Ponza, ripeto anche per la colonia di Ustica e per il campo di concentramento di Ferramonti, nella quale ultima località le con-

[42] Acs, Mi, Dgps, Dagr., Cat. Massime M 4, b. 99, f. 16, s.f. 1, ins. 1, «Disposizioni di massima su campi di concentramento e località d'internamento», Circolare 442/18947, da ministero dell'Interno a prefetti, Lavoro agli internati, 5 luglio 1942. Cfr. anche S. Carolini (a cura di), *«Pericolosi nelle contingenze belliche»*, cit., pp. 375-76; K. Voigt, *Il rifugio precario*, cit., vol. II, pp.146-47.

[43] Nei tre campi in questione si svolgevano lavori legati alla bonifica agraria (Fertilia) o alla realizzazione di una linea ferroviaria (Tavernelle) e all'estrazione mineraria (Ruscio).

[44] Nel campo di Chiesanuova, ad esempio, risultarono «idonei» per poter lavorare 14 internati. Cfr. Ars, II, XI Corpo d'Armata 1083b, s.f. III, da Comando Divisione di Fanteria «Lombardia» a Comando Carabinieri Regi XI Corpo d'Armata, «impiego lavori internati», 4 giugno 1943.

dizioni alimentari si sono in questi ultimi tempi rese molto precarie per mancanza di molti generi razionati...[45].

Col sopraggiungere della primavera la situazione andò migliorando, anche se, ancora nel luglio 1943, poteva succedere che, nel campo delle Fraschette di Alatri, gli internati jugoslavi, affamati, mentre gli automezzi scaricavano la verdura destinata alle cucine, si affrettassero a raccoglierne e a mangiare «i rimasugli sporchi e fradici rimasti a terra»[46].

2. *I campi «per slavi» dell'internamento civile «parallelo».*

Assai diversa, rispetto a quella della rete «regolamentare» realizzata dal ministero dell'Interno, fu la distribuzione geografica dei campi allestiti nella penisola dall'Autorità militare e dall'Ispettorato speciale di pubblica sicurezza della Venezia Giulia per internati slavi. Tali strutture furono localizzate nell'Italia centro-settentrionale, con netta prevalenza delle regioni del Nord-Est. Una scelta questa determinata, anzitutto, dalla maggiore vicinanza delle aree prescelte al vecchio confine italo-jugoslavo (attraverso il quale giungeva in Italia la maggior parte degli internati in questione); ma anche dal fatto che nel 1942 – quando fu avviato l'allestimento di questi campi – le regioni meridionali del paese non potevano piú considerarsi «lontane dal teatro di guerra»[47].

Nei territori jugoslavi annessi all'Italia o da essa militarmente occupati nel 1941, i campi per internati civili ebbero – da Nord-Ovest a Sud-Est, lungo la costa adriatica – una distribuzione piuttosto uniforme. In generale, per allestire i campi principali vennero privilegiate le piccole isole, per i campi «di transito» o comunque di minore durata, le località costiere di terraferma. La gestione dei campi spettò di solito al Regio Esercito, tuttavia –

[45] Acs, Mi, Dgps, Dagr, Cat. Massime M4, f. 16 (Campi di concentramento), b. 101, s. f. 1 (Affari generali), ins. 8 «Ispettori generali di PS», Relazione dell'ispettore S. Livoti del 17 febbraio 1943.

[46] Acs, Mi, Dgps, Dagr, Cat. Massime M4, b. 127, f. 16 (Campi di concentramento), s.f. 2 (Affari per provincia), ins. 18/1, «Campo le Fraschette di Alatri», Relazione del vice prefetto di Frosinone del 2 luglio 1943.

[47] «La sistemazione degli sgombrati deve essere attuata nelle Province dell'Italia Settentrionale e Centrale, dovendo escludere quelle dell'Italia meridionale ed Insulare per ragioni soprattutto di ordine militare». Cosí sosteneva, in un *Appunto per il duce* del 19 novembre 1942, il sottosegretario all'Interno Buffarini-Guidi [cfr. S. Carolini (a cura di), *«Pericolosi nelle contingenze belliche»*, cit., pp. 399-40].

escludendo il campo di Arbe – nei territori annessi molte decisioni inerenti l'internamento venivano prese anche dai prefetti[48].

Sul territorio italiano i campi per «ex jugoslavi» furono attivi in Friuli Venezia Giulia (Cighino, Gonars e Visco); in Veneto (Monigo, frazione di Treviso e Chiesanuova, frazione di Padova); in Toscana (Renicci, frazione di Anghiari); in Umbria (Colfiorito, già alle dipendenze del ministero dell'Interno). Funzionarono inoltre «campi di lavoro»: Pietrafitta e Ruscio (Umbria), e Fertilia (Sardegna).

Sempre in Italia furono attivati campi «esclusivi» per «allogeni» in Venezia Giulia (Gorizia, Poggio Terzarmata [Ždravščina] e Piedimonte [Podgora]) che funzionarono come «posti di concentramento» («campi di transito» e/o «prigioni sussidiarie») al servizio della questura, insieme a un campo di lavoro (Fossalon); in Liguria (Cairo Montenotte), il campo per prigionieri di guerra n. 93, dal febbraio 1943 venne messo a disposizione dell'Ispettorato speciale di pubblica sicurezza della Venezia Giulia.

Nei territori jugoslavi piú settentrionali, occupati o annessi all'Italia, operarono i campi di Arbe (Rab), dipendente dall'Intendenza della II Armata; Buccari (Bakar) e Porto Re (Kraljevica), dipendenti dal V Corpo d'Armata. A Fiume accolse per un certo periodo internati civili il campo per prigionieri di guerra n. 83, dipendente dalla II Armata. Nella provincia di Zara: Melada (Molat), dipendente dal Governatorato civile della Dalmazia; Zlarino (Zlarin), dipendente dal XVIII Corpo d'Armata. Piú a sud, in provincia di Cattora: Mamula e Prevlaka, dipendenti dal VI Corpo d'Armata.

Sempre in Dalmazia operarono inoltre i «campi di transito» di: Scoglio Calogero (Ošljak), Murter, Zaravecchia (Biograd), Vodizza (Vodice) e Divulje. Sull'isola di Ugliano (Ugljan) un campo realizzato in muratura non era ancora completato quando, nell'agosto 1943, accolse 300 internati liberati dopo l'8 settembre.

I campi «per slavi» gestiti dal Regio Esercito furono spesso realizzati sul modello amministrativo di quelli per prigionieri di guer-

[48] Cfr. N. Živković, *Jugoslveni u fašističkima logorima u drugom svetskom ratu*, in «Vojnoistorijski Glasnik», Organ Vojnoistoriskog Instituta, 1995, n. 1, pp. 192-99.

ra. Alcuni di essi (ad esempio i campi di Gonars, Cairo Montenotte e Fiume), erano nati e avevano effettivamente funzionato per questo preciso scopo; altri (ad esempio Renicci e Colfiorito) erano stati progettati come tali, ma vennero in seguito «dirottati» verso l'internamento dei civili. Erano gestiti da un alto ufficiale della riserva (generalmente un colonnello o un tenente colonnello dei carabinieri o dell'esercito) coadiuvato da uno o due attendenti e da diversi ufficiali, tra cui alcuni medici. Al loro interno – trattandosi di strutture di notevoli dimensioni – erano quasi sempre suddivisi in settori ben separati che facilitavano il controllo sugli internati. Del servizio d'ordine e della vigilanza si occupavano contingenti di soldati dislocati dal comando militare territoriale, talvolta coadiuvati da carabinieri.

Le condizioni di vita degli internati – che non fruivano qui di alcun sussidio economico, né potevano disporre di mense autogestite – variarono da caso a caso e in base ai periodi presi in considerazione: da sopportabili a disumane. Nel complesso, per la cronica carenza di cibo, il notevole sovraffollamento, le precarie condizioni igienico-sanitarie e la pressoché totale mancanza di assistenza, la condizione degli internati fu di gran lunga piú difficile che nei campi amministrati dal ministero dell'Interno[49].

I campi di Arbe, Gonars, Monigo, Chiesanuova, Renicci e Visco – quelli di cui si dispone di maggiore documentazione archivistica – dipendevano, per il movimento degli internati, dall'Intendenza della II Armata, il cui Ufficio prigionieri di guerra, da quando cominciò a interessarsi anche dei civili, modificò la propria denominazione in Ufficio prigionieri e internati civili di guerra[50]. Tali campi rappresentavano, infatti, il principale terminale delle deportazioni realizzate dalla II Armata nei territori ex jugoslavi. Ma, anche tra questi sei campi le disomogeneità strutturali ed organizzative furono ben marcate: si differenziarono, infatti,

[49] Cfr., per esempio, F. Potočnik, *Koncentracijsko taborišče Rab*, Založba Lipa, Koper 1975 (trad. it., *Il campo di sterminio fascista: l'isola di Rab*, Anpi, Torino 1979); C. S. Capogreco, *Renicci. Un campo di concentramento in riva al Tevere*, cit.; A. Kersevan, *Un campo di contramento fascista. Gonars 1942-43*, prefazione di C. S. Capogreco, Kappa Vu, Udine 2003.

[50] I comandi della II Armata (Supersloda) avevano sede a Sussa (Sušak), alle porte di Fiume. Dal 10 aprile 1941 al 15 marzo 1943 a capo dell'*Ufficio prigionieri di guerra* e poi dell'*Ufficio prigionieri e internati civili di guerra* della II Armata fu il generale di brigata Arnaldo Rocca, poi sostituito dal colonnello Eugenio Morra. L'*Ufficio Prigionieri di Guerra* dello Sme fu diretto, invece, dal tenente colonnello Eraldo Pallotta. Molti dati e informazioni sui campi e il movimento degli internati in: Avii, *Italijanski Arhiv e Neprijateljskih Jedinica* e Aussme, M3 It, b. 64 (Ufficio A. C. Campi di concentramento).

per il tipo di alloggiamenti, le attrezzature di casermaggio e il «tenore di vita» dei reclusi[51].

Normalmente, agli internati non era consentito di uscire all'esterno dei campi; mentre, inizialmente, era permesso loro di ricevere visite dai parenti[52]. I reclusi vestivano e calzavano indumenti propri, e, poiché l'arresto li aveva colti di sorpresa, buona parte di loro non disponeva d'altro che degli abiti indossati al momento del fermo. Solo ad alcuni tra i piú bisognosi, a inverno inoltrato, vennero forniti dalle autorità indumenti e calzature di tipo militare[53]. Dal dicembre 1942, ogni famiglia poté inviare una volta al mese, ai propri congiunti internati nei campi dipendenti dalla II Armata, un pacco di cinque chili contenente generi di conforto. Le spedizioni non potevano essere effettuate dai normali uffici postali, ma soltanto da uffici militari appositi allestiti a Lubiana e in alcune città minori. Tuttavia, vari ostruzionismi ostacolavano questa possibilità, rendendola a volte puramente teorica, e spesso – quando finalmente i pacchi giungevano ai destinatari – l'eventuale cibo contenuto era ormai immangiabile per la lunga giacenza nei magazzini[54]. Un buon funzionamento ebbe, invece, il «servizio pacchi» organizzato nella Dalmazia meridionale dal 120° Reggimento di Fanteria della Divisione «Emilia». Operativo fin dall'agosto del '42, esso provvedeva ad accettare e spedire i pacchetti inviati in aiuto agli internati civili dei campi di Mamula e Prevlaka: fino all'8 settembre del '43 consegnò circa 10 000 pacchi[55].

[51] Cfr. le «schede» dei singoli campi nella mappatura finale.

[52] Aussme, 1243, Smre, Uff. PdG, Dsm, marzo-aprile 1943, all. 68 «Campi concentramento i.c.», 11 marzo 1943. Inizialmente, erano state concesse alcune licenze nei casi di «riconosciuta ed urgente necessità»; tali possibilità vennero completamente escluse dal marzo del 1943. Dal campo di Renicci, ad esempio, si svolsero delle uscite collettive sino alla vicina riva del Tevere soltanto dopo la caduta del regime fascista. Sulle visite agli internati, cfr. la testimonianza di Zora Piščanc, in *I cattolici isontini nel XX secolo*, III *Il Goriziano fra guerra, Resistenza e ripresa democratica (1940-47)*, Istituto di Storia Sociale e Religiosa, Gorizia 1987, pp. 437-39.

[53] Cfr. D. Rodogno, *Il nuovo ordine mediterraneo*, cit., p. 420.

[54] Cfr. Ars II, f. 1082/b, *Dopisi*, s. f. IX, da Comando Presidio Militare Lubiana a vari indirizzi, 28 novembre 1942, prot. n. 7030/P, ogg.: «pacchi viveri agli internati»: ivi, f. 661/V, *Inventarni XI A Z.*, Comando Div. fanteria «Isonzo», riepilogo pacchi viveri spediti all'ufficio di Lubiana il 7 marzo 1943. Sull'invio dei pacchi agli internati cfr. pure il punto n. 7 della citata relazione di Roatta «Situazione in Slovenia - campi di concentramento».

[55] Cfr. N. L. Zorić, *Roblie, ne xbala. Otpor fašijstiskom agresoru u Boki Kotorshoj 1941-1943*, Vojska, Beograd 1996, pp. 145-47.

Assai di frequente – fu questa una peculiare caratteristica dei campi «per slavi» – gli internati venivano alloggiati in tendopoli improvvisate. Strutture che, sebbene fossero state definite provvisorie, nella maggior parte dei casi rimasero in funzione (quantomeno parzialmente) per tutta la durata dei campi. Vivere in piccole tende sprovviste di arredo, non di rado impiantate in riva al mare o su terreni renosi di tipo alluvionale, nei mesi invernali costituí, di per sé, un vero supplizio per individui (talvolta anche molto anziani) sprovvisti di vestiario adeguato e costretti a restare chini o ad ammucchiarsi per terra senza neppure un giaciglio[56].

In seguito a un sopralluogo effettuato nel campo di Arbe (dov'erano già deceduti 289 internati: 200 uomini e 89 donne), il 22 novembre 1942 un capitano medico della II Armata richiamava l'attenzione dei suoi superiori sull'opportunità di sottrarre i deportati alle tende, accogliendoli «sotto tetto in locali chiusi» e fornendoli, quantomeno, di «indumenti di recupero»[57]. Ed effettivamente – soprattutto grazie alle pressioni del Vaticano – dal 30 novembre al 28 dicembre 1942, ben 2412 internati (donne, bambini e anziani) furono trasferiti in alcuni campi situati nella penisola[58]. Ma le durissime condizioni di quanti rimasero nelle tende di Arbe non cambiarono affatto:

> I nostri figli, fratelli e padri di famiglia, che sono stati improvvisamente internati, si trovano in condizioni preoccupanti per la loro salute e persino per la loro vita. Poiché quasi tutti sono stati internati durante la stagione estiva, allora erano vestiti in modo leggero, con un solo indumento, ed ancora oggi sono senza abbigliamento invernale e senza biancheria, perciò impreparati per trascorrere l'inverno nei campi di concentramento...

Cosí scrivevano, il 12 gennaio 1943, all'Alto Commissario della Provincia di Lubiana un gruppo di donne slovene familiari di internati, le quali, supplicavano Grazioli di trasferire «possibilmente nei fabbricati» quanti ancora, ad Arbe, vivevano sotto le tende[59].

[56] Colloquio con Metod Praznik, ex internato (Lubiana 3 novembre 1996); cfr. B. Jezernik, *La vita quotidiana nei campi d'internamento*, in «Qualestoria», XII, dicembre 1984, n. 3, pp. 34-50.

[57] Naw, T-821, R. 398, Comando Supersloda (II Armata), Relazione del capitano medico Carlo Alberto Lang, 22 novembre 1942.

[58] Acs, Mi, Dgps, Dagr, Cat. Massime M4, b. 110, f. 16 (Campi di concentramento), s.f. 1 (Affari generali), ins. 43 «Campi di concentramento per internati civili gestiti dalle autorità militari», Comunicazione della prefettura di Fiume al ministero dell'Interno del 28 dicembre 1942, recante «campo concentramento internati civili di Arbe».

[59] Ars, II, f. 14 Gabinetto Alto Commissario, b. 61/V, lettera firmata trasmessa all'alto commissario Grazioli tramite il podestà di Lubiana L. Rupnik, 13 gennaio 1943. Anche in *Zločini italijanskega okupatorja v «Ljublijanski Pokrajini»*, I, *Internacije*, cit., doc. n. 45, pp.

Anche per gli ospiti dei campi ubicati in Italia, il fatto di dover vivere sotto le tende rappresentò spesso un vero supplizio: il freddo invernale fu letale per molti prigionieri. Cosí lo ricorda uno degli internati di Renicci:

> Ad ogni gruppo di quindici di noi davano una tenda che dovevamo poi montarci da soli; infatti, a Renicci, non erano ancora pronte né le baracche né le tende. Ma, dato che al nostro arrivo era già buio, quella sera non siamo stati in condizione di allestire la tenda , e perciò, nonostante ci fosse la neve e facesse molto freddo, la prima notte l'abbiamo passata completamente all'aperto.
>
> Finalmente il giorno dopo abbiamo montato la nostra tenda: era collocata vicino al filo spinato che separava il primo dal secondo settore, e portava il numero 35. La terra era molto umida e cosí abbiamo cercato delle frasche da sistemare sul fondo, per poi poggiarvi le coperte. Ma i guardiani non ce l'hanno permesso e, chi veniva sorpreso a spezzare dei rami dalle querce, passava dei guai molto seri con loro. Cosí, la maggior parte di noi ha dovuto mettere direttamente sul fango le proprie coperte e, in poco tempo, si è cosí ammalata. (...) Io ho vissuto sotto una tenda sino alla primavera del '43: in ogni tenda stavamo quindici o venti persone, ma poi hanno allestito anche tendoni per sessanta internati...[60].

I desolanti scenari delle tendopoli in riva al mare di Arbe, di Melada e di Zlarin, caratterizzati da migliaia di deportati ammassati gli uni addosso agli altri, senza mezzi di sussistenza e con alcuni spacci come unico «servizio» (ma solo per chi poteva disporre di «buoni» per l'acquisto), ricordano non poco – come attestano anche le fotografie pubblicate da Rodolfo Graziani – i campi coloniali italiani[61]. Un altro elemento di similitudine tra i due tipi di strutture, che andrebbe opportunamente valutato, è quello della durata e del ruolo che avrebbero potuto assumere nel tempo i campi italiani «per slavi». Graziani e Badoglio pensavano di tenere in vita a tempo indeterminato i campi della Sirtide, trapiantandovi definitivamente le popolazioni deportate, in modo da lasciare il Gebel «disponibile» per l'immigrazione italiana[62]. Progetti che non appaiono poi cosí distanti dalle tante prese di posizione fasciste degli anni 1941-42 inerenti la «bonifica etnica» e lo «sgombero totalitario» della Slovenia e della Dalmazia[63].

[60] Testimonianza di Lojze Bukovac, in C. S. Capogreco, *Renicci*, cit., pp. 91-102.

[61] Cfr. R. Graziani, *Cirenaica pacificata*, Mondadori, Milano 1932.

[62] Cfr. G. Rochat, *La repressione della resistenza in Cirenaica (1927-1931)*, cit., p. 170 sgg. Nel 1931, in particolare, Graziani affermava che i campi di concentramento «mentre assicurano l'eliminazione della convivenza con i ribelli, preparano per il prossimo domani una popolazione piú docile...», Relazione presentata a De Bono il 2 maggio 1931, cit. in G. Rochat, *La repressione della resistenza in Cirenaica (1927-1931)*, cit., p. 170).

[63] Cfr., cap. II.

Il raffronto tra i campi italiani della Jugoslavia e quelli della Libia, insomma, sembra avvalorare ulteriormente quell'impronta «coloniale» dell'aggressione fascista alla Jugoslavia che è stata già delineata da Sala e Rodogno[64]. Esso, ad ogni modo, allontana di anni luce le tendopoli adriatiche dei campi «per slavi» dalle «normali» strutture per internati civili di guerra gestite, durante la Seconda guerra mondiale, dal nostro ministero dell'Interno.

Oltre alle tende dei campi, anche i reticolati fatti erigere dal generale Roatta attorno alle principali città slovene (trasformate esse stesse, di fatto, in enormi campi di concentramento), ricordano quelli issati negli anni Trenta al confine libico-egiziano[65]. E vale la pena ricordare che, il 29 luglio 1932, Pietro Badoglio invitava Graziani a non smobilitare l'«intelaiatura della nostra azione di comando, che ha come basi il reticolato e i campi di concentramento»[66].

Caratteristiche pressoché costanti anche in questi campi furono la fame e la denutrizione generalizzate, che determinarono l'alto tasso di mortalità. Nei periodi piú difficili, molti internati – non avendo altro da fare – restavano distesi per gran parte del giorno, perché l'istinto di sopravvivenza li portava automaticamente a risparmiare energie. Quando poi erano particolarmente tormentati dai crampi della fame, frugavano a lungo tra i rifiuti alla ricerca di qualche improbabile avanzo di cibo[67].

Un documento della Croce Rossa jugoslava del 10 dicembre 1942 definiva l'alimentazione degli internati civili jugoslavi in mano italiana «particolarmente precaria ed insufficiente». Nel campo di Arbe, secondo questa fonte, il vitto giornaliero era costituito allora da 100 grammi di pane e 50 di patate[68].

Sette giorni dopo – appena assurto al comando dell'XI Corpo

[64] Cfr. T. Sala, *Guerra e amministrazione in Jugoslavia 1941-1943: un'ipotesi coloniale*, in *L'Italia in guerra 1940-43*, Annali della Fondazione Luigi Micheletti, 1990-91, n. 5; D. Rodogno, *Il nuovo ordine mediterraneo*, cit., pp. 314 sgg., 400-10.

[65] La città di Lubiana fu circondata, ad esempio, da un reticolato lungo 34 chilometri, intervallato da 69 «fortini» di sorveglianza.

[66] Acs-Fondo Graziani, 1/2/2, Lettera di istruzioni di P. Badoglio a R. Graziani, 29 luglio 1932. Cfr. in G. Rochat, *La repressione della resistenza in Cirenaica (1927-1931)*, cit., p. 173.

[67] Cfr. B. Jezernik, *Boj za obstanek. O življenju Slovencev v italijanskih koncentracijskih taboriščih*, Založba Borec, Ljubljana 1983, pp. 50 sgg.

[68] Acicr, G.17, Service Yougoslavie, Note pour le Segretariat, Object: I.C. jougoslaves en Italie, 10 dicembre 1942, firmato R. Siegriet.

d'Armata di stanza in Slovenia – il generale Gastone Gambara cosí postillava in una nota per il suo ufficio:

> Logico ed opportuno che campo di concentramento non significhi campo d'ingrassamento. Individuo malato = individuo che sta tranquillo...[69].

Queste due brevi frasi, ormai divenute celebri[70], chiariscono forse meglio di un ampio trattato la «filosofia» dominante nei campi di concentramento «per slavi». Laddove risulta evidente che la fame degli internati e le inevitabili malattie a essa conseguenti – seppure non fossero state deliberatamente «programmate» dagli italiani – erano comunque considerate da essi delle formidabili alleate per tenere piú facilmente a bada le migliaia di reclusi dei campi.

Secondo Ivan Bratko (uno degli sloveni evasi dal campo di Gonars con un'ardimentosa fuga messa a segno il 30 agosto 1942[71]), il vitto fissato dalle autorità italiane per ogni internato – seppure scarso – sarebbe dovuto bastare a impedire quella fame straziante che invece poi si verificò. Ma il cibo – a parere dello sloveno – «prima di arrivare agli internati, finiva per ridursi ad un quarto, poiché dovunque veniva rubato... al comando e poi lungo le tappe intermedie della gerarchia del potere...»[72].

In verità, le razioni alimentari previste dal Regio Esercito erano pressoché «da fame» già all'origine: le apposite tabelle prevedevano, infatti, per i «repressivi» 877 calorie giornaliere e per i «protettivi» 1030 calorie[73]. Razioni queste che, rispetto al fabbisogno minimo di un individuo a riposo (come si ammetteva tal-

[69] Ars, II, XI Corpo d'Armata, b. 726, s.f. VII, nota del generale Gastone Gambara, 17 dicembre 1942.

[70] Il breve documento, per la sua particolare coloritura espressiva, è stato riprodotto nel dopoguerra in innumerevoli pubblicazioni.

[71] Scrittore e pubblicista, Ivan Bratko (1914-2000) è autore del volume *Teleskop* (Mladinska Knjiga, Ljubljana 1974), in cui racconta la fuga dal campo di Gonars. Sull'episodio cfr. pure J. Martinčič, *Beg iz Gonarsa*, Založba Borec, Ljubljana 1978.

[72] In *Oltre il filo. Storia del campo di internamento di Gonars 1941-1943*, a cura di N. Pahor Verri, Comune di Gonars - Arti Grafiche Friulane, Gonars s.d. (ma 1994), p. 112. Sulla carenza di cibo imputata al «trafugamento» da parte degli addetti al comando e alla sorveglianza, cfr. B. Jezernik, *Boj za obstanek*, cit., pp. 121 sgg.

[73] Le calorie presenti nel «vitto degli internati», stabilite dal ministero della Guerra, sono riportate nella relazione del generale Giuseppe Gianni del 3 dicembre 1942, diretta al Comando Supersloda (Naw, T-821, r. 398, «Campo di concentramento per internati civili di Arbe», 3 dicembre 1942).

volta negli stessi ambienti dell'esercito italiano) difettavano, rispettivamente, di almeno 1000 e 900 calorie. Nella migliore delle ipotesi gli internati jugoslavi, quindi, ricevevano giornalmente un'alimentazione corrispondente a meno della metà del loro fabbisogno calorico minimo. Ed è per questo che soltanto quanti ricevevano da casa dei pacchi contenenti generi alimentari, o riuscivano ad acquistare supplementi di viveri negli spacci dei campi, potevano mantenersi in condizioni fisiche accettabili[74].

Ciononostante, soltanto quando la mortalità degli internati raggiunse livelli ormai insostenibili, l'Intendenza della II Armata, d'intesa col ministero dell'Agricoltura, mise allo studio dei provvedimenti finalizzati a migliorarne le condizioni di vita[75].

Sia sotto il profilo abitativo sia sotto quello dell'alimentazione, le condizioni piú drammatiche furono vissute dagli internati civili «repressivi» dei campi di concentramento di Arbe e di Melada. Ma la fame, fino ai primi mesi del 1943, la fece da padrona anche nei campi «per slavi» ubicati in Italia, nei quali, peraltro, persero la vita un gran numero di internati trasferiti da Arbe quando ormai erano in condizioni fisiche gravissime.

È significativo, in tal senso, il caso del campo allestito nei locali della caserma «Caldorin» di Monigo dove, nel volgere di un anno, morirono 232 reclusi[76]. I medici dell'ospedale di Treviso, dove venivano ricoverati gli internati quando ormai erano allo stremo, restavano esterrefatti davanti al quadro clinico di completa denutrizione. Il professor Menenio Bortolozzi, all'epoca primario anatomo-patologo, ricorda che vi fu un periodo in cui piú della metà dei 600 posti letto disponibili nell'ospedale cittadino erano occupati da internati:

[74] Cfr. la citata Relazione del generale Giuseppe Gianni che visitò il campo di Arbe nei giorni 26-27 novembre 1942.

[75] Ciò dimostra – come sottolinea Davide Rodogno – che nelle autorità italiane vi fu piena consapevolezza del fatto che l'alta mortalità degli internati, era conseguente, prima di tutto, al grave stato di denutrizione (*Il nuovo ordine mediterraneo*, cit., p. 421).

[76] Secondo una lettera del podestà di Treviso, dal 10 settembre 1942 al 26 gennaio 1943, nel campo di Monigo erano deceduti 51 internati: cfr. Acs, Mi, Dgps, Dagr, Cat. Massime M4, b. 110, f. 16 (Campi di concentramento), s.f. 1 (Affari generali), ins. 43, da podestà di Treviso a ministero dell'Interno, «Trasporti funebri di internati politici deceduti, raccomandata del 26 gennaio 1943. Secondo l'elenco nominativo ricostruito da Tone Ferenc, gli internati deceduti furono complessivamente 232 (*Rab-Arbe-Arbissima*, cit., pp. 469-74). Eppure questo campo fu quello che accolse il maggior numero di internati «protettivi». Cfr. la relativa scheda nella mappatura finale.

Man mano che si aggravavano, dal campo li mandavano al nosocomio, ma ormai era troppo tardi: si è riusciti a salvarne pochi, sono morti anche bambini di un anno, di pochi mesi, vecchi ottantenni, persino uno di 92 anni. Tutti morti di fame...[77].

Sui cadaveri degli internati ridotti a pelle e ossa e rigonfi per gli edemi da fame, il professor Bortolozzi (che non esita a definirli «identici a quelli di Buchenwald») eseguí una trentina di autopsie: pressoché tutti i deceduti erano stati affetti da tubercolosi, quasi certamente contratta sotto le tende di Arbe, da dove provenivano gli individui in condizioni piú gravi[78].

Nel campo di Renicci, dove pure erano giunti da Arbe centinaia di individui denutriti, nel gennaio del 1943, gli internati si erano ridotti «a nutrirsi di ghiande»[79]. Nel campo di Gonars, testimonia l'ex ufficiale medico Mario Cordaro,

il nostro lavoro era divenuto bestiale, ma purtroppo non potevamo fare altro che constatare la nostra impotenza, sia perché i malati non venivano aiutati con la dieta, sia perché c'era una grande scarsezza di medicinali. Il cimitero di Gonars non poteva piú accogliere i morti che si contavano a varie decine ogni giorno e cosí fu in fretta costruito un nuovo cimitero[80].

Quadri clinici (e umani) ancora piú gravi dovettero affrontare i medici militari in servizio nei campi installati in Jugoslavia. Il dottor Camillo Croce – responsabile dell'assistenza sanitaria nel campo di Melada dal settembre 1942 al febbraio '43 – ricorda ancora oggi le gravissime condizioni degli internati, che egli cercava di migliorare per come poteva:

Alloggiavo nelle stesse strutture del campo, ed ero l'unico medico in servizio. Normalmente stavo in infermeria, aiutato da un internato che fungeva da infermiere tuttofare... Nei casi di denutrizione piú severa, per quanto potevo, prescrivevo dei supplementi alimentari; specialmente ai bambini e agli anziani, i casi piú pietosi. Quando le condizioni di salute erano molto gravi, invece, proponevo il ricovero nell'ospedale «S. Demetrio» di Zara, al quale facevamo capo per le varie emergenze...[81].

[77] Testimonianza del professor Menenio Bortolozzi, in R. Bolis, *Chi erano quei 2800 sloveni nel lager fascista a Monigo*, in «l'Unità», 25 aprile 1980.

[78] Cfr. I. Dalla Costa, *Monigo, uno dei campi di concentramento in Italia*, in «Patria indipendente», 24 marzo 1985, pp. 26-27; M. Trinca, *Monigo: un campo di concentramento per slavi a Treviso. Luglio 1942 - settembre 1943*, Istresco, Treviso 2003, p. 62.

[79] Cfr. C. S. Capogreco, *Renicci*, cit., p. 50.

[80] Cfr. A. Kersevan, *Un campo di concentramento fascista*, cit., p. 217.

[81] Testimonianza del dottor Camillo Croce (Como, 20 giugno 2001).

Quanto alle condizioni nel campo di Arbe, il 20 novembre 1942, il vescovo di Lubiana, mons. Gregorij Rožman, si recò personalmente da Pio XII insieme al vescovo di Veglia, monsignor Srebrnič, per consegnargli un memoriale di protesta. I due prelati – che pure davano atto alla direzione del campo di un «trattamento umano e giusto verso gli internati» – lamentavano che l'internamento aveva colpito circa il 10 per cento della popolazione della Provincia di Lubiana (a loro avviso quasi 30000 persone); e che tutti gli internati soffrivano moltissimo per le dure condizioni di vita. I vescovi, perciò, chiedevano un immediato miglioramento della situazione, prima che «i campi di Arbe» – cosí si legge testualmente nel loro documento – divenissero «accampamenti di morte e di sterminio»[82].

Trasmessa dalla Santa Sede al governo italiano, la denuncia dei due prelati giunse nelle mani del generale Roatta, il quale affidò un'inchiesta al generale Gianni che soggiornò appositamente ad Arbe nei giorni 26 e 27 novembre 1942[83]. Dopo aver acquisito molti dati ed informazioni, il 16 dicembre, Roatta inviò un'ampia relazione al Comando Supremo con la quale cercava di sminuire le responsabilità denunciate dai vescovi[84]. E, nel malcelato tentativo di far passare gli accusatori per accusati, egli sosteneva che

> sarebbe stato assai meglio che dette autorità locali, anziché dipingere a tinte fosche le condizioni dei campi di concentramento, avessero indotto i fedeli a non affiancarsi ai partigiani, nemici giurati della libertà e della religione, contribuendo cosí a rendere superflui – o quanto meno a ridurre – quei campi di concentramento di cui ora soltanto, a cose fatte, si occupano[85].

[82] Acs, Mi, Dgps, Dagr, Cat. Massime M4, b. 109, f. 16 (Campi di concentramento), s.f. 1 (Affari generali), ins. 1/33 «Sloveni-internamento», da ministero degli Affari Esteri a ministero dell'Interno, telespresso del 21 novembre 1942 recante «Situazione in Slovenia – campi di concentramento». La missiva con allegata la relazione dei due vescovi, rimessa dalla Santa Sede, venne spedita anche al Comando Supremo e all'Alto Commissariato per la provincia di Lubiana.

[83] Cfr. nota 73.

[84] Il generale sosteneva, infatti, che «il numero complessivo degli sloveni internati», che pure aveva raggiunto le 19 369 unità, era al momento di 17 000 e non di 30 000 unità; e che «con tutta probabilità le notizie raccolte e segnalate dalla Santa Sede provengono dalle autorità ecclesiastiche locali, sovente assai ostili all'Italia (specie il Vescovo di Veglia)». Quanto alle presenze nel campo, il generale affermava che la punta piú alta era stata di 10 552 internati.

[85] Aussme, Diari storici II Guerra mondiale, Sme, Racc. 1130, Ufficio PdG, Diario storico-militare, gennaio-febbraio 1943, allegato n. 58, Relazione a firma di Mario Roatta («Situazione in Slovenia - campi di concentramento»), trasmessa dal *Supersloda* al Comando Supremo il 16 dicembre 1942, in C. S. Capogreco, *Per una storia dell'internamento civile nell'Italia fascista (1940-1943)*, cit., p. 556.

Roatta, tuttavia, non negava affatto che gli italiani avessero eseguito internamenti in massa; né contestava l'alta mortalità registrata. Cercava semmai di far apparire «necessari o casuali» i fatti contestati, ricordando, tra l'altro, che «la maggior parte [dei reclusi] è giunta ai campi in minorate condizioni fisiche e moltissimi in età avanzata»[86]. Ma, senza dubbio, fu per merito dell'intervento vaticano che tutti i bambini e la gran parte delle donne e degli anziani internati, di lí a poco, vennero sottratti all'inferno di Arbe e trasferiti nel campo di Gonars[87].

Autori jugoslavi – con riferimento all'elevato tasso di mortalità registratosi – hanno spesso definito Arbe un «campo di sterminio». Ma l'esatto numero dei decessi avvenuti è ancora incerto. Il vescovo di Veglia, Srebrnič, il 5 agosto 1943, affermava in proposito:

> Ad Arbe, nel territorio della mia diocesi, ove all'inizio del mese di luglio 1942 si aprí un campo di concentramento nelle condizioni piú miserabili che si possono immaginare, morirono fino al mese di aprile dell'anno corrente, in base agli esistenti verbali, piú di 1200 internati; però testimoni vivi ed oculari, che cooperavano alle sepolture dei morti, affermano decisamente che il numero dei morti per il detto periodo ammonta almeno a 3500, piú verosimile a 4500 e piú...[88].

Un frate del convento di Sant'Eufemia (non molto distante dalla zona dove sorgeva il campo) riferiva nelle sue cronache di non meglio specificati «verbali ufficiali italiani che attesterebbero il decesso di 1267 internati»[89]. Mentre l'ex partigiano, ed ex internato di Arbe, Franc Potočnik, dà notizia di 1009 «sepolture registrate», sostenendo, però, che il numero reale dei morti sia stato ben piú alto, visto che, non di rado, piú cadaveri venivano allocati in una stessa bara[90]. La cifra che appare oggi piú attendibile è

[86] Cfr. J. Walston, *History and Memory of the Italian concentration camps*, in «The Historical Journal», I, 1997, n. 40, pp. 176 sgg.; D. Rodogno, *Il nuovo ordine mediterraneo*, cit, pp. 419 sgg.

[87] Cfr. *Le Saint Siège et les victimes de la guerre*, vol. IX (gennaio-dicembre 1943), Libreria Editrice Vaticana, Città del Vaticano 1975, p. 261 (lettera del segretario di Stato Cardinale Luigi Maglione al delegato apostolico a Washington monsignor Amleto Cicognani del 22 aprile 1943); *Le Saint Siège et les victimes de la guerre*, vol. VIII (gennaio 1941-dicembre 1942), cit., Città del Vaticano 1974, pp. 698-99 (lettera del nunzio in Italia monsignor Francesco Bogongini Duca al cardinale Maglione del 26 ottobre 1942).

[88] *Le Saint Siège et les victimes de la guerre*, vol. IX (gennaio-dicembre 1943), cit., p. 425, nota 1.

[89] O. Badurina, *Kronika samostana Sv. Eufemije*, 5, Franjevački Samostan Kampor.

[90] Cfr. F. Potočnik, *Il campo di sterminio fascista: l'isola di Rab*, cit., p. 88.

quella indicata dallo storico sloveno Tone Ferenc che ha documentato 1435 morti[91].

Dovendo dare un giudizio sulla realtà (e le responsabilità) del campo di Arbe si impone un distinguo fondamentale. Per gli internati sloveni e croati, deportati abusivamente per un lungo periodo e in spregio ad ogni legalità, esso fu un campo di concentramento ad altissima mortalità. Probabilmente il peggiore tra quelli impiantati dagli italiani durante la Seconda guerra mondiale. Per gli internati ebrei, invece, il breve soggiorno ad Arbe (in baracca, mai nelle tende della primavera-estate 1943, fu caratterizzato da una tipica condizione di internamento protettivo[92]. Pur tuttavia – come sottolineano molti ex internati[93] – la differenza nelle condizioni di vita non va ricondotta unicamente alle ragioni «politiche» che determinavano un diverso trattamento per le due categorie di reclusi (gli ebrei, internati «protettivi»; gli slavi, «repressivi»), ma anche a fattori casuali. Tenendo conto che, per una serie di ragioni oggettive (anzitutto ambientali e climatiche), dalla primavera del 1943 – quando gli ebrei cominciarono ad arrivare ad Arbe – la situazione cambiò per tutti gli internati.

Migliori, rispetto a quelle degli internati civili propriamente detti, furono le condizioni di vita degli «internati militari», cioè degli ufficiali, sottufficiali e soldati dell'ex esercito jugoslavo segregati senza poter beneficiare dello *status* di prigionieri di guerra. Il comportamento delle autorità italiane nei loro confronti, tuttavia, risultò assai diversificato. Va detto che l'Italia considerò «prigionieri di guerra» gli appartenenti all'ex esercito jugoslavo catturati durante il ciclo operativo dell'aprile '41 e mai rilasciati. I militari jugoslavi arrestati dopo quel periodo o internati dopo un precedente rilascio vennero invece considerati «internati civili» con la giustificazione che «non esisteva piú giuridicamente uno

[91] T. Ferenc, *Rab-Arbe-Arbissima*, cit., pp. 435-60. Dal canto loro, lo sloveno Božidar Jezernik enumera 1167 morti tra gli internati (1056 uomini e 111 donne); e il croato Ivan Kovačić 1447 decessi (1244 uomini e 203 donne): B. Jezernik, *Italijanska koncentracijska taborišča Slovence med 2. svetovno vojno*, Ljubljana 1997, p. 413; I. Kovačić, *Kampor 1942-1943*, Adamić, Rijeka 1998, pp. 167-243.

[92] Sulle vicende del «campo ebraico» di Arbe cfr., in particolare, J. Romano, *Jevreji u logurimu na Rabu i njihove uključivanje u Narodnooslobodilacki rat*, in «Zbornik», 1973, n. 2, pp. 1-68. Cfr. pure F. Potočnik, *Il campo di sterminio fascista: l'isola di Rab*, cit., p. 119-20.

[93] Colloquio con Stane Kirn, ex internato jugoslavo di Arbe (9 ottobre 1998) e con Ivo Herzer, ex internato ebreo (6 novembre 1986).

Stato jugoslavo». Di fatto, la maggioranza degli appartenenti alle forze armate jugoslave presenti nei campi di concentramento italiani rientrò nella categoria degli internati civili[94]. A essi tuttavia – in base a un accordo stipulato tra il ministero della Guerra e quello delle Finanze – venivano corrisposte alcune previdenze economiche[95], mentre, per un certo periodo, poterono godere di brevi licenze in occasione di malattie dei familiari o di altri eventi eccezionali[96].

Dal febbraio 1943, operò a Cairo Montenotte, in provincia di Savona, un grande campo di concentramento per «slavi italiani» (le minoranze slovena e croata della Venezia Giulia), svincolato dalla rete «regolamentare» gestita dal ministero dell'Interno. Per una serie di ragioni (non da ultimo il fatto che si fosse cronologicamente usciti dal periodo climatico piú rigido e da quello della grande emergenza alimentare), questo campo non registrò un alto tasso di mortalità[97], nonostante, anche qui, la fame fu protagonista assoluta. Su questo e altri aspetti dell'internamento degli «allogeni» italiani, è interessante rileggere la testimonianza del vescovo di Trieste Santin riguardo all'incontro avuto dal prelato il 26 maggio 1943 (durante una visita in quel campo) con un generale giunto a Cairo per ispezionare la struttura d'internamento:

> Mentre mi trovavo nell'infermeria a visitare gli ammalati è giunto d'improvviso al campo per una ispezione il Generale di brigata della Difesa di Genova Fabbri… Egli affermò fra l'altro che tutti quegli internati erano della gente poco da bene, che avremmo dovuto trattare ben piú duramente. Non ripeto le sue gravi parole. Tutti sono rei. E quando io misi a posto le cose e gli osservai che non conosceva la situazione, sembrava dicessi delle eresie, che egli si credette in dovere di trascriversi. Io affermai che colà sono raccolti non dei delinquenti (quelli sono sottoposti al Tribunale speciale) ma degli uomini, che furono allontanati perché non fossero presi dai partigiani o per qualche sospetto, che vi è su di loro. È naturale che quando chi ispezio-

[94] Ars, II, Seznami intenirancev, f. 1/19, elenchi dei militari ex prigionieri di guerra internati come civili.

[95] Un «trattamento di quiescenza», nel caso avessero prestato servizio per almeno dieci anni; oppure, nel caso che non avessero prestato servizio per almeno dieci anni, un sussidio mensile di lire 150 diretto alle famiglie piú bisognose. Cfr. il «Promemoria» del 31 dicembre 1942, diretto al Capo dello Stato Maggiore del Regio Esercito, in Ars, II, XI Corpo d'Armata, b. 661 a/VIII.

[96] Cfr. la testimonianze di S. Pucelj in *Oltre il filo. Storia del campo di concentramento di Gonars 1941-1943*, cit., pp. 178-79.

[97] Sul campo di Cairo si veda la relativa «scheda» nella mappatura finale.

na e dirige è cosí prevenuto, e ha tale concetto degli ospiti, accompagnato da simili sentimenti, che le cose non possono migliorare. Dissi anche al Generale che non era buon sistema quello di seminare odio e di rendersi ancor piú nemica la popolazione. Pregai pure il Generale di segnalare in alto la scarsezza di cibo: avevo visto coi miei occhi ed appreso dal Colonnello quanto ricevono. Hanno fame...[98].

Nel ricordo dei reduci del campo di Arbe spicca, per il suo personale sadismo, la figura del tenente colonnello Vincenzo Cuiuli (chiamato il «serpente»), il comandante del campo[99]. Ma, di norma, i regolamenti emanati dai comandi militari o dai comandanti dei campi non prevedevano forme di violenza fisica o di angherie nei confronti degli internati. Tuttavia, qua e là, non mancarono imposizioni lesive della dignità della persona, o pene corporali come l'incatenamento dei reclusi inadempienti ad appositi «pali delle punizioni», o ancora sferzate e percosse inferte col calcio dei fucili agli internati piú riottosi[100]. Il regolamento con la *disciplina dei campi di concentramento per internati civili*, predisposto dall'Intendenza della II Armata, contemplava anche il «saluto dell'internato», che obbligava a «salutare romanamente tutti gli ufficiali, sottufficiali e militari di truppa italiani»[101].

Nel campo di Gonars – dov'erano predisposti un «palo» e una tenda per le punizioni disciplinari – il 24 agosto '42, un internato trentenne (Rudolf Kovač) venne ucciso dalla fucilata di una sentinella senza alcun motivo apparente[102]. A Renicci, in periodo badogliano, per avere intonato l'*Internazionale*, l'anarchico Umberto Tommasini, insieme ad alcuni suoi compagni, fu bersaglio dei colpi di rivoltella di un tenente della guarnigione, mentre il comunista Giorgio Jaksetich, insieme ad altri quattro internati (tre italiani e due jugoslavi), fu assoggettato a una finta esecuzione capitale[103]. Ma, di norma, neppure nei campi italiani «per slavi», gli internati erano sottoposti a crudeltà, o costretti a lavori forzati.

[98] Relazione sulla visita a Cairo Montenotte indirizzata a monsignor Francesco Borgongini Duca il 28 maggio 1943, in A. Santin, *Trieste 1943-1945*, cit., p. 22.

[99] Cfr., per esempio, A. Vratuša, *Iz verig v svobodo. Rabska brigada*, cit., p. 331.

[100] Cfr. T. Ferenc, *Rab-Arbe-Arbissima*, cit., p. 29.

[101] Naw, T-821, r. 406, da Comando Supersloda (II Armata) a Comando Supremo III Reparto e, p. c., allo Sme Ufficio Prigionieri di Guerra, «Disciplina dei campi di concentramento per internati civili», 25 gennaio 1943.

[102] Testimonianza di Jože Koren, cit. Cfr. pure A. Kersevan, *Un campo di concentramento fascista*, cit., p. 232.

[103] Cfr. C. S. Capogreco, *Renicci*, cit., p. 66.

L'alto commissario per la Provincia di Lubiana, Emilio Grazioli, in piú di un'occasione propose che, per l'internamento della popolazione slovena, fossero allestiti dei campi di lavoro «anziché campi d'internamento dove si ozia»[104]. Ma tali indicazioni rimasero pressoché inascoltate. La manodopera degli internati venne utilizzata, saltuariamente, all'esterno dei campi: in Slovenia, per il disboscamento di alcune aree poste lungo le linee ferroviarie; in Italia soprattutto presso alcuni cantieri edili, stradali o di bonifica[105]. Nei campi «per slavi», normalmente, aveva un'occupazione soltanto un piccolo numero di internati, impiegati in lavori manuali, artigianali, d'ufficio e infermieristici d'interesse collettivo; gli altri compagni, di norma, «non sapevano semplicemente che farsene di sé stessi...»[106]. Tuttavia, in Italia, sono esistiti anche tre «campi di lavoro» per «ex jugoslavi» e uno per «allogeni»; e in essi le condizioni di vita furono ritenute generalmente migliori che negli altri campi[107]. Ciò trova conferma nella testimonianza che segue, il cui autore conobbe, in successione, sia i campi «normali» di Gonars e Monigo che quello «di lavoro» di Pietrafitta:

> mi inviarono al campo di concentramento di Gonars con un trasporto ferroviario di circa 300 persone incatenate cinque a cinque. La vita da internato non era certo facile: si mangiava poco e non si faceva nulla; si pensava sempre al cibo che non c'era... Sono rimasto in quel campo sino all'inizio dell'inverno. Il 28 novembre, infatti, venni trasferito a Monigo, nei pressi di Treviso.
>
> La vita in questo nuovo campo per il mio gruppo è stata peggiore di quella precedentemente trascorsa a Gonars. Questo perché i dirigenti di Monigo, con la scusa di volerci offrire un «grande pranzo di Natale» in occasione di quella imminente festività, nell'immediato «alleggerivano» il nostro vitto ch'era già abbastanza scarso... Devo dire, tuttavia, che i locali di Monigo consentivano condizioni di abitabilità migliori che non a Gonars. Stavamo in una caserma e quindi si viveva oggettivamente meglio che nelle baracche. Inoltre c'era abbondanza d'acqua, un fatto molto importante. Rimasi a Monigo sino alla sera del 28 dicembre del 1942, quando sono stato trasferito con un gruppo composto da circa 240 internati sistemati in due vagoni ferroviari.
>
> Abbiamo trascorso quarantotto ore di viaggio senza mangiare assoluta-

[104] Da Alto Commissariato per la Provincia di Lubiana a ministero dell'Interno, Relazione col «Programma delle attività» nella Provincia, 24 agosto 1942. Cfr. in T. Ferenc, *La Provincia italiana di Lubiana. Documenti 1941-42*, Istituto Friulano per la Storia del Movimento di Liberazione, Udine 1994, p. 499.

[105] Cfr. *Zločini Italijanskega okupatorja v «Ljubljanski Pokrajini»*, I, *Internacije*, cit., p. 31, doc. 35-b; C. S. Capogreco, *Per una storia dell'internamento civile nell'Italia fascista (1940-1943)*, cit., p. 564.

[106] B. Jezernik, *La vita quotidiana nei campi d'internamento*, cit., p. 39.

[107] Cfr. le schede relative ai campi in questione: Tavernelle, Ruscio Fertilia e Fossalon.

mente niente. Dopo circa due giorni, alle undici di sera siamo giunti nella stazione di Ellera, in provincia di Perugia, destinati al «campo di lavoro» di Tavernelle. Nelle nostre baracche erano stati sistemati dei letti a castello ed ogni internato aveva a disposizione due chilogrammi e mezzo di paglia per sistemarsi il giaciglio. Si figuri cosa si poteva fare con due chili e mezzo di paglia per sei mesi... Non si sapeva dov'era meglio collocarla, se metterla sotto la testa o sotto il sedere... Lavoravamo nei cantieri della nuova linea ferroviaria, e mi hanno fatto fare il caposquadra degli internati impegnati nella costruzione del ponte ferroviario sul fiume Nestore. Dovevamo fare 8 metri cubi di terra e caricarla su dei vagonetti montati su rotaie...

Devo dire che, nonostante si lavorasse pesantemente, la vita era migliore che nei normali campi di concentramento nei quali mi ero trovato in precedenza. A Tavernelle dovevamo lavorare tutto il giorno, pranzavamo sul posto di lavoro, ma cenavamo nelle baracche e lí potevamo cucinarci qualcosa, mangiare della marmellata o bere del vino che potevamo comprare coi «buoni». La ditta Zanetti che gestiva i lavori di costruzione della ferrovia, per ognuno di noi versava alla direzione del campo una certa cifra. Noi ricevevamo una paga di circa quattro lire e mezzo al giorno che ci veniva donata in «buoni» spendibili presso la cantina della miniera. Alcuni ricevevano anche dei soldi dai familiari che ne avevano la possibilità; ed anche questi soldi ci venivano consegnati sotto forma di «buoni»[108].

Nonostante le condizioni di vita imposte in questi campi fossero assolutamente terribili, gli internati provenienti da un ambiente urbano e con cultura piú elevata si dimostrarono, inaspettatamente, i piú resistenti. Mentre quelli di provenienza rurale – abituati al lavoro fisico continuo e a un vitto sostanzioso – soffrirono piú degli altri la fame e il lungo periodo di ozio forzato[109]. A svantaggio degli internati provenienti dalle campagne giocò inoltre anche il minor grado di politicizzazione, che impediva loro di capire il «perché» dell'internamento e quindi li privava della possibilità di «farsene una ragione»[110].

Violentemente sottratti al loro *habitat* naturale e relegati in un ambiente nuovo, ostile e artificiale, «furono pochi gli internati capaci di superare malattie che in condizioni normali non si sarebbero rivelate letali»[111]. Ma, probabilmente, la situazione peggiore

[108] Testimonianza di Marjan Česnik (Lubiana, 7 novembre 1996). Al momento dell'invasione nazi-fascista della Jugoslavia, Česnik (nato il 30 ottobre 1919) frequentava l'Università di Lubiana, dov'era iscritto alla Facoltà di Ingegneria.

[109] Cfr. B. Jezernik, *Boj za obstanek*, cit., pp. 35 sgg.

[110] Colloquio con alcuni ex internati sloveni e croati (M. Osredkar, J. Koren, F. Šimac).

[111] T. Ferenc, *Rab-Arbe-Arbissima*, cit., p. 33.

fu vissuta dalle famiglie internate che contavano nel loro gruppo bambini e anziani. Nel campo di Arbe, ad esempio, alla fine di agosto del 1942 vi erano circa 1000 minori con età inferiore ai sedici anni. Uno di quei bambini, miracolosamente sopravvissuto all'internamento fascista, ricorda cosí quella sua tragica esperienza:

> Arrivai ad Arbe il 5 agosto 1942 con tutta la famiglia composta dal nonno ottantasettenne, da mio padre e da mio fratello, rispettivamente di 54 e 27 anni, mia cognata di 21 e io che ne avevo 7. Mia madre era già morta nel 1941; un altro mio fratello, partigiano, era stato ucciso ed il terzo, ormai da tempo, era irreperibile. Sono nato a Stari Kot (allora appartenente al comune di Draga), un villaggio che comprendeva appena 36 case... Tre compaesani furono fucilati come ostaggi, mentre il resto della popolazione del luogo venne completamente deportata ad Arbe, dopo una sosta di cinque giorni nel campo di smistamento di Buccali. Nel terribile campo di Arbe, l'11 novembre morí mio nonno e il 27 gennaio mio padre; complessivamente sull'isola persero la vita 17 miei compaesani, mentre altri 21 sarebbero morti successivamente, in seguito al trasferimento nel campo di Gonars.
>
> Anch'io, il 5 dicembre 1942, con mia zia, fui trasferito a Gonars, dove sarei rimasto sino al 18 settembre 1943. Fui destinato al settore «beta» di quel campo, alloggiando inizialmente nella baracca numero 6. Nel mese di gennaio la zia si ammalò di tifo petecchiale ed io rimasi senza indumenti e senza viveri: dopo un po' di tempo la vita stava per abbandonarmi... Alla fine di marzo venni portato in infermeria, dove praticamente mi «buttarono» tra i moribondi. Per puro caso mi scoprí mia cognata che si trovava nel «reparto maternità» (dove il 4 aprile '43 partorí una bambina) e si mise a gridare che ero ancora vivo e che non potevano lasciarmi lí abbandonato in attesa della morte...[112].

Drammatica fu anche la condizione di quanti provenivano dai non pochi villaggi incendiati o completamente distrutti dagli italiani; o quella di quanti non avevano parenti o amici in grado di poterli aiutare. Essi non soltanto non potevano contare sull'invio di viveri o altri generi di necessità, ma neppure sul sostegno morale e sull'effetto di «collegamento al mondo» che la ricezione degli aiuti determinavano, invece, negli altri reclusi[113].

[112] Testimonianza di Herman Janež (Lubiana 31 gennaio 1996).

[113] Anche nei campi italiani per prigionieri di guerra, «a parte il loro carattere di indispensabile aiuto per la dieta dei prigionieri, i pacchi avevano un enorme valore dal punto di vista psicologico» (A. Marziali, *Vita quotidiana dei prigionieri di guerra britannici in Italia durante la seconda guerra mondiale*, cit., pp. 89-90).

3. *L'azione di tutela e di assistenza agli internati.*

A due settimane dall'ingresso in guerra della nazione, con un messaggio diretto al presidente del Comitato internazionale della Croce Rossa (Cicr), il ministro degli Esteri Galeazzo Ciano comunicava ufficialmente l'impegno del governo italiano ad applicare agli internati civili stranieri – quando applicabili e a condizione di reciprocità – il trattamento previsto per i prigionieri di guerra:

> Quanto al trattamento dei civili internati – scriveva il ministro – vogliamo rammentare che l'articolo 289 della legge di guerra italiana, approvata con regio decreto 15 settembre 1938-XVI n. 1415, stabilisce che per i sudditi (nemici) noi dobbiamo osservare in tutti i casi, e quando esse sono applicabili, le disposizioni relative al trattamento dei prigionieri di guerra – a condizione di reciprocità[114].

Nello stesso periodo, in periferia, la «filosofia» della politica d'internamento italiana veniva presentata cosí dal questore di Bari – una provincia particolarmente interessata al fenomeno – al direttore di un campo di concentramento pugliese:

> I campi di concentramento e le località d'internamento, attualmente allestiti in Italia, devono rispondere a tutti quei requisiti richiesti dall'igiene e dalla bontà di vita per dimostrare ad eventuali visitatori e rappresentanti diplomatici, della Croce Rossa Internazionale e della Nunziatura Apostolica, il piú discreto trattamento usato verso gli internati. Ciò allo scopo di pretendere uguale trattamento per i nostri connazionali internati[115].

Le parole del ministro, come quelle del questore, testimoniano dell'indirizzo «garantista» seguito dal governo fascista nei confronti dei civili tutelati dallo status di «suddito nemico». Le altre categorie di internati non avevano però le stesse garanzie, e la disparità sul piano dei diritti influiva ovviamente sulla «qualità della vita» del loro internamento. Ciò fu particolarmente evidente nei casi, peraltro frequenti, in cui internati con status diverso si trovavano a convivere nello stesso campo: ad esempio, per gli internati britannici e quelli jugoslavi presenti contemporaneamente

[114] «Revue internationale de la Croix-Rouge», XXII, luglio 1940, n. 259, p. 525.

[115] Nel 1940, il questore di Bari si rivolgeva cosí al direttore del campo di Alberobello. Cfr. F. Terzulli, *Ebrei stranieri in un piccolo campo pugliese*, cit., p. 123.

a Fraschette di Alatri e Bagno a Ripoli[116]. Con un messaggio inviato a monsignor Giovanni Battista Montini (il futuro papa Paolo VI) il 20 ottobre 1942, la Legazione jugoslava in Vaticano, metteva assai bene in evidenza il fatto singolare che ai propri cittadini («internati in seguito all'annessione di larghi tratti del territorio della Jugoslavia al Regno d'Italia, avvenuta arbitrariamente, contro ogni norma del Diritto internazionale»), non fosse riconosciuto lo status di suddito nemico[117].

Ma – quand'anche fosse stata identica nei fatti – la condizione materiale ed esistenziale degli internati poteva risultare differente nella percezione soggettiva dei componenti dei diversi gruppi interessati. Dalla testimonianza di un ebreo italiano, risulta evidente, ad esempio, come la sua «categoria» vivesse l'internamento fascista con un forte senso d'insofferenza e di ingiustizia:

> La vita trascorreva monotonamente, tristemente, con la preoccupazione dell'incerto futuro e con la consapevolezza di subire una misura ingiusta, perché non meritata, combattuti tra il sentimento di disprezzo verso i fascisti, di odio verso i tedeschi e l'attaccamento verso l'Italia in guerra, dominata da uomini stupidi e malvagi[118].

Lo stesso sentimento si può cogliere nelle parole di Carlo Alberto Viterbo, futuro presidente della Federazione Sionistica Italiana, che, nel giugno 1940, paragonava l'internamento *tout-court* ad una prigionia: «in ambiente non disgustoso, senza commistione con delinquenti ordinari, ma prigionia...»[119].

Diverso è il giudizio che dell'internamento in Italia hanno espresso generalmente gli ebrei stranieri, reduci da scenari di persecuzione e di segregazione ben piú drammatici che da noi. Essi – sia rispetto ai correligionari italiani che ad altre categorie d'internati stranieri, come ad esempio greci e cinesi – della vita nei cam-

[116] Per il campo di Fraschette, nel giugno del 1943, il prefetto di Frosinone riferiva al ministero dell'Interno di alcuni internati di nazionalità slovena e croata che erano passati al servizio di famiglie di internati anglo-maltesi (cfr. in L. Gromme, *I campi di concentramento per internati civili di guerra (10 giugno '40 - 8 settembre '43): il caso del Lazio*, cit.).

[117] Avii, *Arhiva Neprijateliskih Jedinica*, Br. Reg., 25/1, 18-19, K.1021, Roma 20 ottobre 1942.

[118] Testimonianza di Gastone Piperno, ex internato del campo di Gioia del Colle, in F. Terzulli, *Il campo di concentramento per ebrei a Gioia del Colle (agosto 1940-gennaio 1941)*, cit., p. 591.

[119] C. A. Viterbo, lettera ai famigliari scritta da Urbisaglia il 30 giugno 1940, in C. S. Capogreco, *L'internamento degli ebrei italiani nel 1940 e il campo di Urbisaglia-Abbadia di Fiastra*, in «La Rassegna Mensile di Israel», 2003, n. 1.

pi fascisti nel periodo precedente all'8 settembre 1943, ebbero una visione decisamente meno negativa[120]. Il delegato della Croce Rossa che, il 23 agosto 1943, visitò il campo di Urbisaglia (lo stesso in cui, tre anni prima, era stato costretto Viterbo), sintetizzava cosí il giudizio «brillante» dell'internamento fornitogli da un ebreo austriaco:

> Le colonel Pollak, médecin ex-chef de la police viennoise, loue la conduite des carabiniers qu'il qualifie d'«excellente». Le traitement auquel sont soumis les internés serait a ses dires «excellent» également. Il y aurait une grande «comprehension, bonté et humanité» chez le directeur du camp et il exprime sa profonde reconnaissance au Gouvernement italien...[121].

Neppure lo storico israeliano Menachem Shelah, miracolosamente scampato, da ragazzo, alla Croazia di Pavelić, conservava un ricordo negativo:

> La mia famiglia ed io siamo stati internati a Castelnuovo Don Bosco, un piccolo paese a metà strada tra Torino ed Asti: in quell'ambiente pastorale, noi – fuggiti dal terrore nazista e da quello delle autorità ustaša – abbiamo trascorso giornate gradevoli. Nell'autunno del 1942, quando ero un ragazzo di dieci anni, da Castelnuovo fummo trasferiti a Ferramonti, ed anche dell'internamento in quel campo conservo un buon ricordo[122].

Di tono ben diverso è il giudizio espresso dall'ex prefetto di Corfú e piú volte ministro del governo ellenico, Evangelos Averoff-Tossizza, anch'egli relegato a Ferramonti nell'anno 1942:

> Gli italiani – mi raccontava Averoff – mi proposero di collaborare con loro e di restare in carica quale prefetto di Corfú. Ma io mi rifiutai e quindi venni arrestato e deportato in Italia. A Ferramonti si stava molto male, e con le 8 lire al giorno del sussidio, quello che si poteva comprare allo spaccio era veramente poco. Ricordo che ci fu un periodo in cui per sette giorni di fila mangiammo soltanto una scarsa razione di zucchine... Pensai di scrivere a un

[120] È significativo il fatto che ad un bimbo ebreo nato durante l'internamento i genitori abbiano voluto dare il nome del dittatore italiano: cfr. *Noi ebrei salvati dall'Italia*, in «La Stampa», 11 gennaio 1990. Sull'esperienza di greci e cinesi cfr. E. Averoff-Tossizza, *Prigioniero in Italia. L'odissea di un antifascista greco in un campo di concentramento italiano*, Longanesi, Milano 1977; P. W. L. Kwok, *I cinesi in Italia durante il fascismo. Il campo di concentramento*, Marotta, Napoli 1984.

[121] Acicr, C Sc, Service des camps, *Rapport sur les visites aux internes civils de la province de Macerata, Visités par le Dr. B. Beretta les 22 et 23 août 1943*. Cfr. anche P. Pollak, *Il campo di concentramento di Urbisaglia*, cit. Eppure dallo stesso rapporto della Croce Rossa, risulta che a Urbisaglia l'alimentazione era stata insufficiente; al punto che alcuni internati, in poco tempo, erano dimagriti di 15-20 chili.

[122] Testimonianza di Raoul Spicer, al secolo Menachem Shelah (Boston, 11 novembre 1986). Shelah (1932-1995) è conosciuto in Italia soprattutto per il suo *Un debito di gratitudine*, cit.

prete di Losanna che era mio grande amico. Nella lettera dicevo, in francese, che stavo bene, che eravamo ben trattati ed avevamo buona compagnia. Ma poi – in greco e con calligrafia minuta – ho aggiunto: «fame e freddo». Lui capí, si mise in contatto con la Croce Rossa e ci giunsero degli aiuti[123].

Per dare un'idea concreta delle condizioni di vita nei campi di concentramento non nazisti, lo scrittore ungherese Arthur Koestler immaginò un'unità di misura della quale il campo francese di Le Vernet d'Ariège (dov'egli era stato internato nel 1939) costituiva «lo zero dell'ignominia»[124]. Volendosene servire qui per «misurare il grado d'ignominia» dell'internamento fascista, si può affermare che i campi «regolamentari» del ministero dell'Interno non sconfinarono in genere nel «sottozero» dell'ipotetica «scala-Koestler». Cosa che, invece, accadde spesso ai campi «per slavi»; nei quali, per lunghi periodi, la lotta degli internati contro la fame e le terribili condizioni igienico-sanitarie faceva parte del consueto scenario quotidiano[125].

Pertanto è vero – come sostiene Klaus Voigt – che l'assunto del decreto del 4 settembre 1940 (che, riecheggiando la Convenzione sui prigionieri di guerra, voleva gli internati «trattati con umanità e protetti contro ogni offesa») fu generalmente rispettato[126]. Ma non ebbe conseguenza alcuna nei campi dell'internamento «parallelo», trattandosi, in tal caso, di strutture oggettivamente *extra legem* la cui esistenza non era prevista né ipotizzata dalla normativa sull'internamento dei civili allora vigente in Italia.

Nei territori jugoslavi, in particolare, l'internamento fascista si configurò spesso come atto illegale di deportazione o di trasferimento forzato di popolazioni, sovente preceduto da devastazioni non giustificate dalle necessità militari. Azioni, queste, contrarie alle leggi e alle consuetudini di guerra, che costituivano delle

[123] Testimonianza di Evangelos Averoff-Tossizza (Atene 30 novembre 1986), nato a Trikkala nel 1910. Averoff – ministro degli Esteri greco dal 1956 al 1963 – ha scritto del periodo d'internamento nel suo libro romanzato *Prigioniero in Italia. L'odissea di un antifascista greco in un campo di concentramento italiano*, Longanesi, Milano 1977.

[124] Cfr. A. Koestler, *Scum of the Earth*, Cape, London 1941 (trad. it. *Schiuma della terra*, Il Mulino, Bologna 1989, p. 81). Cfr. pure D. Cesarani, *Camps de la mort, camps de concentration et camps d'internement dans la mémoire collective britannique*, cit., pp. 20-21.

[125] Il titolo di uno dei primi studi sull'internamento civile fascista apparsi in Jugoslavia, per l'appunto, è *Boj za obstanek* (cioè «lotta per l'esistenza»): B. Jezernik, *Boj za obstanek*, cit.

[126] K. Voigt, *Il rifugio precario*, cit., vol. II, p. 128.

violazioni persino rispetto ai dettami della IV Convenzione dell'Aia del 1907 e del regolamento a essa allegato.

Al processo di Norimberga, la deportazione e l'internamento delle popolazioni di territori occupati (qual è stato il caso degli «ex jugoslavi» internati repressivamente dagli occupanti fascisti), come pure l'esecuzione di ostaggi e la devastazione di centri abitati non giustificata da esigenze militari (altri addebiti di cui l'Italia si rese ampiamente responsabile in Jugoslavia tra il 1941 e il 1943) vennero perseguiti quali crimini di guerra[127].

L'articolo 6 dello Statuto di quel Tribunale militare, infatti, non soltanto configurava tali azioni come soggette alla sua giurisdizione, ma le includeva tra i crimini che comportano la piena responsabilità individuale dei suoi autori[128].

Sappiamo, però, che, per quei crimini, nessun italiano (militare o civile) venne mai condannato[129].

«Ringraziamo la Croce Rossa Internazionale con tutto il cuore per il grande aiuto che abbiamo ricevuto durante il nostro soggiorno a Ferramonti»[130]. Queste parole, espresse dall'archimandrita di Corinto Damaschinos Hagiopulos dopo aver lasciato il campo calabrese, il 2 luglio '43, insieme ad altri 41 internati greci, testimoniano dell'efficace azione svolta dall'Organizzazione umanitaria ginevrina in favore degli stranieri internati in Italia. Un'azione espletata, evidentemente, anche nei confronti dei «sudditi nemici» presenti in alcuni campi – com'è stato il caso di Ferramonti – nei quali le delegazioni della Croce Rossa non hanno potuto avere accesso.

In ottemperanza alla Convenzione di Ginevra sul trattamento dei prigionieri di guerra, il ministero dell'Interno consentiva generalmente alla Croce Rossa di visitate i civili nemici relegati nei campi e nelle località di internamento libe-

[127] Cfr. E. Greppi, *I crimini di guerra e contro l'umanità nel diritto internazionale*, Utet, Torino 2001, pp. 135-38.

[128] Vale qui la pena ricordare che i principî di diritto internazinale riconosciuti dallo Statuto e dalle sentenze del Tribunale di Norimberga (costituito a seguito dell'accordo di Londra dell'8 agosto 1945 siglato di Stati Uniti, Unione Sovietica, Gran Bretagna e Francia), vennero confermati dalla risoluzione n. 94 dell'Assemblea Generale dell'Onu, approvata all'unanimità l'11 dicembre 1946.

[129] Cfr. M. Battini, *I peccati di memoria. La mancata Norimberga italiana*, Laterza, Roma-Bari 2003, e F. Focardi, *L'Italia fascista come potenza occupante: la questione dei crimini di guerra (1943-1948)*, in «Qualestoria», 2000, n. 1, pp.157-83.

[130] Acicr, G. 17/ Italia, lettera al Cicr del 13 luglio 1943 a firma D. Hagiopulos.

ro[131]. Le prime visite d'ispezione, effettuate dal delegato in Italia Pierre Lambert nel gennaio 1941, interessarono cinque campi che ospitavano soprattutto internati civili britannici e francesi: Civitella della Chiana, Bagno a Ripoli, Montechiarugolo, Pollenza e Treia. Tra giugno e ottobre del 1942, Hans Wolfgang de Salis, succeduto nell'incarico a Lambert, visitò anch'egli questi campi e – per la prima volta – quelli di Lanciano, Casoli, Città Sant'Angelo, Corropoli, Civitella del Tronto. De Salis incontrò allora anche gli «internati liberi» delle province di Bergamo e Treviso, e in quest'ultima città – fatto piuttosto inaspettato – il 29 ottobre 1942 poté visitare il campo per «ex jugoslavi» di Monigo, gestito dall'Autorità militare[132]. Nel giugno del 1943 Hans Wolfgang de Salis visitò altri campi che ospitavano sudditi nemici: in Campania, Campagna, Solfora e Ariano Irpino; negli Abruzzi, Agnone, Vinchiaturo e Casacalenda[133].

Complessivamente, prima della caduta del regime fascista, l'accesso della Croce Rossa era stato possibile in 38 campi gestiti dal ministero dell'Interno e in uno soltanto tra quelli della rete parallela gestita dal Regio Esercito. Nello stesso periodo, restarono esclusi dal supporto umanitario della Croce Rossa tre fondamentali categorie di civili che non erano stati equiparati dall'Italia agli internati per motivi bellici: a) gli oppositori e gli «allogeni» italiani; b) gli ebrei stranieri e apolidi; 3) i cosiddetti «ex jugoslavi». Va, però, detto che, laddove i campi visitati accoglievano, insieme ai «sudditi nemici», altre categorie di internati, queste potevano essere «incontrate» ufficiosamente dai delegati della Croce Rossa senza che il ministero dell'Interno opponesse alcun ostacolo[134].

Il Cicr – ne è conferma il seguente documento, trasmesso dal ministero dell'Interno a quello degli Esteri – chiese piú volte al governo italiano di poter accedere ai campi rimasti off-limits ai suoi delegati, per incontrare e soccorrere – a titolo puramente umanitario – tutti i civili internati dall'Italia:

> La Croce Rossa Internazionale, a mezzo del suo delegato dott. De Salis, ha chiesto insistentemente l'autorizzazione a visitare, oltre i campi di con-

[131] Cfr. J. C. Favez, *Une mission impossible? Le CICR, les deportations et les camps de concentration nazis*, cit., pp. 304-6; K. Voigt, *Il rifugio precario*, cit., vol. II, pp. 114 sgg.

[132] Cfr. la «scheda» relativa al campo di Monigo nella mappatura finale.

[133] Cfr. Acicr, C Sc, Service des camps, Relazioni relative alle date e ai campi in oggetto.

[134] Cfr. K. Voigt, *Il rifugio precario*, cit., vol. II, p. 114.

centramento dove si trovano internati civili sudditi di Stati nemici, anche quelli dove si trovano stranieri sudditi di Paesi non in guerra con l'Italia o sudditi di paesi occupati dalle Forze dell'Asse o con i quali esiste soltanto rottura o sospensione di rapporti diplomatici.

Tale richiesta si basa, secondo il delegato della Croce Rossa Internazionale, sul carattere esclusivamente umanitario di detta istituzione per cui la sua azione di soccorso si deve esercitare nei confronti di tutti gli internati civili stranieri bisognosi, siano o non siano sudditi di Stati nemici.

Al riguardo si gradirà conoscere con cortese sollecitudine il parere di codesto ministero per poter impartire le necessarie urgenti istruzioni alle competenti autorità di PS[135].

Una richiesta di autorizzazione in tal senso, avanzata dalla Croce Rossa nella prima metà di luglio del 1943, riguardava, in primo luogo, i campi di Ferramonti, Nereto, Tossicia e Tortoreto. Il 10 agosto 1943 – con l'esclusione di Ferramonti, che si trovava ormai in zona di operazioni militari – il nuovo governo di Badoglio accolse tale richiesta[136]. Cosicché, tra la fine di agosto e i primi di settembre – a ridosso della dichiarazione di armistizio – il nuovo delegato del Cicr, Bruno Beretta, effettuò un viaggio per l'Italia centro-meridionale che toccò, oltre ad alcuni comuni adibiti all'*internamento libero*, i campi di Notaresco, Tossicia, Nereto, Corropoli, Civitella del Tronto, Pollenza, Petriolo, Urbisaglia e Sassoferrato[137].

Tra i campi interdetti alla Croce Rossa rientravano, ovviamente, anche quelli dell'internamento «parallelo» (la visita a Monigo dell'ottobre 1942 costituí la classica eccezione che confermava la regola), i cui reclusi non erano considerati dall'Italia dei sudditi nemici e – nella maggior parte dei casi – neppure stranieri, bensí «italiani per diritto di annessione», internati per motivi politici e/o di ordine pubblico. E proprio in quei campi era concentrato il maggior numero di internati piú bisognosi di ogni tipo di assistenza. La Croce Rossa, che, tra la fine del 1942 e la prima metà del '43, aveva già messo in atto (ma senza alcun successo), diverse iniziative per essere autorizzata a soccorrere i civili jugoslavi internati dall'Italia, il 15 luglio 1943 indirizzò una nota al

[135] Acs, Mi, Dgps, Dagr, Cat. Massime M4, b. 110, f. 16 (Campi di concentramento), s.f. 1, ins. 44, «elenchi numerici degli internati britannici dic. 1942-ago. 1943», da Dgps-Mi a Mae, prot. 451/8134, «Scambio liste internati civili in Italia e nei paesi dell'Impero britannico».

[136] Acicr, G. 17/Italia, da Cicr a Mae 10 luglio 1943; risposta, 10 agosto 1943. Cfr. K. Voigt, *Il rifugio precario*, cit., vol. II, p. 115.

[137] Acicr, C Sc, Service des camps, Relazioni relative alle date e ai campi in oggetto.

ministero degli Affari Esteri di Roma con la quale chiedeva espressamente di poter fare visita ad alcuni campi che ospitavano (esclusivamente o in massima parte) jugoslavi: Fraschette, Renicci, Chiesanuiva, Monigo, Gonars, Colfiorito, Visco, Lipari, Ustica, Ponza ed Arbe[138]. Ma, ad oltre un mese dall'inoltro di questa nuova richiesta, in un breve rapporto sul campo di Gonars trasmesso a Ginevra, il delegato del Circ in Italia, de Salis, non nascondeva il suo pessimismo circa la possibilità di ottenere l'autorizzazione in tempi utili[139].

Qualche giorno dopo, però, nel quadro della cauta apertura dimostrata in merito dal governo Badoglio, il ministero degli Esteri conferí il suo «nulla-osta» all'accoglimento della richiesta della Croce Rossa. Tenendo comunque a sottolineare che l'assistenza agli internati «ex jugoslavi» non avrebbe potuto avere «carattere ufficiale di protezione *de jure*, ma soltanto di pratica ed umanitaria azione di soccorso»[140]. Purtroppo, i destinatari non trassero quasi alcun beneficio dalla tardiva disponibilità italiana, che giunse ormai alla vigilia dell'8 settembre '43, quando i campi «per slavi» stavano per essere smobilitati e, ad ogni modo, sarebbero stati presto coinvolti nel piú generale marasma conseguente alla dichiarazione di armistizio[141].

Anche ai rappresentanti delle sedi diplomatiche dei paesi neutrali – in ottemperanza alla Convenzione di Ginevra sul trattamento dei prigionieri di guerra – il ministero dell'Interno consentí di visitare i civili nemici internati in Italia. I funzionari dell'am-

[138] Acicr, G. 17/Italie, da Cicr a Mae, «Visite d'un délégué du Comité international de la Croix-Rouge au camp d'internés civils ex-yougoslaves», 15 luglio 1943.

[139] «Nous leur avons exprimé le vif espoir que l'action de secours envisagée en faveur des Internés civils yougoslaves dans toute l'Italie puisse être réalisée avant qu'il ne soit trop tard. La situation décrite ici à propos des internés se trouvant à Gonars est celle de la grande majorité des quelques 60 000 à 100 000 internés de même nationalité dans ce pays» (Acicr, G. 17/Italie, IC, da de Salis délégué du Cicr a Service Yougoslave du Cicr Ginevra, *Rapport confidentiel sur le Camp de Gonars*, 18 agosto 1943).

[140] Acs, Mi, Dgps, Dagr, Cat. Massime M4, b. 104, f. 16 (Campi di concentramento), s.f. 14/5, telespresso riservato da Mae a Cri/Ufficio Pdg e Mi, 19 agosto 1943, «Soccorso e visite ex jugoslavi in Italia», firmato Vidali. Riprodotto in C. S. Capogreco, *Renicci*, cit., pp. 176-77.

[141] «Vostra Eccellenza Rev.ma voglia comunicare Governo jugoslavo che Governo italiano sta disponendo smobilitazione dei campi internati Croati e Sloveni in seguito interessamento Santa Sede»: cosí, il 25 agosto 1943, telegrafava il cardinale Luigi Maglione al delegato apostolico a Londra William Godfrey (*Le Saint Siège et les victimes de la guerre*, cit., vol. IX, p. 446).

basciata degli Stati Uniti – che tutelava gli interessi inglesi e francesi dopo l'ingresso in guerra dell'Italia – tra marzo e settembre del 1941, visitarono piú volte i campi di Montechiarugolo, Pollenza e Treia[142]. In seguito, con l'intervento nel conflitto anche degli Stati Uniti, la protezione dei civili britannici e francesi, passò alla Legazione svizzera che visitò anch'essa diversi campi. In quello di Fraschette, ad esempio, nel corso del 1943 vi furono ben tre visite della Legazione: in febbraio, marzo ed agosto[143].

Nel corso delle loro ispezioni, i delegati della Croce Rossa e i funzionari delle rappresentanze diplomatiche venivano sempre accompagnati dall'ispettore generale di pubblica sicurezza, Carlo Rosati. I delegati avevano facoltà di conferire con gli internati in assenza dei direttori dei campi, ma sempre in presenza di Rosati e di qualche suo subalterno. Per questo è facile immaginare – come testimonia lo scrittore viennese Herman Hakel – che gli internati avessero timore di esporre liberamente i loro problemi[144]. Se, comunque, delle lamentele venivano esposte, il Rosati provvedeva generalmente a respingerle, denunciando al ministero dell'Interno gli internati «queruli» o «petulanti»[145].

I delegati della Croce Rossa, dopo ogni visita, stilavano un rapporto che veniva trasmesso al ministero dell'Interno. Dalla lettura delle relazioni risulta evidente come, in genere – tenendo conto della particolare suscettibilità delle autorità fasciste – i delegati accennavano ai problemi emersi con estrema prudenza e circospezione. Anche Rosati, per ogni ispezione effettuata, redigeva un suo rapporto; e il ministero dell'Interno invitava i prefetti a eliminare gli eventuali inconvenienti denunciati. Ma, il piú delle volte, l'invito superiore restava lettera morta[146].

La Legazione svizzera ebbe modo di lamentarsi diverse volte col governo italiano per il trattamento riservato agli internati da essa protetti. Con una nota del 4 agosto 1942 diretta al ministero degli Affari Esteri, la Legazione – i cui rappresentanti erano stati a Bagno a Ripoli il 21 luglio – denunciò il fatto che un certo nu-

142 Acs, Mi, Dgps, Dagr, Cat. Massime M4, f. 16 (Campi di concentramento), b. 103, s.f. 14, ins. 3, «Visite dei rappresentanti Ambasciata S.U.A.».

143 Acs, Mi, Dgps, Dagr, Cat. Massime M4, f. 16 (Campi di concentramento), b. 103, s.f. 14/6, «Visite dei rappresentanti della Legazione svizzera». Cfr. anche L. Gromme, *I campi di concentramento per internati civili di guerra (10 giugno '40 - 8 settembre '43): il caso del Lazio*, cit., p. 95.

144 K. Voigt, *Il rifugio precario*, cit., vol. II, p. 116.

145 *Ibid.*

146 *Ibid.*, pp. 116-17.

mero di internati di quel campo fosse stato messo in prigione «per essersi lagnato del vitto che riceveva». Un comportamento, questo, contrario alle disposizioni previste per i prigionieri di guerra (in particolare all'art. 24 della Convenzione di Ginevra del 27 luglio 1929), alle quali l'Italia, ufficialmente, aveva dichiarato di volersi attenere anche per il trattamento dei civili nemici internati[147].

Alcune settimane dopo l'ingresso in guerra dell'Italia, padre Pietro Tacchi Venturi (il gesuita che fungeva da tramite tra il segretario di Stato, cardinale Luigi Maglione, e il ministero dell'Interno), in una nota scritta al capo della polizia, Bocchini su incarico dello stesso Maglione, conveniva sul fatto che «le circostanze del momento» giustificassero pienamente l'internamento dei civili. In linea di principio, quindi, la Chiesa approvò la pratica dell'internamento messa in atto dal governo fascista[148]. D'altro canto, essa considerava – non soltanto in Italia – come proprio dovere prioritario quello di assistere spiritualmente i cattolici durante l'internamento e svolgere opera missionaria nei confronti degli internati appartenenti ad altre fedi. A livello centrale, la Santa Sede istituí una sorta di ufficio informazioni permanente che – supportato anche dalla Radio Vaticana – fin dall'inizio della guerra, si adoperò per mettere in contatto con le famiglie lontane i prigionieri di guerra e i civili internati[149]. Ma, un aiuto piú concreto a questi ultimi, presupponeva l'accesso ai vari campi da parte delle autorità religiose[150].

E infatti, tra il dicembre 1940 e il luglio 1943, su espresso desiderio del Santo Padre, il Nunzio apostolico monsignor Francesco Borgongini Duca[151] effettuò innumerevoli viaggi, durante i quali – dalla Calabria alla Venezia Giulia – incontrò moltissimi civili internati, portando loro conforto spirituale e materiale. Comples-

[147] Acs, Mi, Dgps, Dagr, Cat. Massime M4, f. 16 (Campi di concentramento), b. 103, s.f. 14, ins. 6, «Visite dei rappresentanti della Legazione svizzera», da Legazione svizzera in Italia a Mae, nota verbale del 4 agosto 1942.

[148] Cfr. K. Voigt, *Il rifugio precario*, cit., pp. 181-83; S. Zuccotti, *Il Vaticano e l'Olocausto in Italia*, Bruno Mondadori, Milano 2000, pp. 95-107.

[149] Cfr. *Sollecitudine operosa del Papa per le vittime della guerra*, in «La Civiltà Cattolica», XCII, gennaio 1941, vol. I, quaderno n. 2174, pp. 161-62.

[150] Il Vaticano chiese, infatti, ai governi dei principali paesi belligeranti il permesso di poter visitare gli internati nei campi. Cfr. *Il Santo Padre per i prigionieri e per i profughi*, in «L'Osservatore Romano», 18 gennaio 1941.

[151] Francesco Borgongini Duca fu Nunzio apostolico presso lo Stato italiano dal 1929 al 1953, quando venne eletto cardinale. Morí a Roma nell'anno successivo.

sivamente, Borgongini Duca toccò trentuno campi per internati civili gestiti dal ministero dell'Interno (molti dei quali raggiunti piú di una volta) e quattro (Gonars, Chiesanuova, Monigo, Renicci) gestiti dal Regio Esercito[152].

Durante le visite del Nunzio, i rappresentanti degli internati esponevano i vari *desiderata* che egli, eventualmente, provvedeva a inoltrare al ministero dell'Interno. Borgongini Duca (che indubbiamente si prodigava per soddisfare le piú svariate richieste avanzate dagli internati) durante le visite ai campi esprimeva solitamente giudizi sempre positivi su quanto visto, lodando il comportamento dei direttori e tracciando quadri oltremodo idilliaci che, il piú delle volte non erano condivisi dagli internati[153]. In particolare da quelli jugoslavi, come sottolinea ad esempio la seguente testimonianza:

> Durante la sua visita al campo – ricorda Stojan Pretnar, autorevole giurista sloveno internato da giovane a Gonars e a Renicci – Borgongini Duca ci distribuí immaginette con Maria Vergine e ci trasmise i saluti del Papa. Credo, però, che il dovere del Vaticano – piú che quello, encomiabile, di portare conforto agli internati – sarebbe dovuto essere quello di chiedere all'Italia la soppressione dei campi di concentramento dove soffrivano e morivano migliaia di persone strappate alle loro case. Ma sappiamo che, allora, erano trascorsi appena 12 anni dalla stipula del Concordato. E che la Consulta nominata dall'Alto commissario Grazioli comprendente i politici sloveni che collaboravano con gli italiani – ricevuta da Mussolini l'8 giugno 1941 – fece visita anche a Papa Pio XII... Il quale, con questo atto, sanzionò l'occupazione del-

[152] Acs, Mi, Dgps, Dagr, Cat. Massime M4 (Mobilitazione civile), f. 16 (Campi di concentramento), b. 103, s.f. 14/2, «Visite del Nunzio Apostolico». Tra il 24 e il 27 dicembre 1940, Borgongini Duca visitò i campi di Montechiarugolo, Civitella della Chiana, Pollenza e Treia; dal 7 al 15 aprile 1941 fu invece a Isola del Gran Sasso, Notaresco, Civitella del Tronto, Nereto, Tortoreto, Urbisaglia, Pollenza, Treia, Fabriano e Bagno a Ripoli; dal 23 al 25 aprile 1941 visitò Agnone, Boiano, Isernia, Casacalenda, Vinchiaturo, Marina di Istonio, Lanciano, Lama dei Peligni, Casoli; tra il 19 e il 23 maggio 1941, Monteforte Irpino, Ariano Irpino, Manfredonia, Alberobello, Pisticci, Ferramonti, Campagna; tra il 18 e il 28 maggio 1942 visitò Montechiarugolo, Bagno a Ripoli, Civitella della Chiana, Treia, Pollenza, Urbisaglia, Fabriano, Tossicia, Isola del Gran Sasso; il 26 ottobre 1942 il Nunzio visitò il campo di Gonars; nel febbraio 1943 visitò Chiesanuova, Monigo e Renicci; dal 10 al 16 aprile 1943 visitò Pollenza, Treia, Isola del Gran Sasso, Tossicia, Notaresco, Città Sant'Angelo e Tollo; dal 25 al 27 maggio 1943, infine, il Nunzio raggiunse Fraschette, Pisticci e Ferramonti. Cfr. anche *Le Saint Siège et les victimes de la guerre*, cit., vol. IX (1943), p. 111, vol. VIII, pp. 698-99, doc. n. 527.

[153] «Nella maggior parte dei rapporti governativi sulle sue visite si riferisce la sua soddisfazione per ciò che vedeva, nonostante le baracche fatiscenti, il cibo e le medicine insufficienti, le malattie endemiche e la noia imperante...» (S. Zuccotti, *Il Vaticano e l'Olocausto in Italia*, cit., p. 99).

le nostre terre, avvenuta – in barba alla Convenzione dell'Aia – senza neppure essere preceduta da una dichiarazione di guerra...[154].

Gli ebrei – secondo le annotazioni dello scrittore Hermann Hakel – di fronte all'atteggiamento compiaciuto del prelato, si sentivano sostanzialmente «trattati come bambini». Tuttavia ne gradivano le visite, in quanto considerate come una prova del fatto che, dopotutto, qualcuno si interessava a loro[155].

Per iniziativa del Vaticano, vennero distaccati dei cappellani in ognuno dei campi di concentramento «per slavi»[156]. Ma la volontà ecclesiastica di affiancare agli internati dei pastori che, almeno, parlassero le stesse lingue dei reclusi, venne presto osteggiata dalle autorità: «Il Governo non si fida dei preti sloveni, e quindi dobbiamo contentarci di quelli italiani che parlano la lingua; e questi sono pochissimi e non sempre adatti», cosí scriveva Borgongini Duca al cardinale Maglione il 26 ottobre 1942[157]. Nel campo di Cairo Montenotte, il prete sloveno venne sostituito dal collega italiano don Tapazin, che sapeva appena «forse e male due parole di croato e nessuna di sloveno»[158]. In quello di Renicci, il nuovo prete (don Antonio Zett, che si professava «prima fascista, poi italiano e infine cattolico») lasciò un pessimo ricordo di sé[159]. Fuori dai campi – allorquando l'azione dei partigiani divenne piú incisiva e preoccupante – numerosi parroci slavi vennero internati e sostituiti con membri del clero castrense[160].

Anche presso taluni campi del ministero dell'Interno, l'azione del Vaticano, fece sí che fossero distaccati in pianta stabile dei cappellani. A Ferramonti – per fornire assistenza spirituale agli internati cattolici, e favorire l'evangelizzazione degli altri – fu in-

[154] Testimonianza dell'ex internato Stojan Pretnar (Lubiana, 10 novembre 1998). Pretnar, che è scomparso il 3 marzo 1999, ha anche affrontato questo argomento in *Italijan o trpljenju Slovencev v italijanskih taboriščih*, «Delo», 29 ottobre 1998.

[155] K. Voigt, *Il rifugio precario*, cit., vol. II, pp. 183-84.

[156] Si ricordano, ad esempio, padre Serafin a Monigo, padre Daniele a Renicci, padre Margon a Cairo Montenotte, padre Pucchio ad Arbe, ecc.

[157] *Le Saint Siège et les victimes de la guerre 1941-1942*, vol. VIII, doc. n. 527, cit., dal Nunzio apostolico in Italia al Segretario di Stato, Roma 26 ottobre 1942.

[158] A. Santin, *Trieste 1943-1945. Scritti, discorsi, lettere*, cit., p. 22.

[159] Don Gerico Babini, *Dentro la linea gotica. Odissea di una comunità parrocchiale*, Sestino 1979, p. 5.

[160] Cfr. M. Franzinelli, *Il riarmo dello spirito*, cit., pp. 98-99.

viato, nel 1942, il cappuccino alsaziano Calliste Lopinot[161]. Mentre un francescano di origine cinese – padre Antonio Tchang Kan-I – rimase a lungo in servizio nel campo di Isola del Gran Sasso, dov'erano internati numerosi suoi connazionali, molti dei quali vennero da lui battezzati in occasione di una visita del Nunzio[162].

Un ruolo particolarmente significativo a sostegno degli internati fu svolto in genere dai vescovi nelle cui diocesi operarono campi di concentramento, ai quali, certamente, va dato atto di aver saputo rappresentare un sicuro punto di riferimento (non soltanto spirituale) per gli internati d'ogni fede presenti nei campi e all'*internamento libero*[163]. Nelle zone geografiche piú interessate dal fenomeno dell'internamento – qual era il caso della Venezia Giulia e del Veneto – anche tra la popolazione e il basso clero si registrarono generalmente impegno e gare di solidarietà in favore degli internati[164], nonostante queste opere meritorie fossero sistematicamente contrastate dai gerarchi e dalle altre autorità locali. Riferendosi, ad esempio, all'iniziativa dei parroci della provincia di Udine (anch'essi particolarmente attivi nella raccolta di indumenti, pane e generi di conforto che venivano spediti alla direzione del campo di Gonars per essere distribuiti agli internati), il prefetto di Gorizia Cavani cosí scriveva, il 27 marzo 1943, al suo collega udinese:

> Poiché tali fatti potrebbero creare degli incidenti increscìosi in seno alla popolazione, specie in questo momento, particolarmente delicato, ho interessato la competente autorità ecclesiastica locale per evitare, peraltro, che aiuti del genere siano prodigati proprio ad una razza siffatta, che non ha mai nutrito né nutre, come è noto, sentimenti favorevoli all'Italia...[165].

[161] Cfr. Fr. Callistus a Geispolsheim, *De Apostolatu inter Hebraeos in pubblicae custodiae loco cui nomen v. «Campo di Concentramento Ferramonti-Tarsia, Cosenza»*, Analecta Ordinis Fratrum Minorum Capuccinorum, Romae 1944; Id., *Diario 1941-1944*, in *Ferramonti: un Lager nel Sud*, cit., pp. 156-207.

[162] Cfr. P. W. Kwok, *I cinesi in Italia durante il fascismo*, cit., p. 70.

[163] Per il campo di Bagno a Ripoli, ad esempio, cfr. V. Galimi, *L'internamento in Toscana*, in *Razza e fascismo. La persecuzione degli ebrei in Toscana (1938-1943)*, a cura di E. Collotti, vol. I, p. 529. Per quello di Fraschette, *La provvida mano*, cit., pp. 52-98.

[164] L'azione di sostegno agli internati si sviluppò notevolmente nella diocesi di Gorizia, dove – promosso da monsignor Margotti – operò un «Comitato per gli aiuti agli internati di Gonars».

[165] Acs, Mi, Dgps, Dagr, Cat. Massime M4, f. 16 (Campi di concentramento), b. 110, s.f. 1 (Affari generali), ins. 43, da Prefetto di Gorizia a R. Prefettura di Udine e, p. c., al Mi, «Raccolte di fondi per civili sloveni internati nel campo di concentramento di Gonars (Udine), prot. 038998».

Il 13 aprile, a Lubiana, anche l'Alto commissario Grazioli ordinava ai commissari civili dei vari distretti della «Provincia» di «far cessare, qualora fosse ancora in atto, ogni assistenza in favore degli internati»[166]. In Slovenia, infatti, l'opera di solidarietà verso gli internati coinvolgeva ormai pressoché tutti gli strati sociali e le autorità fasciste ravvisavano in essa una forma di «attività antitaliana».

Il 15 aprile 1943, in occasione della conferenza episcopale triveneta, veniva approvato il testo di una lettera a Mussolini, stilata da monsignor Antonio Santin, e firmata dai quattro vescovi interessati. Già dal suo *incipit*, lo scritto testimonia del carattere di vera e propria emergenza sociale assunto nella regione Giulia dall'internamento degli abitanti e dalla pratica di accorpare ai «battaglioni speciali» i giovani in età di leva appartenenti alle minoranze slave:

> Vivamente preoccupati quali vescovi e pastori del gran numero di nostri diocesani che sono internati in campi di concentramento o sono raccolti, giovanissimi, nelle caserme nei battaglioni speciali, e della situazione della nostra regione, ci rivolgiamo a Voi per chiederVi alcuni provvedimenti di illuminata e generosa bontà...

Per i diocesani internati, i quattro vescovi chiedevano anzitutto al duce un vitto piú abbondante, il riesame delle decisioni d'internamento e un'esplicita autorizzazione superiore all'attività assistenziale delle diocesi, onde poter raccogliere e inviare nei campi, in piena tranquillità, aiuti e sottoscrizioni in favore dei reclusi[167]. Un mese dopo, monsignor Antonio Santin poté visitare, in Liguria, il campo speciale per «allogeni» di Cairo Montenotte e, nel Lazio, quello «internazionale» delle Fraschette[168]. Monsignor Carlo Margotti, l'arcivescovo di Gorizia, in merito al «dramma delle rappresaglie e degli internamenti degli sloveni», il 2 aprile 1943 conferí con il duce e il 19 aprile con l'ispettore Giuseppe Gueli[169].

[166] Ars, II, XI Corpo d'Armata, b. 1082 c/VII, ordinanza dell'alto commissario Emilio Grazioli.

[167] Cfr. A. Santin, *Trieste 1943-1945*, cit., pp. 20-21.

[168] A Fraschette – in seguito alla relazione inviata dal vescovo a Borgongini Duca – pare che, ben presto, siano stati «*spazzati via* tutti i dirigenti del campo, tenuto in condizioni disumane» (A. Santin, *Trieste 1943-1945*, cit., p. 23).

[169] Cfr., L. Tavano, *L'arcivescovo C. Margotti e la Chiesa goriziana di fronte alla guerra e ai movimenti di liberazione (1940-1945)*,cit., p. 142.

Degne d'essere menzionate, sono pure alcune testimonianze e prese di posizione da parte di esponenti del clero castrense, particolarmente coraggiose nel denunciare i rastrellamenti indiscriminati e le dure condizioni di vita nei campi. Anzitutto, il diario del tenente don Pietro Brignoli[170] – un documento «sconvolgente per il realismo col quale sono descritte le azioni militari ai danni dei civili e dei partigiani...»[171] – le cui pagine dedicano ampio spazio alla cattura e all'internamento dei civili conseguenti ai rastrellamenti effettuati dal Regio Esercito nelle campagne jugoslave. Padre Giorgio Zoldan, un altro cappellano di grande coraggio, in un memoriale del dicembre 1942 diretto al suo comando, si esprimeva cosí sul «campo di transito» italiano operante nei pressi di Sebenico:

> Mi permetto nuovamente richiamare all'attenzione Vostra – e prego voler insistere presso le competenti Autorità – affinché cessi lo sconcio del cosiddetto campo di concentramento di Vodice. Vorrei invitarvi a fare una visita; è troppo umiliante per noi italiani dover assistere ad un simile trattamento disumano verso individui innocenti, che se fossero colpevoli per il nostro onore dovremmo passarli per le armi, ma non tenerli in simili condizioni...[172].

Di tutt'altro tono furono i resoconti e le prese di posizione di monsignor Ivo Bottacci, il cappellano militare capo della II Armata[173]. Tra il 18 e il 27 gennaio 1943, egli visitò i campi di concentramento di Visco, Gonars, Monigo, Chiesanuova e Arbe, dandone poi una descrizione idilliaca, nella quale giungeva ad attribuire ai campi una funzione «umanitaria», insistendo di continuo sul fatto che «moltissimi internati alle loro case non potevano avere un ambiente e un trattamento simili»[174].

[170] Cfr. P. Brignoli, *Santa messa per i miei fucilati. Le spietate rappresaglie italiane contro i partigiani in Croazia dal diario di un cappellano*, Longanesi, Milano 1973. Nato a Cenate Sotto (Bergamo) il 15 ottobre 1900, Brignoli fu nominato cappellano militare il 3 gennaio 1936. Nel dicembre dello stesso anno fu inviato in Africa orientale, e il 4 maggio 1941 partí per la Jugoslavia, dove (aggregato al 2° Reggimento dei Granatieri di Sardegna) si trattenne fino al 25 novembre del 1942.

[171] M. Franzinelli, *Il riarmo dello spirito*, cit., p. 137. Cfr. anche M. Isnenghi, *Le guerre degli italiani*, Mondadori, Milano 1989, p. 302.

[172] «Promemoria» del c.m. Giorgio Zoldan del 15 dicembre 1942 diretto al console I. Sacchi, comandante del Gruppo Battaglione «Squadristi». Cfr. Franzinelli, *Il riarmo dello spirito*, cit., p. 100. Il campo di Vodice fungeva da centro di raccolta e transito degli internati diretti al grande campo di concentramento di Melada.

[173] Bottacci era nato a Castelmaggiore il 6 aprile 1895.

[174] Ars, II, XI Corpo d'Armata, b. 1082 f. VIII, Relazione di mons. Bottacci del 31 gennaio 1943, inviata all'Ordinariato militare in seguito alla visita ai campi di concentramento in questione.

L'azione diplomatica della Santa Sede fu molto efficace nel convincere le autorità fasciste, prima, e quelle badogliane, poi, a prosciogliere un gran numero di internati slavi, tra quelli relegati nei campi senza particolari «imputazioni» (in primo luogo donne, bambini e anziani). Un fenomeno che divenne particolarmente significativo a partire dalla primavera del '43, quando le autorità italiane puntarono sul «valore politico» dei proscioglimenti, portato avanti, in funzione anticomunista, al fine di sottrarre l'appoggio popolare al movimento partigiano e migliorare il rapporto del regime con la Chiesa. Sempre nel 1943, sollecitato della Croce Rossa, il Vaticano intervenne con decisione presso le autorità italiane affinché i deportati jugoslavi dei campi di Arbe e Fraschette – quelli ritenuti allora nelle condizioni piú drammatiche – venissero equiparati ai «normali» internati stranieri e quindi, come tali, potessero godere dell'assistenza della Croce Rossa[175]. Dopo la caduta del regime fascista, l'operato della Chiesa in favore degli jugoslavi deportati dall'Italia riprese con nuova energia presso il governo Badoglio[176].

Infine, anche la Delasem («Delegazione per l'assistenza agli ebrei emigranti»), l'organizzazione con sede centrale a Genova creata dall'Unione delle comunità israelitiche italiane nel dicembre 1939, fu particolarmente attiva nell'assistere i correligionari internati in Italia. Tale organismo, che poté contare sul sostegno di importanti organizzazioni internazionali ebraiche, fino all'8 settembre 1943, svolse un'intensa attività di soccorso e di consulenza in favore degli internati, con l'autorizzazione del governo fascista[177]. Per attuare le sue finalità, la Delasem si serví perifericamente di una rete di corrispondenti – scelti tra i correligionari

[175] Cfr. Acicr, G. 17/Italia, «Aide-mémoire sur la question des internés ex-yougoslaves en Italie», 21 agosto 1943, lettera del cardinale L. Maglione al Nunzio Apostolico a Berna, monsignor Filippo Bernardini, 17 giugno 1943.

[176] Cfr. L. Ferrari, *L'azione della Santa Sede per i prigionieri nei campi d'internamento italiani*, cit.

[177] Compiti istituzionali della Delasem erano, anzitutto, quello di trovare agli emigranti rimasti bloccati in Italia una via di emigrazione, nonché quello di assistere materialmente e moralmente quanti (internati o meno) erano in attesa dell'espatrio. Cfr. R. De Felice, *Storia degli ebrei italiani sotto il fascismo*, cit, p. 427 sgg.; K. Voigt, *Il rifugio precario*, cit., vol. II, pp. 335 sgg.; S. Antonini, *DelAsEm. Storia della piú grande organizzazione ebraica italiana di soccorso durante la Seconda guerra mondiale*, De Ferrari Editore, Genova 2000.

internati – dislocati nei campi e nelle «località». Il ministero dell'Interno, dal canto suo, con una circolare del 18 maggio 1942, impose che l'attività di tali corrispondenti fosse limitata agli scopi assistenziali e a quelli relativi allo svolgimento delle pratiche di emigrazione dall'Italia degli ebrei internati[178]. In riferimento agli internati ebrei si distinse per la particolare capacità operativa la «Mensa dei Bambini», l'organizzazione assistenziale creata a Milano da Israele Kalk. Il suo appassionato ideatore (un ebreo lettone, divenuto cittadino italiano prima del 1919, e quindi, in base alle norme antisemite fasciste, non soggetto all'espulsione dall'Italia) dopo il giugno del 1940 indirizzò la sua azione soprattutto verso i bambini internati nel campo di Ferramonti[179].

[178] Cfr. S. Sorani, *L'assistenza ai profughi ebrei in Italia (1933-1947). Contributo alla storia della «Delasem»*, a cura di A. Tagliacozzo, Carucci Editore, Roma 1983, pp. 53 sgg.

[179] Cfr. K. Voigt, *Israel Kalk e i figli dei profughi ebrei in Italia*, in «Storia in Lombardia», IX, n. 2, 1990, pp. 201-50; C. S. Capogreco, *Ferramonti*, cit., pp. 73 sgg.

Conclusione

Il 25 luglio e l'8 settembre, date rappresentative dei fondamentali antefatti che porteranno alla nascita della nostra democrazia repubblicana, furono momenti decisivi anche per la sorte degli internati civili, dei confinati e detenuti politici, nonché dei prigionieri di guerra allora in mano all'Italia.

Alla vigilia del colpo di stato del 25 luglio 43, la situazione esistente nelle colonie di confino e nei campi di concentramento fascisti era quanto mai caotica e movimentata. Dalle tradizionali isole di deportazione (con l'eccezione delle Tremiti) i deportati, nell'imminenza dello sbarco degli Alleati in Sicilia, erano già stati trasferiti (o stavano per esserlo) verso i piú sicuri campi di concentramento centro-settentrionali: in primo luogo Chiesanuova, Fraschette e Renicci. E, per le popolazioni locali, quelle frettolose traduzioni lungo la penisola si trasformarono spesso in vere e proprie manifestazioni antifasciste che preludevano all'esultanza generale che si sarebbe avuta, da lí a poco, in seguito alla cacciata del dittatore.

I lunghi ed estenuanti trasbordi per l'Italia di «nemici» ed oppositori – ultime ed inutili dimostrazioni di forza di un regime ormai al collasso – svolgendosi spesso sotto i bombardamenti alleati e, comunque, mai con le dovute misure di tutela per l'incolumità dei deportati, costituivano, di per sé, degli atti criminali[1].

L'impatto del 25 luglio sull'isola di Ventotene – quartier generale della deportazione politica – viene descritto cosí da Sandro Pertini:

> Una guardia non seppe star zitta, e si lasciò scappare una notizia che aspettavamo da vent'anni: «Hanno arrestato Mussolini».

[1] Nel mese di luglio, una decina di deportati, in trasferimento verso Nord, rimasero feriti sotto un attacco aereo durante il viaggio in treno che li portava dal campo di Lipari a quello di Scipione.

> Scoprimmo cosí che c'era un nuovo governo, presieduto dal maresciallo Badoglio, e che la guerra continuava. Scoppiò un applauso, ma non si videro scene di esultanza clamorosa, il sentimento che prevalse fu un senso di angoscia per quello che ci aspettava... Costituimmo un comitato... e chiedemmo di essere ricevuti dal direttore della colonia, il commissario Guida...
>
> Gli chiedemmo di far presente, con forte urgenza, al ministero dell'Interno, che c'era una logica conseguenza dei fatti: dovevamo essere tutti liberati e senza troppe formalità[2].

Sulle isole pontine, la sensazione del rovesciamento delle cose veniva confermata anche dal passaggio dell'ex duce spodestato, «vagante dall'una all'altra delle sue labili prigioni»[3].

Il governo di Pietro Badoglio, insediatosi all'indomani della storica seduta del Gran Consiglio nella quale fu votata la sfiducia a Mussolini, si riuní per la prima volta il 27 luglio 1943 al Viminale. La liberazione dei detenuti e dei deportati per «delitti» politici fu uno dei piú grossi problemi dibattuti durante i ben noti «quarantacinque giorni» della sua legislatura.

Quel governo lesinò oltremisura «tempi e modi della liberazione di questa nuova Italia, che certamente non era la sua»[4], ponendo assurde limitazioni che escludevano dal proscioglimento gli antifascisti piú determinati, nonché quelli accusati di «propaganda disfattista», «sabotaggio», ecc[5]. Nonostante le forti proteste dei leaders politici e sindacali antifascisti[6], il capo della polizia Carmine Senise dispose la liberazione delle varie categorie di oppositori con sorprendente lentezza e particolare cavillosità burocratica: prima gli aderenti ai partiti moderati, poi i socialisti, quindi i comunisti, e, per ultimi, «slavi» e anarchici; ma solo se ritenuti «non particolarmente pericolosi». Di fatto, a quasi un mese dalla

[2] *Sandro Pertini combattente per la libertà*, a cura di Stefano Caretti e Maurizio degli Innocenti, Lacaita, Mandria 1996, pp. 111-12.

[3] Cfr. M. Isnenghi, *La tragedia necessaria. Da Caporetto all'Otto settembre*, Il Mulino, Bologna 1999, p. 116; G. Braccialarghe, *Nelle spire di Urlavento. Il confino di Ventotene negli anni dell'agonia del fascismo*, L'Autore Libri, Firenze 1970, pp. 99-100.

[4] M. Isnenghi, *La tragedia necessaria. Da Caporetto all'Otto settembre*, cit., pp. 114-15. «Legalmente non poteva considerarci prigionieri – ricorda un confinato – ma gli faceva comodo tenerci ancora in quarantena, timoroso che, tornando nelle nostre città, avremmo seminato i germi delle nostre malattie politiche...» (G. Braccialarghe, *Nelle spire di Urlamento*, cit., p. 93).

[5] Cfr., ad esempio, R. Zangrandi, *1943: 25 luglio-8 settembre*, Milano 1964, pp. 195-97 e L. Salvatorelli - G. Mira, *Storia d'Italia nel periodo fascista*, cit., pp. 1101-2.

[6] I sindacalisti Mario Roveda, Bruno Buozzi e Dino Grandi minacciarono persino lo sciopero generale qualora Badoglio non avesse, al piú presto, prosciolto gli antifascisti.

caduta di Mussolini, un gran numero di antifascisti italiani (principalmente «allogeni» e anarchici), erano ancora esclusi dalla liberazione.

Dal 27 luglio al 21 agosto, ci vollero in tutto ben sette circolari del capo della polizia per giungere al proscioglimento delle varie categorie di internati, confinati e detenuti politici italiani. La liberazione degli internati stranieri sarebbe stata disposta da Carmine Senise – in ottemperanza alle clausole armistiziali[7] – con una circolare trasmessa ai questori competenti ed ai direttori dei campi di concentramento soltanto il 10 settembre 1943:

> In dipendenza conclusione armistizio, pregasi disporre che gli internati sudditi stati nemici siano liberati. Internati suddetti che non abbiano possibilità sistemazione per proprio conto, possono essere lasciati campi o comuni residenza, continuando corresponsione loro favore sussidio giornaliero. In tal caso, nei confronti internati nei comuni dovranno essere revocate misure restrittive libertà mantenendo loro riguardi generica vigilanza[8].

Quando questo telegramma partí dalla capitale, Roma era sul punto di essere occupata e l'esercito italiano, in buona parte, era già stato disarmato dai tedeschi. La circolare del 10 settembre perciò – trovandosi il paese nelle oggettive difficilissime condizioni dello «sbandamento» – non sempre raggiunse le varie destinazioni. Nei casi in cui le raggiunse, inoltre, non sempre diede luogo agli effetti pratici che si prefiggeva[9].

In un'Italia che stava per dividersi in due, gli esiti di quella disposizione furono inevitabilmente differenti nelle diverse province e nei vari campi di concentramento. E il prolungarsi dell'internamento esponeva al rischio di cadere nelle mani della Gestapo e delle SS gli oltre seimila ebrei allora internati per la penisola[10].

Il comportamento diversificato delle autorità periferiche (civili e militari) in quella drammatica congiuntura del settembre 1943

[7] Già il testo stilato a Cassibile (l'«Armistizio breve») prevedeva la liberazione da parte dell'Italia dei prigionieri e degli internati delle Nazioni Unite. Tale obbligo sarebbe stato confermato e precisato dal «Documento di Quebec» e dall'«Armistizio lungo». Cfr. Elena Aga Rossi, *Una nazione allo sbando. L'armistizio italiano del settembre 1943 e le sue conseguenze*, Il Mulino, Bologna 1993, pp. 224-37 e F. Stefani, *8 settembre 1943. Gli armistizi dell'Italia*, Marzorati, Milano 1991, pp. 154-66.

[8] Acs, Mi, Dgps, Dagr, Cat. Massime M4, f. 16 (Campi di concentramento), b. 100, s.f. 1-2, circolare n. 451/53247, da ministero dell'Interno a prefetti, 10 settembre 1943, «Liberazione sudditi nemici internati».

[9] La certezza che la circolare del 10 settembre sia effettivamente giunta a destinazione si ha solamente per le province di Arezzo, L'Aquila, Chieti e Salerno.

[10] Cfr. K. Voigt, *Il rifugio precario*, cit., vol. II, pp. 399-340.

– al di là delle difficoltà oggettive dei collegamenti e del generale «spaesamento» del momento – dimostra come la rottura del governo Badoglio con i tedeschi non fosse compresa da tutti, e che, anzi, molti funzionari (nei campi e fuori di essi) erano ancora legati al regime mussoliniano[11]. Da allora, nella penisola ormai «tagliata in due», l'internamento dei civili avrebbe preso significati e destini ben diversi del periodo precedente.

Nella sua parte centro-settentrionale, con una circolare inviata ai capi delle province il 1° novembre 1943[12], il ministero dell'Interno della Repubblica sociale italiana abrogava i provvedimenti liberatori dai vincoli dell'internamento emanati dal governo di Pietro Badoglio tra il 27 luglio e il 10 settembre dello stesso anno. La neonata repubblica fascista, mentre aboliva il confino, indirizzava ora l'internamento soprattutto contro i sospetti «in linea politica» e i renitenti di leva, conferendogli una connotazione fortemente punitiva. Ma l'internamento civile della Rsi «si arricchiva» soprattutto della tragica pagina ebraica finalizzata alla deportazione nei lager e allo sterminio: il 30 novembre 43, l'ordinanza di polizia numero 5, emanata dal neo ministro dell'Interno Buffarini Guidi, disponeva l'arresto e l'avvio in appositi «campi provinciali» (prima tappa verso l'annientamento) di tutti gli ebrei, italiani o stranieri che fossero e comunque residenti sul territorio nazionale[13].

Il caso vuole che mi trovi a consegnare il volume alle stampe mentre si sono svolti da poco numerose rievocazioni e convegni sul 60° anniversario dell'8 settembre; e mentre a Roma – mi pia-

[11] *Ibid.*, vol. II, p. 407.

[12] Circolare n. 451/22 386. Con questa dispozizione il ministero dell'Interno chiedeva inoltre ai capi delle province di sapere quali e quanti campi fossero ancora funzionanti, nonché i nominativi degli internati civili ristretti nei campi a all'*internamento libero*.

[13] Anche il Regno del Sud, nella parte meridionale del paese, continuò a utilizzare l'internamento dei civili. Il 31 gennaio 1944, una circolare emanata dalla Direzione generale della Pubblica sicurezza, trasmessa ai prefetti delle province liberate disponeva le norme per l'assegnazione alla «residenza obbligata» degli italiani o stranieri che fossero ritenuti «pericolosi per l'ordine nazionale». Ma, per via delle tante perplessità suscitate da questo provvedimento, non previsto da alcuna norma legislativa, in seguito il Regno del Sud ricorse per l'internamento al vecchio istituto previsto dal r.d.l. 17 settembre 1940, n. 1347 Cfr. G. Tosatti, *Gli internati civili in Italia nella documentazione dell'Archivio Centrale dello Stato*, cit., pp. 44-45.

ce ricordarlo per il suo importante significato – viene finalmente avviato lo «smontaggio» dell'Obelisco di Axum[14].

Anch'io ho preso parte, lo scorso 7 settembre, al pellegrinaggio di ex internati e semplici cittadini sull'isola di Melada, nel 60° anniversario dello scioglimento di quel campo. Sei giorni dopo, alla presenza di centinaia di persone (e, ancora una volta, senza una rappresentanza ufficiale della Repubblica italiana), analoga manifestazione rievocativa si è svolta sull'isola di Arbe. Ma da noi, in Italia, pochi si sono ricordati che in questo 2003 – assieme a quello dell'8 settembre – ricorre anche il 60° anniversario della chiusura dei campi di concentramento fascisti. Eppure, molti ex internati appena prosciolti o fuggiti dall'internamento, sacrificarono la propria vita nelle valli appenniniche, scrivendo anche alcune tra le pagine piú eroiche della nostra guerra di liberazione[15].

La salvaguardia della memoria storica e la costruzione di un'identità nazionale aperta e consapevole è compito che non spetta solamente agli storici. Tuttavia – come scrive Claudio Pavone – è innegabile che essi contribuiscano notevolmente a tale scopo «portando materiali freschi alle nuove sintesi, che la coscienza collettiva va lentamente elaborando».

A conclusione di questa ricerca il mio auspicio è che essa possa contribuire alla realizzazione di questo obiettivo.

[14] «Tutte le operazioni sono state seguite con entusiasmo da decine di etiopi, che hanno accompagnato il lavoro degli operai con applausi e canti tipici del Paese africano...», commenta un cronista nel descrivere l'avvio dei significativi lavori (*Staccato il primo pezzo dell'Obelisco di Axum*, in «La Stampa», 8 novembre 2003).

[15] Notevole, in particolare, è stato il contributo di sangue degli ex internati jugoslavi. Cfr. G. Mari, *La Resistenza in provincia di Pesaro e la partecipazione degli jugoslavi*, Comune di Pesaro Stampa, Pesaro 1964; S. Plahuta, *La partecipazione degli ex internati nei campi italiani alla lotta di liberazione nel Litorale sloveno*, in «Qualestoria», n. 3, 1984, pp. 75-80; L. Martini, *Jugoslavi in Italia*, in *Enciclopedia dell'antifascismo e della Resistenza*, Milano 1976, vol. III, pp. 185-91.

Mappatura dei campi
(1940-1943)

I campi dell'internamento civile regolamentare
(gestiti dal ministero dell'Interno)

Emilia-Romagna

MONTECHIARUGOLO (Parma)

Aperto dal ministero dell'Interno nel giugno del 1940, questo campo fu allestito nel castello quattrocentesco, appartenente alla famiglia Marchi, situato nel pieno centro di Montechiarugolo. La parte dell'edificio di pertinenza del «campo» era capace di accogliere circa 200 internati, una cifra che, in realtà, non sarebbe stata mai raggiunta. Lo stabile, in precario stato di conservazione e provvisto di impianti idrico ed elettrico, constava di un piano terreno e due superiori, comprendenti complessivamente una trentina di vani di varia grandezza. Era inoltre provvisto di un giardino, di ampi e ben cintati cortili, nonché di spazi accessori per i servizi e la cucina, dove alcuni gestori del paese preparavano i due pasti giornalieri per i reclusi.

Il campo si caratterizzò per il notevole viavai degli internati, i cui primi contingenti (costituiti da «sudditi nemici» inglesi e francesi e da «ebrei stranieri») giunsero all'inizio di agosto del 1940. A fine mese, invece, vi furono trasferiti la maggior parte degli internati del vicino campo di Scipione, anch'essi «sudditi nemici»; mentre, nel corso dei mesi successivi, da Montechiarugolo, gli internati ebrei vennero quasi tutti trasferiti nei campi del Centro-Sud.

A metà dicembre del 1940, il campo emiliano contava 118 presenze, tra cui 28 francesi e 79 britannici. Di questi ultimi, una ventina erano maltesi, in gran parte studenti che, prima della guerra, frequentavano università italiane.

La vita quotidiana degli internati trascorreva tra le camere, il loggiato e il cortile del castello, il cui ingresso era vigilato da un gruppo di carabinieri che vi avevano impiantato un posto di guardia fisso. Con apposito permesso del direttore, i reclusi potevano accedere al giardino, o recarsi in paese per particolari incombenze. La sorveglianza interna e le altre mansioni «di polizia» erano svolte da alcuni agenti di pubblica sicurezza, al comando di un funzionario cui competeva anche il ruolo di direttore del campo. Si susseguirono in quest'incarico Carmine Medici, Olindo Tiberi, Iginio Adami, Mario Majello e Vittorio Pietrantonio.

Comuni a tutti gli internati furono le difficoltà connesse alla costrizione in una struttura piuttosto fatiscente e alla quale non erano stati apportati gli adattamenti adeguati per poter ospitare una comunità di persone cosí numerosa: le latrine erano poche, l'umidità eccessiva, l'acqua e il riscaldamento insufficienti.

Nel giugno 1941, con l'arrivo di 58 marittimi «ex-jugoslavi originari della Dalmazia (che sarebbero rimasti a Montechiarugolo per circa due mesi), il campo raggiunse il picco massimo delle presenze: 146 unità. In quel periodo, gli internati slavi, insieme a quelli francesi, furono promotori di uno sciopero della fame per ottenere migliori condizioni di vita, e, in particolare, l'istituzione di una mensa autogestita, anche se i francesi ricevevano dal proprio governo un sussidio mensile di cento lire, mentre i britannici, quelli piú privilegiati, oltre che i pacchi inviati dalla Croce Rossa o dai familiari, un sussidio di trecento lire.

All'annuncio dell'armistizio dell'8 settembre 1943, erano presenti nel campo 103 internati, dei quali solo una cinquantina non riuscí a fuggire e – dopo alterne vicende – fu trasferita nell'edificio delle scuole elementari di via Veneri, nel quartiere reggiano di Santa Croce.

Presenze nel campo

data	15-8-40	15-12-40	16-1-41	30-6-41	30-6-42	15-10-42
internati	67	118	116	146	78	82

data	15-1-43	1-3-43	15-8-43	31-8-43
internati	82	103	120	109

Riferimenti archivistici

Acs, Mi, Dgps, Dagr, Cat. Massime M4, b. 131, f. 16 (Campi di concentramento), s.f. 2 (Affari per provincia), ins. 28/3-6.

Acicr, Csc, Service des camps, Italie (16 gennaio 1941, 27 agosto 1942).

SCIPIONE (Parma)

Aperto nel luglio del 1940, questo campo venne allestito in un vecchio maniero di proprietà dell'orfanotrofio Vittorio Emanuele II di Parma, ubicato in posizione collinare a circa 4 chilometri dal centro abitato di Salsomaggiore. Dotato di energia elettrica, impianto idrico e telefono, lo stabile fu ritenuto in grado di ospitare fino a 200 persone. Constava di un piano terra e di due superiori, per complessivi trenta vani di varia grandezza da adibire a dormitori; vi erano inoltre il refettorio, la cucina, la lavanderia, i servizi e ampi cortili interni cintati da mura possenti. Nella piccola frazione di Scipione, dove operò il campo, oltre al castello in questione, si trovavano allora solo poche case di contadini. In un primo tempo, sia la vigilanza interna che quella esterna venivano svolte da agenti di pubblica sicurezza agli ordini di un graduato preposto alla direzione del campo. A partire dal 1942, la sorveglianza esterna sarebbe stata affidata ai carabinieri.

Gli internati di questo campo furono inizialmente «italiani pericolosi» e, in minor numero, «ebrei stranieri» e «sudditi nemici». A partire dal mese di agosto del 1940, Scipione cominciò a svuotarsi (col trasferimento nella vicina Montechiarugolo della quasi totalità dei reclusi) finché, in settembre, venne definitivamente chiuso. Il campo venne riaperto nella seconda decade di agosto del 1942, per ospitare esclusivamente internati «slavi». Si trattava di giovani, per la gran parte in età di leva, provenienti dalla Slovenia, dalla Dalmazia e, in piccola parte, dalla Venezia Giulia.

Tra fine giugno e metà luglio del 1943, 120 internati furono trasferiti nel campo di Ferramonti e 8 in quello di Farfa. Quindi, dopo un breve periodo durante il quale nel campo emiliano rimasero appena una ventina di ospiti, giunsero – laceri, scalzi e affamati – 139 internati e 8 confinati montenegrini (tra cui quattro donne) evacuati dal campo di Lipari. Il numero massimo di presenze – 173 internati – si registrò il 31 luglio 1943.

Il campo ebbe molte analogie con quello di Montechiarugolo, dovute alla comune allocazione in antichi castelli con ambienti umidi e problemi di riscaldamento ed erogazione idrica. Ma le condizioni di vita dei reclusi furono comunque differenti, a scapito del campo «slavo» di Scipione, dove gli internati vissero in condizioni miserevoli. Oltre alla carenza di cibo (che fu causa di un deperimento organico generalizzato) a Scipione si registrò anche una precaria assistenza medica (garantita, «a singhiozzo», dall'ufficiale sanitario di Salsomaggiore), con parecchi casi di tubercolosi, di polmonite e di scabbia.

All'annuncio dell'armistizio, Scipione contava circa 150 internati, ed alcuni di essi, nella notte del 9 settembre '43, fuggirono, scavalcando il recinto che delimitava il campo. In due giorni evasero complessivamente 31 internati. Nei giorni seguenti, il comando tedesco decise di rilasciare gli internati senza particolari «imputazioni», mentre gli altri furono trasferiti in località d'internamento.

Dagli ultimi mesi del 1943 il campo di Scipione ospitò internati politici e ebrei, italiani e stranieri, rastrellati in provincia di Parma. Dal dicembre '43 divenne «campo provinciale» per ebrei. Nel giugno del '44 funzionò come campo di transito per 15 internati ebrei provenienti dal campo grossetano di Roccatederighi e diretti in quello di Fossoli. Fu definitivamente smobilitato nel settembre 1944, in seguito ai numerosi attacchi partigiani subiti negli ultimi mesi.

Presenze nel campo

data	15-8-40	31-8-40	30-8-42	15-10-42	15-7-43	31-7-43	8-9-43
internati	42	63	104	132	28	173	148

data	27-12-43	1-2-44	17-3-44	10-6-44	31-8-44
internati	130	60	40	38	15

Riferimenti archivistici

Acs, Mi, Dgps, Dagr, Cat. Massime M4, b. 131, f. 16 (Campi di concentramento), s.f. 2 (Affari per provincia), ins. 28/2, 28/8.

Toscana

BAGNO A RIPOLI (Firenze)

Questo campo fu allestito nel luglio del 1940 in una dimora di campagna (Villa «La Selva») di proprietà di Silvio Ottolenghi, un ebreo trasferitosi in Palestina in seguito alla promulgazione delle leggi razziali fasciste. La villa, sulla quale «aveva messo gli occhi» l'Intendenza di Finanza di Firenze (che intendeva requisirla per trasferirvi i propri uffici, nel quadro dello «sfollamento» dalla città delle principali strutture pubbliche), in assenza del proprietario era amministrata da Margherita Soavi, una signora «di razza ariana», che, al momento dell'apertura del campo, si riservò alcuni vani per ammassarvi il mobilio e un piccolo appartamento per il custode.

Ubicato a circa tre chilometri dal centro di Bagno a Ripoli e a nove da quello di Firenze, l'edificio era composto da una quarantina di vani di varie dimensioni (ognuno dei quali poteva accogliere dalle 6 alle 20 persone), ripartiti tra il piano terra e i due piani superiori. Era fornito di impianto idrico, elettrico e telefono, e – dalla metà di aprile del 1941 – anche di alcune docce. Dopo rapidi lavori di adattamento eseguiti nella seconda metà del giugno 1940, il campo poté disporre di 225 posti per gli internati, i primi dei quali giunsero tuttavia soltanto alla fine di settembre.

La direzione venne affidata a un commissario di pubblica sicurezza (si avvicendarono nell'incarico Pasquale De Pasquale, Fernando Di Donna, Domenico Cecchetti e Mario Cecioni), coadiuvato da un sottufficiale e da alcuni agenti. L'assistenza sanitaria era garantita, inizialmente, dal dottor Bifano, un medico generico del luogo, e, dal 1942, anche da un dentista. Per le malattie piú serie o le urgenze chirurgiche gli internati venivano ricoverati in ospedale a Firenze.

Inizialmente, gli internati consumavano i loro pasti presso la Casa di ricovero di Santa Teresa, distante dal campo appena 400 metri. Successivamente, col loro aumentare di numero, fu allestito un refettorio all'interno della villa, gestito dalla stessa persona (Alfredo Forni) addetta alla mensa della Casa di ricovero.

Il campo di Bagno a Ripoli accolse inizialmente ebrei stranieri e apolidi nonché «sudditi nemici» (inglesi, francesi, greci, norvegesi, russi, ecc.). A fine gennaio del 1942 vi giunsero 77 ebrei di nazionalità britannica trasferiti dalla Libia nel quadro dell'allontanamento, per motivi di sicurezza, degli stranieri residenti nella colonia. Nel corso del 1942 vi furono numerosi trasferimenti in altri campi. Nel maggio 1943, 50 «ex jugoslavi» giunsero a Bagno a Ripoli dal campo di Tollo, mentre in luglio una quarantina di slavi, provenienti da Corropoli.

Considerando l'intero periodo di attività del campo, la presenza media degli internati oscillò tra le 95 e le 100 unità. Le condizioni di vita, inizialmente, non furono particolarmente dure, e le giornate dei reclusi erano caratterizzate dai ritmi consueti dell'internamento. Nelle ore diurne essi potevano percorrere un lungo itinerario campestre che si arrestava alle porte dei vicini centri abitati di Ponte a Ema, di Bagno a Ripoli e dell'Antella.

Col trascorrere dei mesi, le condizioni d'internamento divennero piú difficili, e il «limite di confino» si restrinse a circa 400 metri dalla villa (in corrispondenza della masseria Matteuzzi). In una lettera del 13 gennaio 1942, firmata da quarantacinque dei cinquantatre civili jugoslavi internati a Bagno a Ripoli, venivano esposti al Comitato Internazionale della Croce Rossa le difficilissime condizioni dei firmatari («siamo in gravi situazioni... senza vestiti, biancheria e scarpe...») e venivano chiesti solleciti aiuti materiali e finanziari.

Il 27 dicembre 1941, per il Natale ortodosso, l'officiante della chiesa russa di Firenze (il principe Ivan Kourakin) fu autorizzato a recarsi nel campo per celebrare il rito natalizio per i 60 internati greci. Nello stesso anno, con l'aiuto della Croce Rossa, venne istituita una piccola biblioteca, mentre nella primavera del 1942, la direzione autorizzò l'organizzazione di alcuni «corsi di lingua e cultura popolare», in buona parte gestiti dagli stessi internati. In autunno, con riferimento alle recenti disposizioni ministeriali in materia, una quindicina di internati vennero autorizzati a recarsi al lavoro nelle vicinanze del campo. L'arcivescovo di Firenze, monsignor Elia Dalla Costa, si recò nel campo piú di una volta portando conforto ai reclusi e in occasione del Natale 1942 versando la somma di 360 lire «per migliorare il vitto della giornata natalizia» di tutti gli internati.

In seguito alla caduta del regime fascista, la situazione rimase pressoché invariata. Ed anche dopo l'8 settembre 1943 il campo continuò a funzionare normalmente, in violazione alle clausole armistiziali che imponevano la liberazione degli internati. Come ha documentato Valeria Galimi, fu il questore di Firenze Mormino a prendere l'iniziativa di non liberare gli internati, giustificandola con la difficoltà delle comunicazioni. Il 22 del mese, approfittando della scarsa sorveglianza, una cinquantina di internati (tra cui alcuni ebrei) si diedero alla fuga. Altri ebrei sarebbero potuti fuggire ma non lo fecero: non tanto per i rischi connessi all'evasione, ma perché – malgrado il timore dei tedeschi – non riuscivano ancora ad immaginare che la permanenza in un edificio cosí ameno si sarebbe potuta trasformare in anticamera della deportazione nei Lager tedeschi.

Nel dicembre 1943, Villa La Selva sarebbe divenuta «campo provinciale» per ebrei rastrellati nelle province toscane (esclusa la città di Firenze). Il 15 gennaio '44, vi transitò un gruppo di ebrei stranieri rastrellati in Abruzzo (tra cui donne e bambini), che, il 26 dello stesso mese, venne tradotto a Fossoli a cura del comando germanico.Il campo cessò l'attività nel luglio del '44, in seguito ad un attacco partigiano che portò alla liberazione di una quarantina di internati.

Presenze nel campo

data	30-9-40	15-10-40	31-10-40	15-1-41	2-4-41	30-1-42	30-4-42
internati	2	10	25	127	75	180	166

data	30-1-42	31-8-43	19-1-44	15-3-44	16-4-44
internati	180	173	123	96	83

Riferimenti archivistici

Acs, Mi, Dgps, Dagr, Cat. Massime M4, f. 16 (Campi di concentramento), b. 124, s.f. 2 (Affari per provincia), ins. 15 «Firenze».

Acicr, e Sc, Service des camps, Italie (15 gennaio 1941, 2 aprile 1941, 26 agosto 1942).

CIVITELLA DELLA CHIANA (Arezzo)

Aperto nel luglio del 1940, questo campo (denominato talvolta «Villa Oliveto») ebbe sede a Oliveto, una piccola frazione del comune di Civitella della Chiana posta a 500 metri sul livello del mare e distante 4 chilometri dalla stazione ferroviaria di Badia al Pino e 16 dalla città di Arezzo. Fu allestito in una villa di campagna (Villa Mazzi, di proprietà della famiglia omonima) ch'era stata utilizzata, prima della guerra, per l'acquartieramento dei gruppi paramilitari croati che nelle campagne circostanti compivano esercitazioni militari e – per copertura – lavori agricoli. Alla direzione del campo fu preposto un ufficiale di pubblica sicurezza (nell'incarico si sarebbero susseguiti Amedeo Mascio, Vincenzo Gullino, Ferdinando Longhi, Enrico Iacono, Carlo Vitti, Carmelo Giardina e Francesco Garofano).

L'edificio, capace di accogliere un'ottantina di internati, era costituito da un piano terra e da due superiori: al primo e secondo piano erano allocati i dormitori; al pianterreno gli uffici della direzione, l'infermeria, la cucina e il refettorio. Ogni piano era provvisto di latrine, ma l'insufficiente pressione dell'acqua impedí per lungo tempo l'uso degli sciacquoni, contribuendo con ciò a rendere precarie le condizioni igieniche. Una «stanza da bagno con vasca» si trovava tra il primo e il secondo piano, e poté essere utilizzata dai reclusi, previa prenotazione, corrispondendo la somma di 3 lire a persona.

Gli internati, appartenenti alle categorie dei «sudditi nemici» (tra cui molti indiani) e degli «ebrei stranieri», cominciarono ad affluire nel luglio del 1940. Inizialmente fu permesso loro di «passeggiare» lungo tutto il tratto della strada, a piú tornanti, che porta alla villa. Ma, dal dicembre 1940, la zona consentita si ridusse al solo rettilineo antistante l'edificio. Nel gennaio del 1942 vi giunse un primo gruppo (51 persone) di ebrei con cittadinanza britannica deportati dalla Libia: uomini e donne, alcuni dei quali con l'intero nucleo familiare; e tra loro molti bambini e diverse donne in stato interessante (ben sette bambini sarebbero nati durante il periodo d'internamento). I nuovi arrivati erano in pessime condizioni igieniche e sanitarie e misero a dura prova le capacità ricettive della villa.

Alle forniture alimentari del campo provvedeva lo stesso proprietario dell'edificio (Pasquale Mazzi, piú volte accusato di speculare sui prezzi) che gestiva un piccolo spaccio. Egli provvedeva anche a fornire il vitto per gli internati, percependo per questo dalla prefettura una quota giornaliera di lire 6,50 per ogni due pasti confezionati. Frequenti furono gli invii di generi alimentari da parte della Croce Rossa. L'assistenza sanitaria – ufficialmente affidata a un medico dei dintorni – si avvalse non poco di due medici internati, un polacco e un britannico.

Le lagnanze piú frequenti riguardavano la scarsità d'acqua, l'insufficienza del vitto e dei medicinali, l'affollamento e la difficile convivenza in promiscuità. Problemi questi che, in piú occasioni, vennero messi in rilievo dai delegati della Croce Rossa Internazionale. Anche il *Foreign Office* – in relazione ai propri sudditi internati a Civitella – accusò il governo italiano, tramite la Legazione britannica a Berna, del mancato rispetto degli articoli 4, 10, 11, 12, e 13 della Convenzione del 1929 sui prigionieri di guerra, che Roma si era impegnata a osservare anche nei riguardi degli internati civili.

Nel luglio del 1942, su proposta degli ispettori generali Enrico Cavallo e Carlo Rosati, fu deciso il trasferimento dal campo dei 14 internati celibi (10 sudditi britannici tra cui 9 di religione indú, un olandese, un greco, un iraniano e uno jugoslavo), riservando cosí la villa ai soli nuclei familiari giunti dalla Libia, ai quali poi si sarebbero aggiunti dei parenti sparsi in diversi luoghi di internamento della penisola. In seguito a questo provvedimento, Civitella ebbe una popolazione esclusivamente ebraica. Ma, diversamente da quel che accadeva in altri «campi ebraici» italiani (ad esempio a Ferramonti, a Campagna e nella stessa Civitella del Tronto), non si ebbero qui forme significative di «aggregazione sociale», o di iniziative culturali e ricreative; né venne avviata una qualche attività scolastica per i tanti bambini presenti.

Il 10 settembre 1943, giunse nel campo il telegramma di proscioglimento trasmesso dal capo della polizia Senise: in ottemperanza alle clausole armistiziali, il direttore dichiarava perciò liberi gli internati. Ma i 69 ebrei anglo-libici che si trovavano ancora a Villa Mazzi, ritennero piú conveniente continuare a vivere sul posto. Col sopraggiungere delle truppe tedesche, essi tornarono a essere internati (ma con lo status di prossimi deportati) nel campo formalmente ricostituito. Il 5 febbraio 1944, gli ebrei anglo-libici vennero prelevati da un reparto delle SS e trasferiti prima nelle carceri di Firenze, quindi nel campo di Fossoli. Da qui, il 16 maggio '44, sarebbero stati deportati nell'*Aufenthslager* di Bergen Belsen. Il campo venne definitivamente chiuso in seguito all'attacco partigiano del 9 giugno 1944.

Presenze nel campo

data	15-9-40	5-12-40	14-1-41	15-10-42	15-9-43	25-12-43
internati	67	69	69	63	69	90 ca.

Riferimenti archivistici

Acs, Mi, Dgps, Dagr, Cat. Massime M4, f. 16 (Campi di concentramento), b. 114, s.f. 2 (Affari per provincia), ins. 5 «Arezzo».
Acicr, C Sc, Service des camps, Italie (14 gennaio 1941, 22 aprile 1942, 25 agosto 1942).

MONTALBANO-ROVEZZANO (Firenze)

Il campo di Montalbano (denominato talvolta «campo di Rovezzano») prese nome dal castello di Montalbano, una villa-castello appartenente alla famiglia Pardo, nel quale esso venne allestito nel giugno del 1940. Era situato nel territorio comunale di Firenze, per l'esattezza in località S. Andrea a Rovezzano.

All'edificio – posto in zona isolata, distante 6 chilometri dal capoluogo e 3 dalla stazione ferroviaria di Compiobbi – era stata attribuita una capienza di 100 posti, ma la presenza degli internati avrebbe superato appena, in alcuni periodi, le cinquanta unità. Era composto da pianterreno e primo piano e, nell'insieme, comprendeva una ventina di vani di differenti dimensioni. In due piccoli appartamenti, con ingresso autonomo, abitavano la famiglia del custode e quella di un muratore.

Nei primi mesi di funzionamento, il campo fu diretto da un vice-brigadiere che aveva alle sue dipendenze due carabinieri che si installarono in un locale precedentemente adibito a stalla. Dalla metà di maggio del 1941, fu incrementato il corpo di guardia e la direzione venne assunta dal commissario Domenico Cecchetti, dirigente d'un ufficio sezionale di pubblica sicurezza a Firenze.

Quantunque la stipula del contratto di affitto fosse avvenuta il 17 giugno 1940 e la struttura, alla fine del mese, fosse stata dichiarata in grado di funzionare, i primi internati («italiani pericolosi» e «allogeni» della Venezia Giulia) giunsero nel campo soltanto a metà aprile del 1941. Nei mesi successivi arrivarono anche internati «ex jugoslavi». In nessun caso si trattò tuttavia di donne, in quanto l'idea che originariamente aveva avuto il ministero di dedicare il castello di Montalbano a un campo femminile, in seguito era rientrata.

Le condizioni di vita furono estremamente precarie. Lo stabile, tra l'altro, era privo di energia elettrica, di riscaldamento e di docce. Nel novembre del 1941, finalmente, vennero impiantate alcune stufe, ma a beneficiarne fu soltanto la sala adibita a refettorio. Non furono ammesse mense autogestite: la cucina venne affidata a un «vivandiere» esterno (un oste della vicina frazione di Anchetta, Guido Papini), coadiuvato da un recluso (Gaetano Chimenti), ufficialmente remunerato per la sua mansione di inserviente. Con grande difficoltà venivano concessi dal direttore dei permessi di uscita dal campo, mentre alcuni internati furono autorizzati a lavorare con gli agricoltori nelle campagne prossime al «castello».

Dopo il 25 luglio 1943, la vita nel campo di Montalbano solo apparentemente continuò come prima. Difatti, le rimostranze degli internati slavi che – ormai unici «inquilini» – reclamavano l'immediata liberazione, divennero sempre piú decise. Nei primi giorni di settembre, per le reiterate proteste, alcuni di loro vennero associati alle carceri fiorentine.

Dopo l'annuncio dell'armistizio, quasi tutti gli internati ancora in carico, indisturbati, abbandonarono il campo. Esso tuttavia, seppure «a regime ridotto», funzionò anche dopo gli avvenimenti dell'8 settembre 1943 e rimase operante sotto la Repubblica di Salò – per internati italiani «di razza ariana» – fino all'estate dell'anno successivo.

Presenze nel campo

data	1-3-42	12-10-42	31-8-43	10-3-44	15-4-44
internati	24	52	56	18	18

Riferimenti archivistici

Acs, Mi, Dgps, Dagr, Cat. Massime M4, f. 16 (Campi di concentramento), b. 124, s.f. 2 (Affari per provincia), ins. 15/3.

Marche

FABRIANO (Ancona)

Il campo di Fabriano venne allestito, nel settembre del 1940, in un'ala del collegio Gentile, di proprietà dell'Ordine di Nostra Signora della Misericordia. Dopo la stipula del contratto d'affitto, furono compiuti dei lavori di adattamento dei locali destinati al campo che, sino al mese di luglio, erano stati utilizzati come caserma. In una porzione separata dello stabile continuarono, invece, a risiedere alcuni giovani convittori affidati alle cure dei frati.

Situato in via Cavour, a circa 500 metri dalla stazione dei carabinieri, l'edificio era costituito da due corpi di fabbrica uniti ad angolo acuto. La parte adibita a «campo» – giudicata idonea ad accogliere 180 persone – era composta da un piano terra e da uno superiore e comprendeva una dozzina di ambienti, tra cui quattro camerate capaci di accogliere una cinquantina di brande per ciascuna. Sempre al pianterreno vi erano un lungo corridoio (di 3 metri per 34), che fu adibito a refettorio, e un altro ambiente utilizzato come posto di guardia. Annessi al fabbricato c'erano un orto e un grande cortile dove trovavano posto la cucina e un certo numero di latrine e lavabi. Con l'arrivo dell'inverno quasi tutti i locali vennero attrezzati di stufe a legna.

Nel campo – diretto da un funzionario di pubblica sicurezza coadiuvato da alcuni agenti, e «sorvegliato» dai carabinieri – i primi internati giunsero verso la metà di ottobre del 1940. Erano tutti appartenenti alla categoria degli «italiani pericolosi», mentre in seguito sarebbero stati reclusi anche «ex jugoslavi».

Il 14 aprile 1941, in prossimità della Pasqua, il campo venne visitato dal nunzio apostolico presso il governo italiano. Nell'estate del 1942, ventitre internati furono autorizzati a prestare la propria manodopera per il ripristino del ponte sul fiume Esino, nella frazione Pianello del comune di Castelbellino, sempre in provincia di Ancona. Per vigilare sugli internati in trasferta, presso il cantiere venne allora istituito un posto di guardia composto da tre carabinieri. Anche altri internati del campo di Fabriano prestarono la loro manodopera, come operai e artigiani, in officine e cantieri della zona.

Le condizioni di vita, inizialmente non furono molto rigide, e agli internati era consentito di uscire, sotto scorta, in occasione di visite mediche specialistiche o di acquisti collettivi particolari. La situazione peggiorò col tempo per le maggiori restrizioni imposte dalla guerra, ma anche perché, con l'arrivo di internati «ex jugoslavi» (per la gran parte si trattava di croati deportati dalla Dalmazia), la disciplina e la sorveglianza divennero piú rigorose.

Alcuni slavi che tentarono di evadere furono trasferiti nei campi posti sulle isole; altri vennero temporaneamente avviati al carcere di Ancona. Nel maggio del 1943, il segretario del Partito fascista Carlo Scorza lamentava il fatto che, presso questo penitenziario, alcuni «partigiani della Balcania» in forza al campo di Fabriano, svolgessero tenace propaganda comunista presso i detenuti comuni. Pertanto egli invitava il sottosegretario all'Interno, Albini, a impartire quanto prima «le disposizioni del caso».

Tra il 25 luglio e l'8 settembre 1943 la maggior parte degli internati venne prosciolta o riuscí ad allontanarsi dal campo di propria iniziativa. Ma il campo di Fabriano riprese a funzionare sotto la Repubblica sociale italiana. Il 14 ottobre 1943, l'Intendenza di Finanza di Ancona, dovendo allontanare i propri uffici dalla città per sottrarli ai bombardamenti nemici, chiese al capo della provincia l'autorizzazione per poter insediare l'Ufficio tecnico erariale nei locali del collegio «Gentile». Ma la richiesta non venne accolta. Fabriano funzionò anche sotto la Rsi: il 19 febbraio '44, 120 internati vennero consegnati ai tedeschi che li trasferirono nel campo di Calvari di Chiavari. Dalla documentazione d'archivio risulta ancora operante nell'aprile del 1944.

Presenze in alcuni momenti della vita del campo

data	21-11-40	31-3-41	30-6-42	15-10-42	31-8-43	29-2-44
internati	20	72	90	61	72	12

Riferimenti archivistici

Acs, Mi, Dgps, Dagr, Cat. Massime M4, f. 16 (Campi di concentramento), b. 114, s.f. 2 (Affari per provincia), ins. 2 «Ancona» (2/6, 2/7).
Acs, Mi, Dgps, Cat. A5G II Guerra mondiale, b. 66.

PETRIOLO (Macerata)

Con destinazione esclusivamente femminile (vi furono internate «suddite nemiche» ed «ebree straniere»), questo campo cominciò a funzionare nel dicembre del 1942 in seguito all'evacuazione di quello di Treia. Anch'esso venne attrezzato in una dimora di campagna (Villa Savini, detta anche «La Castelletta»), di proprietà della famiglia Savini-Brandimarte, ritenuta idonea ad accogliere una sessantina di persone.

L'edificio – individuato a suo tempo dall'ispettore Lò Spinoso – era di recente costruzione e sorgeva in contrada Castelletta a due chilometri dal centro urbano di Petriolo e a sette dallo scalo ferroviario piú vicino, quello di Corridonia. Cintato con rete metallica, si componeva di un pianterreno e di due piani soprastanti, per complessive 14 camere. La cucina era di tipo moderno con fornace a legna e fornelli elettrici. Disponeva inoltre di quattro servizi igienici, di un piccolo giardino, dov'era sistemata la legna da ardere, e di un locale annesso dove venne attrezzato il posto di guardia per i carabinieri.

Il contratto di affitto fu firmato dalla prefettura il 29 luglio 1942, ma, per l'eccessiva e un po' pretestuosa durata dei lavori di adattamento dei locali (la ditta appaltatrice venne addirittura denunciata per frode), il trasferimento delle internate dal campo di Treia si poté realizzare solamente il 13 dicembre.

Nei giorni dell'armistizio tutte le internate abbandonarono la villa.

Presenze nel campo.

data	13-12-42	31-8-43
internati	28	24

Riferimenti archivistici

Acs, Mi, Dgps, Dagr, Cat. Massime M4, b. 129, f. 16 (Campi di concentramento), s.f. 2 (Affari per provincia), ins. 22/13 «Petriolo. Villa La Castelletta».
Acicr, C Sc, Service des camps, Italie (23 agosto 1943).

POLLENZA (Macerata)

Questo campo, aperto nel giugno 1940, fu allestito a «Villa Lauri», un'imponente tenuta di campagna di proprietà della famiglia Ciccolini-Costa, situata in contrada Santa Lucia, a circa un chilometro di distanza dalla stazione ferroviaria di Pollenza. Circondata da un parco delimitato da una cancellata in legno, la villa era costituita da un piano terra e due superiori, e comprendeva una trentina di camere ritenute idonee ad accogliere un centinaio di persone. Al pian terreno vennero allestiti la cucina e il posto di guardia per i carabinieri; al primo piano un'infermeria che – cosa piuttosto insolita per i campi di questo tipo – comprendeva persino tre letti di degenza.

Quello di Pollenza fu un campo femminile, accogliendo quasi esclusivamente internate straniere di nazionalità nemica e «allogene» della Venezia Giulia. Le prime di esse giunsero il 26 giugno 1940; il 12 febbraio del 1942 vi approdarono, in blocco, le 65 internate evacuate dal campo di Lanciano.

Non disponendo di un proprio direttore, il campo era semplicemente «amministrato» da un funzionario di pubblica sicurezza (prima Domenico Petriccione, poi Giulio De Mase) coadiuvato da una direttrice (Annunziata Spada, a cui succedette Rosina Spadoni) e da un piccolo gruppo di agenti. Tuttavia, a cadenza settimanale, veniva ispezionato dal direttore del non lontano campo di Urbisaglia, del quale – di fatto – Villa Spada era considerata la *dépendance* femminile.

Le condizioni dell'edificio erano piuttosto buone: l'acqua era abbondante e, dal giugno 1941, entrarono in funzione delle docce provviste di scaldabagno. Durante il giorno, le internate potevano frequentare il parco che circondava la villa, e alla domenica, per un certo periodo, fu loro concesso di recarsi a messa. Per interessamento della Nunziatura apostolica, un sacerdote, di tanto in tanto, si recava nel campo a confessare le recluse di fede cattolica.

Tra la direzione e le internate i rapporti non sempre furono facili. Nella primavera del '43, una di esse, Dolores Barreiro, fu denunciata per oltraggio al dirigente del campo; e, durante l'interrogatorio dell'autorità giudiziaria, la donna dichiarò d'essere stata schiaffeggiata dallo stesso. Un'altra reclusa, Hildegarde Simon, degente in ospedale per un'accertata patologia del ginocchio informò la questura d'essere stata accusata di simulazione e costretta a percorrere a piedi i sei chilometri che separavano il campo dall'ospedale.

Come nelle altre strutture d'internamento, anche a Pollenza le condizioni di vita differivano non poco a seconda della «categoria» dei reclusi: le «particolari attenzioni serbate dalla direzione verso le internate inglesi» – affermava l'ispettore generale Nicola Lorito in un rapporto del 15 ottobre 1941 – creavano nel campo «dissapori e invidie pregiudizievoli per la disciplina». Tant'è che – al fine di eliminare le «disomogeneità» – l'alto funzionario propose al ministero il trasferimento delle otto suddite britanniche presenti a Treia.

Dopo l'8 settembre 1943 la maggior parte delle internate riuscirono ad abbandonare Villa Lauri, anche se, nelle settimane successive, molte di esse vennero rastrellate nei dintorni da nazisti e fascisti, che le riportarono nel campo. Da qui, nel primo pomeriggio del 30 settembre, esse vennero avviate nell'ex campo per prigionieri di guerra di Sforzacosta, trasformato ormai in luogo di raccolta per ex internati ed altri civili. Il campo di Pollenza dal 18 gennaio '44, riprese a funzionare alle dipendenze della Rsi. Il 7 febbraio vi furono portati 50 ex internati ebrei (uomini e donne) fuggiti dai campi della zona dopo l'8 settembre '43. Il 29 febbraio 44 erano presenti 46 internati (23 uomini, 21 donne e 2 bambini). A metà marzo del '44, il campo venne attaccato dai partigiani: sei ebrei riuscirono ad evadere aggregandosi agli assalitori.

Il 31 marzo '44, un reparto di SS giunto appositamente a Villa Lauri, trasferí a Fossoli i 44 ebrei ancora nel campo.

Presenze nel campo

data	26-6-40	1-8-40	8-3-41	25-1-42	19-10-42	31-8-43	13-4-44
internati	3	28	54	9	80	103	50

Riferimenti archivistici

Acs, Mi, Dgps, Dagr, Cat. Massime M4, b. 128, f. 16 (Campi di concentramento), s.f. 2 (Affari per provincia), ins. 22/4 «Macerata. Villa Lauri di Pollenza».

Acicr, C Sc, Service des camps, Italie (18 gennaio 1941, 26 giugno 1942, 23 agosto 1943).

SASSOFERRATO (Ancona)

Questo campo fu uno degli ultimi a entrare in funzione tra quelli gestiti dal ministero dell'Interno. Il contratto per l'affitto dello stabile venne siglato nell'agosto del 1942, e in settembre vennero avviati i lavori di ristrutturazione, anche se il campo poté cominciare la sua attività soltanto il 27 febbraio del 1943.

Allestito nei locali dell'ex monastero di Santa Croce, un edificio ampio e luminoso nel quale vivevano ancora tre religiosi, il campo occupava la struttura, di proprietà dei padri camaldolesi, era costituita da un piano terra e da due superiori con una capienza giudicata sufficiente ad accogliere 130-140 internati. Al primo e secondo piano le numerose stanze potevano accogliere quattro letti per ognuna, mentre al pianterreno, oltre alla cucina e ad alcune altre camere, si trovavano il chiostro e un refettorio per oltre cento persone.

Il campo sorgeva a un chilometro e mezzo dalla stazione ferroviaria e a poco piú di due chilometri dal centro abitato di Sassoferrato. Fu amministrato dal podestà locale, ma, una volta alla settimana, veniva «visitato» dal commissario Antonio Vecchio, direttore del vicino campo di Fabriano. Ai servizi di vigilanza erano impiegati i carabinieri che istituirono un posto di guardia comprendente un graduato e cinque militari; all'amministrazione e al servizio d'ordine interno vennero assegnati alcuni agenti di pubblica sicurezza. Gli internati erano «allogeni» ed «ex jugoslavi», e affrontarono un regime d'internamento analogo a quello vigente nel campo di Fabriano.

La caduta di Mussolini non mutò la condizione dei reclusi. Alla data del 3 settembre 1943, quando il campo fu visitato dal delegato del Comitato internazionale della Croce Rossa, erano ancora presenti 37 internati: 34 sloveni e 3 croati, originari delle province di Gorizia, Fiume e Zara. Il campo cessò di funzionare il 15 settembre 1943 – ad appena sette mesi dalla sua apertura – con la liberazione degli internati ancora presenti. Da alcuni documenti, risulta che sia stato riattivato, per qualche periodo, dalla Rsi.

Presenze nel campo

data	31-3-43	1-5-43	31-8-43
internati	60	30	38

Riferimenti archivistici

Acs, Mi, Dgps, Dagr, Cat Massime M4, f. 16 (Campi di concentramento), b. 114, s.f. 2 (Affari per provincia), ins. 2/8.
Acicr, C Sc, Service des camps, Italie (2 settembre 1943).

URBISAGLIA (Macerata)

Aperto il 1° giugno 1940, questo fu uno dei primi campi del ministero dell'Interno a entrare in funzione. Venne allestito nella villa dei principi Giustiniani-Bandini, situata a circa un chilometro dall'abitato di Urbisaglia. L'edificio, che fu utilizzato già durante la prima guerra mondiale per l'internamento di prigionieri di guerra, è attiguo alla celebre abbadia gotica di Chiaravalle di Fiastra, posta sulla linea di confine tra i territori comunali di Tolentino e Urbisaglia.

Al pian terreno dello stabile, un grande salone venne utilizzato come refettorio e fu riattivata la vecchia cucina preesistente. Nei piani superiori (in grandi stanzoni al primo piano e in piccole camere nel secondo piano e nel sottotetto) vennero attrezzati un centinaio di posti-letto. La gestione della mensa fu affidata a una cuoca di Tolentino coadiuvata da alcuni inservienti.

Il campo era diretto da un commissario di pubblica sicurezza affiancato da alcuni agenti. In ordine di tempo, nell'incarico di direttore si susseguirono diversi funzionari (Mario Bitozzi, Giuseppe Franco, Paolo Spetta e Umberto Leproni), che ebbero competenza anche sul vicino campo di Pollenza, mentre alla vigilanza esterna vennero assegnati alcuni carabinieri che disponevano di una postazione fissa attrezzata all'interno della villa.

I primi internati, ebrei italiani, giunsero nel campo il 16 giugno 1940, mentre a fine luglio arrivarono un'ottantina tra ebrei stranieri e apolidi (tedeschi, austriaci, polacchi, rumeni). A partire dalla primavera del 1941, giunsero degli «allogeni» giuliani e, dal 1942, degli «ex jugoslavi». Per periodi non lunghi furono internati a Urbisaglia anche dei «sudditi nemici».

Il gruppo ebraico italiano comprendeva una sessantina di persone tra cui figure piuttosto note come Raffaele Cantoni, Carlo Alberto Viterbo, Eucardio Momigliano, Gino Pincherle, Renzo Bonofigli, Odoardo Della Torre, e Leone Del Vecchio.

Nei primi due anni di attività, il campo offrí condizioni materiali piuttosto tollerabili. L'edificio possedeva un impianto di riscaldamento e si trovava in discreto stato di conservazione. Durante i primi mesi di attività gli internati ebbero anche la possibilità di ascoltare un apparecchio radio che si erano procurati con una sottoscrizione. La disponibilità di un parco ampio e rigoglioso – che circondava la villa – influiva positivamente sulle condizioni psicologiche dei reclusi, che avevano una certa possibilità di movimento: potevano, infatti, lavorare con i contadini all'aria aperta nella tenuta dei principi Giustiniani-Bandini, e, a turno, recarsi a Urbisaglia o a Macerata per effettuare acquisti collettivi o particolari visite mediche. Inoltre, senza difficoltà, potevano ricevere visite dai propri congiunti.

Gli ebrei ebbero a loro disposizione una stanza per adattarvi una sinagoga, e costituirono un «comitato di assistenza» che forní un sostegno economico mensile ai correligionari piú bisognosi. Per tutti gli internati, vennero organizzati corsi di lingue e fu allestita una piccola biblioteca; mentre l'assistenza sanitaria venne ufficialmente affidata a un ebreo austriaco, il dottor Paul Pollak, remunerato mensilmente dal ministero dell'Interno.

Tra gli aspetti piú spiacevoli – specialmente nei primi mesi – va ricordato il sovraffollamento. Per questo problema, Raffaele Cantoni – appellandosi alle norme internazionali poste a tutela della prigionia di guerra – rivolse una ferma protesta alla direzione del campo. Ma, per tutta risposta, venne trasferito punitivamente, quale «sobillatore», al campo delle isole Tremiti. Da segnalare negativamente anche il comportamento di due agenti di pubblica sicurezza (Cosimo Carlucci e Antonio Di Stefano) che – come risulta da un rapporto stilato nel settembre 1941 dal direttore del campo – si resero colpevoli di atti vessatori nei confronti degli internati. Nell'inverno 1942-43, inoltre, anche in questo campo si registrarono frequenti casi di malattie da denutrizione.

La caduta di Mussolini, il 25 luglio '43, non cambiò lo status degli internati di Urbisaglia (all'epoca stranieri e «allogeni»). Dopo l'8 settembre, poi, diffondendosi sia tra i reclusi che tra il personale di custodia della paura di cadere nelle mani dei tedeschi, molti internati decisero di fuggire. Altri, invece, non avendo denaro e non sapendo dove rifugiarsi, rimasero ancora nell'edificio del campo.

Il 13 settembre 1943, dando seguito alle disposizioni generali impartite dal capo della polizia, il direttore prosciolse formalmente gli internati ancora presenti nella villa. Ma, il 27 dello stesso mese, su disposizione della questura di Macerata, a tutti gli ex internati venne ingiunto di rientrare nel campo. La maggior parte ubbidí alla nuova disposizione, prestando fede alle autorità che si dichiaravano garanti della loro incolumità. Ma, sia gli internati rientrati spontaneamente, sia quelli rastrellati nelle campagne (compresi molti reduci dei vicini campi di Pollenza e Petriolo: oltre 100 persone, tra uomini e donne), tra il 29 e il 30 settembre '43, furono caricati su alcuni camion scortati da soldati tedeschi, e trasferiti nel campo per prigionieri di guerra numero 53, situato a Sforzacosta, una frazione di Macerata. Questo campo, che fungeva ora da centro di raccolta per i civili rastrellati nella zona, rimase formalmente sotto la direzione e la sorveglianza degli italiani fino al 23 ottobre 1943. Gli internati ebrei e quelli «ariani» concentrati a Sforzacosta dopo l'8 settembre '43, subirono destini diversi: a) gli «ariani» raggiunsero il campo di Fossoli il 28 gennaio '44 con un convoglio organizzato dalla prefettura di Macerata; b) gli ebrei, dopo un singolare periodo di *internamento libero* nel centro storico di Urbisaglia e uno di internamento «normale» nell'ex campo di Pollenza, furono trasferiti a Fossoli dalle SS il 31 marzo '44, quando, tra uomini e donne, ammontavano a 44 persone.

Presenze nel campo

data	5-7-40	1-8-40	8-3-41	15-6-42	15-10-42	1-7-43	8-9-43
internati	31	123	72	107	94	83	85

Riferimenti archivistici

Acs, Mi, Dgps, Dagr, Cat. Massime M4, b. 128, f. 16 (Campi di concentramento), s.f. 2 (Affari per provincia), ins. 22 «Macerata».
Acicr, C Sc, Service des camps, Italie (23 agosto 1943).

TREIA (Macerata)

Questo campo, esclusivamente femminile, fu aperto nel giugno 1940 in contrada Passo di Treia, a qualche chilometro di distanza dall'omonimo centro abitato. Venne allestito nell'edificio di Villa Spada (detta anche «Villa La Quiete»), un'ampia dimora di campagna di proprietà dei conti Vannutelli, circondata da un parco e posta sopra una sporgenza naturale.

Fornita di impianto idrico, elettrico e telefono, la villa era composta da pianterreno e primo piano, per complessivi trenta vani di varia grandezza. Possedeva inoltre due bagni, quattro servizi igienici e un cortile interno con due grandi verande.

Giudicato idoneo ad accogliere un centinaio di internate, il campo fu diretto da un funzionario di Pubblica Sicurezza (inizialmente Nicola Martinez, quindi Carmine Ferrigno) coadiuvato da una direttrice (si susseguirono, nell'incarico, Luisa Marchesini, Alberta Cannara e Irma Mancini). Il servizio di guardia veniva espletato dai carabinieri che istituirono una loro piccola postazione all'interno dell'edificio.

Le prime internate, tutte straniere (soprattutto inglesi e francesi), giunsero alla fine di giugno del 1940: al 1° di agosto se ne contavano 37, tra le quali ben 15 ebree.

Anche la situazione igienico-sanitaria lasciava a desiderare (molto frequenti furono le infestazioni di parassiti), le condizioni di vita delle «suddite nemiche» furono sopportabili perché sostenute dagli arrivi di pacchi contenenti viveri e altri generi di conforto, inviati dalla Croce Rossa e dai governi d'appartenenza delle recluse. La «gestione» dei numerosi aiuti inviati alle internate inglesi fu oggetto di ripetute polemiche: una denuncia anonima fatta pervenire al capo della polizia nell'aprile del '41, sosteneva esplicitamente che i pacchi venivano manomessi e non tutto il loro contenuto andava a finire nelle mani delle destinatarie.

A qualche giorno dalla sua apertura, il campo fu visitato dal vescovo di S. Severino e Treia. Frequenti furono i sopralluoghi dei rappresentanti della Croce Rossa Internazionale, dell'Ambasciata americana e della Legazione svizzera, che denunciarono le deficienze strutturali dello stabile: in particolare, del tetto, dei servizi e della vecchia fornace. Ma poiché le spese di ristrutturazione risultavano rilevanti e i proprietari dello stabile si rifiutavano di farsene carico, l'ispettore di pubblica sicurezza Rosati, in data 3 aprile 1942, indirizzò una lettera al ministero dell'Interno con la quale prospettava l'opportunità di disdire il contratto di affitto e trasferire il campo «in altro idoneo fabbricato». Peraltro, qualche giorno prima, per cause non chiare, era scoppiato un incendio che aveva aggravato le già precarie condizioni della villa.

Nel giugno del 1942 – visto il rifiuto dei proprietari dell'edificio di farsi carico degli urgenti lavori di riparazione – le autorità giunsero effettivamente alla determinazione di evacuare la struttura d'internamento. Ma soltanto nel mese di dicembre, il campo trovò nuova ubicazione nella poco distante cittadina di Petriolo.

Nei mesi successivi alla chiusura del campo, Villa Spada venne ancora utilizzata dal governo: vi furono sistemati 52 «sudditi dell'Africa Orientale Italiana» che erano stati addetti alla «Mostra delle Terre d'Oltremare» a Napoli. Il 28 ottobre '43 l'edificio venne assalito da un gruppo partigiano.

Presenze nel campo

data	5-7-40	1-10-40	8-3-41	30-4-42	19-10-42
internati	28	40	40	28	27

Riferimenti archivistici.

Acs, Mi, Dgps, Dagr, Cat. Massime M4, b. 128, f. 16 (Campi di concentramento), s.f. 2 (Affari per provincia), ins. 22/2 «Macerata. Villa La Quiete di Treia».

Acicr, C Sc, Service des camps, Italie (18 gennaio 1941, 27 giugno 1942).

Umbria

COLFIORITO (Perugia)

Nel 1940 un campo per internati civili fu allestito dal ministero dell'Interno nell'ex poligono di tiro di Colfiorito, frazione montana del comune di Foligno. La vecchia struttura militare, che dal 1885 al 1925 era stata utilizzata dall'esercito per le esercitazioni estive, apparteneva ora al demanio e comprendeva undici capannoni. Già nel giugno del 1936, l'ex poligono (quando apparteneva al ministero delle Finanze) venne ritenuto idoneo per il concentramento di «elementi pericolosi». Nel giugno del 1939, in vista di una tale utilizzazione, il ministero dell'Interno ottenne l'uso parziale dell'area, e avviò alcuni lavori diretti alla messa in funzione del 10° capannone e a dotare il complesso di una camera di sicurezza, di un telefono e di una robusta recinzione perimetrale. Il capannone risistemato accolse infatti dei confinati albanesi, i primi dei quali vi giunsero nell'agosto del 1939 e rimasero nel territorio di Colfiorito sino alla primavera del 1940.

Nell'aprile dello stesso anno, in seguito al sopralluogo dell'ispettore Guido Lo Spinoso, l'ex poligono di Colfiorito fu dichiarato idoneo a ospitare un campo per internati civili di guerra. Tra maggio e giugno, furono perciò compiuti nuovi lavori di ristrutturazione che approntarono un capannone per il corpo di guardia e un altro per i servizi di mensa e cucina. Al termine fu ordinata una fornitura di casermaggio per 200 persone. Il campo, che in realtà ospitò un centinaio di internati, fu uno dei primi a entrare in funzione nel giugno del 1940, diretto da un funzionario di pubblica sicurezza coadiuvato da alcuni agenti. Il servizio di vigilanza venne assicurato dai carabinieri; l'assistenza sanitaria dal medico condotto di Annifo, una borgata non molto distante.

L'internamento a Colfiorito fu condizionato dai rigori del clima (il sito era posto a 770 metri sul livello del mare) e dall'umidità dovuta alla vicinanza di una palude. Si deve aggiungere inoltre che i capannoni, destinati originariamente a scuderie, erano sprovvisti di stufe e di soffittature, e che l'abbigliamento degli internati non era per niente adatto ad affrontare i rigori dell'inverno. Significativo è il fatto che il questore Ernesto De Marco, nominato direttore del campo nel novembre del 1940, preferí alloggiare in una pensione privata piuttosto che restare nel suo ufficio dove si era ammalato di bronchite.

Gli internati furono «italiani pericolosi» e «allogeni» della Venezia Giulia. Tra gli altri si ricordano Eugenio Musolino, dirigente comunista già condannato dal Tribunale speciale nel 1928, che giunse nel campo il 31 luglio 1940, e Lelio Basso, già confinato a Ponza nel 1928, giunto a Colfiorito il 23 agosto 1940.

Inizialmente le razioni alimentari erano sufficienti, ma, col sopraggiungere dell'inverno e delle conseguenti maggiori difficoltà di approvvigionamento, risultarono sempre piú scarse, sia quantitativamente che qualitativamente. Gli internati, per protesta, effettuarono allora un clamoroso sciopero della fame, in seguito al quale molti di loro vennero trasferiti punitivamente in altri campi.

In novembre, un'eccezionale ondata di freddo mise a rischio la vita stessa dei reclusi, molti dei quali vennero colpiti da tubercolosi. Peraltro, nessun settore del campo era riscaldato: neppure la mensa (che solo alla fine di novembre sarebbe stata dotata di due stufe a legna) o gli altri ambienti comuni. Nel mese di dicembre, finalmente, resosi conto che la situazione abitativa era ormai insostenibile, il ministero dell'Interno dispose che i 114 internati di Colfiorito venissero trasferiti nei campi di Fabriano, Manfredonia, Pisticci, Tremiti, Monteforte e Ariano. La loro evacuazione si sarebbe conclusa entro il 23 gennaio 1941.

Cosí, ad appena sette mesi dall'apertura, il campo di Colfiorito cessava di esistere. Ma, qualche tempo dopo, sarebbe stato ampliato e riattivato (per internati «ex jugoslavi») alle dipendenze dell'Autorità militare.

Presenze nel campo

data	15-12-40
internati	114

Riferimenti archivistici

Acs, Mi, Dgps, Dagr, Cat. Massime M4, b. 132, f. 16 (Campi di concentramento), s.f. 2 (Affari per provincia), ins. 29/1 «Colfiorito».

Lazio

CASTEL DI GUIDO (Roma)

Questa struttura d'internamento fu concepita dal ministero dell'Interno come «centro di lavoro» (sul modello della colonia di Pisticci) ed ebbe sede nella tenuta di Castel di Guido, di proprietà del Pio Istituto Santo Spirito ed Ospedali Riuniti. Il suo nucleo centrale si trovava a sette chilometri circa dalla stazione ferroviaria di Maccarese, in provincia di Roma.

Alla fine del 1941, nella tenuta di Castel di Guido furono avviati dal Governatorato di Roma (che aveva ottenuto la cessione di 1200 ettari di terreno) dei lavori per la costruzione di alcune case (ufficialmente destinate «agli sfrattati») e di un «centro di lavoro» (comprendente dormitori, refettori, cucine e servizi accessori e capace di accogliere fino a 100 persone) gestito da Eugenio Parrini.

In attesa di affidare il «centro» ai destinatari definitivi, dalla primavera del 1942, esso ospitò internati civili (soprattutto per motivi politici), e anche alcuni confinati. Tutti quanti furono utilizzati dal Parrini, come manodopera a basso costo, nella tenuta agricola che si estendeva da Castel di Guido (piccolo centro a venti chilometri dalla capitale) sino a Maccarese e comprendeva importanti coltivazioni di ortaggi e frutteti. Nella sua parte piú pianeggiante, verso la stazione (e soprattutto attorno a un caseggiato chiamato «Le Pulci»), la tenuta era coltivata a grano; per il resto il terreno era dedicato al pascolo. Nei paraggi si trovavano inoltre delle cave di pozzolana, estratta per lavori di muratura.

La struttura d'internamento (il cui nucleo direzionale era posto nei pressi della via Aurelia) era diretta da un brigadiere dei carabinieri coadiuvato dal responsabile dell'azienda Parrini. Internati e confinati alloggiavano al primo piano di un grande stabile attrezzato con materiale di casermaggio sufficiente ad accogliere una cinquantina di persone. Al pianterreno avevano sede le stalle; nelle vicinanze gli alloggi della dirigenza e la caserma dei carabinieri; in un caseggiato poco distante, la mensa comune, l'officina e la falegnameria. Il piccolo borgo comprendeva pure l'abitazione di due o tre famiglie, e una piccola bottega dove si vendeva un po' di tutto.

La maggior parte dei reclusi lavorava direttamente per l'azienda agricola, ma alcuni di loro svolgevano attività artigianali autonome e mansioni di muratore, falegname e meccanico, sempre al servizio del Parrini. Il lavoro non era imposto obbligatoriamente, ma la possibilità di stare otto ore e mezza all'aria aperta nonché quella di ottenere la paga giornaliera di 10 lire in aggiunta al normale *sussidio*, lo rendevano piuttosto appetibile. Anche perché, chi sceglieva di non lavorare, doveva trascorrere il proprio tempo restandosene segregato in camerata.

Nonostante l'internamento si svolgesse in condizione di relativo privilegio, anche a Castel di Guido la repressione era pronta a scattare alla minima protesta, col conseguente trasferimento a Regina Coeli di quanti avevano commesso «insubordinazioni».

Alla notizia della caduta di Mussolini, i dirigenti del «centro» si resero per qualche giorno irreperibili. Il 31 luglio 1943 si ebbero i primi proscioglimenti ufficiali, ma la struttura continuò a funzionare ancora persino dopo l'8 settembre. Il 29 ottobre '43, il questore di Roma comunicava alla Direzione generale di pubblica sicurezza: «Il Grand'ufficiale Parrini, già rappresentante del Governatorato del Centro di Lavoro di Castel di Guido, dove erano occupati internati e confinati, ha sospeso i lavori stessi ed ha ritirato il materiale di casermaggio». Il questore chiedeva, perciò, di conoscere le determinazioni del ministero dell'Interno «sulla sorte dei confinati tuttora presenti in detto Centro di Lavoro».

Pochi giorni dopo vennero prosciolti gli ultimi «lavoratori» e il «centro» venne chiuso.

Riferimenti archivistici

Acs, Spd-Co, f. «Maccarese, Società Anonima Bonifiche», b. 535219 e b. 509396/7.

Acs, Mi, Dgps, Dagr, Cat. Massime M4, b. 145, f. 18 (Località di internamento), s.f. 2 (Affari per provincia), ins. 57 «Roma», s.f. 3 «Castel di Guido, Centro di lavoro».

FRASCHETTE (Frosinone)

Quello di Fraschette, progettato come campo di concentramento per prigionieri di guerra, sorse su un pianoro rotondeggiante di 600 metri di diametro, in località Le Fraschette, una conca naturale alle falde del monte Fumone distante circa 4 chilometri dal comune di Alatri. Cominciò a funzionare nel luglio del 1942, quando venne approntato un primo nucleo abitativo per 1000 persone.

La sua costruzione era stata avviata alla fine di dicembre del 1941, e in base al progetto avrebbe potuto accogliere 7000 soldati prigionieri. In corso d'opera, tuttavia, venne cambiata destinazione e, di conseguenza, la tipologia delle strutture abitative; furono cosí realizzate circa 200 baracche idonee ad accogliere una popolazione composta in gran parte da nuclei familiari. L'intento, infatti, era quello di farne un «villaggio accantonamento profughi» da affidare all'Ispettorato per i servizi di guerra, l'organismo governativo responsabile della sistemazione degli sfollati. Ma, per ragioni legate allo sviluppo delle operazioni belliche, anche questo secondo proposito decadde, e la baraccopoli delle Fraschette divenne infine un «campo di concentramento» per internati civili.

La struttura era delimitata da una staccionata in legno, intervallata da una ventina di garitte attorno alle quali i carabinieri effettuavano il servizio pattugliamento. All'interno del campo, invece, agenti di pubblica sicurezza svolgevano i compiti di polizia. Rispetto agli altri campi amministrati dal ministero dell'Interno, quello di Fraschette (diretto dal commissario Stanislao Rodriguez cui successe Giovanni Fantussati) ebbe delle importanti peculiarità: 1) fu sottoposto alla Direzione generale servizi di guerra, mentre alla Direzione generale di pubblica sicurezza vennero affidati soltanto compiti «di sicurezza»; 2) si configurò principalmente come luogo d'internamento per nuclei familiari, in particolare per donne e bambini; 3) non forní agli internati alcun *sussidio* in denaro, ma solamente i pasti, preparati da cucine militari appositamente impiantate sul posto.

Dall'apertura del campo, gradualmente, il numero degli internati andò progressivamente aumentando, attestandosi infine sulle 4500 unità. I primi di essi arrivarono nell'ottobre del 1942: erano anglo-maltesi, deportati dalla Libia. Complessivamente gli anglo-maltesi internati alle Fraschette furono 950: all'incirca la metà dell'intera loro comunità evacuata dalla Libia.

A fine ottobre, giunse nel campo il primo di una lunga serie di trasporti di «ex jugoslavi»: era composto da 90 donne e 164 minorenni (molti dei quali bambini in tenera età) provenienti dal campo di concentramento di Melada, in Dalmazia. Civili jugoslavi vi giunsero anche da altre località d'internamento, dopo che, nel gennaio del 1943, il ministero dell'Interno dispose che i «congiunti dei ribelli» venissero accentrati alle Fraschette di Alatri. Complessivamente, gli «ex jugoslavi» internati nel campo laziale furono circa 2900, un migliaio dei quali giunse direttamente dal campo di Melada.

Nella seconda metà di febbraio del 1943, cominciarono a giungere a Fraschette i primi internati provenienti dalla Venezia Giulia. Per disposizione di quel famigerato Ispettorato speciale di pubblica sicurezza ne sarebbero arrivati complessivamente un migliaio: 800 direttamente dalla Venezia Giulia, e 200 per trasferimento dal campo di concentramento di Cairo Montenotte.

Dal maggio del '43, inoltre, il campo delle Fraschette divenne il punto di approdo per un numero consistente di deportati italiani e stranieri (specialmente di sesso femminile) che il ministero dell'Interno decise di evacuare dalle isole di Ustica, Ponza e Ventotene. Da Ustica, tra maggio e giugno, giunsero circa 260 tra internati e confinati (tra di loro piú di 200 erano donne); da Ponza 54 tra donne e bambini (poiché i 541 uomini relegati sull'isola furono trasferiti nel campo di Renicci); da Ventotene, infine, il 24 agosto 1943, 7 internate e 5 confinate.

Nel campo (le cui strutture non erano state completamente ultimate) le condizioni igienico-sanitarie furono estremamente precarie: le baracche, in legno, erano umide e fredde; la rete fognaria «scorreva» a cielo aperto; le latrine erano assolutamente insufficienti come numero e posizionate a troppa distanza dalle baracche. Anche l'assistenza medica, effettuata da un sanitario locale, lasciava a desiderare. L'organizzazione e la gestione delle cucine e della mensa fu affidata a un distaccamento di fanteria dell'esercito composto – tra ufficiali e soldati – da una cinquantina di addetti. Ai servizi di guardia provvedevano inizialmente 20 carabinieri e 8 agenti di pubblica sicurezza. In seguito i carabinieri impiegati furono 120 e gli agenti una cinquantina.

L'esile recinzione perimetrale (poco piú che simbolica, fatta com'era da piccoli paletti di legno) permise facilmente la fuga a quegli internati che tentavano di procurarsi del cibo chiedendo l'elemosina nei paesi vicini. Ma le condizioni di vita riscontratesi tra i reclusi furono, ovviamente, diversificate. I maltesi, riconosciuti come «sudditi nemici», godettero delle garanzie della Convenzione di Ginevra e degli aiuti forniti dal governo britannico. Gli altri gruppi dovettero affrontare pressoché da soli le numerose difficoltà, fra cui la fame piú nera. In verità, il vescovo di Alatri, monsignor Facchini, e un gruppo di suore Giuseppine del monastero di Veroli, sostennero frequentemente i piú bisognosi. Gli «allogeni» della Venezia Giulia, in un primo tempo avevano potuto ricevere dalle loro comunità pacchi di viveri e offerte in denaro; in seguito – poiché, a giudizio delle autorità italiane, tali aiuti venivano forniti da un «servizio di assistenza» comunista facente capo alle organizzazioni della resistenza slovena – le consegna dei pacchi e le stesse visite dei familiari furono proibite.

Tra febbraio e agosto del 1943 la Legazione svizzera effettuò ben tre visite a Fraschette, mentre, il 12 maggio 1943, il campo fu visitato dal vescovo di Trieste-Capodistria, monsignor Santin. L'alto prelato lasciò una somma in denaro per i giuliani e i dalmati, e comunicò loro che, per iniziativa del Santo Padre, 400 piccoli internati sarebbero stati accolti in due istituti religiosi: 200 bambini a Loreto e altrettante bambine a Roma. Sempre nel maggio '43 anche il nunzio Borgongini Duca visitò le Fraschette.

Dopo la caduta di Mussolini, la situazione generale del campo rimase immutata. Poi, il 17 agosto '43, il capo della Polizia Senise invitò i questori delle province interessate a «rivedere la posizione degli allogeni» per stabilire quanti di loro potessero essere liberati. Tuttavia, il numero dei provvedimenti di liberazione emanati, fu di scarsa entità. Gli internati cominciarono perciò a premere sul nuovo governo al fine di ottenere una immediata e generalizzata liberazione. Le rivendicazioni degli slavi erano fortemente appoggiate dalle autorità religiose; ma, ciò nonostante, i numerosi appelli finalizzati a ottenere almeno la liberazione immediata degli anziani, delle donne e dei bambini, rimasero inascoltati fin oltre l'8 settembre 1943.

Nei giorni seguenti l'armistizio – fuggiti gli agenti e i carabinieri addetti alla guardia – il campo si ritrovò nella confusione e nell'abbandono piú totale. Peraltro, già da tempo, le difficoltà negli approvvigionamenti avevano reso quasi impossibile la normale distribuzione del vitto, limitato ormai a pane e patate, quando c'erano. Malgrado tutto, il grosso degli internati non abbandonò le Fraschette: non sapendo esattamente dove dirigersi, maltesi e jugoslavi preferirono continuare a restare in gruppo nelle loro baracche. Di giorno, la maggior parte di loro vagava per i paesi e le campagne dei dintorni cercando di guadagnarsi da vivere rivendendo i diversi generi di biancheria e di arredamento che riuscivano ad asportare dalle baracche e dai magazzini del campo.

Gli occupanti tedeschi, al loro sopraggiungere nella zona, dimostrarono scarso interesse per la baraccopoli e i suoi abitanti. Utilizzarono comunque alcuni settori del campo per acquartierare dei reparti militari, e trasformarono in scuderie le baracche abbandonate dagli internati. Poi, nella seconda metà di dicembre del 1943, essi lasciarono la struttura dopo aver contribuito allo spoglio e alla devastazione degli arredi.

Il ministero dell'Interno – sollecitato in tal senso dalla direzione del campo – chiese la collaborazione tedesca per giungere allo scioglimento ufficiale della struttura (la cui esistenza era ormai puramente formale) e all'evacuazione degli internati ancora in carico, il cui numero, a metà dicembre, si era ridotto a circa 2000 unità. La soluzione prospettata ai tedeschi prevedeva il trasferimento al Nord Italia degli internati anglo-maltesi, il cui gruppo era ancora quasi interamente presente alle Fraschette; e il «rimpatrio» degli internati croati e sloveni senza particolari «imputazioni». Lo scioglimento del campo sarebbe stato deciso a metà gennaio del 1944 e realizzato entro il 19 aprile.

Presenze nel campo

data	31-10-42	Estate '43	25-9-43	1-11-43	15-12-43	19-1-44
internati	1204	4500	3000	2665	2050	1311

Riferimenti archivistici

Acs, Mi, Dgps, Dagr, Cat. Massime M4, b. 126, f. 16 (Campi di concentramento), s.f. 2 (Affari per provincia), ins. 18/1 «Campo Le Fraschette di Alatri». Avii, Arhiva Neprijateliskih Jedinica, Br. Reg. 5/1-4, K. 1021.

FARFA (Rieti)

Questo campo – previsto con struttura a baraccamenti – ebbe sede nelle campagne di Badia di Farfa, una contrada appartenente al territorio comunale di Fara Sabina, dal cui centro storico dista 6 chilometri. L'area prescelta, individuata dall'ispettore Guido Lo Spinoso nella primavera del 1941, era situata nei pressi d'una sorgente d'acqua minerale e distava 4 chilometri dal piccolo centro di Castelnuovo di Farfa e 14 dalla stazione ferroviaria di Poggio Mirteto.

Il terreno sul quale sarebbe dovuto sorgere il nuovo campo, in parte seminativo e in parte coperto da un vitigno, apparteneva alla Società Gestione Immobiliare Romana, e contava la presenza di tre case coloniche. Dopo alcuni tentativi mancati, l'appalto per la costruzione del campo venne affidato alla ditta di Eugenio Parrini. Questa scelta, probabilmente, non fu casuale, visto che – come si legge in un documento del ministero dell'Interno – l'intento del governo era quello, una volta cessato il conflitto, di servirsi della struttura «come campo di concentramento per elementi assegnati al confino di polizia», sull'esempio della colonia di Pisticci.

Per la carenza di mano d'opera, anche i lavori di costruzione del campo andarono a rilento, tant'è che nel maggio del 1943 la Direzione generale di pubblica sicurezza pensò di ovviare all'inconveniente servendosi del lavoro degli internati. Un «procuratore» della ditta Parrini (Luigi Seghi) venne incaricato di recarsi personalmente in alcuni campi abruzzesi (Tortoreto, Neretto, Istonio e Lama dei Peligni) per la «selezione» degli operai piú adatti. Mentre, il 2 luglio 1943, il ministero dell'Interno diramò una circolare con la quale chiedeva alle prefetture interessate l'individuazione di «internati non pericolosi idonei al lavoro» disposti, dietro retribuzione, a contribuire alla costruzione delle baracche di Farfa. Si sa per certo che 18 internati giunsero da Manfredonia; 9 da Montechiarugolo; 8 da Scipione; 31 da Istonio; 7 da Tortoreto e 20 da Nereto.

Da un punto di vista formale, il campo di Farfa entrò in attività ai primi di giugno del 1943, anche se la struttura non era affatto ultimata: mancava di recinzione e persino delle torrette di sorveglianza, mentre l'insieme delle poche baracche e delle tende già montate davano piú l'idea di un generico cantiere che di una struttura d'internamento. La sorveglianza venne affidata a una ventina di carabinieri (ben presto raddoppiati di numero) e l'assistenza sanitaria al medico condotto di Poggio Nativo.

Ipotizzato come «centro di lavoro» con una capienza di 2700 posti, al 14 luglio 1943 gli internati giunti nel campo erano 84.

Alla fine di agosto del 1943, il ministero dell'Interno ipotizzò di trasferire a Farfa buona parte degli internati del campo di Ferramonti, del quale era previsto lo sgombero; ma tale ipotesi non venne poi realizzata e il 18 settembre '43, infine, il ministero dell'Interno – prendendo atto della situazione di abbandono – dichiarava il campo di Farfa «temporaneamente soppresso per motivi contingenti».

Presenze nel campo

data	14-7-43	30-8-43
internati	84	95

Riferimenti archivistici

Acs, Mi, Dgps, Dagr, Cat. Massime M4, b. 134 , f. 16 (Campi di concentramento), s.f. 2 (Affari per provincia), ins. 34 «Rieti» (34/1).
Acs, Mi, Dgps, Dagr, Cat. A4 bis (Stranieri internati), b. 7/50 «Rieti».

PONZA (Littoria)

L'ipotesi di istituire un campo di concentramento sull'isola di Ponza, la cui colonia confinaria era stata chiusa nel 1939, fu presa in considerazione dal ministero dell'Interno nell'estate del 1941, per far fronte alla richiesta di nuovi luoghi d'internamento per i civili fermati nei Balcani. Compiuti i necessari sopralluoghi e le verifiche strutturali ai vecchi locali, a metà novembre furono avviati gli indispensabili lavori di adattamento. Ma, oltre agli edifici già appartenuti alla colonia di confino, al «campo» di Ponza vennero accorpati anche altri locali, cosicché, a lavori ultimati, esso poteva accogliere ben 800 internati.

A dirigere la struttura fu posto inizialmente il commissario Attilio Bandini (che nel settembre 1942 sarebbe stato sostituito da Sebastiano Vassallo, appartenente dell'Ovra), affiancato da 35 agenti di pubblica sicurezza. Al servizio di vigilanza vennero distaccati una cinquantina di carabinieri, mentre quello sanitario fu affidato al medico condotto dell'isola, affiancato da un «infermiere tuttofare», un internato che, fino a poco tempo prima, era stato studente di medicina. Inizialmente il servizio mensa venne affidato a un commerciante locale, ma dall'ottobre 1942 entrarono in funzione mense gestite autonomamente dai reclusi.

Il primo contingente di internati giunse sull'isola il 5 marzo 1942: era costituito da quasi duecento montenegrini (178 uomini e 15 donne) etichettati come «comunisti e nazionalisti», un secondo trasporto (112 uomini e 24 donne) il 24 marzo, e altri gruppi, sempre di montenegrini, nei primi mesi del 1943. Le internate alloggiavano in locali separati di proprietà della famiglia D'Arco.

Nel giugno del '42 arrivò anche un contingente di 220 «intellettuali indesiderabili» provenienti dai campi albanesi di Preza e Puke. Si trattava, per la gran parte, di individui di etnia serba originari del Kossovo, la regione jugoslava ch'era stata annessa alla «Grande Albania». Nel novembre del '42, inoltre, giunsero a Ponza 9 internati greci provenienti dall'isola di Corfú.

Nel campo le condizioni igienico-sanitarie, da subito, lasciavano molto a desiderare, mentre la situazione alimentare divenne critica durante l'inverno 1942-'43, quando per alcuni mesi l'isola venne rifornita con estrema difficoltà. In generale, la vita dei deportati del «campo» di Ponza non si discostò molto da quella condotta, nel decennio precedente, dai confinati della colonia. Il perimetro concesso alla frequentazione degli internati fu però piú ristretto (circa 1800 metri quadrati) rispetto a quello consentito negli anni Trenta ai confinati. Durante il giorno gli internati potevano circolare nell'area consentita, sotto la sorveglianza di sentinelle armate, e nei mesi estivi era permesso loro di fare il bagno in mare, ma soltanto «per pulizia personale». Un pessimo ricordo di sé, per il comportamento solitamente violento, è stato lasciato dal maresciallo Sebastiano Marini, il locale comandante dei carabinieri.

Il 26 luglio 1943, la notizia della caduta di Mussolini venne data agli internati direttamente dal commissario Sebastiano Vassallo, il direttore del campo, che si disse «lieto dell'evento» e annunciò che, entro pochi giorni, essi sarebbero stati messi in libertà. Il piano di evacuazione, concertato all'inizio di agosto dalle autorità competenti, prevedeva la traduzione dei 541 internati «singoli» nel campo di concentramento di Renicci, e delle internate e dei nuclei familiari (54 persone in tutto) in quello di Fraschette.

Lo sgombero venne disposto ufficialmente dal ministero dell'Interno il 28 agosto 1943: metà degli internati si imbarcò il 7 settembre per Gaeta; il trasferimento degli altri coincise, all'indomani, con la dichiarazione dell'armistizio.

Presenze nel campo

data	5-3-1942	25-3-42	30-9-42	15-7-43	1-8-43
internati	193	329	553	708	595

Riferimenti archivistici

Acs, Mi, Dgps, Dagr, Cat. Massime M4, b. 127 , f. 16 (Campi di concentramento), s.f. 2 (Affari per provincia), ins. 20 «Littoria», s.f. 4.
Acs, Mi, Dgps, Dagr, Cat. Massime M4, b. 111, f. 16 (Campi di concentramento), s.f. 1 (Affari generali), ins. 51/12.
Avii, Arhiva Neprijateljskih Jedinica, Br. 11/1-95, K. 1021.

VENTOTENE (Littoria)

Durante la Seconda guerra mondiale, anche la colonia di Ventotene – che aveva sostituito Ponza nel ruolo di quartier generale dell'antifascismo italiano – ebbe funzione di «campo di concentramento» per conto del ministero dell'Interno.

Le strutture fisiche della colonia e quelle del «campo» erano esattamente le stesse, e non davano luogo a particolari ristrettezze abitative. Infatti, la grande «cittadella confinaria» realizzata sull'isola all'inizio degli anni Quaranta poteva accogliere fino a 820 deportati – a fronte dei 230 accolti dalla colonia sino al 1939. E 200 degli 820 posti disponibili vennero riservati ai confinati e 200 agli internati; molti dei quali divennero tali attraverso la pura «trasformazione d'ufficio» del loro precedente status di confinati.

La grande struttura concentrazionaria, ubicata in una zona appartata dell'isola, era costituita da una caserma e da dodici padiglioni, tutti uguali. Ognuno di essi era ripartito in due camerate, con servizi in comune, separate da una parete divisoria che, in altezza, non giungeva sino al soffitto. L'accesso alle camerate avveniva attraverso una spoglia sala quadrangolare, nella quale si svolgevano gli appelli serali e, in inverno, anche quelli diurni. Ogni camerata comprendeva venticinque brande allineate in due file opposte, addossate alla parete e separate da rudimentali comodini.

Le condizioni di vita dei deportati, già difficili nel 1940, divennero particolarmente dure a partire dall'inverno 1941-42. Da allora in poi – come ricorda Altiero Spinelli ne *Il lungo monologo* – «la fame si riversò sull'isola, smungendo i corpi dei confinati prima, dei militi e degli isolani dopo, e lasciando grassi e lucidi solo i poliziotti».

Alla data del 15 giugno 1943 erano presenti a Ventotene 640 confinati (tutti italiani) e 203 internati (175 italiani e 28 stranieri). La notizia della deposizione di Mussolini venne accolta con esultanza (e con qualche incredulità) dai deportati politici italiani e stranieri. I poliziotti, i militi e il direttore, Marcello Guida, restarono ai loro posti; ma – come ricorda nelle sue memorie il piemontese Giorgio Braccialarghe – «con ben altro atteggiamento» rispetto a quello serbato in precedenza.

In cambio della promessa di autodisciplina e in attesa di essere prosciolti, i deportati italiani ottennero allora dal direttore la fine di alcune restrizioni: il «limite di confino», gli appelli diurni, la relegazione notturna nei padiglioni sprangati dall'esterno. Ma anche gli stranieri – dal momento che non esisteva piú la dittatura che li aveva deportati – esigevano ora l'immediata liberazione.

Nei giorni successivi al 25 luglio '43 – al di là degli eventi legati alla difficile transizione politico-militare – Ventotene visse un periodo convulso anche per problemi «tecnici»: le comunicazioni navali erano state rese difficili dall'affondamento, avvenuto il 24 luglio ad opera di aerei alleati, del «postale» *Santa Lucia*, che svolgeva normalmente il servizio di traghettamento con il continente. Per un certo periodo si dovette ricorrere a navi private con le quali venne realizzato un «ponte marittimo» tra Ponza-Ventotene-Ischia e Napoli. Il 7 agosto 1943, con un telegramma indirizzato al nuovo capo del governo e firmato da cinque italiani (Sandro Pertini, Francesco Fancello, Altiero Spinelli, Pietro Secchia e Mauro Scoccimarro), due sloveni (Ante Balić e Anton Fiauciović) e un albanese (Lazar Fundo), i deportati di Ventotene reclamavano l'«immediata liberazione dei condannati e relegati politici come automatica conseguenza della soppressione del regime fascista».

Un primo contingente, formato da 148 confinati e internati politici italiani appena prosciolti, fra cui anche Altiero Spineli e Giuseppe di Vittorio, riuscí a partire il 10 agosto. Sandro Pertini lasciò l'isola alla metà di agosto. Entro la fine del mese, nonostante i problemi del traghettamento, la colonia di Ventotene venne completamente evacuata, col trasferimento nei campi di Renicci (165 uomini) e di Fraschette (7 donne) dei deportati stranieri e di quelli italiani che il governo Badoglio non ritenne ancora di dover liberare. Complessivamente, dal luogo-simbolo della deportazione politica italiana, vennero trasferite o prosciolte piú di 870 persone.

Presenze nella colonia

data	28-2-41	31-12-42	16-1-43	31-3-43	15-6-43	15-7-43
internati	?	?	19	198	203	219
confinati	676	775	675	667	640	660
totale	?	?	694	865	843	879

Riferimenti archivistici

Acs, Mi, Dgps, Dagr, Cat. Massime M4, b. 111, f. 16 (Campi di concentramento), s.f. 1 (Affari generali), ins. 51/12.

Acs, Mi, Dgps, Dagr, Cat. Massime M4, b. 145, f. 18 (Campi di concentramento), s.f. 2 (Affari per provincia), ins. n. 20 «Littoria», s.f. 1 «Ventotene».

Abruzzo-Molise

AGNONE (Campobasso)

Questo campo venne aperto il 14 luglio 1940 nell'ex convento di San Bernardino da Siena. L'edificio, di proprietà della diocesi di Triveneto e rimasto abbandonato per moltissimo tempo, dal 1931 era adibito a seminario estivo.

Diretto da un commissario di pubblica sicurezza (Guglielmo Casale), il campo fu ritenuto idoneo ad accogliere circa 150 internati. La vigilanza venne affidata ai carabinieri che attrezzarono una loro postazione fissa nei locali dell'ex convento. Inizialmente gli internati erano solo uomini: «sudditi nemici», principalmente britannici e cecoslovacchi, ed «ebrei stranieri», in prevalenza provenienti dalla Germania e dall'Austria; quindi il campo diventò «misto» ed ospitò unicamente zingari provenienti dalla Jugoslavia.

L'edificio, in buono stato di conservazione, disponeva di un bagno con impianto di doccia, di 7 camere grandi e 9 piú piccole, tutte adibite a dormitori. Vi erano poi un soggiorno-refettorio e un ampio cortile; mancava, invece, un impianto di riscaldamento.

Nei primi mesi del 1941 nell'ex convento si trovavano una trentina di «sudditi nemici» e una sessantina di ebrei stranieri. Poi, nel luglio del 1941, il ministero dell'Interno stabilí di trasferire a Isernia i 57 ebrei di Agnone (i «sudditi nemici» erano già stati avviati in altri campi), mentre dal campo di Boiano, soppresso, giunsero 58 internati zingari.

Iniziava cosí la «seconda vita» di Agnone, un periodo caratterizzato da estrema indigenza e da pessime condizioni igienico-sanitarie. La condizione di reclusi non era certo facile da accettare per gli zingari, abituati alla totale libertà della vita nomade. Si verificarono, perciò, frequenti tentativi di evasione, per cui la direzione decise di dotare le finestre dell'ex convento di possenti inferriate, cosí come furti e risse.

Il ricordo che gli zingari hanno di Agnone, tuttavia, in genere non risulta negativo; anche perché buona parte di loro erano sfuggiti per un soffio allo sterminio pianificato degli ustaša croati. Zilka Heldt, che all'epoca aveva dieci anni, sostiene che nel campo molisano, nonostante il freddo e il poco cibo, gli zingari potevano vivere in condizioni «abbastanza buone».

Da un rapporto della Croce Rossa Internazionale del 21 giugno 1943, risulta che all'epoca le condizioni di vita nel campo erano notevolmente migliorate rispetto a due anni prima e, tra gli internati, non si riscontravano piú gravi segni di malnutrizione. Nel giardino del campo si coltivavano legumi e ortaggi, e il raccolto contribuiva a migliorare il vitto e a debellare le avitaminosi. Anche sotto il profilo igienico-sanitario la situazione era progredita: tre volte al mese era possibile fare la doccia con acqua calda; un medico visitava periodicamente gli internati e i malati gravi venivano ricoverati nell'ospedale di Isernia.

Dopo l'8 settembre '43 i carabinieri liberarono i reclusi, molti dei quali si sarebbero uniti ai partigiani della zona. Altri, invece, vennero rastrellati dalle autorità tedesche e impiegati nello scavo di fossati per la deposizione di mine.

Presenze nel campo

data	15-10-40	1-3-41	15-7-41	30-4-42	15-10-42	21-6-43	31-8-43
internai	84	102	57	118	133	155	150

Riferimenti archivistici

Acs, Mi, Dgps, Dagr, Cat. Massime M4, b. 117, f. 16 (Campi di concentramento), s.f. 2 (Affari per provincia), ins. 11 «Campobasso», ss.ff. 6, 10, 11.
Acicr, C Sc, Service des camps, Italie (21 giugno 1943).

BOIANO (Campobasso)

Questo campo fu allestito nei quattro capannoni di un ex tabacchificio, appartenenti alla Società Saim e situati all'estrema periferia cittadina, di fronte alla linea ferroviaria. In tre di essi vennero acquartierati gli internati, nel quarto capannone furono attrezzati la cucina, il refettorio e altri servizi fondamentali. A dirigere il campo fu chiamato un commissario di pubblica sicurezza (Umberto Struffi, quindi Eduino Pistone) che risiedeva in paese, mentre i servizi di vigilanza vennero affidati ai carabinieri e ad alcuni agenti di pubblica sicurezza. Per la fornitura del vitto venne dato incarico a un fornitore esterno. I primi internati vi giunsero nel settembre 1940.

Secondo il rapporto ufficiale delle autorità, la struttura poteva accogliere «250 internati «normali", oppure 300 zingari». Nei fatti, la presenza media registrata fu decisamente piú bassa delle previsioni e interessò, oltre agli zingari, cinesi e una decina di «ebrei stranieri». Il 3 febbraio 1941, per mezzo di un loro delegato, gli internati lamentavano all'ispettore di zona «le condizioni antigieniche dei locali, nonché la qualità e la quantità del vitto giornaliero». I capannoni – cintati da un reticolato alto due metri e muniti di inferriate alle finestre – erano infatti in pessime condizioni e, col maltempo, subivano notevoli infiltrazioni d'acqua. Per questo e per altri problemi strutturali sopraggiunti, vennero avviati dei lavori di ristrutturazione, ma non furono portati a termine: a un certo punto, su indicazione dell'ispettore generale Rosati, si preferí sopprimere il campo e trasferire i 58 zingari, ancora presenti, nel campo di Agnone.

Presenze nel campo

data	15-10-40	5-2-41	1-3-41	15-7-41
internati	5	89	20	58

Riferimenti archivistici

Acs, Mi, Dgps, Dagr, Cat. Massime M4, b. 117, f. 16 (Campi di concentramento), s.f. 2 (Affari per provincia), ins. 11 «Campobasso», ss. ff. 8, 10, 11.

CASACALENDA (Campobasso)

Allestito nell'edificio di un ex convitto, di proprietà della Fondazione Caradonio-Di Blasio situato nel centro urbano e adiacente a una scuola ginnasiale, il campo fu esclusivamente femminile. Salvo rare eccezioni, ospitò internate straniere appartenenti a tre categorie: «sudditi nemici» (principalmente britanniche), «ebrei stranieri» (anzitutto tedesche e polacche) ed infine «ex jugoslavi».

Nel marzo del 1941, il campo registrava la presenza di 22 ebree straniere, un'ebrea italiana e 19 straniere «ariane». A partire dal 1942, vi fu una significativa presenza di internate jugoslave. La struttura venne diretta da un commissario di pubblica sicurezza (fino al settembre 1940 Giuseppe Martone, quindi Guido Renzoni) che, come negli altri campi femminili, era coadiuvato da una direttrice (Ezia Calogero). Ai servizi burocratici e di vigilanza provvedevano inizialmente due agenti di pubblica sicurezza e tre carabinieri.

L'edificio disponeva di tre stanze di grandi dimensioni (la maggiore era capace di 12 posti letto) e nove piú piccole da 2 e 3 posti. Erroneamente fu giudicato idoneo ad accogliere 160-190 internate; infatti alcuni vani del primo e del secondo piano, originariamente computati come disponibili, non poterono essere utilizzati perché troppo angusti. Per necessità, vennero quindi sistemati dei letti anche nei corridoi. La cucina, attrezzata in un locale del piano terra, dal 22 agosto 1940 venne gestita dalle stesse internate. Per mancanza di spazio appropriato non fu possibile allestirvi un'infermeria; l'assistenza sanitaria veniva comunque garantita, con visite periodiche, da un medico del posto, mentre per visite specialistiche, previa autorizzazione, potevano recarsi sotto scorta a Campobasso.

Normalmente, le internate avevano tre ore al giorno di libera uscita, durante le quali potevano frequentare le vie adiacenti il campo.

Il 22 giugno 1943, a una visita della Croce Rossa Internazionale, nel campo risultavano presenti 49 internate, tra cui 2 anglo-maltesi, alcune ebree apolidi alcune italiane e 16 «ex jugoslave». Queste ultime, in particolare, protestarono per i tentativi di imposizione del «saluto romano» fatti dalla direzione per non poter ricevere da casa dei pacchetti di viveri o altri generi di conforto. Nel rapporto inoltrato successivamente al ministero dell'Interno, i delegati della Croce Rossa chiedevano, tra l'altro, una maggiore omogeneità di trattamento per le diverse categorie di internate, e versarono alla direzione del campo un assegno di 1600 lire da ripartire tra le internate «ex jugoslave», perché potessero «acquistare gli indumenti piú urgenti o supplementi di viveri».

Il campo di Casacalenda rimase in attività sino all'8 settembre 1943. La liberazione delle internate straniere, prevista dalle clausole armistiziali stipulate tra l'Italia e gli Alleati, avvenne dopo l'arrivo dell'apposita disposizione del capo della polizia.

Presenze nel campo

data	15-10-40	1-3-41	30-4-42	15-10-42	22-6-43
internate	64	31	60	41	44

Riferimenti archivistici

Acs, Mi, Dgps, Dagr, Cat. Massime M4, b. 117, f. 16 (Campi di concentramento), s.f. 2 (Affari per provincia), ins. 11 «Campobasso», ss. ff. 7, 10, 11.
Acicr, C Sc, Service des camps, Italie (22 giugno 1943).

CASOLI (Chieti)

Il campo di Casoli venne aperto ai primi di luglio del 1940, dopo alcuni indispensabili lavori di adattamento dei due locali prescelti: uno stabile di normale abitazione (di proprietà della famiglia Tilli) della capienza di circa 50 posti, e un'aula scolastica in disuso (di proprietà comunale) della capienza di circa 30 posti. Nella ex scuola gli internati vivevano in un'unica grande sala, relativamente asciutta, occupata quasi per intero dai loro giacigli e fornita di una stufa. Lo stabile di proprietà Tilli risultò invece particolarmente umido e malsano, dimostrandosi quindi inadatto allo scopo per il quale era stato affittato. Ad alcuni mesi dall'apertura del campo, venne perciò «sostituito» dalla prefettura con un locale, della stessa capienza, utilizzato in passato come sala cinematografica. Nel luglio del '42, infine, per la necessità di avere una cucina e una mensa, venne acquisito un ulteriore locale.

Complessivamente, in base alle stime ufficiali, Casoli poteva accogliere 80-100 internati; ma, il numero di presenze effettivamente registratesi, mediamente, rimase piú basso. A dirigere la struttura fu chiamato il podestà di Casoli, che tenne sempre un atteggiamento rispettoso nei confronti degli internati, i primi dei quali giunsero il 14 luglio 1940.

La sorveglianza venne affidata ai carabinieri, mentre all'assistenza medica provvedeva l'ufficiale sanitario locale. Inizialmente, nelle ore diurne, gli internati potevano «circolare» pressoché liberamente per le vie del paese; nel caso di visite mediche specialistiche o di altre evenienze particolari, sotto scorta, potevano raggiungere Lanciano, il centro piú importante della zona.

In un primo tempo, a parte alcuni «sudditi nemici», a Casoli furono relegati soltanto «ebrei stranieri» (principalmente tedeschi e austriaci), 27 dei quali giunsero, alla fine di settembre del 1941, dal campo di Ferramonti. Nel 1942, come altri campi del ministero dell'Interno, anche quello di Casoli ebbe un repentino cambiamento della popolazione internata: i 50 «ebrei stranieri» in carico, in maggio, vennero trasferiti a Campagna, e al loro posto giunsero 82 «ex jugoslavi» trasferiti da Corropoli.

Dal '42, la presenza media dei reclusi fu piú elevata che in precedenza. Per questo e per le aumentate difficoltà degli approvvigionamenti alimentari, le condizioni di vita divennero piú difficili. Tali problemi furono verificati dagli ispettori della Croce Rossa internazionale che poterono visitare il campo, il 1° settembre 1942, per la presenza di 9 «sudditi nemici», tra cui tre greci (gli altri 71 internati presenti erano tutti «ex jugoslavi»), riscontrando alcuni problemi strutturali (la mancanza di lavabi e insufficienza di latrine) e lamentando il poco tempo all'aria libera concesso agli internati.

In seguito agli eventi dell'8 settembre 1943, il campo di Casoli venne chiuso col proscioglimento degli internati.

Presenze nel campo

data	15-7-40	15-8-41	30-4-42	15-8-42	1-9-42
internati	50	30	82	87	80

Riferimenti archivistici

Acs, Mi, Dgps, Dagr, Cat. Massime M4, b. 118 , f. 16 (Campi di concentramento), s.f. 2 (Affari per provincia), ins. 12 «Chieti», s.f. 7.
Acs, Mi, Ps, A4 bis (Stranieri internati), b. 1/13 «Chieti».
Acicr, C Sc, Service des camps, Italie (1° settembre 1942).

CHIETI

Aperto alla metà di giugno del 1940 e ritenuto idoneo ad accogliere 200 internati, il campo di Chieti fu l'unico ad avere sede nel pieno centro abitato di un capoluogo di provincia. Venne allestito nei locali dell'asilo infantile «Principessa di Piemonte», di proprietà comunale, che già durante la guerra d'Etiopia erano stati requisiti per esigenze connesse alla mobilitazione civile.

La sua direzione fu affidata a un commissario di pubblica sicurezza (Mario La Monaca), mentre al servizio di guardia provvedevano i carabinieri che attrezzarono un posto fisso di guardia all'interno dell'edificio. Il campo accolse internati appartenenti soprattutto a due categorie: «sudditi nemici» ed «ebrei stranieri».

Il 14 settembre del 1940, su un totale di 21 internati presenti, 8 erano britannici, 5 francesi, 4 cechi, 2 italiani, 1 slovacco, 1 irlandese. A fine ottobre, oltre ai francesi (12), agli inglesi (8) e un solo italiano, si trovavano nel campo anche 6 «ebrei stranieri» di varie nazionalità.

Il campo venne chiuso dal ministero dell'Interno il 10 novembre 1940, dietro richiesta del podestà locale che – all'inizio del nuovo anno scolastico – non era riuscito a trovare una sistemazione alternativa per i piccoli ospiti dell'asilo infantile. Gli internati presenti vennero trasferiti in altri campi in base alla propria «categoria»: i 6 «ebrei stranieri» a Casoli, i 17 «stranieri nemici» a Montechiarugolo e l'unico «italiano pericoloso» a Manfredonia.

Presenze nel campo

data	15-6-40	15-9-40	15-10-40	15-10-40	10-11-40
internati	13	21	29	27	24

Riferimenti archivistici

Acs, Mi, Dgps, Dagr, Cat. Massime M4, b. 118, f. 16 (campi di concentramento), s.f. 2 (Affari per provincia), ins. 12 «Chieti», s.f. 6.

CITTÀ SANT'ANGELO (Pescara)

Questo campo venne allestito, nel giugno del 1940, nei locali di una vecchia fabbrica per la lavorazione del tabacco, ma i primi internati giunsero sul posto soltanto nella primavera dell'anno successivo. Si alternarono alla direzione numerosi ufficiali di pubblica sicurezza, mentre il servizio di vigilanza venne svolto dai carabinieri della locale stazione che allestirono un loro posto di guardia fisso nei pressi del campo. All'assistenza medica provvedeva l'ufficiale sanitario del paese.

La struttura – un edificio angusto e dalle condizioni igienico-sanitarie abbastanza precarie – fu ritenuta idonea ad accogliere circa 150 persone. Era composta da tre piani e dava direttamente su via Umberto I, una strada del centro storico. Disponeva di corrente elettrica, acqua potabile, servizi igienici e bagno. Al pianterreno si trovavano otto stanzoni, dieci grandi al primo piano, e altri otto al secondo. Nel retro del fabbricato si apriva un orto al quale gli internati potevano accedere liberamente. Inizialmente il campo non disponeva di una cucina, che venne poi allestita, con annesso refettorio, nella primavera del '43, mentre nel dicembre 1942 era stata realizzata un'infermeria provvista di una camera d'isolamento.

Gli internati furono quasi tutti «ex jugoslavi» e provenienti principalmente dalla Dalmazia. Il 2 luglio 1941, il direttore scriveva al ministero dell'Interno che, «seguendo un sistema già trovato in uso», aveva avuto cura di ripartirli per camerate omogenee, cercando di separare «gli ufficiali, i laureati, i commercianti, ecc. dalla ciurma e dalla massa di gentaglia di tutte le risme». Nel maggio 1942, dal campo di Corropoli, giunsero altri 50 «ex jugoslavi» appartenenti alle piú diverse classi sociali (nel gruppo sloveno figurava persino un anziano ex senatore).

Inizialmente gli internati di Città Sant'Angelo potevano circolare per il paese dalle 8,30 alle 13 e dalle 16 alle 20, e consumavano i loro pasti, pagando direttamente, presso alcune locande. Ma, col tempo, il regime d'internamento divenne piú rigoroso e fu istituita la mensa interna, un provvedimento che ridusse drasticamente le possibilità di contatto con la popolazione locale.

Il 2 settembre 1942, per via della temporanea presenza di alcuni internati britannici, il campo fu visitato dal delegato della Croce Rossa internazionale, Hans Wolf de Salis, che giudicò accettabili le condizioni generali dell'internamento e mise in evidenza come gli internati di Città Sant'Angelo godessero, nel complesso, d'una libertà maggiore rispetto a quelli dei campi di Casoli e Lanciano, visitati il giorno precedente. Ma in dicembre, in accordo col questore di Pescara, l'ispettore generale di zona decise di limitare le uscite dal campo a due ore al giorno, durante le quali gli internati dovevano incamminarsi «indrappellati e scortati da agenti e da carabinieri». Alcuni reclusi, già schedati come «comunisti pericolosi», vennero arrestati quali «sobillatori» e poi trasferiti punitivamente nei campi di Lipari e di Ponza.

Gli internati di Città Sant'Angelo non vennero prosciolti ufficialmente, in seguito agli avvenimenti dell'8 settembre 1943. Tuttavia, essi abbandonarono il campo i cui custodi si erano dileguati. Sia pure per breve tempo, la struttura avrebbe ripreso a funzionare sotto la Repubblica sociale italiana.

Presenze nel campo

data	5-5-41	7-42	1-9-42	15-10-42	1-9-43
internati	134	135	108	113	79

Riferimenti archivistici

Acs, Mi, Dgps, Dagr, Cat. Massime M4, b. 133 , f. 16 (Campi di concentramento), s.f. 2 (Affari per provincia), ins. 30 «Pescara», ss. ff. 4, 8.
Acicr, C Sc, Service des camps, Italie (2 settembre 1942).

CIVITELLA DEL TRONTO (Teramo)

Con una capacità complessiva di circa 200 internati, questo campo utilizzò tre diverse strutture abitative: l'ex convento francescano di Santa Maria dei Lumi (ca. 60 posti), l'ex ospizio «Filippo Alessandrini» (ca. 100 posti) e un alloggio privato appartenente alla famiglia Migliorati (ca. 40 posti). Entrò in funzione nei primi giorni del settembre 1940, e alla sua direzione si susseguirono diversi funzionari di pubblica sicurezza (Mario Gagliardi, Giovanni Cardinale, Giuseppe Franco, Domenico Palermo, Francesco Mariniello), mentre alla sorveglianza furono addetti i carabinieri.

Inizialmente gli internati alloggiarono nell'ex convento, l'edificio piú capiente, ubicato fuori dal centro abitato. I primi ad arrivare, il 4 settembre '40, furono dei «sudditi nemici» di nazionalità belga. Nei giorni successivi fu la volta di «ebrei stranieri» e, tra settembre e ottobre, di altri civili stranieri tra cui una decina di venditori ambulanti cinesi, nel gennaio del 1941, invece, un centinaio di greci che però rimasero a Civitella solo per poco tempo. Nel 1942, per far fronte all'arrivo di 114 ebrei di nazionalità britannica evacuati dalla Libia (28 nuclei famigliari, tra cui molti vecchi e bambini, giunti tra il 22 e il 23 gennaio e riconosciuti come «sudditi nemici»), la direzione del campo dovette acquisire altri due edifici, casa Migliorati e l'ospizio Alessandrini. Ai primi di luglio del '43 altri 42 internati (in maggioranza «sudditi nemici» britannici) furono trasferiti dal campo di Corropoli.

Le condizioni di vita – a parte l'umidità degli edifici, l'affollamento abitativo e la carenza del riscaldamento – non furono particolarmente dure. In particolare per i «sudditi nemici» che, tramite la Croce Rossa, ricevevano frequentemente pacchi con generi di conforto e persino sigarette. Generalmente, tutti gli internati potevano frequentare il centro urbano e i rapporti con la popolazione locale furono improntati alla cordialità.

In seguito agli eventi dell'8 settembre '43, gli internati non vennero rilasciati. Alcuni di essi si allontanarono di propria iniziativa, ma il campo rimase ancora attivo, con tutti e tre i suoi edifici. Il 26 ottobre 1943, per ordine del comando tedesco di Chieti, 121 internati di sesso maschile, prelevati dal campo, furono condotti a scavare fossati anticarro nei pressi di Crocetta sul Sangro, in provincia di Pescara: lavoravano dodici ore al giorno e dormivano per terra, in una vecchia fabbrica di mattoni. Vi rimasero sino all'inizio di dicembre quando, sia per le proteste avanzate presso il ministero dell'Interno dalla Legazione svizzera (che curava gli interessi britannici) che per l'avvicinarsi della linea del fronte, furono riportati a Civitella. Durante il viaggio di ritorno, 15 internati riuscirono però a fuggire. Alla data del 6 dicembre '43 (quando rientrò nel campo il gruppo ch'era stato costretto al lavoro forzato), gli internati (uomini, donne e bambini) erano 166, tra cui 118 ebrei stranieri: 86 anglo-libici e 32 di altre nazionalità. Il campo rimase in funzione sotto la Rsi sino ai primi di maggio del 1944, quando gli internati vennero avviati a Fossoli da un reparto composto da SS e poliziotti tedeschi. Il primo scaglione (23 «ebrei stranieri») lasciò Civitella il 18 aprile '44; il secondo (composto da 134 persone: 86 ebrei anglo-libici e 48 tra «ebrei stranieri» e «sudditi nemici»), il 6 maggio '44. Da Fossoli, gli ebrei anglo-libici sarebbero stati deportati nell'*Aufenthslager* di Bergen-Belsen il 16 maggio 1944.

Presenze nel campo

data	15-9-40	15-11-40	15-2-41	3-4-42	15-8-42	31-8-43	15-11-43
internati	20	110	232	186	167	186	60

data	6-12-43	15-1-44	15-4-44
internati	166	164	157

Riferimenti archivistici

Acs, Mi, Dgps, Dagr, Cat. Massime M4, b. 136 , f. 16 (Campi di concentramento), s.f. 2 (Affari per provincia), ins. 41 «Teramo» (ss.ff. 13, 16, 19).
Acs, Mi, Dgps, Dagr, A4 bis (Stranieri internati), b. 6/38 «Teramo».

Acicr, C Sc, Service des camps, Italie (25 giugno 1942, 3 settembre 1942, 20 agosto 1943).

CORROPOLI (Teramo)

Questo campo cominciò a funzionare nel febbraio del 1941, nei locali dell'antico monastero della Badia gotica dei frati celestini da tempo dismessa. L'edificio, provvisto d'un ampio cortile interno, è sito sul colle Maiulano, a circa un chilometro e mezzo dal centro abitato di Corropoli. Sul finire degli anni Trenta era stato acquistato dal Consorzio antitubercolare provinciale di Teramo per essere adibito a preventorio; un progetto momentaneamente bloccato, nel 1940, dal ministero dell'Interno che – dopo una ristrutturazione durata alcuni mesi – vi allestí un «campo di concentramento» dalla capienza di 180 internati.

Alla sua direzione si alternarono molti funzionari di pubblica sicurezza: Guido Trevisani, Mario Maiello, Carmine Medici, Francesco Alongi, Carmine Sanzò e Mario Gagliardi. Ai servizi di vigilanza e di polizia vennero demandati carabinieri e agenti di pubblica sicurezza. Gli internati furono, inizialmente, soprattutto «italiani pericolosi» e «allogeni» della Venezia Giulia, mentre piú scarsa risultò la presenza di «ebrei stranieri».

Il 18 giugno 1942 arrivarono dalla Grecia 45 ex ufficiali ellenici con *status* di internati civili (ma, poco dopo, vennero trasferiti nel campo di Busseto, in provincia di Parma) e 20 «sudditi nemici» britannici. Il 19 luglio, 11 internati britannici (in questo caso indiani) arrivarono da Civitella della Chiana, ed altri sarebbero giunti, dalla Libia, nei mesi successivi. Alla data del 3 settembre 1942, quando il campo fu visitato dalla Croce Rossa, risultavano presenti 69 internati: 47 britannici e 22 «ex-jugoslavi». Nel maggio 1943, dal campo di Tollo, giunsero 48 internati «ex jugoslavi», i quali, insieme ad alcuni altri connazionali, sarebbero stati trasferiti a Bagno a Ripoli ai primi di luglio. Nello stesso periodo partirono per Civitella del Tronto gli internati britannici. Tant'è che i locali del campo di Corropoli rimasero pressoché vuoti fino all'arrivo di 150 «ex jugoslavi» evacuati da Lipari il 14 luglio 1943, che – una relazione della Croce Rossa – definí «dans un état d'amaigrissement extrême». Poco prima del loro arrivo il campo fu provvisto d'una recinzione in filo spianto e di un piú attento servizio di vigilanza composto ora da 22 carabinieri.

Gli internati di Corropoli ebbero la possibilità di «passeggiare», per alcune ore del giorno, nell'ambito d'una ristretta area della campagna circostante la badia. Accompagnati da agenti o carabinieri, a turno potevano recarsi in paese, per gli acquisti cumulativi della mensa, oppure a Teramo per cure mediche specialistiche. Quanti di loro si allontanavano in modo arbitrario dalla zona loro consentita, venivano arrestati e avviati nel carcere circondariale di Nereto. Ma, come in altri campi, le condizioni materiali di vita degli internati variavano a seconda del loro *status*. Penose furono quelle degli «ex jugoslavi» che, per questo motivo, intrapresero piú volte lo sciopero della fame. I sudditi britannici, invece, ricevevano dalla Croce Rossa pacchi di viveri e generi di conforto, che talvolta – secondo alcune accuse – vendevano illegalmente, con la complicità di «intermediari» locali o degli stessi agenti di servizio al campo.

La caduta di Mussolini accese molte speranze di libertà tra gli internati. Ma la loro condizione rimase pressoché immutata sino alla metà di settembre del 1943. Il giorno 19, poi, alcuni uomini, guidati dal futuro comandante partigiano Armando Ammazzalorso, attaccarono la badia liberando 36 jugoslavi, tra cui l'ex tenente croato Svetczar Ciukovič che avrebbe avuto un ruolo di rilievo nella battaglia di Bosco Martese, combattuta contro i nazifascisti il 25 settembre 1943.

Il campo restò in funzione anche sotto la Repubblica sociale italiana e tra novembre e dicembre del '43, gli internati furono utilizzati per scavare fossati anticarro sul fronte del Sangro. Il 1° febbraio 1944 (quand'era ormai semivuoto) vi giunsero 69 ebrei evacuati da Nereto. Venne chiuso alla fine di maggio, in seguito al trasferimento a Servigliano Marche, degli ultimi internati: una sessantina, in gran parte ebrei.

Presenze nel campo

data	1-3-41	15-8-41	1-5-42	24-8-42	3-9-42	15-1-43
internati	18	65	132	64	69	150

data	16-7-43	15-8-43	15-4-44
internati	103	165	73

Riferimenti archivistici

Acs, Mi, Dgps, Dagr, Cat. Massime M4, b. 136 , f. 16 (Campi di concentramento), s.f. 2 (Affari per provincia), ins. 41 «Teramo», s.f. 15 «Corropoli».
Acicr, C Sc, Service des camps, Italie (3 settembre 1942, 20 agosto 1943).

ISERNIA (Campobasso)

Il campo di Isernia (città che, fino agli anni Sessanta, appartenne amministrativamente alla provincia di Campobasso) fu allestito dal ministero dell'Interno nell'ex Convento delle Benedettine, un edificio del centro storico, comunemente noto come «Antico distretto». La struttura fu diretta inizialmente dal commissario di pubblica sicurezza Guido Renzoni, che nell'ottobre 1940 venne trasferito punitivamente a Casacalenda, in seguito alla fuga di due internati stranieri (un disertore jugoslavo e uno rumeno). Gli successe il collega Pasquale Morra, anch'egli affiancato da alcuni agenti e carabinieri addetti alle mansioni burocratiche e alla vigilanza. Il campo accolse un'ampia tipologia di internati di sesso maschile, italiani e stranieri. Alla data del 13 settembre, sui 76 presenti nel campo, 59 erano italiani (e tra loro molti «allogeni» slavi), 5 francesi, 3 jugoslavi, 3 tedeschi, 2 rumeni, un inglese, un polacco, un ungherese, un albanese e un siriano. Considerando l'intero periodo di attività del campo, le categorie piú rappresentate furono quelle degli «italiani pericolosi», degli «allogeni» della Venezia Giulia, dei «sudditi nemici», degli «ebrei stranieri» e degli «ex jugoslavi».

L'edificio, che l'anno prima aveva ospitato una quarantina di allievi carabinieri albanesi, dava sulla via principale di Isernia, che all'epoca contava 8000 abitanti. Disponeva di quattro grandi camerate al pianterreno e di altrettante al primo piano, e con un certo ottimismo, fu ritenuto idoneo ad accogliere fino a 120 internati. In realtà la sua capacità ricettiva fu decisamente piú bassa, soprattutto perché quattro vani dello stabile, originariamente computati come disponibili, dovettero essere ceduti a un limitrofo istituto scolastico. Per contro – e per fronteggiare l'arrivo di nuovi internati – nell'estate del 1941 il campo di Isernia si dotò di un nuovo locale. Si trattava di una grande sala pavimentata in legno, già sede di un cinematografo, nella quale trovarono posto una cinquantina di ebrei trasferiti da Agnone. Questi, mal sopportando «la strettezza nello spazio, lo stato sanitario come pure l'impossibilità di vivere religiosamente», il 19 settembre 1941 chiesero l'intercessione della Nunziatura apostolica al fine di ottenere il trasferimento a Campagna oppure a Notaresco. Il direttore del campo, dal canto suo, informava il prefetto di Campobasso che il trasferimento degli ebrei avrebbe avvantaggiato «la disciplina ed il buon andamento del campo d'Isernia», visto che la loro presenza «non era molto tollerata dalla grande maggioranza degli internati di razza ariana». A partire dal 9 gennaio 1942, gli ebrei vennero avviati in buona parte nel campo di Ferramonti, e al loro posto nell'«Antico distretto» di Isernia giunsero internati «ex jugoslavi».

Nel gennaio 1942, per le crescenti difficoltà abitative, il direttore del campo invitò il ministero a non superare le settanta unità di reclusi. Una richiesta non appoggiata dal prefetto di Campobasso, per il quale il campo di Isernia poteva ospitare «normalmente» 200 internati.

Il 12 settembre '43 la città subí alcuni bombardamenti da parte dell'aviazione alleata, durante i quali persero la vita anche alcuni internati che si stavano prodigando per portare soccorso alla popolazione.

Presenze nel campo

data	15-10-40	10-1-41	13-3-41	15-12-41	30-4-42
internati	76	72	86	124	65

data	15-10-42	23-12-42	18-4-43	31-8-43
internati	93	95	98	139

Riferimenti archivistici

Acs, Mi, Dgps, Dagr, Cat. Massime M4, b. 116, f. 16 (Campi di concentramento), s.f. 2 (Affari per provincia), ins. 11 «Campobasso», s.f. 5 «Isernia. Ex convento Antico Distretto».
Acs, Mi, Dgps, Dagr, Cat. Massime M4, b. 117, f. 16 (Campi di concentramento), s.f. 2 (Affari per provincia), ins. 11 «Campobasso», ss. ff. 10, 11.

ISOLA DEL GRAN SASSO (Teramo)

Aperto nel giugno 1940, questo campo si serví di due edifici non distanti tra loro, posti a due chilometri dal centro abitato di Isola del Gran Sasso: la foresteria della Basilica di San Gabriele, di proprietà dei padri passionisti, e l'ex albergo *San Gabriele*, appartenente alla famiglia Santilli ma sottoposto a curatela fallimentare. Teoricamente, i due stabili potevano accogliere nell'insieme 180 persone; ridimensionate, nei fatti, a meno di 120.

Il campo era diretto dal podestà locale, mentre al servizio di vigilanza provvedevano alcuni carabinieri al comando di un graduato. Gli internati presenti inizialmente furono soprattutto «ebrei stranieri» che però, dal 1941, sarebbero stati trasferiti in altri luoghi d'internamento. Nel gennaio 1941 vi giunsero 42 ebrei italiani provenienti in gran parte dal campo di Gioia del Colle ormai disciolto. In settembre, dal vicino campo di Tossicia, arrivarono quindi dieci cinesi. Ebrei e cinesi vissero in sedi separate, rispettivamente nei locali dell'ex albergo e nella foresteria dei padri passionisti. Il 16 maggio 1942, dopo la partenza per Ferramonti dei 55 ebrei stranieri, a Isola, sempre da Tossicia, affluirono altri 116 cinesi.

L'edificio dell'ex albergo era in discreto stato di conservazione. Dotato di cucina, refettorio e persino di un'infermeria, era provvisto di impianto idrico con acqua potabile, docce e scaldabagno. Le lamentele degli internati riguardavano perciò soprattutto l'altro edificio, quello della foresteria, del quale – oltre a quelle strutturali – si denunciavano carenze nel vitto e nei servizi.

Gli internati di Isola ebbero, in genere, grande libertà di movimento. I cinesi, non di rado, raggiungevano Teramo o si inerpicavano sui pendii del Gran Sasso, rientrando, a volte, dopo avere ucciso qualche cane randagio, le cui carni erano considerate prelibate. Sino all'ottobre del 1943 il campo accolse complessivamente 147 cinesi, i quali poterono contare sull'assistenza spirituale di padre Antonio Tchang, un loro connazionale appartenente all'Ordine dei Minori conventuali, appositamente distaccato presso il campo dal Vaticano.

Il campo rimase attivo anche dopo gli avvenimenti dell'8 settembre '43, e alla metà di ottobre contava ancora un centinaio di internati cinesi.

Presenze nel campo

data	15-7-40	15-9-40	15-1-41	15-4-42	15-3-43	31-8-43	1-6-1944
internati	15	93	105	107	146	147	99

Riferimenti archivistici

Acs, Mi, Dgps, Dagr, Cat. Massime M4, b. 136, f. 16 (Campi di concentramento), s.f. 2 (Affari per provincia), ins. 41 «Teramo», ss.ff. 6, 15.

ISTONIO (Chieti)

Il campo di Istonio (l'odierna Vasto) operò, dalla metà di giugno del 1940. Venne allestito in due distinti edifici situati a circa cento metri dalla spiaggia, nei pressi della stazione ferroviaria: un albergo (mai ultimato) appartenente alla famiglia Ricci, capace di circa 100 posti letto, e un villino di proprietà della famiglia Marchesani, (già utilizzato, in precedenza, come caserma dalla guardia di finanza) della capacità di circa 80 posti. Il servizio di guardia venne espletato dai carabinieri che, dal 1942, poterono servirsi anche di alcune garitte piazzate in prossimità dei due edifici, distanti pochi metri l'uno dall'altro.

Diretto da un commissario di pubblica sicurezza (inizialmente Vincenzo Prezioso, originario del luogo), quello della Marina di Istonio fu un tipico campo per oppositori politici italiani, accogliendo anche alcuni internati «comuni» e fascisti «caduti in disgrazia». Gli antifascisti provenivano da varie regioni italiane, ma principalmente dalla Lombardia e dalla Venezia Giulia. Tra i comunisti si ricordano il milanese Giovanni Grilli e il calabrese Eugenio Musolino, che, sulla loro esperienza d'internamento, hanno lasciato ampie testimonianze. Tra i socialisti vi furono Giuseppe Scalarini (allora quasi settantenne), e Giulio Guido Mazzali, futuro direttore dell'«Avanti!». Tra i liberali lo scrittore Mario Borsa, futuro direttore del «Corriere della Sera», e il critico d'arte Raffaello Giolli, direttore della rivista «Domus» (in seguito deportato a Mauthausen dove avrebbe perso la vita), internato insieme al giovane figlio, Paolo.

Inizialmente le condizioni di vita non furono eccessivamente dure: i due edifici erano in buone condizioni e ad alcuni internati era permesso, al mattino, di frequentare la biblioteca, sita nel paese alto; tutti quanti potevano «circolare» per buona parte del territorio comunale e – non essendoci una mensa interna al campo – accedere ad alcune trattorie «convenzionate». Alcuni internati improvvisarono persino un allevamento di conigli, che i contadini della zona ammiravano come se si trattasse di un centro di zootecnia d'avanguardia. Col passare del tempo, tuttavia, la situazione andò peggiorando. Soprattutto dopo la scoperta, fatta dalla direzione nel gennaio 1941, di una presunta organizzazione sovversiva diretta dagli internati milanesi Angelo Pampuri e Mauro Venegoni, futura medaglia d'oro al valor militare.

Dopo quell'episodio furono effettuati diversi trasferimenti punitivi alle isole Tremiti, e il regime d'internamento subí diverse restrizioni. Tra l'altro, l'area concessa alla «libera uscita» fu ridotta ai soli 50 metri antistanti i due edifici del campo e venne allestita una mensa interna (ma non autogestita) il cui servizio provocò ripetute lamentele da parte degli internati. Nel marzo 1943, per protestare contro il cibo giudicato immangiabile, i reclusi inscenarono un clamoroso sciopero della fame, in seguito al quale otto di loro furono associati alle carceri giudiziarie. Nel giugno del 1943, 31 internati «non particolarmente pericolosi», vennero mandati – quali manovali, muratori e operai – al campo di Farfa, in via di costruzione.

Va detto che, già dall'autunno del 1941, le autorità militari e civili avevano sollecitato la chiusura del campo «per motivi di sicurezza» o, quantomeno, la «sostituzione» dei settanta «sovversivi italiani, tutti schedati» con gli ebrei stranieri presenti nel campo di Isola del Gran Sasso, ritenuti piú affidabili. Ma – senza prestare ascolto a questi timori – dopo il 25 luglio '43, il ministero dell'Interno rimpiazzò gli antifascisti e gli «allogeni» italiani liberati con un centinaio di «ex jugoslavi». Inutilmente, in data 8 agosto '43, il questore di Chieti invitava il capo della polizia del governo Badoglio a «voler esaminare, con l'urgenza del caso, la possibilità che il campo di concentramento di Istonio Marina sia sollecitamente soppresso». Soltanto una ventina di internati jugoslavi – schedati come «comunisti particolarmente pericolosi» – alla fine di agosto vennero trasferiti in campi ritenuti piú sicuri.

Il campo rimase ancora operante sino alla fine del mese di settembre del 1943.

Presenze nel campo

data	15-7-40	15-9-40	5-3-41	1-11-41	1-7-42	15-9-42	30-7-43
internati	79	109	108	185	128	170	167

Riferimenti archivistici

Acs, Mi, Dgps, Dagr, Cat. Massime M4, b. 118 , f. 16 (Campi di concentramento), s.f. 2 (Affari per provincia), ins. 12 «Chieti», ss.ff. 8, 11, 16.

LAMA DEI PELIGNI (Chieti)

Questo campo venne allestito alla metà di giugno del 1940 in un alloggio privato – proprietà della famiglia Borrelli – situato sulla via principale del paese. L'edificio, comprendente due piani e un sottotetto, fu giudicato idoneo ad accogliere 65 internati. Ma in generale – per via dei tanti trasferimenti e dei proscioglimenti – il *turn-over* degli internati fu assai movimentato e le presenze nel campo furono particolarmente scarse nei primi due anni di funzionamento. Durante i quali, il campo fu diretto dal podestà locale; quindi fu la volta di un commissario della pubblica sicurezza. Il servizio di vigilanza venne garantito dai carabinieri, mentre all'assistenza sanitaria provvedeva il medico condotto del paese.

Le condizioni dell'internamento – a parte il clima invernale e le precarie condizioni abitative – non furono particolarmente dure: i controlli non erano rigorosi e la libertà di circolazione per il paese, nelle ore diurne, fu pressoché totale. Non disponendo l'edificio del campo di una cucina, gl'internati erano autorizzati, per i pasti, a servirsi delle due locande locali.

I primi ad arrivare, nel luglio 1940, furono soprattutto internati civili nemici. A metà luglio, su 10 internati presenti, cinque erano britannici, uno francese, e quattro ebrei (stranieri o apolidi). Ben presto, i «sudditi nemici» furono completamente trasferiti e al loro posto giunsero altri apolidi e stranieri ebrei (un gruppo di 30 ebrei arrivò da Ferramonti nel settembre del '41) che – salvo alcuni trasferimenti – rimasero a Lama sino alla chiusura del campo, avvenuta in seguito agli avvenimenti dell'8 settembre 1943.

Presenze nel campo

data	1-7-40	15-9-40	1-3-41	15-9-42
internati	10	23	24	70

Riferimenti archivistici

Acs, Mi, Dgps, Dagr, Cat. Massime M4, b. 118 , f. 16 (Campi di concentramento), s.f. 2 (Affari per provincia), ins. 12 «Chieti», ss.ff. 10,16.

LANCIANO (Chieti)

Questo campo venne allestito in una villa di campagna (di proprietà della famiglia Sorge) in via dei Cappuccini, la strada che porta a Castelfrentano. L'edificio, provvisto di un telefono, era distante un chilometro e mezzo dal centro di Lanciano e fu ritenuto idoneo ad accogliere una settantina di internati.

A dirigere la struttura, dal 29 giugno al 21 settembre 1940, fu il podestà locale, Raffaele Di Guglielmo. Successivamente la direzione venne conferita ad un commissario di pubblica sicurezza: si susseguirono nell'incarico Eduino Pistone, Olindo Tiberi Pasqualoni, Domenico Palermo, Carmine Medici e Giuseppe Franco. Nel periodo iniziale – caratterizzato da un internamento esclusivamente femminile – il direttore fu coadiuvato da una direttrice: prima Rosa Pace, quindi Maria Marfisi. Il servizio di vigilanza venne affidato ai carabinieri che, dall'autunno del 1940, istituirono una loro guardiola in un piccolo alloggio (di proprietà della famiglia Basile) posto di fronte al campo. All'assistenza sanitaria provvedeva l'ufficiale sanitario di Lanciano, il dottor Giuseppe Carabba, che visitava il campo una volta alla settimana.

I primi internati giunsero all'inizio di luglio del 1940. Si trattava di donne straniere, appartenenti alla categoria dei «sudditi nemici» e a quella degli «ebrei stranieri». Dall'anno successivo, la maggior parte delle «suddite nemiche», a cominciare da quelle britanniche, cominciarono a essere trasferite in altri campi o all'*internamento libero*. Quindi, il 12 febbraio 1942, col trasferimento a Pollenza delle 60 internate presenti, si concludeva la vita del «campo femminile» di Lanciano.

Dal 27 febbraio '42 – data di arrivo di un contingente di internati provenienti da campi italiani ubicati in Albania – Villa Sorge accolse infatti solo individui di sesso maschile, quasi esclusivamente «ex jugoslavi».

La villa che ospitava il campo era di tre piani: al pianterreno, oltre all'ingresso, c'erano quattro stanze, i servizi e un vano rustico; al primo piano cinque stanze, una cucina, un bagno con servizi e un terrazzino coperto; al secondo, infine, tre vani. In ogni camera, in base alle dimensioni, vennero sistemati da 6 a 10 letti. Le condizioni abitative erano abbastanza precarie e costringevano gli internati a molti disagi: i servizi igienici erano malamente utilizzabili per la carenza d'acqua; l'unico rubinetto funzionante si trovava nel cortile esterno dell'edificio. L'impianto di riscaldamento era inadeguato, per cui, in inverno, nelle camere il freddo era pungente, anche per via degli infissi fatiscenti.

Finché il campo fu femminile, le possibilità di movimento concesse alle internate furono abbastanza ampie: di giorno esse potevano frequentare l'area circostante e, sotto scorta, era loro consentito di recarsi in centro per acquisti cumulativi o visite mediche particolari. Per il vitto ogni internata provvedeva da sé, cucinando i cibi su fornelli a carbone o a spirito.

Questa situazione cambiò con l'arrivo degli jugoslavi, quando – per evitar loro di andare in città a fare acquisti – la direzione del campo istituí una mensa affidata a un gestore esterno. La qualità del servizio venne giudicata negativamente dagli internati, a ciascuno dei quali costava 6,30 lire al giorno. Il 4 aprile 1942, perciò, essi inscenarono una clamorosa protesta, rifiutando di consumare i pasti. Per tale rimostranza otto internati vennero tradotti in carcere e altri furono trasferiti in diversi luoghi d'internamento. Il promotore dello sciopero, Boris Lentić, dopo essere stato trattenuto in carcere per un certo periodo, venne trasferito nel campo di Lipari.

Nel corso di una visita dei rappresentanti della Croce Rossa Internazionale, avvenuta nel settembre del 1942 per via della presenza di tre «sudditi nemici» greci, gli internati si lamentarono per la carenza di cibo e di medicinali nonché per l'esiguità dello spazio concesso loro per la «passeggiata».

La vita del campo fu piuttosto agitata sin dall'inizio: il primo direttore venne sostituito nel gennaio 1941 (e trasferito punitivamente a Boiano), in seguito a una lite scoppiata tra un'internata russa e la direttrice. Nell'estate dello stesso anno, il nuovo direttore subí un provvedimento analogo perché sua figlia «familiarizzava troppo» con le internate e con un confinato conosciuto in città. Sulla non facile convivenza tra le internate, sulla ristrettezza di vedute del direttore e, piú in generale, sui primi mesi d'internamento nel campo, ha lasciato un'efficace testimonianza Maria Luisa Moldauer, giovane ebrea polacca appena laureatasi a Firenze, *L'internata numero 6* (firmato dall'autrice col cognome del coniuge, Eisenstein), che, seppure un po' romanzato, costituisce, di fatto, il primo memoriale pubblicato in Italia (nella Roma, appena liberata del 1944) sull'internamento in un campo fascista.

In seguito agli avvenimenti dell'8 settembre '43, molti internati, di propria iniziativa, abbandonarono la villa anche se il campo rimase formalmente in funzione sino a metà ottobre, quando ormai quasi tutti i reclusi erano riusciti a fuggire verso le campagne circostanti.

Presenze nel campo

data	15-7-40	15-8-40	1-5-41	26-3-42	1-9-42	31-8-43	1-10-43
internati	47	75	26	52	57	46	69

Riferimenti archivistici
Acs, Mi, Dgps, Dagr, Cat. Massime M4, b. 118 , f. 16 (Campi di concentramento), s.f. 2 (Affari per provincia), ins. 12 «Chieti», s.f. 12.
Acicr, C Sc, Service des camps, Italie (1° settembre 1942).

NERETO (Teramo)

Aperto nel giugno del 1940, questo campo si serví di due edifici: uno di proprietà della famiglia Santoni, sito in via Vittorio Veneto, l'altro appartenente alla famiglia Lupini, situato in via Scarfoglio. Inizialmente la struttura fu diretta dal responsabile locale dell'Istituto fascista di cultura, quindi dal podestà e poi da un commissario di pubblica sicurezza. Il servizio di guardia venne svolto dai carabinieri che impiantarono una loro postazione fissa di fronte a ciascuno dei due edifici.

I primi internati giunsero il 17 giugno 1940. Col tempo, il loro numero andò sempre piú aumentando, tant'è che, in ottobre, fu necessario dotare il campo di un terzo edificio: l'ex «palazzo bacologico», uno stabile di proprietà del consorzio agrario, situato in viale Roma. Complessivamente, il campo di Nereto poteva ora accogliere 160 persone. Tra gli internati – tutti di sesso maschile – vi furono «italiani pericolosi», «ebrei stranieri» (tedeschi, austriaci, polacchi e apolidi, in particolare fiumani), «ex jugoslavi» e un piccolo numero di «allogeni» della Venezia Giulia e di «sudditi nemici». Un gruppo formato da 40 «ebrei stranieri» vi giunse dal campo di Ferramonti ai primi di ottobre del 1941.

Come negli altri campi dislocati in piú edifici, le condizioni abitative variavano tra una struttura e l'altra. La piú vivibile fu «casa Santoni»; gli altri due alloggi (in particolare il «palazzo bacologico») erano piuttosto fatiscenti e privi di riscaldamento.

Agli internati era concessa generalmente la frequentazione diurna di un ampio settore urbano che non comprendeva, però, l'unico parco pubblico. Tuttavia, chi alloggiava nel «palazzo bacologico» (considerato struttura «punitiva»), di norma, non poteva abbandonare l'edificio. I notevoli problemi relativi al vitto vennero affrontati da alcuni internati cucinando autonomamente; i piú «facoltosi», si recavano invece a desinare presso alcune trattorie «convenzionate». Per quanti alloggiavano nel «palazzo bacologico», infine, erano stati attrezzati una cucina e un refettorio in un cortile interno dell'edificio. L'assistenza medica era garantita per tutti dal medico condotto, mentre per le visite specialistiche o i ricoveri urgenti era consentito raggiungere Teramo scortati da agenti o carabinieri.

Nel campo di Nereto si sviluppò una certa attività culturale e ricreativa, con l'esecuzione di concerti vocali (tenuti, talvolta, alla presenza del direttore) e la disputa di partite di calcio. I rapporti con la popolazione furono generalmente buoni, tanto che ben tre ex internati, nel dopoguerra, avrebbero sposato ragazze del luogo. Difficile fu, invece, il rapporto tra i reclusi e il commissario Francesco Alongi, il direttore del vicino campo di Corropoli, al quale, dall'agosto del 1942, era stata affidata la «sovrintendenza» anche su quello di Nereto.

Nel maggio del 1943, 20 internati furono trasferiti in provincia di Rieti per contribuire alla costruzione del nuovo campo di Farfa; nello stesso periodo giunsero a Nereto gli internati del campo di Tortoreto Stazione, dopo lo sgombero deciso dal ministero dell'Interno per motivi di sicurezza.

In seguito alla caduta di Mussolini, i pochi internati italiani vennero rilasciati, mentre i 158 stranieri, quasi tutti ex jugoslavi, rimasero nel campo anche dopo l'8 settembre e l'internamento, ripristinato dalla Repubblica sociale italiana, divenne piú duro e rigoroso. Il 4 dicembre '43 i locali del «palazzo bacologico» vennero occupati da soldati tedeschi, e gli internati furono trasferiti negli altri due edifici. Il direttore, il 21 dicembre '43, convocò a «casa Lupini» i 70 internati ancora in carico, col proposito dichiarato di «tutelarli dalle SS». Ma il vero obiettivo era quello di consegnare gli ebrei ai tedeschi. Il campo venne chiuso il 1° febbraio '44: i 69 internati ancora presenti vennero trasferiti a Corropoli.

Presenze in alcuni momenti della vita del campo

data	31-7-40	12-2-41	31-8-42	31-10-42	31-8-43	15-12-43	1-2-44
internati	28	56	145	200	170	70	69

Riferimenti archivistici

Acs, Mi, Dgps, Dagr, Cat.Massime M4, b. 136 , f. 16 (Campi di concentramento), s.f. 2 (Affari per provincia), ins. 41 «Teramo», ss. ff. 10, 18.
Acs, Mi, Dgps, Dagr, A4 bis stranieri internati, b. 6/38 «Teramo»
Acicr, C Sc, Service des camps, Italie (20 agosto 1943).

NOTARESCO (Teramo)

Il campo di Notaresco, allestito ai primi di luglio del 1940, utilizzò due edifici del centro abitato: l'uno, situato in via De Vincenti, di proprietà della famiglia De Vincenzi-Mazzarosa; l'altro, in via Giardino, appartenente alla famiglia Liberi Eligio. Complessivamente i due stabili potevano alloggiare un centinaio di internati.

Il campo, che inizialmente venne diretto da un commissario prefettizio e successivamente dal podestà del paese, era vigilato dai carabinieri della locale stazione, che istituirono un posto di guardia nelle adiacenze di palazzo De Vincenzi. Il medico condotto di Notaresco, dal canto suo, assicurava l'assistenza sanitaria.

Entrambi gli edifici erano sprovvisti di cucina e di infermeria. Avevano invece una doccia, seppure priva di scaldabagno; dal 1942, tuttavia, i servizi igienici vennero ampliati e ristrutturati

I primi internati – apolidi e stranieri ebrei – giunsero a Notaresco il 13 luglio 1940. Dal mese di settembre, essendosi verificato un caso di poliomielite, il capo della polizia sospese per qualche tempo l'afflusso nel campo di altri internati. Nel gennaio del 1941 – superata l'emergenza – erano presenti 68 internati ebrei: 19 apolidi fiumani, già di cittadinanza italiana e 49 stranieri. Altri 32 «ebrei stranieri» giunsero da Ferramonti nell'ottobre del 1941. Ai primi di maggio dell'anno successivo, gli ebrei presenti nel campo (per via di vari trasferimenti n'erano rimasti una sessantina) vennero trasferiti a Ferramonti.

Le condizioni di vita, nei primi due anni di attività del campo, corrisposero, in pratica, a quelle di un *internamento libero*. Agli internati era allora consentito di accedere alle trattorie e agli altri esercizi pubblici, seppure – cosí volevano le disposizioni – «per il tempo strettamente necessario per i loro bisogni». Nelle ore diurne essi potevano inoltre passeggiare per le vie del paese e nel tratto iniziale delle strade provinciali che da esso si dipartivano. Il regime d'internamento divenne decisamente piú duro e rigoroso a partire dal giugno 1942, quando giunsero al campo una sessantina di «ex jugoslavi» (in gran parte croati della Dalmazia), etichettati come «partigiani o loro favoreggiatori».

Per i nuovi inquilini vennero approntate delle mense interne agli edifici, e fu ridotta drasticamente l'area urbana accessibile nelle ore diurne. Nella primavera del 1943, tuttavia, 32 internati vennero autorizzati a recarsi al lavoro presso alcuni contadini del circondario.

In seguito agli avvenimenti dell'8 settembre 1943, il campo di Notaresco continuò a funzionare senza che i reclusi venissero liberati. Solo alla fine del mese, 31 internati furono autorizzati a partire; un secondo rilascio, di 14 persone, si ebbe il 7 novembre. A fine novembre nel campo si trovavano 23 internati, ridottisi a 5 nel gennaio 1944.

Presenze nel campo

data	31-7-40	15-9-40	15-1-41	15-6-41	15-4-42
internati	55	96	70	36	58

data	15-8-43	7-11-43	25-11-43	1-1-44
internati	70	21	23	5

Riferimenti archivistici

Acs, Mi, Dgps, Dagr, Cat. Massime M4, b. 136 , f. 16 (Campi di concentramento), s.f. 2 (Affari per provincia), ins. 41 «Teramo», ss.ff. 12, 17.
Acicr, C Sc, Service des camps, Italie (19 agosto 1943).

TOLLO (Chieti)

Allestito in uno stabile di privata abitazione ritenuto idoneo ad accogliere un centinaio di persone, il campo venne aperto alla fine del 1941 con il preciso proposito di internarvi civili jugoslavi.

Venne diretto inizialmente dal podestà locale, mentre al servizio di vigilanza provvedevano i carabinieri che attrezzarono tre garitte di sorveglianza in punti strategici intorno all'edificio e una piú piccola nello stesso stabile del campo. L'assistenza sanitaria fu demandata al medico condotto del paese.

L'edificio, provvisto di energia elettrica, era composto da pianterreno e primo piano, per complessivi 15 vani. Al pianterreno vennero attrezzati la cucina-refettorio, una sala comune, i servizi igienici e l'ufficio del corpo di guardia; al piano superiore gli alloggiamenti degli internati. I primi dei quali giunsero a Tollo nel febbraio del 1942, via Zara-Trieste. Erano 42 dalmati, etichettati come «comunisti pericolosi», trasferiti da campi di concentramento italiani situati in Albania e Montenegro.

Già nel febbraio del '43, per problemi di sicurezza, il prefetto di Chieti propose al ministero dell'Interno la soppressione del campo e il trasferimento degli internati. In maggio, dopo alcuni accertamenti che confermarono unanimi le preoccupazioni del prefetto e quelle dei carabinieri, il ministero dell'Interno decise di trasferire altrove i 98 internati slavi presenti a Tollo. Di essi, 50 vennero avviati nel campo di Bagno a Ripoli e 48 in quello di Corropoli.

Si decise allora di destinare il campo a civili italiani internati per infrazioni annonarie. La struttura, seppure con lunghi periodi di inattività, rimase formalmente aperta sino all'ottobre del 1943.

Presenze nel campo

data	23-2-42	30-4-42	15-7-42	31-10-42	1-5-43
internati	42	80	99	91	98

Riferimenti archivistici

Acs, Mi, Dgps, Dagr, Cat. Massime M4, b. 118, f. 16 (Campi di concentramento), s.f. 2 (Affari per provincia), ins. 12 «Chieti», s.f. 9.

TORTORETO (Teramo)

Questo campo si avvalse di due edifici che – seppure ubicati nello stesso territorio comunale – distavano quasi otto chilometri l'uno dall'altro. A Tortoreto Alta, gli internati furono acquartierati in una palazzina (di proprietà della famiglia De Fabritiis) in grado di ospitare circa 25 persone; a Tortoreto Stazione (frazione che nel dopoguerra sarebbe divenuta comune autonomo col nome di Alba Adriatica) alloggiarono in un'antica villa signorile (appartenente alla famiglia Tonelli), situata nei pressi della stazione ferroviaria e capace di accogliere 75 persone circa. Nessuno dei due edifici era recintato.

Aperto a fine luglio del 1940, il campo ebbe diversi direttori che risiedevano a Tortoreto Alta: oltre al podestà, si alternarono in questo ruolo ben cinque funzionari di pubblica sicurezza (tra gli altri si ricordano Attilio Capurro e Amerigo Amelio). Il servizio di vigilanza fu affidato ad alcuni agenti e carabinieri, che nell'estate del 1942 raggiunsero il numero di 64 unità, mentre all'assistenza sanitaria provvidero alcuni medici locali.

Inizialmente i reclusi furono ebrei stranieri e apolidi (tra cui molti fiumani), in seguito «allogeni» della Venezia Giulia e, infine, italiani responsabili di infrazioni annonarie. Tra i tanti ebrei internati, si ricorda il rumeno Saul Steinberg, che nel dopoguerra – trasferitosi in America – sarebbe divenuto celebre come *cartoonist* del «New Yorker».

Le condizioni dei due alloggiamenti non furono affatto omogenee. Casa De Fabritiis (lo stabile di Tortoreto Alta) presentò notevoli inconvenienti in relazione al rifornimento idrico e ai servizi igienici e non dispose d'una cucina propria. Tant'è che per il vitto gli internati dovevano ricorrere alle locande del paese. L'edificio di Villa Tonelli, seppure un po' malandato, era piú spazioso e meglio organizzato: dotato di un'infermeria e di una cucina con refettorio, comprendeva sette stanze al pianterreno e altrettante al primo piano, in ognuna delle quali prendevano posto dieci-quindici internati. A tutti, nelle ore diurne, era permesso di muoversi nell'ambito di una certa area che, col passare dei mesi, venne notevolmente ridotta. Inizialmente, agli ospiti di villa Tonelli fu concesso di recarsi in paese nei giorni di mercato, e d'estate (per due volte alla settimana) di bagnarsi in mare.

Nel maggio del '43, in seguito ad alcune segnalazioni anonime e alle proteste delle autorità militari (che temevano il contatto fra internati ed «elementi al soldo del nemico», oppure dei sabotaggi alla ferrovia), i 90 reclusi di Tortoreto, in gran parte ebrei, vennero trasferiti in altri campi. Quelli che risiedevano a Villa Tonelli furono destinati a Nereto.

Dopo questa partenza, lo stabile di Tortoreto Stazione smise definitivamente di funzionare, mentre quello di Tortoreto Alta riprese l'attività nel luglio del 1943 come sede d'internamento per civili italiani colpevoli di infrazioni annonarie. Venne definitivamente chiuso il 6 settembre 1943, col trasferimento degli ultimi due internati.

Presenze nel campo

data	31-7-40	15-9-40	30-4-41	30-4-42	31-8-42	30-11-42	15-2-43
internati	9	103	80	74	114	110	97
data	1-5-43	3-9-43					
internati	90	8					

Riferimenti archivistici

Acs, Mi, Dgps, Dagr, Cat. Massime M4, b. 136 , f. 16 (Campi di concentramento), s.f. 2 (Affari per provincia), ins. 41 «Teramo», ss. ff. 9, 11.

TOSSICIA (Teramo)

Questo campo venne allestito nell'agosto del 1940 in due edifici del centro abitato di Tossicia: uno di proprietà della famiglia di Sauro Mirti (nel dopoguerra divenuto sede del Corpo Forestale), l'altro appartenente alla famiglia di Giulio De Fabi (nel dopoguerra sede di una Cassa di Risparmio). Nel novembre 1941, venne acquisito al campo un terzo edificio, di proprietà della famiglia Di Marco, capace d'accogliere una dozzina di internati. Complessivamente le tre strutture furono ritenute in grado di ospitare circa 120 persone.

Casa Mirti arrivò ad accogliere 80 internati; possedeva un piccolo refettorio ma era priva sia di bagni che di infermeria, come anche Casa De Fabi. Quest'ultima era almeno dotata di impianto idrico; ma solo nominalmente, visto che la conduttura era pressoché fuori uso; la cucina funzionava anche da refettorio per una cinquantina di internati. Piú o meno la stessa situazione si riscontrava a Casa Di Marco: né infermeria, né bagni, né condutture idriche; soltanto una latrina alla turca e una piccola cucina. La direzione del campo fu affidata al podestà Il servizio di vigilanza per tutte e tre le strutture fu svolto dai carabinieri, la cui stazione si trovava non molto distante dai due edifici principali.

Gli internati erano ebrei stranieri (in buona parte provenienti dal campo di Manfredonia) e «stranieri nemici» di nazionalità cinese (quasi tutti trasferiti dal campo di Boiano). Alla data del 31 gennaio '41, in totale, se ne sarebbero contati 127. In febbraio, gli ebrei vennero trasferiti nel campo di Civitella del Tronto, mentre a Tossicia giunsero altri cinesi.

Sotto il profilo abitativo, il campo di Tossicia fu uno dei peggiori, se non il peggiore in assoluto, tra quelli allestiti dal ministero dell'Interno. Anche gli ispettori della Croce Rossa ne denunciarono le gravissime carenze igienico-sanitarie e il sovraffollamento. Malgrado tutto, nessuna opera di miglioramento venne mai apportata agli edifici: piuttosto che risolvere gli improrogabili problemi strutturali, le autorità preferirono destinare il campo ad alcune famiglie di zingari, che, evidentemente, si riteneva avessero «minori esigenze» delle altre categorie di internati.

Tale operazione prese avvio il 12 maggio 1942, giorno in cui il ministero dell'Interno dispose un ordine di trasferimento incrociato riguardante i campi di Isola del Gran Sasso e di Tossicia: 42 «ebrei stranieri» furono trasferiti da Isola a Ferramonti, mentre i 116 cinesi internati a Tossicia vennero trasferiti a Isola. Due mesi dopo la partenza dei cinesi, che avevano lasciato il campo completamente vuoto, giunsero a Tossicia intere famiglie di zingari jugoslavi provenienti dalla Slovenia: in tutto 118 persone che vissero in condizioni raccapriccianti. Come documentato da Italia Iacoponi, tra l'11 agosto 1942 e il 6 settembre 1943, nel campo nacquero nove bambini. Durante l'estate, a causa della disinfestazione degli edifici, per alcuni periodi gli internati furono costretti a dormire all'aperto. Molti degli uomini vennero allora impiegati nella raccolta dei cereali (pare che alcuni siano stati condotti a lavorare anche in altre regioni); mentre le donne andavano a mendicare nei dintorni. Gli internati-lavoratori percepivano, oltre al vitto, un piccolo salario.

Durante l'inverno 1942-43 le già difficili condizioni abitative si aggravarono per la mancanza di legna da ardere. Nell'aprile 1943, durante le festività pasquali, il campo fu visitato dal nunzio Borgongini Duca (che portò 100 lire ad ogni recluso) e da padre Giuseppe Ravaioli, parroco francescano di Loreto, che confessò gli internati, dei quali conosceva la lingua. Il 19 agosto '43, quando vi giunse il delegato della Croce Rossa, erano presenti 116 internati d'ogni età che una relazione ufficiale definiva «nel complesso disciplinati e rispettosi, ma smaniosi di libertà».

Dopo gli avvenimenti dell'8 settembre '43, nessun internato venne rilasciato. Il campo si sciolse, di fatto, il 26 settembre, quando tutti gli zingari, compresi donne e bambini, abbandonarono i loro alloggiamenti dirigendosi verso la zona di Bosco Martese. Il capo della provincia di Teramo, Ippoliti, aveva ipotizzato di trasferire a Tossicia gli internati del campo di Corropoli, ma non risulta che a questa proposta sia stato dato seguito.

Presenze nel campo

data	15-9-40	31-1-41	1-5-42	22-7-42	23-6-43	1-9-43
internati	27	127	116	112	118	116

Riferimenti archivistici

Acs, Mi, Dgps, Dagr, Cat. Massime M4, b. 136, f. 16 (Campi di concentramento), s.f. 2 (Affari per provincia), ins. 41 «Teramo», ss.ff. 5, 7.
Acicr, C Sc, Service des camps, Italie (19 agosto 1943).

VINCHIATURO (Campobasso)

Questo campo, a destinazione esclusivamente femminile, fu diretto dal podestà del luogo, coadiuvato da una direttrice, la signora Amalia Vacalucci, un'insegnante in pensione. Il servizio di vigilanza veniva effettuato da cinque carabinieri, l'assistenza sanitaria dal medico condotto di Vinchiaturo.

Il campo trovò ubicazione in un edificio privato (di proprietà della famiglia Di Nonno) posto in via Libertà, una delle strade centrali del piccolo centro molisano. Dagli ispettori del ministero dell'Interno, che lo individuarono nella primavera del 1940, l'edificio fu ritenuto idoneo ad accogliere 50 internate. Diverso sarebbe stato il parere degli emissari della Croce Rossa Internazionale, che visitarono il campo il 21 giugno 1943, per i quali la sua capienza non poteva superare le 35 persone.

A parte alcune antifasciste italiane ed una zingara (Giuseppa Caris, che nel febbraio '41 venne trasferita a Boiano), a Vinchiaturo furono internate soltanto donne straniere molte delle quali erano etichettate come prostitute: russe, polacche, ungheresi, «ebree straniere» ed «ex jugoslave».

L'edificio che accolse il campo possedeva l'impianto elettrico, ma non era in buone condizioni di abitabilità ed era privo di bagno. Al pianterreno vennero allestiti il refettorio e la cucina, affidata a un gestore esterno; al primo piano 3 camere da letto e un soggiorno; al secondo altre 5 camere, due latrine e altrettanti lavandini. Nell'inverno 1941, per via della particolare inclemenza del clima, le autorità si decisero a dotare l'edificio di alcune stufe a legna.

Per alcune ore del giorno, le internate potevano «prendere aria» nelle strade prossime al campo e, di tanto in tanto, potevano fare qualche passeggiata in campagna sotto la scorta dei carabinieri. Nelle lunghe serate invernali, alcune internate cercavano di alleviare lo stato di apatia dando lezioni di lingua alle loro compagne d'internamento, oppure dipingendo. Al giovedí (per evitare il maggiore contatto con la popolazione che si sarebbe avuto nei giorni festivi) era consentito loro di recarsi a messa.

In generale, l'internamento a Vinchiaturo non fu facile, poiché la promiscuità tra differenti categorie di recluse rendeva pressoché impossibile un'ordinata convivenza collettiva. Donne incensurate, internate per lo stato di guerra, si ritrovano infatti a convivere – in condizione di sovraffollamento – assieme a prostitute o elementi equivoci che avevano trascorso diversi anni della loro vita in galera. Forse fu per l'incapacità di sopportare la difficile convivenza che due internate misero in atto un tentativo di suicidio: nell'estate del 1940, Elsa Ratz provò a gettarsi da una finestra, mentre nel gennaio 1942 Ietta Engl tentò di avvelenarsi.

Nel giugno del 1943, per ovviare all'affollamento, ritenuto principale causa dei molti problemi sopraggiunti nel campo, dieci internate vennero trasferite altrove su insistente richiesta del delegato della Croce Rossa.

Il campo rimase attivo sino all'annuncio dell'armistizio, quando le internate straniere ancora presenti vennero prosciolte in seguito alle disposizioni emanate il 10 settembre '43 dal capo della polizia.

Presenze nel campo

data	20-8-40	15-10-40	1-2-42	15-10-42	14-4-43	21-6-43	31-8-43
internati	10	32	47	42	38	46	47

Riferimenti archivistici

Acs, Mi, Dgps, Dagr, Cat. Massime M4, b. 116, f. 16 (Campi di concentramento), s.f. 2 (Affari per provincia), ins. 11 «Campobasso», s.f. 4.
Acs, Mi, Dgps, Dagr, Cat. Massime M4, b. 117, f. 16 (Campi di concentramento), s. f. 2 (Affari per provincia), ins. 11 «Campobasso», ss.ff. 10, 11.
Acicr, C Sc, Service des camps, Italie (21 giugno 1943).

Campania

ARIANO IRPINO (Avellino)

Aperto nel luglio del 1940, questo campo era situato in rione Martiri, una frazione a circa due chilometri dal centro storico di Ariano Irpino. Utilizzò edifici diversi allo scopo di accogliere 130 persone: una costruzione in muratura a due piani, di proprietà della famiglia Mazza, per la parte «direzionale» del campo, e dieci «casette antisismiche», dei piccoli fabbricati ch'erano stati costruiti per i terremotati della zona.

Fu diretto da un commissario di pubblica sicurezza (Vito Pirozzi), coadiuvato da alcuni agenti, mentre il servizio di guardia venne svolto dai carabinieri che vi allestirono un posto di guardia fisso. L'assistenza sanitaria veniva garantita dall'ufficiale sanitario di Ariano che giungeva sul posto tre volte alla settimana ed era aiutato da un internato con funzione di infermiere.

Tra gli internati, tutti uomini, vi furono molti «italiani pericolosi» e «allogeni» della Venezia Giulia. Dai primi mesi del 1942, sia dalla Dalmazia che dalla Provincia di Lubiana, cominciarono ad affluire degli «ex jugoslavi», tra i quali il gruppo piú organizzato era quello sloveno. Sporadicamente furono presenti anche «ebrei stranieri» e «stranieri nemici». Secondo la testimonianza di Arturo Dellepiane, recluso ad Ariano nel maggio del 1942, tra gli altri reclusi, non poche furono le spie, i provocatori e gli infiltrati al servizio del regime: gli antifascisti, a proprie spese, dovettero imparare a guardarsene e a circondare tali soggetti con un «cordone sanitario».

L'area del campo era delimitata da una palizzata. Nell'edificio principale si trovavano l'ufficio del direttore e una segreteria-archivio. Attigui ad essi c'erano il deposito di casermaggio, l'alloggio dei carabinieri e, inizialmente, anche la cucina e la sala mensa. Con l'aumentare del numero degli internati, la cucina (affidata a una fornitrice del luogo, Anna Spadazzi) si serví come sala da pranzo di una delle «casette» alla quale erano stati abbattuti i muri interni. Successivamente la mensa divenne autogestita. I dormitori furono allestiti in otto delle dieci «casette» (le altre due, infatti, accolsero la mensa e altri servizi), tutte a pianterreno e prive di comunicazione tra di loro.

Inizialmente, dalle otto alle nove e dalle sedici alle diciotto, agli internati era consentito «passeggiare» sulla strada provinciale antistante il campo o recarsi a fare acquisti in una vicina bottega, l'unica della zona. A turno e sotto scorta, essi potevano arrivare fino in paese per gli acquisti collettivi o le visite mediche specialistiche. Alcuni reclusi vennero autorizzati a prestare la propria manodopera presso fattorie o laboratori artigianali dei dintorni, dove, in genere, eseguivano lavori agricoli, riparazioni meccaniche o lavori di verniciatura. Un internato, iscritto alla facoltà di medicina, venne autorizzato, per «finalità didattiche», a frequentare l'ospedale cittadino. Tra quanti restavano nel campo, molti eseguivano lavori d'artigianato (realizzando cappelli, borse, centri da tavola), con la cui vendita riuscivano ad arrotondare il magro *sussidio* governativo. Il regime d'internamento divenne decisamente piú severo a partire dal 1942.

Il 19 giugno 1943, essendovi internato un «suddito nemico» (un ebreo palestinese con cittadinanza britannica), giunse ad Ariano una delegazione della Croce Rossa Internazionale, che ebbe un'impressione non negativa delle condizioni generali di vita allora riscontrate.

Il mese successivo, la notizia della caduta della dittatura fu accolta dagli internati con grandi festeggiamenti e ovazioni. Poi, verso la fine di luglio del 1943, cominciarono a essere prosciolti i primi internati italiani. La struttura venne chiusa dopo gli avvenimenti dell'8 settembre 1943.

Presenze nel campo

data	15-10-40	1-3-41	30-4-42	30-4-42	16-10-42	19-6-43
internati	18	77	58	58	84	86

Riferimenti archivistici

Acs, Mi, Dgps, Dagr, Cat. Massime M4, b. 115, f. 16 (Campi di concentramento), s.f. 2 (Affari per provincia), ins. 7 «Avellino», ss.ff. 4, 8.
Acicr, C Sc, Service des camps, Italie (19 giugno 1943).

CAMPAGNA (Salerno)

Il campo di Campagna (cittadina incuneata in una gola del fiume Tenza a 250 metri sul livello del mare) cominciò a funzionare il 15 giugno 1940. Si avvalse dei locali di due ex conventi, di proprietà comunale, situati alla periferia dell'abitato in opposta direzione. Gli edifici in questione, da tempo venivano utilizzati per l'acquartieramento degli allievi ufficiali dell'esercito che, un mese all'anno, giungevano in zona per effettuare esercitazioni di tiro. L'ex convento di San Bartolomeo (situato a ponente e noto per avere ospitato Giordano Bruno negli anni del suo noviziato) era in discreto stato di conservazione. L'ex convento dell'Immacolata Concezione (l'altro stabile, appartenuto all'Ordine degli Osservanti) era invece piuttosto fatiscente e, per pericolo di crolli, nel marzo del 1941 venne sgomberato, col conseguente trasferimento di buona parte degli internati nel San Bartolomeo.

Il campo fu diretto da un commissario di pubblica sicurezza (primo direttore fu Eugenio De Paoli, cui seguirono i commissari Maiello e Carrozzo), mentre i servizi amministrativi e di vigilanza vennero svolti da una trentina tra carabinieri e agenti di pubblica sicurezza e da alcuni militi fascisti. La direzione fu allestita in un palazzo del centro storico, pressoché equidistante dai due edifici nei quali alloggiavano gli internati. L'assistenza sanitaria, ufficialmente assicurata dal dottor Fiorentino Buccella, medico del luogo, si avvalse dei tanti medici e studenti di medicina internati. Nel 1941, all'interno del «San Bartolomeo» venne allestito un rudimentale presidio medico-infermieristico al servizio dei reclusi. Dal settembre 1940, gli internati gestivano in proprio la mensa del campo.

Nei primi tempi di attività del campo, vi furono internati una decina di «sudditi nemici» inglesi e francesi e una quarantina di ebrei italiani. Ma il grosso degli internati di Campagna era costituito da ebrei stranieri e apolidi: tedeschi, austriaci, polacchi, fiumani, ex cecoslovacchi ed ex jugoslavi. Dal punto di vista professionale, i gruppi piú numerosi furono quelli dei commercianti, dei medici e degli artigiani, ma non mancarono le categorie degli impiegati e degli intellettuali.

In un rapporto del 1° febbraio 1940, l'ispettore Guido Lo Spinoso – responsabile dell'individuazione degli edifici dei due ex conventi – ipotizzava che essi avrebbero potuto accogliere complessivamente 750 internati. Una previsione che si rivelò fin troppo ottimistica: è vero, infatti, che l'edificio della «Concezione» possedeva ben ventitre camerate (tre delle quali erano ubicate al pianterreno insieme alla cucina e ai locali di casermaggio), ma, per lo stato di degrado in cui si trovava, a stento avrebbe potuto accogliere un centinaio di internati. D'altra parte, il «San Bartolomeo», al massimo avrebbe potuto contenere 300 persone, distribuite tra i cinque stanzoni e i dodici ambienti minori dislocati tra il primo e il secondo piano.

L'arredamento dei locali era quello «da caserma», tipico dei campi e delle colonie; e – nonostante l'energia elettrica fornita a poco prezzo da una società locale – mancava qualsiasi impianto di riscaldamento. I servizi igienici, ricavati vicino ai dormitori, erano precari e insufficienti rispetto al numero degli utenti, mentre l'acqua corrente era disponibile solo nei cortili: nell'agosto del 1940, due internati vennero gravemente colpiti dal tifo e, nonostante il ricovero all'ospedale di Salerno, persero la vita.

Per circa sei ore al giorno, ai reclusi era consentito di lasciare gli alloggiamenti e circolare per il paese nell'ambito di un'area i cui estremi – corrispondenti alle ultime case dell'abitato – erano contrassegnati da una linea colorata tracciata sul fondo stradale. Ciò favoriva i rapporti con la popolazione locale, che furono improntati al rispetto e alla cordialità reciproca. Dall'autunno del 1941, però, la «libera uscita» venne limitata alle ore antimeridiane, per evitare i «troppi contatti» sviluppatisi tra gli internati e la popolazione.

La presenza di tanti forestieri (quello di Campagna fu il piú grande tra i campi allestiti dal ministero dell'Interno in edifici preesistenti) che, ovviamente, necessitavano di tutta una serie di prodotti e di servizi, costituí un'inaspettata, e non indifferente, «boccata di ossigeno» per la misera economia locale. E ciò, ovviamente, oltre che lo scambio e la «socializzazione» tra la comunità autoctona e quella degli internati, favorí anche il prosperare del mercato nero. Il rapporto tra le due comunità poté svilupparsi particolarmente, dal momento in cui l'edificio della «Concezione» venne evacuato degli internati, molti dei quali furono autorizzati a dimorare temporaneamente in camere prese in affitto presso famiglie del posto.

Grazie soprattutto al sostegno morale e materiale della «Delasem», la vita di comunità degli internati di Campagna ebbe un suo particolare sviluppo. Tra le tante realizzazioni sono da ricordare: la piccola orchestra diretta dal pianista polacco Bogdan Zins; la biblioteca con circa 1500 volumi; le seguitissime partite di calcio e il piccolo tempio allestito in una sala del «San Bartolomeo». Un foglio ciclostilato in lingua tedesca, redatto di tanto in tanto dai reclusi, commentava con sottile ironia le vicende del campo.

Molto cordiali furono i rapporti intercorsi tra gli internati e il vescovo di Campagna, monsignor Giuseppe Maria Palatucci (zio di Giovanni, l'omonimo e ormai ben noto ex questore di Fiume) che in piú occasioni perorò la loro causa presso le autorità.

Nel giugno del 1943, essendovi un civile belga classificato come «suddito nemico», una delegazione della Croce Rossa giunse per la prima volta a Campagna per una visita ispettiva. Nella relazione trasmessa poco dopo al ministero dell'Interno, gli ispettori affermavano di avere avuto «eccellente impressione» dell'impegno profuso dalle varie autorità (direttore, podestà, medico e altri funzionari comunali) per migliorare le condizioni dell'internamento.

Nulla cambiò per gli internati, nel luglio del 1943, in seguito alla caduta di Mussolini. Ma nei giorni successivi all'annuncio dell'armistizio, essi furono formalmente prosciolti dal direttore del campo in base alle relative disposizioni emanate dal capo della Polizia. Allora, per mettersi al sicuro, gli ex internati si avviarono immediatamente verso le montagne.

Campagna, in quei giorni, subí due gravi bombardamenti: il piú tragico si ebbe il 17 settembre, quando si ebbero circa trecento morti, in gran parte civili, tra i quali un ebreo da poco prosciolto dall'internamento

Dopo la liberazione di Campagna, avvenuta il 19 settembre 1943, nell'edificio del «San Bartolomeo» fu realizzato un campo-profughi gestito dalla *Displaced Persons Sub-Commission* alleata.

Presenze nel campo

data	15-7-40	15-9-40	15-11-40	1-2-41	14-9-41
internati	369	272	230	170	151
data	15-4-42	15-6-42	15-10-42	17-6-43	31-8-43
internati	115	201	182	149	148

Riferimenti archivistici

Acs, Mi, Dgps, Dagr, Cat. Massime M4, b. 134, f. 16, s.f. 2 (Affari per provincia), ins. 36 «Salerno».
Acicr, C Sc, Service des camps, Italie (17 giugno 1943).

MONTEFORTE IRPINO (Avellino)

Aperto alla fine di giugno del 1940, questo campo fu allestito nei locali dell'ex orfanotrofio Loffredo, uno stabile in corso Garibaldi, una delle strade principali di Monteforte Irpino.

Diretto dal podestà del luogo, il campo accolse «italiani pericolosi» provenienti da diverse regioni italiane, molti dei quali erano stati sottoposti a internamento al termine di assegnazioni al confino o pene carcerarie inflitte dal Tribunale speciale. Il servizio di guardia e di custodia fu garantito dai carabinieri; l'assistenza medica dall'ufficiale sanitario locale. Per le visite mediche particolari o le urgenze chirurgiche, gli internati venivano condotti nel vicino ospedale San Giacomo.

L'edificio del campo – composto di due piani – fu ritenuto idoneo ad accogliere un centinaio di internati, ma le presenze effettive sarebbero state decisamente piú basse. Il primo piano comprendeva dieci stanze di diverse dimensioni che potevano accogliere dai 4 agli 8 letti per ciascuna. Al secondo, le camere erano tre, di capienze diverse: dai 6 agli 8 letti. Al pianterreno c'erano l'ufficio dei carabinieri che effettuavano il servizio di guardia, uno stanzone capace di 25 posti-letto e un'altra sala utilizzata, in un secondo tempo, per la cucina e la mensa. Su ogni piano erano disponibili delle latrine.

Tra i tanti antifascisti presenti in questo campo, si ricordano il marchigiano

Fausto Sarti, uno dei primi arrivati, ch'era rimasto ininterrottamente al confino dal 1936, e il calabrese Natale Borgese, che vi giunse nel giugno 1942, dopo aver scontato cinque anni tra carcere e confino. Ma il piú noto tra gli internati di Monteforte è probabilmente Franco Venturi: estradato dalla Spagna nel marzo 1941, dopo aver soggiornato per due mesi nelle carceri torinesi, egli giunse a Monteforte ai primi di maggio, rimanendovi sino all'estate quando venne trasferito ad Avigliano quale «internato libero».

Secondo le testimonianze disponibili, la popolazione locale si mostrò particolarmente bendisposta verso gli internati, i quali dovevano sottostare al consueto regime vigente nei piccoli campi del ministero dell'Interno: per alcune ore al giorno potevano frequentare un ristretto perimetro del centro urbano, mentre per ragioni particolari potevano essere autorizzati a recarsi, sotto scorta, ad Avellino. Inizialmente – non disponendo di una mensa interna – gli internati potevano consumare i pasti presso una vicina locanda.

La notizia della caduta di Mussolini fu accolta dai reclusi con soddisfazione e speranza, ma il campo rimase in funzione ancora per piú di un mese.

Presenze nel campo

data	15-10-40	1-3-41	1-10-42
internati	15	48	51

Riferimenti archivistici

Acs, Mi, Dgps, Dagr, Cat. Massime M4, b. 115, f. 16 (Campi di concentramento), s.f. 2 (Affari per provincia), ins. 7 «Avellino», ss.ff. 3, 8.

SOLOFRA (Avellino)

Questo campo, a destinazione esclusivamente femminile, trovò sede in un edificio privato (di proprietà della famiglia Bonanno), sito in via Misericordia, una delle strade centrali della cittadina di Solofra. Ritenuta idonea ad accogliere una cinquantina di persone, la struttura iniziò a funzionare ai primi di luglio del 1940. Fu diretta dal locale podestà (Costantino De Maio) coadiuvato da una direttrice (Giuditta Festa), mentre la vigilanza venne assicurata dai carabinieri che vi istituirono un apposito posto di guardia.

Il campo ospitò principalmente internate di varie nazionalità etichettate come «prostitute e sospette in linea politica». In alcuni periodi sono state in carico anche alcune donne ebree (il numero massimo, di cinque internate ebree, si ebbe nel marzo del 1943). L'edificio, fornito di energia elettrica, disponeva di un piccolo giardino ed era dislocato su due livelli: al pianterreno vennero attrezzati la cucina, la mensa e l'ufficio dei carabinieri; al primo piano una decina di camere-dormitorio, ognuna delle quali poteva accogliere dalle tre alle sei internate. Furono inoltre installate due docce (che, una volta alla settimana, potevano disporre anche dell'acqua calda) e due w.c. con lavabo. In un secondo tempo, fu disponibile anche una piccola infermeria.

La cucina, inizialmente affidata a un gestore esterno, in seguito venne condotta in proprio dalla direzione del campo che si avvalse di due inservienti. Tre volte alla settimana le internate erano autorizzate a fare una passeggiata della durata di circa due ore lungo la strada che portava verso la campagna. Per il resto potevano «prendere aria» nel giardino del campo. L'assistenza sanitaria era garantita dal medico condotto tre volte alla settimana per le visite e la prevista terapia antisifilitica. Nel caso di urgenze medico-chirurgiche, il podestà disponeva il ricovero presso l'ospedale cittadino; mentre per le prestazioni specialistiche – se ottenevano l'autorizzazione – le internate potevano recarsi, sotto scorta, ad Avellino.

Salvo che giocare a carte, o leggere i pochi libri di propria disponibilità, le recluse non avevano altre possibilità per impiegare il molto tempo libero. E la noia, unita alla vita in segregazione, favoriva l'insorgere di litigi ed incomprensioni, vista anche l'estrema diversità nazionale, di costumi e di mentalità. Nel febbraio del 1943, su 26 internate presenti, 4 erano francesi, 3 «ex jugoslave», 3 polacche (due delle quali ebree), 3 apolidi russe, 2 belghe, 2 greche, 1 turca, 1 inglese, 1 ex cecoslovacca, 1 rumena, 1 olandese, 3 italiane, tra cui un'ebrea e un'«allogena» di origine tedesca.

Dopo la caduta di Mussolini, il campo di Solfora proseguí la sua consueta attività. Quindi – nei giorni successivi all'armistizio dell'8 settembre 1943 – alcune internate si resero irreperibili scavalcando il muro del giardino. La struttura continuò tuttavia a funzionare fino al gennaio dell'anno successivo.

Presenze nel campo

data	15-11-41	15-3-42	16-10-42	3-2-43	18-6-43	31-843
internati	27	23	26	27	16	34

Riferimenti archivistici

Acs, Mi, Dgps, Dagr, Cat. Massime M4, b. 115, f. 16 (Campi di concentramento), s.f. 2 (Affari per provincia), ins. 7 «Avellino», ss.ff. 5, 8.

Acicr, C Sc, Service des camps, Italie (18 giugno 1943).

Basilicata

PISTICCI (Matera)

Con l'ingresso in guerra dell'Italia, anche la «colonia agricola» di Pisticci, capace all'epoca di un migliaio di persone, ebbe funzione di «campo di concentramento» per civili internati dal ministero dell'Interno. Furono presenti a Pisticci soprattutto internati appartenenti alle categorie degli «italiani pericolosi» e «allogeni» della Venezia Giulia; ma anche «sudditi nemici» ed «ex jugoslavi».

Buona parte degli antifascisti italiani internati in questa colonia provenivano direttamente dalle carceri. Si ricordano, in particolare, Giovanbattista Basello, Guglielmo Germoni, Dario Barbato, Gustavo Comollo, Italo Belardi, Agostino Ottani, Vito Pappagallo e Giacinto Varetto: tutti condannati dal Tribunale speciale e sottoposti a internamento al termine della pena detentiva. Nell'agosto del 1940, per «ripetute manifestazioni di carattere antifascista» (ma, probabilmente, anche per il fatto di avere sposato una suddita britannica), fu internato a Pisticci il principe Filippo Doria Pamphili che, dopo la liberazione, sarebbe divenuto il primo sindaco della capitale. Per brevissimo tempo furono a Pisticci anche Umberto Terracini e – secondo alcune testimonianze – Walter Audisio, il celebre colonnello partigiano «Valerio».

Il gruppo degli internati stranieri comprendeva una cinquantina di polacchi provenienti dalla Francia (dov'erano emigrati in cerca di lavoro) che, allo scoppio della guerra, erano stati arruolati in reparti speciali che presidiavano la linea Maginot. Rifugiatisi quindi nella zona di occupazione italiana, erano stati arrestati e internati a Pisticci. Alla fine del 1942, dall'isola di Corfú giunse un piccolo nucleo di ex ufficiali greci, tra cui un capitano medico, la cui opera di assistenza fu di grande aiuto per la comunità della colonia. Del gruppo slavo (che comprendeva molti «italiani per diritto di annessione» provenienti dal Fiumano e dalle isole del Quarnero) faceva parte il poeta croato Josip Šuljić che giunse nella colonia lucana il 15 giugno 1941. Alla fine di quell'anno, su un totale di 776 deportati presenti a Pisticci, 553 erano internati. La loro vita quotidiana fu pressoché identica a quella dei confinati.

Particolarmente organizzato era il gruppo comunista italiano che ebbe tra i suoi dirigenti i confinati Giuseppe Neri e Giuseppe Gaddi e gli internati Dario Barbato e Gustavo Comollo, il «commissario Pietro» della futura lotta di Liberazione. I comunisti intrapresero una lunga «battaglia» che portò alla gestione autonoma delle mense che, in un primo tempo, le autorità avevano affidato a propri elementi di fiducia.

Il vero padre-padrone di questa colonia fu Eugenio Parrini, che alcuni internati, nelle loro testimonianze, definiscono quale fanatico sostenitore del duce e persino «fervente filonazista». Ma, piú di ogni altra cosa, pare che egli tenesse alla tutela dei propri interessi; e questa visione «pragmatica» della realtà lo portò a mantenere un rapporto di collaborazione con gli appartenenti al folto gruppo comunista. Anch'essi, sul lavoro, preferirono collaborare col Parrini, anziché contrapporgli atteggiamenti di ostilità o di sabotaggio. Un comportamento che, probabilmente, limitò il numero degli episodi repressivi (che tuttavia non mancarono) e che certamente favorí la produttività della «colonia agricola».

Essa riuscí, infatti, in poco tempo a dare notevoli risultati: vennero bonificati 800 ettari di terreno e costruite 38 casette coloniche a due piani (distribuite una ogni 20 ettari), ciascuna capace di ospitare quattro nuclei familiari. L'azienda-prigione di Pisticci (l'*Agricola* – come era solito chiamarla Parrini) divenne quasi una tenuta modello, con una falegnameria di prim'ordine, e con un patrimonio agricolo-zootecnico e un parco macchine non indifferenti. Garantita e sponsorizzata dallo Stato fascista, essa fruttò al suo padrone tanti facili guadagni.

La notizia della caduta di Mussolini fu accolta dai tanti antifascisti italiani e stranieri al canto di inni rivoluzionari. Nei giorni seguenti, seppure con lentezza, il commissario Suppa, direttore della colonia, procedette alla liberazione di un certo numero di confinati e internati che, muniti di «foglio di via», rientrarono alle proprie case. Per la liberazione dei comunisti bisognò attendere la metà di agosto, ma molti di loro – come scrive nelle sue memorie il mantovano Loris Pescarolo – approfittando della confusione e del trambusto di quei giorni, si resero immediatamente irreperibili «senza attendere le scartoffie debitamente vistate».

Restavano ancora prigionieri gli anarchici, i «sospetti di spionaggio» e, soprattutto, circa 700 slavi («allogeni» italiani della Venezia Giulia ed ex jugoslavi), molti dei quali, per protesta, intrapresero uno sciopero della fame. Su richiesta del direttore della colonia, dal 17 agosto, il corpo di guardia venne rafforzato con altri 4 carabinieri e 12 militi, mentre il prefetto di Matera, dopo aver disposto il fermo e la traduzione nelle carceri degli elementi «piú scalmanati», chiedeva alla Direzione generale di pubblica sicurezza di disporre un ulteriore rinforzo militare e il trasferimento in altri campi di almeno la metà degli slavi.

Cosicché, il 1° settembre 1943, venne diramato dal ministero della Guerra l'ordine di trasferire nel campo di concentramento di Chiesanuova 350 internati slavi. Per le ovvie difficoltà logistiche del momento, tuttavia, il trasferimento non poté essere attuato. E, tra confusione, proteste e tumulti, la colonia rimase in vita sino al 13 settembre 1943. In quella data, un internato slavo di cui si ricorda soltanto il nome (Zeicko) si recò clandestinamente a Taranto, distante circa 60 chilometri, per prendere contatto col comando alleato. Egli rientrò presto a Pisticci con un gruppo di soldati inglesi. Da quel momento, la colonia di confino cessava di esistere e le sue strutture accolsero un campo per *displaced persons* sotto la direzione del commissario Bartolomeo Malvasi e la supervisione di due militari alleati, il colonnello Lansill e il capitano Eddeng. Sino alla fine della guerra vi transitarono circa 18 000 profughi e sfollati provenienti dall'Abruzzo e dal Lazio. Un ruolo organizzativo di primo piano vi venne svolto dal tenente britannico John C. Hanshaw, che sarebbe caduto sul fronte di Cassino. Nel 1952, dopo lunghe vertenze burocratiche, il Comune di Pisticci entrò in possesso dei terreni e del residuo patrimonio zootecnico ch'erano appartenuti alla «colonia agricola».

Presenze nella colonia

data	30-6-41	31-8-41	31-12-41	31-3-42
internati	?	?	553	?
confin.	?	?	223	?
totali	571	507	776	705

data	15-9-42	4-12-42	2-2-43	30-4-43	2-7-43
internati	440	?	?	?	652
confinati	557	?	?	?	214
totali	997	708	794	824	866

Riferimenti archivistici

Acs, Mi, Dgps, Dagr, Ufficio confino di polizia (Affari generali), Cat. 710/50.
Acs, Mi, Dgps, Dagr, Cat. Massime M4, b. 131, f. 16 (Campi di concentramento), s.f. 2 (Affari per provincia), ins. 24/ «Matera», ss.ff. 6, 7.

Puglia

ALBEROBELLO (Bari)

Entrato in funzione il 28 giugno 1940, questo campo ebbe sede in un'antica masseria, comunemente denominata «la Casa rossa», di proprietà della Fondazione «Francesco Gigante». Lo stabile era ubicato in contrada Albero della Croce, una zona collinare isolata a circa 400 metri sul livello del mare e distante cinque chilometri da Alberobello, sulla strada per Noci. Fu una delle prime strutture a essere proposte al ministero dell'Interno come possibile sito d'internamento; era disposto su due piani e disponeva di 32 stanze. Nei locali disponibili (non tutti gli ambienti vennero utilizzati dal campo) fu possibile allestire 100 posti letto per gli internati.

Il podestà, il prefetto e persino il ministro dell'Educazione Nazionale protestarono col ministero dell'Interno per la scelta di «trasformare la Scuola Agraria in campo di concentramento», con pregiudizio per le coltivazioni, gli allevamenti e l'attività didattica della Fondazione, ma il capo della polizia si dimostrò irremovibile e il campo di Alberobello prese a funzionare sotto la direzione dello stesso podestà, Donato Giangrande, a cui sarebbe successo il suo vice, Giambattista Melchiorre.

Nell'intero periodo di attività del campo vi soggiornarono complessivamente 208 internati (tra cui 87 ebrei), con una media giornaliera di circa 80 presenze. Tra i primi vi giunsero 20 civili britannici (inglesi, maltesi, irlandesi, indiani) fermati a Napoli; ma, nel giro di poco tempo, essi vennero trasferiti nel campo di Scipione. Quindi arrivarono 79 ebrei stranieri e apolidi (tedeschi ed austriaci), nonché 8 ebrei italiani. Giunsero inoltre una sessantina tra «italiani pericolosi», «allogeni» della Venezia Giulia, e alcuni pregiudicati comuni. Infine, a partire dal 1° agosto 1942, una novantina di «ex jugoslavi».

Nei primi mesi, le condizioni materiali di vita degli internati furono relativamente sopportabili. Allora, infatti, era poco affollato e i rifornimenti alimentari abbastanza regolari. La vigilanza venne affidata ai carabinieri che vi istituirono un loro posto fisso di guardia, e che, inoltre, accompagnavano in paese gli internati incaricati di fare acquisti per la mensa comune. Settimanalmente la «masseria» veniva ispezionata dal commissario Ernesto Santini, il direttore del non lontano campo di Gioia del Colle.

L'arredo dei dormitori comprendeva materassi di crine poggiati su tavole rette da trespoli in ferro. I servizi igienici disponevano di un unico gabinetto con «tazza» e di diverse latrine. Mancavano una infermeria, un impianto di riscaldamento e la disponibilità di acqua calda, mentre l'assistenza medica si basava sulle visite periodiche dell'ufficiale sanitario, che inizialmente era lo stesso podestà.

Gli internati ebrei rimasero nel campo di Alberobello sino al 13 luglio 1942, quando, in 37, vennero trasferiti a Ferramonti. Nel periodo della loro presenza furono molto ben organizzati: gestirono la mensa attraverso un'apposita commissione e stabilirono buoni rapporti con la popolazione locale.

Il 21 maggio 1941 fece visita agli internati il Nunzio apostolico Borgongini Duca che ascoltò i loro problemi e si fece tramite presso la direzione per la loro soluzione. Nel marzo del 1942, lo Stato maggiore della Regia Marina propose l'evacuazione del campo per ragioni di sicurezza militare, ma il ministero dell'Interno non fu di questo parere, limitandosi semplicemente a intensificare la sorveglianza sugli internati.

A partire dall'agosto del '42, con l'arrivo nel campo di internati «ex jugoslavi», la disciplina divenne piú rigorosa e le autorità pensarono di erigere attorno al perimetro (delimitato da siepi e muretti) una recinzione di filo spinato. I nuovi arrivati erano stati internati per «antifascismo» e «favoreggiamento dei ribelli». In realtà si trattava di un gruppo tutt'altro che omogeneo, che comprendeva anche ebrei, cetnici di fede monarchica e persino qualche ustaša croato; cioè – come scrive Francesco Terzulli – «un coacervo di persone che avevano poco in comune tra di loro, se non l'avversione, diversamente motivata, al fascismo». Il 22 dicembre 1942, uno di loro, di nazionalità croata, venne tradotto nelle carceri fiumane con l'accusa di organizzazione di banda armata.

Dal febbraio 1943, ad alcuni internati fu permesso saltuariamente di effettuare dei lavori di tipo agricolo per conto della Scuola agraria, mentre tutti gli altri restavano «disoccupati», adattandosi, al massimo, a svolgere dei lavoretti di artigianato.

La caduta di Mussolini fu salutata con entusiasmo anche dagli internati di Alberobello, ma, non portò ad alcun cambiamento. Un ordine di sgombero del campo – per motivi legati alla situazione politico-militare – giunse invece il 3 settembre 1943. Venne allora disposta la liberazione degli internati che fossero in condizioni di poterne beneficiare. Quelli ritenuti non idonei alla liberazione (58 persone, in gran parte «ex jugoslavi» ed «allogeni») furono trasferiti nel «centro di lavoro» di Castel di Guido, vicino Roma. Altri nove stranieri (tra cui alcuni ebrei) vennero avviati nel campo di Farfa. Le ultime partenze dalla *Casa rossa* avvennero il 6 settembre 1943, giorno in cui il campo cessò ufficialmente di funzionare.

Presenze nel campo

data	1-7-40	30-10-40	1-3-41
internati	20	80	57

data	31-3-42	7-42	15-9-42	15-10-42	6-9-43
internati	32	105	53	94	67

Riferimenti archivistici

Acs, Mi, Dgps, Dagr, Cat. Massime M4, f. 16 (Campi di concentramento), b. 115, s.f. 2 (Affari per provincia), ins. 8 «Bari», ss. ff. 3, 6.

Acs, Mi, Dgps, Cat. A4 bis (Stranieri internati), b. 6/47 «Bari»

GIOIA DEL COLLE (Bari)

Questo campo fu allestito, a fine luglio del 1940 nei locali dell'ex mulino-pastificio *Pagano* (di proprietà della famiglia Lattarulo) situato alla periferia della cittadina di Gioia, sulla strada che porta a Santeramo. La struttura, diretta dal funzionario di pubblica sicurezza che reggeva il commissariato della città (Ernesto Santini), fu ritenuta idonea ad accogliere 200 persone. Ma, in realtà, la presenza media degli internati si sarebbe aggirata sulle 50 unità appena. I servizi amministrativi e di vigilanza erano effettuati da carabinieri e agenti di pubblica sicurezza.

Circondato com'era da alte mura e provvisto di un cancello in ferro e di una garitta, lo stabile del campo dava l'idea di una caserma o comunque di una struttura militare. Disponeva di acqua in abbondanza, ma era privo di energia elettrica e di riscaldamento. Al pianterreno presero posto la mensa comune, l'ufficio dei carabinieri e quello del direttore; al primo piano due ampi dormitori con 50 letti per ognuno; al secondo, per qualche tempo, fu allestita una zona d'isolamento per gli ammalati. L'edificio comprendeva pure un giardino e un cortile nel quale si trovavano i servizi igienici con quattro rudimentali latrine alla turca.

Durante l'intero periodo di funzionamento del campo, a Gioia si avvicendarono complessivamente 59 internati. A parte un polacco e un apolide, erano tutti ebrei italiani. I primi internati – 36 ebrei italiani trasferiti da Campagna – vi giunsero il 15 agosto 1940. A turno e sotto scorta, due internati si recavano giornalmente in paese trainando un carretto, per effettuare gli acquisti necessari alla mensa comune. Nelle ore diurne potevano frequentare un'area circostante l'ex mulino delimitata con apposite tabelle che segnalavano il «limite di confino».

L'assistenza sanitaria ufficialmente veniva garantita dal medico condotto, anche se di fatto, a occuparsi della salute dei reclusi era un medico polacco internato, Marco Halpern.

Il ministero dell'Interno concedeva con relativa facilità ai famigliari degli internati l'autorizzazione a visitare i congiunti relegati nel campo. Anche ad alcuni internati vennero concessi brevi «licenze» per far visita a congiunti ammalati. Nel periodo iniziale della vita del campo, accompagnati dai carabinieri a gruppi di 4/6 persone per volta, gli internati potevano recarsi in paese per frequentare la casa di tolleranza. La singolare concessione, però, venne presto soppressa.

Il 14 dicembre 1940, il prefetto di Bari prospettò al capo della polizia l'opportunità di provvedere al trasferimento degli internati in altra località. La proposta veniva motivata da ragioni di sicurezza, visto che nella zona era sorto da poco un aeroporto militare ben visibile dai piani alti dell'edificio del campo. In seguito a questa denuncia, il 31 dicembre venne siglato il provvedimento di chiusura, che si sarebbe del tutto realizzata entro il mese di giugno dell'anno successivo. La maggior parte degli internati partí il 15 gennaio 1941 e 42 di essi ebbero come destinazione Isola del Gran Sasso. L'ultimo lasciò il campo di Gioia il 7 giugno 1941. Nell'anno successivo, le attrezzature di casermaggio vennero trasportate nel campo di Ferramonti.

Presenze nel campo

data	6-8-40	1-10-40	1-11-40	15-11-40	14-1-41
internati	40	53	54	53	52

Riferimenti archivistici principali
Acs, Mi, Dgps, Dagr, Cat. Massime M4, f. 16 (Campi di concentramento), b. 115, s.f. 2 (Affari per provincia), ins. 8 «Bari», ss.ff. 2, 6.

MANFREDONIA (Foggia)

Aperto il 16 giugno 1940, questo campo fu allestito – contro la volontà del podestà – nell'edificio del mattatoio comunale (il «nuovo macello»), una struttura ultimata da tre anni ma non ancora entrata in funzione. Era ubicato sulla strada per Foggia, a circa un chilometro dal centro di Manfredonia e a poca distanza dal mare e dalla stazione ferroviaria.

Cintato da un muro in cemento, il «nuovo macello» dava sulla strada attraverso una robusta cancellata metallica e – tra edifici e viali interni – occupava una superficie di oltre 4300 metri quadrati. Disponeva, inoltre, di un'ampia area circostante, anch'essa allora ben delimitata, ammessa agli internati durante la libera uscita. Per adattarlo a «campo di concentramento», l'edificio fu dotato di fognature, servizi igienici, impianto elettrico e – con l'erezione di tramezzi interni in legno – di venti stanze, undici delle quali furono adibite a dormitori. In edifici separati dal corpo centrale vennero realizzati l'infermeria, i servizi, le mense, lo spaccio, il lavatoio, una sala comune e una piccola cappella. Completavano il tutto gli uffici amministrativi e quelli del corpo di guardia. Tale «ristrutturazione» fu ultimata nell'ottobre del 1940.

Il campo fu diretto da un funzionario di pubblica sicurezza (fino al 15 giugno 1943 Guido Celentano, quindi Rosario Stabile), coadiuvato da un brigadiere, un impiegato civile e alcuni agenti. Il servizio di vigilanza venne svolto da sedici uomini tra agenti e carabinieri. All'assistenza sanitaria provvedevano, a turno, alcuni medici del luogo coadiuvati da un «infermiere» internato (Alfredo Bartolucci, un comunista forlivese inviato al confino già nel 1926), che, per la sua mansione, riceveva un compenso giornaliero. Anche altri internati, dietro compenso, effettuavano lavori «socialmente utili»: un addetto alla pulizia e uno alla manutenzione delle docce.

Secondo le ricerche di Viviano Iazzetti, dal giugno 1940 al luglio '43, per il campo di Manfredonia passarono 519 internati, con una presenza media giornaliera di 170. La maggior parte di loro erano etichettati come «italiani pericolosi», una definizione che – soprattutto in questo campo – oltre agli oppositori politici, comprendeva pregiudicati per reati comuni, «allogeni» slavi e individui sospettati di spionaggio e di «attività antinazionale». Tra il 1° luglio e il 18 settembre del 1940 vi furono internati 31 ebrei apolidi rastrellati a Fiume, avviati ben presto nel campo di Tossicia, tranne cinque di loro trasferiti a Campagna nel febbraio 1942. Nei mesi successivi gli ebrei furono rimpiazzati da 31 «ex jugoslavi» provenienti dal forte San Nicolò, il carcere di Sebenico.

Il regime d'internamento a Manfredonia fu particolarmente rigoroso: le disposizioni impartite dal direttore il 16 giugno 1940 prevedevano persino degli «appelli straordinari» in aggiunta ai tre previsti. Inoltre, come nelle colonie di confino, durante la notte, porte e finestre venivano bloccate dall'esterno con robusti catenacci. Molto ben organizzato fu il gruppo degli antifascisti italiani, di cui facevano parte, tra gli altri, Mauro Venegoni e Giulio Mazzocchi, già condannato dal Tribunale speciale, due oppositori che avrebbero avuto un ruolo di rilievo durante la Resistenza. Forti dell'esperienza maturata nelle carceri e nelle colonie, gli antifascisti ebbero a Manfredonia un ruolo di primo piano nella gestione delle mense e del «botteghino». Inoltre, organizzarono un campo di bocce ed una piccola biblioteca e coltivarono un orticello dal quale traevano una discreta produzione di ortaggi e legumi. I comunisti misero in piedi una cellula clandestina del partito con annessa una «scuola di marxismo» suddivisa in tre corsi, a seconda del livelli di preparazione politica dei frequentanti. Nell'estate del 1940 gli internati di questo campo furono coinvolti in una delle vecchie «battaglie di principio» della deportazione antifascista: la pretesa delle autorità di imporre l'obbligo del «saluto romano». La lotta dei reclusi – alla fine vittoriosa – si protrasse per un mese e provocò l'arresto di 20 persone.

L'arcivescovo di Manfredonia, monsignor Andrea Cesarano, fece dono di libri e demandò un sacerdote a celebrare la messa nel campo ogni domenica. Nel pomeriggio del 20 maggio 1941 – proveniente da Ariano Irpino – vi giunse il nunzio Borgongini Duca, che rivolse parole di conforto e di rassegnazione agli internati, venticinque dei quali chiesero il suo interessamento per poter essere trasferiti nella «colonia agricola» di Pisticci.

Tra il 5 e il 16 giugno 1943, tre contingenti di antifascisti jugoslavi e italiani (in tutto 97 persone) vennero trasferiti da Manfredonia a Ferramonti. Il mese dopo, in seguito alla caduta di Mussolini, vennero gradatamente prosciolti i pochi internati italiani ancora in carico a Manfredonia. Al momento dell'armistizio dell'8 settembre, il campo era ancora in funzione, con una ventina di internati «ex jugoslavi», che, nei giorni successivi, riuscirono a fuggire dirigendosi verso Sud, incontro agli Alleati.

Presenze nel campo

data	1-8-40	31-8-40	15-9-40	10-3-41	30-4-42	15-5-43	31-8-43
internati	193	228	204	180	75	148	61

Riferimenti archivistici
Acs, Mi, Dgps, Dagr, Cat. Massime M4, f. 16 (Campi di concentramento), b. 125, s.f. 2 (Affari per provincia), ins. 17 «Foggia», s.f. 2.

TREMITI (Foggia)

Durante la Seconda guerra mondiale, anche la colonia confinaria delle Tremiti, ancora in attività, funzionò come «campo di concentramento» a disposizione del ministero dell'Interno. Perciò, il direttore Coviello provvide a incrementarne la capacità ricettiva mediante l'utilizzazione di venti «casette coloniche» facenti parte del «Villaggio rurale di San Domino» da poco realizzato per i tremitesi.

Nel settembre del 1940, seppure con riluttanza, tali edifici vennero affidati dal podestà delle Tremiti all'amministrazione della colonia che li dotò di energia elettrica e delle attrezzature di casermaggio (provenienti dall'ex colonia di Lampedusa) per 240 persone. A San Domino, inoltre, esistevano due padiglioni nei quali, dal 1939, erano confinati 57 omosessuali: per far posto agli internati di prossimo arrivo, il ministero dell'Interno – sentito il parere del duce – trasformò in ammonizione il confino dei 57 inquilini dei vecchi padiglioni. Il «campo di concentramento» delle Tremiti poté contare, infine, sull'edificio della ex «casa municipale» di San Domino, uno stabile a due piani, di cui quello superiore venne adibito ad alloggio degli agenti di pubblica sicurezza.

A giudizio delle autorità, l'isola di San Domino poteva cosí disporre per gli internati di 320 posti letto: 240 nelle casette popolari e 80 nei vecchi capannoni. Nell'insieme, le Tremiti, potevano ora accogliere 780 deportati: 460 sull'isola di San Nicola e 320 su quella di San Domino. Di fatto, pur mantenendo unica direzione e amministrazione, la colonia confinaria si sdoppiò: l'isola di San Nicola continuava a ospitare la stragrande maggioranza dei confinati; quella di San Domino gli internati. O, per meglio dire, a San Nicola continuò a operare la colonia vera e propria, a San Domino entrò in funzione il «campo di concentramento». E, per affrontare le nuove esigenze, su quest'isola venne distaccato un nucleo autonomo di carabinieri e di agenti alle dipendenze di un funzionario sottoposto al direttore della colonia che risiedeva a San Nicola.

Gli internati delle Tremiti appartenevano a diverse categorie: «sudditi nemici» e altri stranieri, «italiani pericolosi» (tra cui diversi ebrei), «allogeni» della Venezia Giulia.

Appena giunti sull'isola, essi venivano accolti nei cameroni; solo in un secondo tempo, una parte degli internati veniva trasferita nelle piú accoglienti «casette». Nell'assegnazione delle quali si verificarono fenomeni di corruzione che coinvolsero alcuni agenti in servizio al campo e il rappresentante della ditta fornitrice dei materiali di casermaggio.

Inizialmente le condizioni di vita sull'isola non furono particolarmente difficili. Nel «campo» di San Domino funzionarono mense autogestite e fu allestita una biblioteca che organizzava, di tanto in tanto, anche degli incontri e dei dibattiti culturali. Le condizioni abitative erano discrete per chi alloggiava nelle «casette coloniche», ma anche qui, in inverno, nessuno degli ambienti era riscaldato. Molti internati furono autorizzati a lavorare presso gli isolani che mancavano di manodopera per la manutenzione e la coltivazione dei loro poderi. Altri coltivavano «in proprio» dei pezzetti di terra vicino alle baracche e alle «casette». La situazione generale peggiorò decisamente, a partire dall'autunno del 1941, per via dello scarso approvvigionamento alimentare. Da allora, la fame poteva essere contrastata dagli internati soltanto col ricorso al mercato nero o col ricevimento di pacchi viveri inviati dai familiari o dalla Croce Rossa.

Nel gennaio del 1942, il Comando dell'XI Corpo d'Armata proponeva il trasferimento, per ragioni di sicurezza, dei confinati e degli internati presenti sull'arcipelago. Ma la proposta non venne accolta dal ministero dell'Interno il quale sosteneva invece che, «data la loro pericolosità, i deportati delle Tremiti non possono essere destinati in terraferma»; e precisava che dalla presenza dei confinati e degli internati alle Tremiti – essendo essi sottoposti a strettissima sorveglianza – non poteva derivarne «nessun pregiudizio alla sicurezza militare».

Le Tremiti furono, difatti, le uniche isole di deportazione i cui internati non vennero evacuati nell'estate del 1943. In seguito alla caduta di Mussolini, gli antifascisti italiani relegati su queste isole – sui quali pesò il veto dei servizi di controspionaggio – furono prosciolti con particolare lentezza. Il 20 settembre '43, un centinaio di deportati (in buona parte slavi), impossessatisi di un grosso natante, riuscí a fuggire alla volta di Bari, nonostante il tentativo di opposizione messo in atto dai carabinieri. Dal capoluogo pugliese gli slavi raggiunsero il campo di raccolta per ex internati da poco istituito dagli Alleati nei pressi di Taranto.

Presenze nella colonia

data	6-9-40	1-2-41	12-8-41	1-10-41	1-12-41	1-1-42	1-3-42
internati	91	120	170	184	202	198	202
confinati	?	366	344	324	352	336	336
totali	?	486	514	508	554	534	538

data	1-5-42	15-10-42	1-12-42	1-3-43	20-6-43	1-7-43	2-8-43
internati	?	188	?	?	279	270	?
confinati	302	270	239	356	308	324	302
totali	?	458	?	?	587	594	?

Riferimenti archivistici

Acs, Mi, Dgps, Ufficio confino politico 1926-1945, Affari Generali, Cat. 710/2, b. 3.

Acs, Mi, Dgps, Dagr, Cat. Massime M4, f. 16 (Campi di concentramento), b. 125, s.f. 2 (Affari per provincia), ins. 17 «Foggia», s.f. 5 «S. Domino di Tremiti»/5.

Calabria

FERRAMONTI (Cosenza)

Questo campo – uno dei pochi realizzati a baraccamenti – entrò in funzione alla metà di giugno del 1940 in una landa malarica a circa 35 chilometri da Cosenza, che le testimonianze dell'epoca definiscono malsana, priva d'acqua e battuta dal sole e dal vento. Con una superficie di 16 ettari e una presenza giornaliera media che si aggirava sui 900 reclusi, Ferramonti rappresentò uno dei campi piú grandi tra quelli realizzati dal ministero dell'Interno durante la seconda guerra mondiale.

Sul luogo prescelto – posto nella media valle del fiume Crati, in territorio comunale di Tarsia, di fronte alla linea ferroviaria Cosenza-Sibari – espresse parere negativo la Direzione generale di sanità, ma, sui veti e le preoccupazioni ebbero la meglio gli stretti legami con gli ambienti del ministero dell'Interno vantati dall'impresario Eugenio Parrini, al quale vennero affidati i lavori di realizzazione della baraccopoli.

Sottoposto alla sorveglianza interna della pubblica sicurezza e a quella esterna della «milizia», quello di Ferramonti rappresentò il piú grande campo per ebrei stranieri e apolidi. Primo direttore fu il commissario di pubblica sicurezza Paolo Salvatore (rimasto ininterrottamente in carica per due anni e mezzo), cui seguirono, per un brevissimo periodo, Leopoldo Pelosio e infine Mario Fraticelli. Al momento della sua entrata in funzione, le strutture del campo consistevano unicamente in due padiglioni in via di completamento e di alcuni piccoli edifici in muratura, risalenti alla fine degli anni Venti, appartenenti al cantiere della ditta Parrini, nei quali vennero alloggiati la direzione e alcuni uffici.

I primi internati giunsero il 20 giugno del 1940 alla fine di luglio, gli ospiti del campo (per la gran parte ebrei rastrellati nelle grandi città dell'Italia settentrionale) ammontavano a un centinaio. In settembre, con l'arrivo di un trasporto di 302 persone comprendente anche donne e bambini, provenienti da Bengasi, Ferramonti raggiungeva la cifra di 700 internati, e – delimitato ora dal filo spinato – cominciava a configurarsi come una comunità chiusa, per tanti aspetti paragonabile a un ghetto. Le baracche, di diverso tipo, erano costruite in materiale legnoso (*carpilite*) impiantato su fondamenta di calcestruzzo: quelle «familiari» accoglievano piccoli gruppi di tre o piú internati; quelle «comuni», uomini o donne «singoli».

A partire dal novembre 1941 agli ebrei si aggiunsero altri internati stranieri: greci, cinesi, jugoslavi e persino – nel 1943 – francesi provenienti dalla Corsica. Nel giugno del 1943 vi giunse anche un piccolo gruppo di antifascisti italiani. La presenza ebraica, tuttavia, non sarebbe mai stata inferiore al 75 per cento dei reclusi del campo, che avrebbe raggiunto la punta di massimo affollamento nell'agosto del 1943, con 2016 internati.

Il gruppo ebraico numericamente piú consistente giunse a Ferramonti nei mesi di febbraio e marzo del 1942: era composto da 494 giovani, prevalentemente cechi e slovacchi, che avevano tentato di raggiungere la Palestina, per sfuggire alla persecuzione nazista, a bordo del *Pentcho*, un fatiscente battello fluviale bulgaro partito da Bratislava nel maggio del 1940 e naufragato, in autunno, nelle acque dell'Egeo. Tra i tanti arrivi nel campo va certamente menzionato quello di tre giovani ebrei polacchi, giunti nel dicembre 1942 dopo una incredibile fuga da un campo di lavoro nazista, avvenuta il 26 ottobre. Dal punto di vista numerico, gli altri significativi trasporti ebraici, oltre quello del *Pentcho*, furono: un gruppo proveniente da Lubiana composto da 106 «ebrei stranieri» originari della Germania, della Polonia, dell'Austria e della Cecoslovacchia, che arrivò il 31 luglio 1941; un secondo «gruppo Lubiana», formato da 50 ebrei, nel settembre 1941; e infine un «gruppo Kavajë» (dal nome del campo albanese nel quale era stato inizialmente internato) composto da 194 ebrei, in massima parte originari di Belgrado e Sarajevo, riversatisi nel Montenegro in seguito all'occupazione nazista della Serbia e della Bosnia, nell'ottobre 1941. Nella prima metà del '42, con vari trasporti di minore entità, arrivarono altri 164 «ebrei stranieri»: 48 provenienti da Isola del Gran Sasso; 58 da Notaresco; e 34 da Isernia ed Alberobello. Nella primavera del 1943, infine, in seguito alla disposizione del ministero dell'Interno del 19 gennaio (la circolare 451/36426, determinata dalla drammatica scarsità di alloggi per gli sfollati italiani), giunsero a Ferramonti altri 300 «ebrei stranieri» provenienti dall'*internamento libero* in piccoli centri delle province di Aosta, Asti e Viterbo.

Dalla Grecia un primo contingente di internati (90 persone) arrivò nel campo il 23 maggio '42; un secondo contingente (30 persone) il 20 dicembre dello stesso anno; altri 120 civili greci, sgombrati dalla Libia, il 4 marzo 1942. Il contingente piú significativo di «ex jugoslavi», composto da 120 internati, giunse dal campo di Scipione il 12 luglio '43.

Gli ebrei riuscirono a organizzare un'intensa vita comunitaria con numerose iniziative «di pubblica utilità»: le mense, la biblioteca, tre sinagoghe, un poliambulatorio, un «tribunale» e persino una sorta di parlamento degli internati. Tali strutture – riconosciute ufficiosamente dalle autorità – contribuirono a rendere piú sopportabili le condizioni di vita e a combattere la monotonia di un internamento che avrebbe potuto protrarsi per anni. Nel marzo del 1942 giunse in visita il rabbino capo di Genova Riccardo Pacifici, personalità di spicco dell'ebraismo italiano. L'anno prima aveva visitato Ferramonti il nunzio Borgongini Duca.

Lo stato di prigionia era reso evidente dal filo spinato, dagli appelli e dalle garitte di sorveglianza. Tuttavia, il comportamento delle autorità (a partire dal bonario maresciallo che comandava gli agenti di pubblica sicurezza, Gaetano Marrari) fu generalmente tollerante. I pochi casi di violenza fisica si limitarono ad alcune aggressioni messe in atto dalla milizia. Le condizioni di vita nel campo inizialmente erano tollerabili, perché gli internati ebrei poterono contare sul notevole apporto, morale e materiale, della «Delasem» e della «Mensa dei Bambini». Influivano negativamente il clima (molto umido d'inverno e caldissimo d'estate) e la particolare incidenza della malaria – non del tutto debellata – che obbligava alla continua assunzione del chinino. Dalla fine del 1941, le difficoltà degli approvvigionamenti e le restrizioni alimentari fecero gradualmente peggiorare la situazione e, nell'inverno 1942-43, anche nel campo di Ferramonti imperversò la fame. Comunque, nei circa tre anni di funzionamento, per motivi accidentali o di salute, persero la vita soltanto 37 internati.

Tra gli ebrei rinchiusi a Ferramonti si ricordano, in particolare, lo psicoterapeuta Ernst Bernhard, il pittore Michel Fingesten, il futuro storico israeliano Menachem Shelah. Tra i greci, il «sottovescovo» di Corinto, Damaschinos Hagiopulos, e il prefetto di Corfú, Evanghelos Averoff Tossizza (nel campo per poco piú di cinque mesi, dal 23 maggio '42). Del piccolissimo gruppo francese, giunto nel giugno '43, faceva parte il generale Cosimo Poli Marchetti, internato quale «estremista antiitaliano».

Nel gennaio del 1943, le denunce degli ambienti piú intransigenti della federazione fascista di Cosenza, che da mesi accusavano la direzione del campo di «atteggiamento troppo benevolo verso gli internati», portarono alla rimozione di Paolo Salvatore. In luglio il ministero dell'Interno ipotizzò di sgomberare gli internati in provincia di Bolzano, ma con la caduta del regime fascista, di fatto, cadde anche tale rischiosa ipotesi. Un mese dopo, invece, Ferramonti fu toccato direttamente dal conflitto: alcuni aerei alleati, ritenendo di individuare nella baraccopoli del campo una base militare, il 27 agosto ne colpirono un padiglione cagionando la morte di quattro internati ed il ferimento di altri undici. Il 14 settembre 1943, infine, il campo venne raggiunto dalle avanguardie dell'VIII Armata britannica, e gli ebrei riuscirono cosí a mettersi al riparo dalla piú volte temuta deportazione in Germania.

Allora, di pari passo con lo smantellamento del campo fascista, nelle stesse baracche, iniziò a operare uno nuovo per *displaced persons*, posto sotto il controllo delle autorità d'occupazione alleate. Per alcuni mesi, questo «secondo campo» di Ferramonti avrebbe costituito una delle piú numerose e ferventi comunità ebraiche dell'Italia liberata, anche se sempre piú frequenti furono le partenze ed i trasferimenti di ex internati verso le città di Cosenza e di Bari, nonché verso la Palestina e gli Stati Uniti. All'organizzazione del primo trasporto verso la Palestina avrebbe preso parte attiva il leader sionista Enzo Sereni, che fu appositamente a Ferramonti nella primavera del 1944.

Presenze nel campo

data	31-7-40	30-9-40	15-3-41	15-6-42	31-3-43	15-8-43	1-1-44
internati	100	700	1000	1621	1668	2016	1505

Riferimenti archivistici

Acs, Mi, Dgps, Dagr, Cat. Massime M4, f. 16 (Campi di concentramento), b. 120, s.f. 2 (Affari per provincia), ins. 13 «Cosenza», s.f. 6.
Acs, Mi, Dgps, Dagr, Cat. Massime M4, f. 16 (Campi di concentramento), b. 121, s.f. 2 (Affari per provincia), ins. 13 «Cosenza», s.f. 6-11.
Acdec, Fondo «Israele Kalk».

Sicilia

LIPARI (Messina)

In seguito alla chiusura, avvenuta nel 1933, della colonia di confino di Lipari, i suoi alloggiamenti erano stati utilizzati, dal 1934 al '39, per l'acquartieramento degli ustaša croati protetti da Mussolini. La decisione di allestire sull'isola un «campo di concentramento» per internati civili (ma, nei documenti ufficiali, l'operazione è indicata spesso come «ripristino della colonia di confino») venne presa dal ministero dell'Interno nell'estate del 1941. E, poco dopo, la direzione generale di pubblica sicurezza dispose che, sulle isole di Lipari e di Ustica, fossero internati 600 «comunisti ex jugoslavi» per i quali non era stata ancora prospettata una differente destinazione.

I lavori di risistemazione dei vecchi padiglioni demaniali vennero ultimati alla fine di ottobre del 1941. Subito dopo, il «campo» di Lipari fu formalmente aperto: aveva una capienza nominale di circa 400 posti, valutazione dimostratasi, nei fatti, un po' troppo ottimistica. La direzione ebbe sede nei locali del commissariato di pubblica sicurezza dell'isola, e venne affidata al dirigente dello stesso, il trentenne Giuseppe Geraci. Al servizio di vigilanza vennero chiamati inizialmente 40 carabinieri e 20 agenti, mentre l'assistenza sanitaria fu affidata al medico Onofrio Palamara.

Tra il 20 novembre e l'8 dicembre 1941, soprattutto con tre trasporti provenienti da Zara, giunsero a Lipari 366 civili stranieri (soprattutto croati della Dalmazia, ma anche montenegrini, albanesi e sloveni) che andarono ad aggiungersi ai 17 jugoslavi sbarcati sull'isola nei giorni precedenti. Il primo contingente, composto da 260 jugoslavi (quasi tutti della zona di Spalato), giunse a Lipari il 20 novembre 1941. Comprendeva anche tre frati, arrestati il 21 ottobre nel loro convento sull'isola di Veglia.

I deportati, durante la notte, venivano chiusi dall'esterno nei loro alloggiamenti, mentre nelle ore diurne avevano una certa libertà di movimento nell'ambito del centro abitato. Con loro vi erano alcune donne (mogli o parenti strette), autorizzate ad alloggiare in due case private. La mensa e lo spaccio del campo furono gestiti autonomamente dai reclusi, ognuno dei quali, per i pasti, versava una quota di 6 lire al giorno. Agli addetti ai lavori di cucina (spaccalegna, cuochi, inservienti, ecc.) veniva dato un supplemento di rancio. Gli internati si organizzarono in comunità, con a capo un «presidente», Dane Matošić, e un «comitato», composto da 19 di loro, che si occupava della cucina e delle altre questioni comuni.

In generale, i rapporti tra internati e isolani furono buoni; molto difficili quelli col direttore Geraci, che fu molto intransigente. Non si registrarono particolari lagnanze in relazione agli alloggiamenti, ma col passare del tempo, il regime d'internamento diventò piú rigido e rigoroso. In una relazione del 17 giugno 1943, l'ispettore generale Salvatore Li Voti, affermava che «gli internati di quest'isola, che sono apertamente ostili all'Italia, hanno assunto un contegno altezzoso, sperando in una prossima loro liberazione...». L'alto funzionario proponeva perciò al suo ministero il trasferimento in altri campi degli internati «piú temibili» (un centinaio) e nella colonia di Pisticci degli elementi «non pericolosi e idonei ai lavori agricoli e edili». Peraltro, la necessità di sgomberare l'isola dagli internati di Lipari (che «piú volte si erano dimostrati ostili a tutto»), era stata chiesta al capo della polizia Chierici, anche dalla segreteria nazionale del Partito fascista.

Il ministero dell'Interno - già impegnato allora, a vasto raggio, per provvedere all'evacuazione al Nord dei deportati italiani e stranieri - decise per lo sgombero di Lipari, scegliendo per quegli internati due destinazioni: 150 sarebbero stati avviati nel campo di Corropoli e 139 in quello di Scipione. Il 23 giugno 1943, 100 internati partirono da Lipari con trasbordo in treno a Milazzo; altri 50 lasciarono l'isola il 14 luglio con traghettamento a Vibo Valentia. Entro la fine di luglio, vennero trasferiti tutti gli altri (una decina rimasero feriti da un attacco aereo, durante il viaggio in treno verso Nord) e il campo di Lipari fu temporaneamente chiuso.

Presenze nel campo

data	10-11-41	8-12-41	15-5-42	20-6-43
internati	15	383	319	289

Riferimenti archivistici

Acs, Mi, Dgps, Dagr, Cat. Massime M4, b. 131, f. 16 (Campi di concentramento), s.f. 2 (Affari per provincia), ins. 25 «Messina», ss. ff. 1-6.
Acs, Mi, Dgps, Dagr, Cat. Massime M4, b. 106, f. 106 (campi di concentramento), s.f. 1 (Affari generali), ins. 24 «Internamento persone sospette della Dalmazia».
Avii, Arhiva Neprijateliskih Jedinica, Br. Reg. 18/7-4, K. 316.

USTICA (Palermo)

Durante la Seconda guerra mondiale la colonia di confino di Ustica era ancora in attività, anche se, nell'aprile del 1938, la maggior parte dei «politici» era stata trasferita e al loro posto erano subentrati altri confinati comuni. Dalla seconda metà del 1940, questa colonia ebbe anche funzione di «campo di concentramento» al servizio del ministero dell'Interno; e, nel marzo dell'anno successivo, contava già 318 internati. La sua capienza totale (tra quanti abitavano nelle 50 baracche di diverse grandezze sparse per il paese e quanti in case private) era allora di 2020 posti.

Il «campo» di Ustica, di fatto, consistette nelle stesse strutture abitative e amministrative della colonia, diretta dal commissario Foresta. Questa però - in seguito alla determinazione del ministero dell'Interno di inviarvi alcune centinaia di «comunisti ex jugoslavi per i quali non era stata ancora prospettata una differente destinazione» - nella primavera del 1942 aumentò la propria capacità ricettiva di 500 unità (raggiungendo un totale di 2524 posti), attraverso la sostituzione di 500 brande in altrettanti letti a castello da due posti.

Al 1° novembre 1942 Ustica contava complessivamente 2065 deportati: 895 erano confinati (tutti italiani: «politici», ma soprattutto «comuni») e 1170 internati (tra cui 15 donne). Degli internati allora presenti, 750 erano montenegrini, 500 sloveni e 150 croati. Le persone assenti per motivi vari, ma comunque in carico a quella data, erano 415, tra confinati e internati.

Gli internati jugoslavi furono sistemati in maggioranza nelle baracche piú grandi da 100-120 posti. La loro permanenza nel campo fu caratterizzate dalla fame e dalle pessime condizioni igienico-sanitarie e dalla difficile convivenza con i confinati comuni (in alcuni casi veri e propri criminali) che derubavano continuamente gli altri deportati e causavano loro ogni sorta di disagio.

In seguito alla decisione di sgombero dell'isola presa nella primavera del 1943, 500 «politici» vennero trasferiti nel campo di concentramento di Chiesanuova. In quello di Renicci vennero invece avviati, il 21 giugno 1943, 117 deportati; mentre 100, tra confinati e internati (40 uomini e 60 donne), vennero trasferiti, nella stessa data, nel campo delle Fraschette di Alatri.

Presenze in alcuni momenti della vita della colonia

data	13-41	1-11-42
internati	318	1170
confinati	?	895
totale	?	2065

Riferimenti archivistici

Avii, Arhiva Neprijateliskih Jedinica, Br. Reg. 17/1-13, K. 1021.

I campi «per slavi» dell'internamento civile «parallelo»

Campi ubicati in Italia

a) – Campi per «ex jugoslavi»

CHIESANUOVA (Padova)

Chiesanuova è un sobborgo di Padova (oggi integrato al resto della città) vicino al cimitero Maggiore, in direzione di Vicenza. Alla fine di giugno del 1942, vi fu aperto un campo di concentramento per internati civili jugoslavi, principalmente sloveni, allestito nei locali dell'attuale caserma Romagnoli.

Comandato dal tenente colonnello Dante Caporali, il campo disponeva di sei grandi padiglioni in muratura, di dieci locali minori, ed era circondato da un muro perimetrale di quattro metri d'altezza, intervallato ai quattro angoli da garitte per le sentinelle. Ognuno dei sei padiglioni – sottoposto al comando di un ufficiale – costituiva un settore autonomo. Ciascun settore, a sua volta, era costituito da due «file» (o reparti), ognuna delle quali comprendeva sei cameroni comunicanti l'uno con l'altro senza sbarramenti di sorta. Al di là dell'ultimo camerone vi erano le latrine e un grande lavatoio collettivo.

I primi internati – 1429, tutti di sesso maschile e originari, per la gran parte, della «Provincia di Lubiana» – giunsero a Chiesanuova il 14 agosto 1942 per trasferimento da Monigo. A un mese dall'apertura del campo, il numero dei reclusi raggiungeva le 2129 presenze; ma, tra ottobre e novembre, circa 1500 internati venivano trasferiti nei campi di Renicci e di Arbe. Al loro posto, quindi, subentravano la maggior parte degli «internati militari» jugoslavi precedentemente reclusi nel «campo minore» di Gonars. Successivamente, a partire dal gennaio '43, giungevano diversi altri trasporti che, in estate, avrebbero portato il totale degli internati a 3410 unità. I piú significativi provenivano dai campi di Zlarino (186), Arbe (300) e Ustica (500).

Le condizioni di vita furono molto dure. Sul piazzale del campo era stato installato il palo delle punizioni, una specie di gogna, al quale venivano legati i responsabili di infrazioni; mentre nei sotterranei erano state predisposte le celle per le pene di tipo detentivo. Il vitto giornaliero garantiva al massimo 700 calorie, per cui – stretti dai morsi della fame – i reclusi ricorrevano ai familiari e agli amici rimasti liberi, sollecitando l'invio urgente di viveri. Ma i pacchi con cibarie e generi di conforto vi poterono arrivare regolarmente soltanto dall'autunno del 1942.

Durante l'inverno, gli internati trascorrevano le giornate nei cameroni, rannicchiati l'uno accanto all'altro sui letti a castello, per difendersi dal freddo. Dal punto di vista abitativo, tuttavia, le solide strutture in cemento della caserma, di per sé, davano un relativo conforto e un certo senso di sicurezza rispetto alle tende e alle baracche di molti campi «per slavi». Migliori, rispetto a quelle dei civili, furono le condizioni di vita degli «internati militari». Essi, generalmente, conducevano vita piuttosto riservata, isolandosi nei propri reparti, in quanto – per via della resa ingloriosa dell'esercito jugoslavo del 1941 – non godevano di molte simpatie tra i loro connazionali.

Tra gli internati di Chiesanuova vi erano molti medici che – malgrado la scarsità di mezzi a disposizione – si prodigarono attivamente, piú dei sanitari ufficiali, per la salute dei reclusi. Nonostante ciò, nell'intero periodo di attività del campo (poco piú di dodici mesi) vi persero la vita 70 internati.

Significativo è stato il sostegno materiale e spirituale portato agli internati dal religioso padovano don Placido Cortese, originario di Cherso, sostenuto da alcune studentesse slovene che frequentavano l'Università di Padova.

I soldati di guardia, inizialmente tennero un atteggiamento distaccato e ostile nei confronti degli internati, ma col tempo i rapporti migliorarono fino al punto che, tra guardiani e reclusi, si sviluppò un fiorentissimo mercato nero. Tanto che – secondo quanto denunciato il 1° marzo 1943 dal colonnello Bruno Licini – chi aveva disponibilità di denaro, a prezzi esorbitanti, poteva comprarsi pressoché ogni cosa. Per una pagnotta di pane, ad esempio, venivano richieste 20 lire e per una sigaretta 4 lire. Su commissione di alcuni ex ufficiali della marina militare jugoslava, una guardia introdusse nel campo persino le componenti di una radioricevente. La radio venne poi montata e messa in funzione clandestinamente; cosicché le notizie delle vittorie degli Alleati rimbalzavano per le camerate, alimentando l'azione propagandistica degli antifascisti.

Anche nel campo di Chiesanuova gli internati organizzarono una certa attività socio-culturale. Tra l'altro, funzionava un «comitato di assistenza» che si adoperò con successo perché parte del contenuto dei pacchi ricevuti venisse devoluto ad un «fondo comune» riservato ai piú bisognosi. Di tanto in tanto vennero organizzati concerti e incontri di studio; e vennero «pubblicati» anche quattro numeri di una sorta di notiziario interno il cui titolo, «La giusta verità per gli internati», era la parodia di un foglio propagandistico fascista («La giusta verità per gli sloveni») ampiamente diffuso dagli italiani nella «Provincia di Lubiana».

In seguito all'annuncio dell'armistizio, gli internati piú politicizzati predisposero un piano – non riuscito – con l'obiettivo di impossessarsi delle armi dei soldati e assumere il controllo del campo. Il 10 settembre 1943, la struttura venne occupata dai tedeschi che – con due convogli ferroviari – trasferirono i prigionieri a Zagabria, via Brennero-Vienna. Nella capitale croata alcuni di essi vennero arruolati in formazioni collaborazioniste slovene; molti altri invece, vennero rilasciati.

Presenze nel campo

data	15-8-42	17-9-42	29-12-42	1-2-43	19-4-43	1-6-43	1-7-43
internati	1429	2129	3039	3403	3015	2857	3410

Riferimenti archivistici

Aussme, H8 Crimini di guerra, b. 104, Relazione dell'ex direttore del campo (17 febbraio 1947).
Ars II, XI Corpo d'Armata, F 661/VI.
Avii, Arhiva Neprijateliskih Jedinica, Br. Reg. 7/1, K. 1021.

CIGHINO/TRIBUSSA - ČIGINJ/TREBUŠA (Gorizia)

Cighino (in sloveno Čiginj) è oggi una piccola località della Repubblica di Slovenia, posta 4 chilometri a sud di Tolmino, nei pressi di Volzana, e 31 a nord di Gorizia, della cui provincia, negli anni Quaranta, essa faceva parte. Nel febbraio del 1942, utilizzando alcuni baraccamenti militari preesistenti, a Cighino fu allestito dagli italiani il primo campo di concentramento per civili rastrellati nella «Provincia di Lubiana».

Il campo – che fu diretto dal colonnello Francesco De Caroli, comandante di un raggruppamento di artiglieria di stanza a Longatico (Logatec) – disponeva di un edificio in muratura, dove presero sede la direzione e il corpo di guardia, e di sei baracche di legno, ciascuna delle quali poteva accogliere un centinaio di internati. Nelle previsioni delle autorità italiane, Cighino avrebbe dovuto ospitare civili sloveni in attesa di essere giudicati dal Tribunale militare di guerra. Di fatto, poi accolse principalmente sloveni destinati all'internamento.

Il campo iniziò la sua attività il 6 marzo 1942, ma funzionò appena un mese. Ai primi di aprile, infatti, esso venne smobilitato in seguito alle rimostranze delle autorità politiche e militari della Venezia Giulia, che lamentavano la sua eccessiva vicinanza alla Slovenia e, soprattutto, l'ubicazione in una zona abitata prevalentemente da «allogeni».

Durante la sua breve esistenza, il campo di Cighino ospitò circa 600 internati civili, per la maggior parte, di individui arrestati durante il primo grande rastrellamento di Lubiana del febbraio-marzo 1942.

Con la chiusura del campo, tutti gli internati di Cighino vennero trasferiti a Gonars.

Anche a Tribussa Inferiore (Dolenja Trebuša), altro piccolo centro della zona appartenente oggi alla Repubblica di Slovenia, alla fine di febbraio del 1942 era stato predisposto dagli italiani un campo di concentramento «per slavi». La struttura poteva accogliere circa 400 internati, ma, di fatto, non sarebbe stata mai utilizzata perché a essa fu preferito il campo di concentramento di Gonars.

Riferimenti archivistici
Ars II, XI Corpo d'Armata, F 661/IV.

COLFIORITO (Perugia)

Dal giugno 1940 al gennaio '41, un padiglione dell'ex poligono di tiro di Colfiorito di Foligno aveva ospitato un campo per internati civili amministrato dal ministero dell'Interno.

Nell'agosto del 1941, il Genio militare avviò dei lavori di ristrutturazione degli altri padiglioni dell'ex poligono, col proposito di allestirvi un campo di concentramento per prigionieri di guerra che venne contrassegnato col numero 64. Tali lavori, secondo i programmi previsti, avrebbero dovuto concludersi entro due mesi; nei fatti, a oltre un anno dall'avvio, non erano ancora ultimati. Il 4 ottobre 1942, per partecipare (come volontari) ai lavori in corso, vennero tradotti a Colfiorito 100 prigionieri inglesi e sudafricani in forza al campo prigionieri di guerra n. 54, ubicato a Passo Corese, in provincia di Rieti.

Il nuovo campo di Colfiorito funzionò formalmente come campo per prigionieri di guerra – diretto dal capitano Tullio Chechin – da ottobre a gennaio. Da allora il comando fu assegnato al capitano Gioacchino Mandini e la vigilanza a militari dell'esercito scelti tra i piú anziani e i feriti di guerra. Il primo trasporto, comprendente 700 internati montenegrini, giunse a Colfiorito nel gennaio del 1943 per trasferimento dal campo per prigionieri di guerra ubicato a Pissignano, una frazione di Campello sul Clitunno (Perugia). A fine marzo erano presenti a Colfiorito 838 internati civili. Altri trasporti di 300/400 unità per ciascuno vi giunsero in aprile, giugno e agosto. Un centinaio di internati provenivano direttamente dai campi albanesi di Kavaje e Klos. Il picco massimo delle presenze (1500 internati) si ebbe nell'agosto 1943.

Il medico del campo due volte alla settimana visitava gli ammalati piú gravi ed eventualmente disponeva il loro ricovero all'ospedale di Foligno, ma, le condizioni igienico-sanitarie del campo erano decisamente scadenti. In ogni capannone trovavano alloggio circa 150 internati, e, nonostante la recente «ristrutturazione», pulci e pidocchi abbondavano dappertutto. Le latrine, in particolare, avevano scarso drenaggio ed erano insufficienti per l'elevato numero degli ospiti. A distanza di molti mesi dal loro arrivo, gran parte degli internati portavano ancora addosso, ormai completamente laceri, gli stessi vestiti che indossavano al momento della cattura.

Durante i primi tre mesi del 1943, la fame regnava sovrana. Ogni giorno gli internati ricevevano 150 grammi di pane, 60 di pasta e un po' di verdure; soltanto a 400 di loro, che si potevano recare a lavorare presso alcuni cantieri di Città Ducale, veniva concesso un supplemento di vitto. Col tempo la situazione migliorò, anche perché gli internati poterono usufruire, senza intralci, dell'invio di generi alimentari da parte delle loro famiglie. Il Comitato di assistenza *Jugoslovenski Dom* («Patria jugoslava»), un organismo creato a IlCairo dal governo jugoslavo in esilio, riuscí a far giungere a Colfiorito cinque spedizioni di viveri.

La caduta di Mussolini non apportò alcun cambiamento e neppure gli avvenimenti dell'8 settembre 1943 determinarono la liberazione degli internati. Il campo di Colfiorito si sciolse, di fatto, nella notte del 27 settembre quando, verso le ore 2,30, circa 1200 internati presero la via della fuga in tacito accordo col comandante. Altri 200, ammalati o anziani, decisero di rimanere. Le guardie, per finzione, spararono in aria alcuni colpi di fucile, ma il comandante stesso preferí fuggire prima del sopraggiungere dei tedeschi.

Una parte degli internati si diresse verso Nord, ma i piú preferirono restare in zona, unendosi in gran parte alle brigate partigiane «Gramsci» e «Garibaldi». Nel campo rimasero circa 300 persone: i malati, i vecchi e alcuni indecisi, che furono presi dai tedeschi e trasferiti in altri luoghi di detenzione.

A partire dall'aprile 1943, 87 internati di Colfiorito erano stati distaccati a Ruscio, presso Monteleone di Spoleto, dove, sino ad allora, aveva funzionato un campo per prigionieri di guerra jugoslavi. Gli internati civili di Ruscio vennero impiegati nella vicina miniera di lignite gestita dalla Società Mineraria Umbra, come in precedenza avevano fatto i prigionieri di guerra loro connazionali. Il campo comprendeva una baracca dormitorio, la cucina con refettorio, una baracca adibita a magazzino e i servizi. Fuori dal reticolato di cinta vi era la baracca del corpo di sorveglianza e quella del comando. La miniera distava circa 200 metri dal campo. Una giornata di lavoro (che era di otto ore) fruttava agli internati circa 15 lire.

In seguito agli avvenimenti dell'8 settembre, il comandante del campo, il capitano Arnaldo Mutti, decise di sciogliere il campo di Ruscio, riportando gli internati a Colfiorito, la loro sede di provenienza.

Presenze in alcuni momenti della vita del campo

data	15-1-43	31-3-43	15-8-43
internati	700	838	1500

Riferimenti archivistici

Aussme, M7, Circolari, Racc. 279, f. 3 (Campi di concentramento).
Avii, Arhiva Neprijateljskih Jedinica, Br. Reg. 8/1-6, K; 1021.

FERTILIA (Sassari)

Alla realizzazione della bonifica di Fertilia, in territorio comunale di Alghero, contribuí un «campo di lavoro» dove vennero avviati internati civili «ex jugoslavi» deportati dalla Dalmazia. Gli internati – tutti croati – in buona parte erano stati trasferiti dal campo di Melada.

Il campo, aperto nel gennaio 1943, aveva sede a circa 12 km da Alghero (nelle vicinanze dell'aeroporto) e accolse circa 300 internati. Questi alloggiavano in 3 baracche di cemento e, in gran parte, svolgevano lavori agricoli e di sistemazione del terreno al servizio dell'Ente di bonifica. Alcuni di loro vennero utilizzati nei cantieri che stavano realizzando la nuova strada Sassari-Alghero.

A custodia degli «internati-lavoratori» erano stati assegnati una cinquantina di carabinieri, comandati da un graduato. A loro disposizione avevano una «caserma» collocata in una costruzione in muratura che fungeva anche da sede di comando del campo.

Il campo venne sciolto nell'agosto del 1943 con il trasferimento degli internati a Renicci di Anghiari.

GONARS (Udine)

Durante la Grande Guerra era stato attivo a Gonars – cittadina poco distante da Palmanova – un ospedale da campo. Nel corso della Seconda guerra mondiale, un campo per 3300 prigionieri di guerra (contraddistinto dal numero 89), funzionò dall'ottobre 1941 sino alla metà di marzo del '42. Poi, dal 22 marzo, vennero concentrati a Gonars un migliaio tra ufficiali, sottufficiali e soldati dell'ex esercito jugoslavo residenti in Slovenia, ch'erano stati fermati dagli italiani la settimana precedente, e che non venivano considerati «prigionieri di guerra», bensí «internati civili». Intanto, nei pressi del vecchio campo di concentramento, su un'area che avrebbe dovuto accogliere la stazione ferroviaria era stata allestita una nuova e piú capiente struttura (il «campo maggiore»), costituita da baracche e tende. Dal 27 marzo 1942, Gonars venne ufficialmente inserito tra i campi per internati civili alle dipendenze dell'Autorità militare.

Dal punto di vista strutturale, perciò, vi furono due settori distanti tra loro circa un chilometro: un campo «maggiore» e uno «minore». Quest'ultimo – accogliendo gli ex militari jugoslavi di cui si è detto – veniva anche chiamato «campo militare». Il «campo maggiore» (denominato anche «campo civile») era circondato da un reticolato alto piú di tre metri e, al suo interno, era ripartito in tre settori: α, β e γ. Il settore «alfa» inizialmente aveva capienza limitata e svolgeva soltanto funzioni «di prima accoglienza». Successivamente, con l'impianto di una nuova tendopoli, la sua capacità ricettiva venne portata addirittura a 2800 unità e, per un certo periodo, fu destinato soprattutto agli internati civili «protettivi». Il settore «beta» era costituito da 17 baracche prefabbricate per una capienza complessiva di circa 2000 posti. Infine, il settore «gamma» era dotato di sette baracche, di dimensioni piú ridotte, adibite ai vari servizi.

Nel suo complesso, il campo di Gonars poteva «accogliere» 6500 persone e rappresentò, perciò, il piú grande tra i campi italiani per internati civili operanti nella penisola durante la Seconda guerra mondiale. La direzione, che aveva sede a metà strada tra il campo «maggiore» e quello «minore», venne affidata al tenente colonnello Eugenio Vicedomini (al quale sarebbero succeduti Cesare Marioni, Ignazio Fragapane, Gustavo De Dominicis e – dopo l'8 settembre – Arturo Macchi), affiancato da 36 ufficiali e circa 600 soldati che provvedevano al servizio di guardia. La competenza sui reclusi era riservata all'XI Corpo d'Armata di stanza a Lubiana.

Il primo contingente di internati civili veri e propri giunse a Gonars, qualche giorno dopo l'apertura del campo, direttamente dalla «Provincia di Lubiana»; il secondo ai primi di aprile, per l'evacuazione del campo di Cighino. Tra giugno e luglio del 1942, con cinque trasporti conseguenti al grande rastrellamento della popolazione lubianese, vennero deportati a Gonars 2218 civili, 1368 dei quali furono sistemati nelle tende. Alla metà di agosto gli «ospiti» del campo erano piú di 6000; un mese dopo, si raggiungeva a Gonars il picco massimo delle presenze: 6396 reclusi. Il 19 novembre giunsero nel campo i primi nuclei familiari.

Le condizioni di vita cui dovettero sottostare gli internati furono molto dure. Il particolare sovraffollamento, unito alla malnutrizione, favorí il diffondersi di pediculosi, scabbia e malattie infettive varie. Le molte internate incinte, nell'80 per cento circa dei casi, partorirono feti già senza vita. Il vitto, del tutto insufficiente, consisteva generalmente in una brodaglia contenente qualche maccherone o un po' di riso, e meno di 200 grammi di pane. Agli inizi del 1943, moltissimi internati erano ancora scalzi, cenciosi e privi della biancheria piú necessaria.

Nell'intero periodo della sua attività, nel campo si registrarono non meno di 439 decessi e 63 nascite. Nel dicembre del 1942, a fianco del cimitero cittadino venne realizzato un apposito luogo di sepoltura destinato agli internati deceduti.

In questo campo furono rinchiusi molti artisti e intellettuali di rilievo. Si ricordano il musicista Samo Hubad, direttore dell'Opera di Lubiana, il chitarrista Leo Ponikvar, l'attore Jože Tiran, gli scrittori Kozak Juš e Branka Jurka, la cantante lirica Vilma Bukavec e il pittore e scultore Nico Pirnat, al quale il comando del campo commissionò la realizzazione di una statua dedicata alla Madonna. Di tanto in tanto, venivano promosse attività culturali (comprendenti conferenze e concerti) e stampato il notiziario interno: «Izza zice» («Oltre il filo»).

Tra gli internati di Gonars, figuravano molti adepti della Resistenza slovena e croata, la cui struttura clandestina era in grado di influire sulle nomine dei capibaracca e dei responsabili delle altre «istituzioni» interne. I giovani internati venivano addestrati nella prospettiva di assumere il controllo del campo e preparare l'organizzazione logistica per l'auspicato rientro in Jugoslavia. Sotto diversi nomi di copertura a Gonars vennero ospitate figure di primo piano del Fronte di Liberazione (*Oslobodilna Fronta*) e del partito comunista sloveno, quali Janez Učakar, Bojan Štih, Anton Vratuša, Franc Potočnik («internato militare»), Milan Osredkar, e – non da ultimo – Boris Kraigher che, nel dopoguerra, sarebbe divenuto presidente del Consiglio esecutivo federale della Jugoslavia. E poiché, per i dirigenti piú noti, era molto alto – in caso di scoperta – il pericolo di essere passati per le armi, nell'estate del 1942, l'*Oslobodilna Fronta* predispose un ardimentoso piano di fuga finalizzato a mettere in salvo gli antifascisti piú a rischio.

Dopo diverse settimane di scavo, venne realizzato un tunnel lungo 60 metri che, partendo dalla baracca numero 22, sfociava in un campo di granturco, alcuni metri oltre la recinzione. Nella notte tra il 30 e il 31 agosto riuscivano cosí a evadere Boris Kraigher, Ivan Bratko, Marks Perc, Franc Ravbar, Janez Učakar, Franc Pangerc, Bojan Štih e Viktor Ilovar.

Nell'autunno del '42 – anche per effetto di questa clamorosa evasione che determinò pure l'allontanamento del comandante Vicedomini – il campo di Gonars venne quasi completamente evacuato, col trasferimento degli internati civili a Renicci e a Monigo, e di quelli «militari» a Chiesanuova. Ma la smobilitazione fu di breve durata: i trasferiti vennero in poco tempo rimpiazzati da 830 civili jugoslavi (soprattutto donne e bambini) provenienti dal campo di Arbe. Da Lubiana, nel mese di dicembre, giungeva un convoglio composto di sole donne. Cosicché, dalla fine del 1942, la prevalenza del sesso femminile nel campo cominciava ad essere massiccia, aumentando progressivamente sino al febbraio del '43, quando a Gonars risultavano presenti 1916 donne, 1472 bambini e «soltanto» 695 uomini. Il rapporto uomini/donne si modificò poi in primavera col proscioglimento di un notevole numero di internate e di bambini e col rientro di 1700 giovani internati sloveni che avevano «svernato» a Monigo, ora sistemati nel «campo minore» di Gonars.

In seguito agli avvenimenti dell'8 settembre '43, gli internati di Gonars assunsero «in proprio» il servizio di vigilanza interno al campo; mentre quello esterno restava ancora in mano agli italiani. Dopo alcuni giorni di «cogestione», tra gli internati e la direzione venne avviata una trattativa che portò a un accordo finalizzato a regolamentare l'evacuazione del campo: gli internati avrebbero potuto andarsene, ma a piccoli scaglioni.

Il «deflusso programmato» venne avviato nella notte del 13 settembre, ma dopo la partenza regolare dei primi due scaglioni, ebbero il sopravvento l'insofferenza e la confusione: travolto ogni sbarramento e ogni controllo, la massa degli internati (circa 4000 persone) dilagò disordinatamente fuori dal campo, muovendosi in direzione del Collio e della valle del Vipacco.

Molti ex internati confluirono nella brigata partigiana S. Gregorčić, che operava nell'Alto Isonzo; altri, invece, vennero catturati dai soldati tedeschi e ricondotti nel campo, dove erano rimasti una settantina di anziani e circa 700 tra donne e bambini. Alla data del 19 ottobre 1943 nel campo erano ancora presenti 737 internati civili sloveni e croati che – prima di essere definitivamente rilasciati – vennero forzatamente impiegati dai tedeschi in diversi lavori manuali.

Nel 1973, per iniziativa del governo jugoslavo, a fianco del cimitero cittadino venne realizzato un Sacrario monumentale che raccoglie le spoglie di 453 jugoslavi morti, durante la guerra, nell'Italia settentrionale.

Presenze nel campo

data	24-3-42	1-5-42	15-8-42	17-9-42	29-12-42	1-2-43	19-4-43
internati	878	2350	6074	6396	5687	2676	4503

data	1-6-43	1-7-43
internati	4253	4459

Riferimenti archivistici

Ars II, XI Corpo d'Armata, F 661/V.
Aussme, H8 crimini di guerra, b. 104, Relazione dell'ex comandante del campo De Dominicis (1° febbraio 1947).
Avii, Nepijateliskih Jedinica, Br. Reg. 6/12, K. 1021.

MONIGO (Treviso)

Monigo – negli anni Quaranta una frazione periferica di Treviso – è oggi un quartiere conurbato col resto della città capoluogo. Alla fine del giugno del 1942, nella caserma «Caldorin», una struttura militare di recente costruzione, vi venne allestito un campo di concentramento per internati civili «ex jugoslavi».

Vennero allora riservati al campo sette grandi padiglioni della caserma: quattro per gli alloggiamenti dei reclusi, e i rimanenti tre per i magazzini, l'infermeria e le cucine. Ogni camerata – fornita di letti a castello – disponeva di una cinquantina di posti, dove gli internati alloggiavano separatamente: da una parte gli uomini, dall'altra le donne e i bambini. Dall'autunno del '42 la zona maschile e quella femminile vennero divise col filo spinato. Il comando della struttura venne affidato al tenente colonnello dei carabinieri Alfredo Anceschi, coadiuvato dal capitano Eliseo Signorini.

I primi internati giunsero a Monigo il 2 luglio 1942. Si trattava di 315 civili sloveni arrestati nel recente grande rastrellamento della città di Lubiana e di altri 255 rastrellati nella zona di Longatico (Logatek). Il secondo trasporto significativo, giunto il 6 agosto, comprendeva invece 432 civili rastrellati nelle zone di Kočevje e Novo Mesto. In autunno, arrivarono circa 800 internati da Gonars che poi, per la gran parte, sarebbero stati trasferiti nel «campo di lavoro» di Tavernelle, in provincia di Perugia. Fu quindi la volta di circa 300, tra donne e bambini provenienti da Arbe.

Il campo ospitò inizialmente differenti categorie di civili jugoslavi. Esso fungeva, infatti, da centro di raccolta e selezione, dove – con l'aiuto di jugoslavi collaborazionisti – il comando riusciva a individuare gli internati «politicamente pericolosi» che venivano condotti a Lubiana per essere processati o trasformati in ostaggi. In un secondo tempo, a Monigo crebbe la presenza degli internati «protettivi». Contestualmente a ciò, migliorarono le condizioni di vita, per cui le autorità – all'epoca – lo consideravano il piú «presentabile» tra i campi per civili jugoslavi.

È questa la spiegazione per cui, il 21 ottobre '42 (quando a Monigo c'erano 3464 internati), vi fu consentito l'accesso al delegato in Italia del Comitato internazionale della Croce Rossa Hans Wolfgang de Salis, al quale la struttura trevigiana poté apparire come un «campo di concentramento modello».

In realtà, considerando l'intero periodo di attività del campo, le condizioni dell'internamento a Monigo furono tutt'altro che presentabili. L'alimentazione era insufficiente; gli appelli potevano aver luogo anche piú volte al giorno, e in orari diversi; un «palo» per le punizioni presenziava il grande cortile centrale del campo.

La vita degli internati divenne piú dura con l'arrivo dell'inverno, per via del freddo, del sovraffollamento e della mancanza del vestiario appropriato (buona parte dei reclusi portavano ancora gli indumenti che indossavano, in estate, al momento dell'arresto). Successivamente all'arrivo dei convogli provenienti da Arbe, quasi la metà dei 600 posti letto dell'ospedale civile trevigiano vennero occupati da internati ridotti in gravi condizioni. Durante i tredici mesi circa di funzionamento del campo, a Monigo nacquero 42 bambini, mentre a perdervi la vita furono 232 internati (54 bambini e 178 adulti), 187 dei quali vennero sepolti in fosse comuni nel cimitero maggiore di Treviso: in una i bambini, nell'altra gli adulti. La gran parte dei decessi colpí individui il cui fisico era stato irrimediabilmente compromesso dalla polmonite, dalla tubercolosi o da altre gravi malattie debilitanti contratte sull'isola di Arbe.

Anche a Monigo operò clandestinamente una cellula dell'*Oslobodilna Fronta* che, oltre che dell'attività di proselitismo politico-militare, si occupò dell'assistenza ai piú bisognosi e dell'individuazione dei delatori. Il campo infatti era particolarmente frequentato dai rappresentanti del collaborazionismo sloveno che puntavano a reclutare nelle proprie milizie gli internati «indecisi» e gli anticomunisti dichiarati.

La composizione dei reclusi in questo campo, cambiò notevolmente tra febbraio e marzo del 1943. Si ebbe allora il trasferimento o il proscioglimento di buona parte degli internati sloveni (per lo piú «repressivi»), mentre al loro posto giunsero, da Gonars, soprattutto internati croati. Secondo «Novice izza zice» («Notizie da oltre il reticolo»), una sorta di notiziario interno compilato dagli internati, alla data del 18 marzo 1943, erano presenti nel campo 3122 reclusi: 1050 uomini, 1085 donne, 513 bambini e 466 bambine. Con l'arrivo della primavera e il miglioramento delle condizioni climatiche migliorarono anche le condizioni generali della vita del campo che, nel mese di aprile, diveniva ufficialmente il luogo deputato dal *Supersloda* ad accogliere gli «internati protettivi» jugoslavi: il 19 aprile, su un totale di 2500 internati presenti nel campo, erano considerati «protettivi» 2465. Molti di loro poterono prestare la propria opera nell'infermeria e negli uffici, oppure all'esterno del campo, in aziende della zona.

Nella prima metà del 1943, parallelamente al trasferimento in altri campi (piú di 1500 reclusi andarono in quello di Gonars), venne avviata, la liberazione di grossi contingenti di internati, favorita dalla continua pressione delle autorità ecclesiastiche.

All'indomani dell'8 settembre 1943 – mentre il colonnello era ricoverato in ospedale – la guida del campo di Monigo venne assunta da alcuni elementi del Fronte di Liberazione. I quali, assieme agli altri internati, si diressero a piccoli gruppi verso il Collio goriziano, dove molti confluirono nelle formazioni partigiane che operavano nella zona.

Presenze nel campo

data	2-7-42	15-8-42	21-10-42	29-12-42	1-2-43	15-3-43
internati	570	1528	3464	3172	3274	3122

data	19-4-43	30-6-43	1-9-43
internati	2500	2213	1623

Riferimenti archivistici

Ars II, Alto commissariato, F 14/V, s.f. 6.

Acicr, C Sc, Service de camps, Italie

RENICCI (Arezzo)

Questo campo sorse in località La Mòtina, una contrada del comune di Anghiari a circa tre chilometri dal centro storico. Il terreno renoso (da cui il toponimo *renicci*), prospiciente la riva del fiume Tevere e caratterizzato dalla presenza di un boschetto di querce, venne recintato con una tripla rete di filo spinato, e affiancato da varie torrette di sorveglianza.

I lavori per la costruzione del campo (previsto nel 1941 per accogliere 9000 prigionieri di guerra e contrassegnato col numero 97) vennero avviati nel luglio del 1942, su una superficie di undici ettari, alla quale, successivamente, se ne sarebbero aggiunti altri sei. Con molta lentezza, sarebbero stati ultimati solo due dei tre settori previsti, comprendenti 24 costruzioni in muratura per i reclusi, gli alloggiamenti del corpo di guardia, nonché le mense, i magazzini, gli uffici e i sevizi. Nell'area antistante il campo vero e proprio, vi era poi il «settore direzionale».

Il campo era diretto dal colonnello di fanteria Giuseppe Pistone, del quale gli internati avrebbero sottolineato l'atteggiamento duro e intransigente. Comandanti dei due settori furono il tenente colonnello Fiorenzuola e il maggiore Rossi, che disponevano ognuno di circa 200 uomini, tra carabinieri e soldati. I primi internati, tutti maschi, giunsero per trasferimento da Gonars il 7 ottobre 1942, quando il campo di Renicci era ancora ben lungi dall'essere approntato: possedeva soltanto la recinzione e alcune baracche di mattoni, adibite ad alloggio per i militari della guarnigione. Gli internati, perciò, venivano alloggiati in tende impiantate sul nudo terreno. Nelle piú piccole venivano ammassate 15-20 persone, nelle maggiori fino a 60.

Dopo il primo trasporto ne seguirono diversi altri provenienti da Gonars, Chiesanuova e Arbe; e alla fine di ottobre il nuovo campo ospitava già 1300 internati che, entro dicembre, divennero 3950, di un'età compresa tra 12 e 70 anni.

Sia per il freddo, che per la carenza di cibo, l'internamento a Renicci fu particolarmente duro; e la vita sotto le tende, piccole e affollate, favoriva la diffusione dei parassiti e delle piú diverse malattie infettive. Il medico militare italiano, che prestava servizio nel campo coadiuvato da tre internati, ben poco poteva fare, visto che le medicine erano scarse e le condizioni igieniche e alimentari molto scadenti. Gli internati non disponevano di acqua corrente (che spesso mancava persino nelle cucine), e le latrine, di numero insufficiente, erano poste all'aperto, riparate da tettoie fatiscenti spesso trascinate via dal vento. Per la fame – come comunicò nel gennaio del '43 la Croce Rossa Italiana al ministero dell'Interno e a quello degli Esteri – molti internati si ridussero a nutrirsi di ghiande. Un po' meglio vivevano i pochi che avevano un «impiego» come barbieri e calzolai od operai nella costruzione delle stesse baracche del campo.

Alla fine di gennaio del '43 erano già morti, per dissenteria, denutrizione e stenti, circa un centinaio di internati. Per tutto il periodo d'attività di Renicci sono documentati 160 decessi, che, nei periodi piú freddi, si susseguivano al ritmo di 3-4 al giorno. Tant'è che, per dare sepoltura agli internati, venne riadattato un vicino cimitero di campagna, fino ad allora in disuso.

Salvo lodevoli eccezioni (il tenente Rouep, ad esempio), l'amministrazione militare trattava i reclusi da criminali piú che da deportati politici. Tra di loro, 70 vennero individuati come ostaggi su cui rivalersi in caso di disordini o insubordinazioni collettive.

Con la fine di gennaio, le condizioni di vita cominciarono a migliorare. Sia perché le autorità decisero di porre fine alle lungaggini che ritardavano la consegna dei pacchi viveri inviati dai familiari, sia per il mitigarsi delle condizioni climatiche e la fornitura, ai piú bisognosi, di scarpe e di qualche capo di vestiario.

Si registrò inoltre in quel periodo la liberazione o il trasferimento di numerosi gruppi di internati. Ma, al di là dei rilasci avvenuti per interessamento della curia o per decisione autonoma dell'Autorità militare, un buon numero di internati venne liberato con l'impegno di entrare a far parte delle milizie collaborazioniste. Il 16 febbraio 1943, Renicci venne visitato dal nunzio Borgongini-Duca, che portò agli internati il personale saluto del Papa e una somma di denaro messa a disposizione dal Pontefice.

Nell'estate del 1943, il campo toscano – ritenuto particolarmente affidabile – fu prescelto dal governo Badoglio per farvi affluire un gran numero di deportati antifascisti, italiani e stranieri, evacuati dal Sud della penisola. Tra i nuovi arrivati, provenienti da Ustica, Ponza, Ventotene e altre località, si ricordano l'albanese Lazar Fundo e Ganu Kriezu, lo sloveno Jože Srebrnić, gli italiani Vincenzo Gigante, Alfonso Failla e Giorgio Jaksetich. Per separare gli italiani dagli stranieri, si ricorse allora a una doppia rete metallica che suddivideva il secondo settore del campo, creandone virtualmente un terzo.

Già dai primi mesi del '43 gli internati jugoslavi avevano potenziato ed esteso la loro organizzazione politica clandestina. Dopo la caduta di Mussolini, essi diedero visibilità pubblica ai loro gruppi paramilitari che iniziarono a «pattugliare» regolarmente il campo. Tutto ciò contribuí a far crescere la tensione tra i guardiani e i prigionieri italiani e stranieri che esigevano la loro rapida liberazione. La tensione si accrebbe notevolmente in seguito alla proclamazione dell'armistizio. Il 9 settembre, infatti, nei tre settori del campo si tennero numerose manifestazioni di protesta che culminarono in un duro confronto con i guardiani, nel corso del quale vennero feriti quattro internati, tra i quali l'italiano Carlo Aldeghieri, giunto da poco a Renicci col gruppo di Ventotene.

Nel pomeriggio del 14 settembre, l'approssimarsi di alcuni soldati tedeschi in perlustrazione provocò grande scompiglio e la fuga dei soldati italiani, ormai demotivati nel loro ruolo di carcerieri al servizio d'un regime che non esisteva piú. In breve tempo – a parte gli ammalati impossibilitati a muoversi – il campo si svuotò completamente. Molti degli ex internati si diressero verso l'Appennino tosco-marchigiano e romagnolo dove, in gran parte, si sarebbero aggregati ai partigiani. Un altro gruppo di circa 700 persone venne invece rastrellato a sorpresa dai tedeschi, e riportato nel campo, per essere poi deportato in Germania.

Renicci nel novembre '43 fu riaperto dalla Questura repubblichina di Arezzo che lo utilizzò per internati politici.

Presenze nel campo

data	31-10-42	29-12-42	1-2-43	15-3-43	19-4-43	1-6-43	1-7-43
internati	1300	3950	3865	3455	3015	2857	3888

data	1-8-43
internati	3500

Riferimenti archivistici

Acs, Mi, Dgps, Dagr, Cat Massime M4, f. 16 (Campi di concentramento), s.f. 1 (Affari generali), b. 110, ins. 43/1.
Aussme, H8 Crimini di guerra, Racc. 104, Relazione dell'ex direttore del campo.
Avii, Arhiva Neprijateliskih Jedinica, Br Reg. 17/8-4, K. 316.

PIETRAFITTA-TAVERNELLE (Perugia)

Il «campo di lavoro» indicato generalmente col nome di Pietrafitta (comune di Piegaro) o con quello di Tavernelle (comune di Panicale), due località della provincia di Perugia, era costituito, in realtà, da tre distinti «distaccamenti-base»: Pietrafitta, capace di 300 posti, Ellera, di 200 posti e «Castello Sereni» (detto anche Castel Sereni, uno stabile di proprietà dell'omonima famiglia, situato nei pressi di Castiglion della Valle), di 100 posti. Complessivamente vi alloggiavano poco piú di 400 internati-lavoratori.

Nella zona, sita nei pressi del fiume Nestore, dove operavano una centrale termoelettrica e una miniera di lignite, il governo aveva deciso di costruire una nuova ferrovia (il tronco Ellera-Tavernelle), da adibire soprattutto al traffico merci per il trasporto del minerale estratto. Il capolinea ferroviario era previsto a Pietrafitta, vicino alla centrale e alla miniera; ma si era ipotizzato anche di portarlo sino a Tavernelle (circa 3 chilometri oltre) e farlo proseguire per Città Ducale/Chiusi, dove la nuova ferrovia si sarebbe dovuta allacciare alla linea Firenze-Roma.

Il 7 ottobre 1942, lo Stato Maggiore effettuò i necessari sopralluoghi nella zona. Il comandante del campo, capitano Guido Razzano, si insediò il 18 dicembre. Gli internati (provenienti da Gonars e Monigo), giunsero sul posto a partire dalla metà di dicembre. Incatenati a gruppi di cinque, arrivavano in treno sino alla stazione di Ellera, da dove – scortati da militari dell'esercito – con una marcia a piedi che, per la postazione piú distante, poteva durare fino a quattro ore, si portavano nelle varie sedi del «campo». L'ultimo trasporto, di 240 persone, partí da Monigo il 28 dicembre '42 e, dopo un viaggio durato due giorni, durante il quale gli internati erano stati lasciati completamente senza cibo, approdò alla stazione di Ellera.

Gli internati – che ammontavano complessivamente a circa 600 persone – venivano impiegati per lo smottamento del terreno (nel quadro della realizzazione del ponte sul Nestore) e per l'estrazione della pietra (utilizzata per il tracciato ferroviario).

Il distaccamento di Pietrafitta (situato, in realtà, nei pressi di Fontignano) e quello di Ellera (non molto distante dall'omonima stazione ferroviaria) erano costituiti ciascuno da tre baracche di dimensione 6 x 32 messe a disposizione dal Genio militare. Il distaccamento di Castello Sereni fu allestito in uno stabile situato in posizione isolata a circa un chilometro dall'abitato di Castiglion della Valle. Tutti quanti gli internati erano vigilati da militari dell'esercito.

Il distaccamento piú organizzato – quello che fungeva da campo-base – era Pietrafitta. Qui, oltre alle tre baracche-dormitorio per internati e soldati, v'era l'ufficio comando e un'infermeria con un medico militare. Per ogni distaccamento vi erano una trentina di soldati, la cui età media era abbastanza elevata. Assistevano il comandante il tenente Mario Farinacci (un ufficiale di complemento che, da civile, aveva insegnato al Ginnasio di Terni, e, a detta degli internati, era di chiari sentimenti democratici) e il capitano Valentino Munzi, di chiara fede fascista.

Gli internati-lavoratori avevano ricevuto una divisa militare (privata, ovviamente, delle mostrine) e disponevano di letti a castello con giacigli di paglia. Le baracche sorgevano su terreno argilloso che, col maltempo, si trasformava in un pantano.

Malgrado dovessero lavorare sodo tutto il giorno, gli «internati-lavoratori» giudicavano il loro regime di vita senz'altro migliore di quello che si registrava nei campi di concentramento italiani «normali». La ditta Giuseppe Zanetti, appaltatrice dei lavori di costruzione della linea ferroviaria, versava alla direzione del campo una certa cifra per ognuno degli internati messo al suo servizio. Ogni internato-lavoratore riceveva come paga quattro lire e mezza al giorno, che però gli venivano rimesse sotto forma di «buoni» spendibili unicamente presso lo spaccio della miniera. Anche i soldi ricevuti eventualmente dai familiari venivano consegnati agli internati destinatari sotto forma di «buoni».

Sopraggiunta la notizia dell'armistizio dell'8 settembre, il 15 settembre 1943 sia i soldati sia gli internati abbandonarono il campo, temendo l'arrivo dei tedeschi.

Riferimenti archivistici

Aussme, M3, It, Racc. 64, f. 2 (Ufficio A. C. - Campi di concentramento).
Avii, Arhiva Neprijaterliskih Jedinica, Br. Reg. 2/1-3, K. 1021.

VISCO (Udine)

Questo campo venne allestito nel gennaio del 1943 nella caserma di Borgo Piave (attuale Caserma Sbaiz), un vecchio complesso militare situato alla periferia dell'abitato di Visco, sulla strada per Palmanova. Secondo le previsioni iniziali, il campo avrebbe dovuto ospitare 10 000 individui e, inoltre, tutta una serie di infrastrutture «sociali» e lavorative per gli internati, che avrebbero dovuto differenziarlo da tutti gli altri luoghi d'internamento di questo tipo. In corso d'opera, tuttavia, la capacità ricettiva venne ridimensionata a circa 5000 unità, e anche il resto del progetto venne realizzato solo in minima parte.

La decisione di realizzare un campo per internati civili a Visco venne presa con urgenza nel dicembre del 1942, in vista del gran numero di internati che si prevedeva sarebbero affluiti in Italia in conseguenza della grande offensiva che le truppe tedesche, italiane e ustaša si preparavano a scatenare a gennaio contro l'Esercito di Liberazione jugoslavo. La vecchia caserma di Borgo Piave, comprendente 18 padiglioni in muratura, fu perciò sgomberata dai reparti militari e vennero avviati lavori di ristrutturazione e ampliamento che prevedevano anche l'installazione di 332 baracche in legno e di 22 grandi tende. Il complesso militare, cintato con un doppio reticolato lungo circa due chilometri, venne quindi affidato al comando del tenente colonnello dei carabinieri Salvatore Bonofiglio che poteva disporre di 14 ufficiali (tra cui 4 medici) e 546 soldati.

Sia per quanto riguarda l'aspetto organizzativo che per il movimento degli internati, il campo fu strettamente sottoposto all'Intendenza della II Armata, che considerava Visco, assieme ad Arbe, il principale campo di riferimento per le proprie esigenze operative. Il 20 febbraio 1943 giunsero da Arbe i primi 300 internati, civili sloveni e croati: spossati, stracciati e segnati dagli edemi da fame, si trascinavano a stento per il cortile della caserma. Tra febbraio e marzo del '43 altri trasporti significativi giunsero per trasferimento dai campi di Gonars e di Monigo e – direttamente – dalla «Caserma Belga» di Lubiana, uno dei principali centri di raccolta e di smistamento dei civili rastrellati nella capitale slovena e nel suo hinterland, il 15 giugno, provenienti dal campo di Prevlaka, altri 435 internati montenegrini, in gran parte ex militari (compresi molti ufficiali) che avevano fatto parte del battaglione «Orien» dell'esercito regio jugoslavo

Tra i campi per internati «ex jugoslavi», Visco risultò essere quello dalle condizioni di vita piú sopportabili. Durante l'intero periodo del suo funzionamento, vi persero la vita «appena» 23 internati, per lo piú, persone già particolarmente debilitate.

Anche qui il vitto era scarso, ma gli alloggiamenti erano abbastanza puliti ed asciutti. A disposizione degli «ospiti» c'erano un laboratorio di falegnameria, alcuni ambulatori medici e – per i credenti – una cappella costruita in muratura.

Gli internati realizzarono un gruppo corale, alcune squadre di calcio ed una sorta di notiziario ciclostilato («Višek - Visco»), di cui si conserva un esemplare apparso l'8 marzo 1943. Clandestinamente, furono organizzati anche dei «corsi di formazione» politico-militare e un «comitato di liberazione» formato da componenti delle tre nazionalità jugoslave internate: sloveni, montenegrini e croati.

Dopo il 25 luglio 1943 – mentre il controllo delle guardie diveniva sempre piú blando – l'attività politica degli internati uscí quasi del tutto dalla clandestinità in preparazione di una prossima azione militare in vista della liberazione del campo. Qualche giorno prima dell'armistizio, un migliaio di internati, dei quali il Supersloda aveva ordinato la liberazione, furono caricati su una tradotta speciale in partenza dalla stazione di Palmanova e diretta a Lubiana. Ma il treno non poté partire perché la linea era stata interrotta presso Aidussina. In seguito agli avvenimenti dell'8 settembre, il comando italiano restò normalmente al suo posto senza prosciogliere gli internati.

L'11 settembre, giunta notizia che la città di Gorizia era stata liberata dai partigiani, il «comitato di liberazione» interno chiese al comandante del campo il permesso di potersi mettere in contatto con gli insorti della città isontina per meglio predisporre l'evacuazione degli internati. Il comitato chiese altresí al direttore di poter svolgere autonomamente il servizio di polizia all'interno del campo. Le proposte vennero accolte, e un piccolo gruppo composto da tre persone partí con un camion per Gorizia, con l'impegno di rientrare prima del sopraggiungere della notte. Ma, al suo rientro, la piccola delegazione trovò il campo già vuoto. Infatti, la mattina del 14 settembre, temendo il peggio, il «comitato di liberazione» aveva dato l'ordine di sgombero agli internati. I soldati di guardia, d'altronde, avevano spontaneamente abbandonato i loro posti, creando cosí – d'intesa col comandante del campo – le premesse per un deflusso pacifico degli internati, molti dei quali erano riusciti a procurarsi delle armi.

Un'enorme fiumana di oltre 3000 persone – divisa in alcune colonne e comprendente anche donne, vecchi e bambini – lasciò Visco avanzando lentamente verso Est. Alla testa di ogni gruppo vi era un plotone dell'organizzazione militare degli internati che indirizzava la marcia sulla direttrice Romans-Gradisca-Miren, per raggiungere la zona controllata dai partigiani sloveni. Lungo il cammino, nei pressi di Romans e oltre il fiume Isonzo, si ebbero scontri a fuoco con reparti nazi-fascisti, durante i quali persero la vita diversi internati.

Presenze nel campo

data	19-3-43	19-4-43	1-6-43	1-7-43
internati	1400	2390	1619	3272

Riferimenti archivistici

Aussme, M7 Circolari, Racc. 279, f. 3 (Campi di concentramento).
Avii, Arhiva Neprijateliskih Jedinica, Br. Reg. 18/1-2, K. 1021.

b) – Campi per «allogeni» italiani.

CAIRO MONTENOTTE (Savona)

Dal dicembre 1941, a Cairo Montenotte funzionò un campo di concentramento per prigionieri di guerra (contrassegnato col numero 95) alle dipendenze del Comando della difesa territoriale di Genova. Sorgeva in località Vesima, di fronte alla linea ferroviaria S. Giuseppe di Cairo-Alessandria, su un'area pianeggiante dove, durante la Grande Guerra, aveva operato un piccolo campo di aviazione.

Nel febbraio 1943 – allontanati i prigionieri di guerra – il campo di Cairo fu messo a disposizione dell'Ispettorato speciale di pubblica sicurezza per la Venezia Giulia per l'internamento degli appartenenti alla minoranza slovena e croata italiana. In poco tempo, vi giunsero circa 1400 internati civili «allogeni» provenienti da un'ampia zona (comprendente anche l'Istria e le isole del golfo del Quarnero) che interessava le province di Udine, Gorizia, Trieste, Fiume e Pola.

Come documentato da Tone Ferenc, fino al settembre 1943, da Trieste arrivarono in questo campo 20 trasporti con internati civili. Il primo di essi, composto da 150 uomini e 44 donne, lasciò le carceri triestine del Coroneo il 28 febbraio 1943. Le donne, però, rimasero a Cairo soltanto per pochi giorni prima di essere trasferite nel campo delle Fraschette di Alatri. Dal trasporto successivo, giunsero soltanto internati di sesso maschile.

Il campo – sottoposto al comando del tenente colonnello Pasquale Alessandro Passivanti – comprendeva 15 baracche per gli internati provviste di letti a castello con giaciglio in paglia (per una capienza complessiva di circa 2000 posti), gli alloggiamenti per la direzione e la guarnigione, l'infermeria, la cappella, uno spaccio e alcuni magazzini.

Le condizioni di vita degli internati, certamente molto difficili, furono tuttavia migliori di quelle registratesi nei campi riservati ai civili ex jugoslavi. Non solo perché Cairo cominciò a operare in un periodo in cui l'internamento civile fascista aveva già superato la fase della drammatica emergenza climatica e alimentare dell'inverno 1942-43, ma anche perché, probabilmente, il regime volle deliberatamente trattare gli slavi della Venezia Giulia meno peggio degli altri. Nel campo di Cairo la razione di pane era piú consistente e la ricezione dei pacchi contenenti cibarie o altri generi di conforto (spediti, di solito, dai familiari o dai comitati diocesani) non veniva normalmente ostacolata dalle autorità. Inoltre funzionava uno spaccio piuttosto fornito, a disposizione di quanti (per la verità non molti) avessero avuto la possibilità di fare degli acquisti. Difficoltà maggiori trovavano certamente quegli internati che non potevano ricevere aiuti da casa, ma la solidarietà dei compagni piú fortunati non venne mai a mancare. Durante i circa sei mesi di attività, persero la vita nel campo tre internati, un croato e due sloveni. Una lapide li ricorda, ancora oggi, nel cimitero cittadino: Anton Ban, Anton Bončina e Josip Kavčič.

Il funzionamento del campo ebbe una sua precisa organizzazione interna: ogni baracca era suddivisa in quattro «plotoni», ciascuno sottoposto a un proprio responsabile, mentre su tutti e quattro «comandava» il «capobaracca». Piú in alto, una sorta di «capo dei capi» rappresentava tutte quante le baracche presso il comandante del campo. In questo ruolo gli internati elessero Laminjan Manfreda, un loro compagno originario di Volče, villaggio del circondario di Tolmino.

Il 26 maggio del 1943 il vescovo di Trieste e Capodistria, monsignor Antonio Santin visitò gli internati e tenne una funzione religiosa e – a nome del Papa – lasciò per i piú poveri la somma di 30 000 lire. In una relazione inviata, due giorni dopo, a Borgongini Duca, Santin dava atto al comandante di prestarsi per il buon funzionamento del campo; ma sottolineava, altresí, il fatto evidentissimo che gli internati patissero la fame.

Alcuni di loro vennero impiegati nella costruzione di canali di scolo presso la vicina fabbrica della Montecatini; altri, invece, lavorarono all'interno della fabbrica, quasi come normali operai. Quale compenso, gli «internati-lavoratori» ricevevano generalmente 5 lire al giorno, una somma che consentiva loro, a mala pena, un pasto piú sostanzioso e una doppia razione di pane.

Nel campo si svilupparono alcune attività ricreative e culturali, con «tornei» di scacchi, conferenze ed esibizioni di cori. Nel luglio '43 aerei alleati effettuarono piú volte dei lanci di volantini che esaltavano lo sbarco in Sicilia. Quindi, la notizia della caduta di Mussolini provocò una grande euforia, che però venne immediatamente repressa dal comandante del campo, il quale minacciò gli internati di «ucciderli come cani» e arrestò il loro rappresentante, chiudendolo per qualche giorno nella camera di sicurezza. Cosí, in una situazione di calma apparente, il campo andò avanti fino all'8 settembre.

In seguito all'annuncio dell'armistizio, una delegazione degli internati conferí col comandante pretendendo l'immediata liberazione dei 1260 reclusi, ma il comando italiano – temporeggiando piú o meno in buona fede – consentí che essi finissero nelle mani dei tedeschi.

Nella seconda metà di settembre, i militari germanici condussero nel campo altri internati e prigionieri di guerra rastrellati nei dintorni. Quindi, l'8 ottobre 1943, con una tradotta ferroviaria composta da 30 carri bestiame, procedettero alla deportazione in Germania di quasi tutti i reclusi. Il convoglio arrivò a Mauthausen nella notte del 12 ottobre 1943. All'indomani i 990 internati, registrati tutti come italiani, vennero trasferiti nel campo di Gusen.

Presenze nel campo

data	29-2-43	26-5-43	20-7-43	31-7-43	8-9-1943
internati	194	750	840	936	1260

Riferimenti archivistici.

Acs, Mi, Dgps, Dagr, Cat. Massime M4, b. 135, f. 16, s.f. 2, ins. «Savona».
Aussme, H8 Crimini di guerra, b. 104, Relazione dell'ex comandante del campo (21 marzo 1947).

FOSSALON (Gorizia)

A Fossalon di Grado funzionò un «campo di lavoro» dove vennero avviati molti uomini «in grado di coltivare la terra» già internati a Sdraussina, di cui Fossalon fu infatti, per certi aspetti, una struttura satellite.

Il «campo», che ospitava mediamente circa 100 persone, ebbe sede nell'area della bonifica della Vittoria, nel territorio del comune di Grado. Piú precisamente, il suo nucleo abitativo e direzionale si trovava in località Eraclea, nella Casa Concordia, un complesso abitativo rurale posto a fianco della strada che costeggia l'Isonzato.

Recintato e vigilato da un gruppo di carabinieri sottoposti al comando del maresciallo Gino Calmieri, il caseggiato possedeva un grande portico ed era composto da due normali case di abitazione, 3 casette di piccole dimensioni, due stalle, un fienile, e quattro silos. Oltre che dai carabinieri, gli internati venivano controllati da alcune guardie giurate al servizio dell'azienda di bonifica.

Gli internati erano italiani appartenenti alla minoranza slovena, molti dei quali erano stati incarcerati a Trieste e quindi trasferiti a Sdraussina, altri erano stati internati direttamente a Fossalon senza passare per Sdraussina.

Dopo l'8 settembre 1943, molti reclusi – abbandonato il campo – accorsero nelle fila partigiane.

Riferimenti archivistici

Acs, Mi, Dgps, Dagr, Cat. Massime M4, f. 16 (Campi di concentramento), b. 111, s.f. 1 (Affari generali), ins 57/1 «zone di bonifica».

POGGIO TERZARMATA/SDRAVŠČINA (Gorizia)

Allestito, nel settembre del 1942, dalla prefettura di Gorizia – d'intesa col ministero dell'Interno e con l'Ispettorato Speciale di Pubblica Sicurezza per la Venezia Giulia, il campo ebbe sede nell'edificio di un ex stabilimento tessile che, fino al 1936 (l'anno della sua chiusura) impiegava circa 1000 operai. Era ubicato a Poggio Terza Armata (già Sdraussina), una piccola località del comune di Sagrado, non lontana dal fiume Isonzo. La direzione del campo e i servizi amministrativi furono affidati alla pubblica sicurezza; quelli di vigilanza e di custodia a un presidio di soldati e di «camicie nere».

Ai reclusi era consentita soltanto un'ora di «aria» al giorno, nel cortile circondato da un muro di quattro metri di altezza. Per la maggior parte di loro, quello di Sdraussina fu un campo «di passaggio», nel quale essi restavano temporaneamente prima di venire trasferiti nei campi «definitivi» (generalmente Cairo Montenotte), nei «battaglioni speciali» (i reparti speciali dell'esercito per «sospetti politici» o «allogeni»), oppure deferiti davanti al Tribunale speciale.

La struttura del campo (che, nella documentazione ufficiale, era definito in genere «centro di concentramento» o «carcere sussidiario») era stata dichiarata idonea ad accogliere 300 reclusi. Essa si prestava abbastanza bene all'uso detentivo, ma vi mancavano le attrezzature e i «servizi» delle vere prigioni. La libertà di movimento era quindi estremamente limitata e la reclusione prolungata nei cameroni aumentava i disagi e le sofferenze dell'internamento.

Non esistono dati precisi sul numero complessivo dei reclusi, che, tuttavia, furono per la maggior parte di sesso maschile, provenienti dai piccoli paesi del Vipacco, dell'Isontino, del Tarnovano e del Postumiese. Non mancarono però alcune donne e interi nuclei familiari: parenti di partigiani (o sospetti tali) e giovani renitenti alla leva. Secondo un'indagine di Ermenegildo Baruzza-Planjavec, da questo campo passarono alcune migliaia di civili (quasi tutti «allogeni»), tra partigiani, veri o presunti, destinati al Tribunale speciale e altri soggetti appartenenti a categorie di persone genericamente sospettate.

Le condizioni dell'internamento in questo campo erano caratterizzate dal sovraffollamento, dalla penuria di cibo e dalla inadeguata assistenza sanitaria. Aspetti questi che si rivelarono particolarmente deleteri per gli individui piú anziani, i bambini, gli invalidi e gli ammalati. Di tanto in tanto, alcuni internati venivano trasferiti a Trieste per essere interrogati presso l'Ispettorato speciale: non era raro che fossero riportati nel campo in condizioni pietose.

Dopo il 25 luglio 1943, i comitati antifascisti del Friuli e della Venezia Giulia reclamarono la liberazione dei prigionieri politici e degli internati (sia italiani che stranieri) e la punizione dei crimini commessi dal famigerato Ispettorato speciale. Ma la gran parte degli internati – anche a Sdraussina – poté abbandonare il campo soltanto il 9 settembre '43, dopo la dissoluzione dei suoi reparti di sorveglianza.

Riferimenti archivistici

Airsml, Zapor v Zdravščini pri Sagradu, memoriale di Janko Valentinčič.

Acs, Mi, Segreteria del capo della Polizia, Documenti dell'Ispettorato speciale di PS della Venezia Giulia (in via di riordinamento).

Principali campi ubicati nei territori jugoslavi annessi

ARBE/RAB (Fiume)

Il campo di concentramento di Arbe fu realizzato nella parte sud-orientale dell'omonima isola del golfo del Quarnero, sopra una spianata posta fra le insenature costiere di Campora (Kampor) e Sant'Eufemia (Sv. Fumija), distante circa 6 chilometri dal capoluogo isolano, Arbe. Alla fine di giugno del 1942 – evacuati gli abitanti delle poche case della zona, sradicato un vigneto e allargata la strada di collegamento col capoluogo – sul sito prescelto venne avviata dai soldati italiani l'installazione di un migliaio di tende da 6 posti.

In una riunione tenutasi a Lubiana il 7 luglio, il generale Mario Roatta annunciò che «era stato allestito ad Arbe un campo di concentramento dalla capienza di 6000 posti sotto le tende». Ed entro due mesi – a detta del generale – la struttura avrebbe avuto disponibili altri due settori (costituiti in baracche e capaci di 5000 posti per ciascuno), per un'accoglienza complessiva di 16 000 persone. In realtà, all'arrivo dei primi internati – a parte la recinzione in filo spinato e le torrette di guardia – la realizzazione del campo era un fatto puramente virtuale. Alla fine di luglio le tende non erano state ancora sistemate completamente; tanto che molti deportati dovettero erigersele personalmente appena giunti. Nei mesi successivi, l'Intendenza della II Armata (dalla quale dipendeva il campo di Arbe) si diede da fare per portare presto la struttura alla capienza prevista. Ma, nell'autunno del 1942, prendendo in esame l'intero fenomeno dell'internamento degli «ex jugoslavi», il Comando Supremo, d'intesa col ministero dell'Interno, decise che, ad Arbe, sarebbe stato realizzato solamente uno dei due settori previsti. Negli ultimi tempi, infatti, erano stati ridefiniti il ruolo e le dimensioni di questo campo: abbandonato il progetto iniziale del «grande terminale» per internati sloveni, dalla capienza di 20-25 000 posti, si prospettò una piú modesta funzione di smistamento, per la quale poteva bastare una capienza di 10-11 000 posti. Il ridimensionamento del campo arbesano, fu motivato soprattutto dalle difficoltà nei trasporti e negli approvvigionamenti, che – trattandosi di un'isola – potevano avvenire unicamente via mare.

Il campo fu sottoposto al tenente colonnello dei carabinieri Vincenzo Cuiuli (che fu contemporaneamente il comandante del presidio di tutta l'isola), la cui sede di comando venne allestita nell'edificio della scuola elementare di Campora. Ai servizi di guardia e di sicurezza furono impegnati circa 2000 uomini, tra soldati e carabinieri, molti dei quali presero alloggio nelle abitazioni requisite agli abitanti del luogo.

Il primo nucleo abitativo a entrare in funzione fu il «campo primo», suddiviso al suo interno in quattro settori sottoposti al comando di altrettanti ufficiali. Si trovava sul lato destro della strada principale (per chi vi giunge dalla cittadina di Arbe), ed era affiancato a una «zona di bonifica». Sul lato sinistro della strada v'erano gli ambiti territoriali destinati, nel progetto iniziale, al «terzo», al «secondo» e al «quarto» campo. Piú avanti vennero allestite le varie strutture di servizio e, ancora oltre, uno spiazzo destinato alla sepoltura degli internati deceduti. Inizialmente, donne, bambini e anziani vennero accolti in un settore del «campo primo»; quindi furono spostati nel «campo terzo», per essere poi – nel tardo autunno del 1942 – trasferiti, in gran parte, nel campo di Gonars. Il «campo secondo» fu pronto soltanto nella primavera del 1943 e ospitò piú di 2700 ebrei in condizione di «internamento protettivo». Lo spazio previsto per il «campo quarto», invece, rimase pressoché inutilizzato.

La costruzione delle baracche (alcune in legno, altre in muratura) venne avviata nell'autunno 1942. Prima d'allora, gli internati di Arbe disponevano solo di piccole tende da sei posti; quelle piú grandi fecero la loro comparsa all'inizio del 1943, insieme alle prime baracche, ognuna delle quali poteva accogliere 80/90 persone.

Il primo gruppo di internati, proveniente da Lubiana e composto da 198 sloveni, giunse sull'isola il 28 luglio 1942 con la nave *Plav* ch'era salpata da Fiume; il 31 luglio il secondo trasporto, con 243 sloveni, anch'esso composto da soli uomini e il 6 agosto il trasporto piú numeroso (1194 internati), proveniente da Lubiana.

Dalla fine di novembre in poi, nonostante i nuovi arrivi, il numero degli internati del campo andò generalmente diminuendo. Non solo per l'elevata mortalità e per il trasferimento in Italia (a Gonars, a Monigo e a Chiesanuova) di alcune centinaia di reclusi (soprattutto donne, bambini e anziani), ma anche perché cominciarono a essere prosciolti quanti di loro si fossero impegnati a entrare nella Milizia volontaria anticomunista (Mvac). Da dicembre ad aprile, quasi 1800 internati di Arbe vennero trasferiti in Italia, soprattutto a Gonars, Monigo e Chiesanuova.

Responsabile delle traduzioni sull'isola fu il comando dei carabinieri facente capo al *Supersloda*. E dai suoi rapporti, risultano essere giunti nel campo almeno 27 trasporti per un totale di 7541 internati «repressivi». Di essi, i due terzi erano civili sloveni, la restante parte croati provenienti dai territori jugoslavi che nel 1941 furono annessi alla provincia di Fiume, in particolare dal Gorski Kotar. A tale cifra va aggiunta quella relativa ai 2761 ebrei residenti o rifugiatisi nella zona di occupazione italiana in Croazia, internati protettivamente ad Arbe nella primavera del 1943. Pertanto, nell'intero periodo di attività del campo (poco piú di un anno), furono internati complessivamente circa 10 000 civili: uomini, donne e bambini, spesso interi nuclei familiari. Quanto alla provenienza dei trasporti, 5000 internati giungevano dalla «Provincia di Lubiana», 1900 circa dalla Provincia di Fiume (in particolare dalla zona di Čabar) e 350 da campi ubicati in Italia (Monigo, Chiesanuova e Gonars). Gli ebrei, invece, provenivano dal campo di Porto Re (Kraljevica) e da numerose località di *internamento libero* situate nei territori ex jugoslavi.

Gli internati di Arbe furono soprattutto contadini, boscaioli, operai e artigiani. Ma non mancavano i commercianti e un piccolo numero di intellettuali. Questi ultimi svolsero un ruolo importante nell'organizzazione culturale e in quella politico-militare sviluppatesi nel campo, dove, all'inizio del 1943, fu costituita una cellula clandestina del Fronte di Liberazione sloveno, collegata con gli antifascisti croati dell'isola

Nel «primo» e nel «terzo» campo di Arbe – i settori «repressivi» – le condizioni di vita degli internati (specie per quanti alloggiavano nelle tende) furono estremamente penose, contrassegnate dalla fame, dal freddo e dal sovraffollamento. Durante i temporali, piú d'una volta la pioggia intasò le latrine che riversavano cosí il liquame tra le tende. Nella notte del 29 ottobre 1942, il campo fu colpito da un violento nubifragio che spazzò via piú di 400 tende e causò l'annegamento di cinque bambini. Quanto alle razioni alimentari, esse erano minime e pessime; quelle di pane non superavano gli 80 grammi al giorno. Particolarmente grave fu la condizione delle gestanti che, non di rado, diedero alla luce creature già morte.

In queste condizioni, pressoché ogni giorno morivano degli internati, quasi sempre per «collasso cardiaco», secondo le diagnosi ufficiali dei medici militari del campo. In realtà, ad Arbe si moriva letteralmente di fame: secondo i dati del *Supersloda*, già alla metà di dicembre del 1942, avevano perso la vita 502 internati.

Non è stato possibile appurare con certezza quanti ne siano morti nell'intero periodo d'attività del campo, che fu di appena tredici mesi, comunque, non meno di quei 1435 ai quali, sino a oggi, si è riusciti ad attribuire un nome. Una cifra questa che corrisponde a oltre il 19 per cento degli internati slavi di Arbe (7541), e che, ad esempio, supera il tasso medio di mortalità registratosi nel campo di concentramento nazista di Buchenwald, che fu del 15 per cento.

È per questo motivo che gli studiosi jugoslavi hanno spesso definito quello di Arbe un «campo di sterminio», ma, al di là delle definizioni, quel che è certo è che nessun procedimento giudiziario è stato mai avviato contro gli italiani responsabili di una simile ecatombe.

La sera dell'8 settembre 1943, la notizia dell'Armistizio si diffuse nel campo e immediatamente, la cellula del Fronte di Liberazione mise in atto un piano, predisposto da tempo, disarmando, il giorno 11, la guarnigione italiana. Contemporaneamente, nel capoluogo dell'isola, veniva arrestato il comandante Cuiuli e condannato a morte mediante un processo «celebrato» dagli stessi internati. Il 13 settembre, fu formalmente costituita la brigata partigiana «Rab», composta interamente da ex internati e comandata dall'ex ufficiale della marina jugoslava Franc Potočnik. La formazione comprendeva cinque battaglioni (uno dei quali composto da soli ebrei) per complessivi 1600 combattenti tra uomini e donne. Stabiliti i contatti col comando partigiano di zona, tra il 16 e il 19 settembre 1943, la brigata degli ex internati sbarcò in tre punti diversi del litorale croato per avviarsi al combattimento contro i nazisti e gli ustaša. Il 17 settembre Vincenzo Cuiuli venne tradotto nel carcere di Cirquenizza (Crikvenica), dove sarebbe dovuto essere giustiziato il giorno successivo, ma, pare che abbia preferito suicidarsi durante la notte.

Sull'isola, dopo la partenza della maggior parte degli internati, rimasero circa 250 ebrei: vecchi, donne e bambini, alcuni dei quali ammalati che, dopo l'occupazione di Arbe da parte dei nazisti, furono trasferiti nella Risiera di San Sabba, a Trieste, e da lí vennero deportati ad Auschwitz. Un piú ridotto gruppo di ex internati ebrei, servendosi di barche di pescatori, era riuscito a raggiungere l'isola di Lissa (Vis), dove operava il quartier generale delle forze partigiane del maresciallo Tito. Da lí, successivamente, approdò a Bari.

Presenze nel campo

data	28-7-42	15-8-42	1-12-42	29-12-42	1-2-43	19-4-43	1-6-43
internati	198	2532	6577	5562	2853	2628	2232

data	1-7-43
internati	3296

Riferimenti archivistici
Avii, Arhiva Neprijateljskih Jedinica, Br. Reg. 20/5, K. 897.
Aussme, Ufficio Pdg Smre, diario storico-militare.
Ars II, F 1079, Seznami internancev, s.f. 1-67 (Taborišče Rab)

MELADA/MOLAT (Zara)

Dipendente dal Governatorato civile della Dalmazia, questo campo di concentramento venne allestito alla fine di giugno del 1942, in località Jazi, una baia naturale dell'isola di Melada (Molat), appartata e adatta allo «scarico» degli internati.

Posto in riva al mare, a fianco di una pineta parzialmente abbattuta, il campo fu munito di cinque garitte-bunker in cemento e cintato con filo spinato per tutta la lunghezza perimetrale, di circa un chilometro. Un edificio a due piani, l'unico già esistente sul posto, venne trasformato nella sede del comando, che fu affidato al commissario Leonardo Fantoli, al quale, il 7 gennaio 1943, successe il suo vice, Carlo Sommer. Ai servizi amministrativi e di vigilanza furono addetti 180 carabinieri e alcune centinaia di soldati, tra cui una compagnia della Divisione di fanteria «Zara». Per alcuni periodi furono presenti a Melada anche delle camicie nere. Il servizio sanitario fu affidato a un ufficiale medico: prima Giuseppe Spinone e poi Camillo Croce.

Inizialmente il campo disponeva solamente di tende di piccolo formato, nelle quali – pigiati fino all'inverosimile – gli internati erano costretti a dormire per terra, su un sottile strato di paglia, successivamente venne dotato di 12 grandi baracche di legno impiantate su fondamenta di cemento, della capacità nominale di circa 100 posti per ciascuna. I «servizi» erano costituiti da un grande lavatoio (privo d'acqua corrente e posto quasi in riva al mare) e da cinque latrine. Per il campo di Melada era prevista una capienza complessiva di 1200 internati, ma, in alcuni periodi della sua attività esso ne avrebbe accolto un numero piú che doppio.

Il primo trasporto, costituito da 223 persone (76 uomini, 103 donne e 44 bambini e ragazzi fino ai 15 anni), giunse da Zara il 29 giugno 1942 con la motonave *Ammiraglio Viotti*, un battello jugoslavo requisito dagli italiani nel 1941. La nave avrebbe fatto a lungo la spola tra Melada e vari punti d'imbarco posti sulla costa dalmata, cosicché, entro il 20 luglio, con altri dieci trasporti, il numero degli ospiti del campo raggiunse le 1320 unità. Nell'estate del 1942, finirono a Melada, tra gli altri, anche 361 abitanti di Eso Piccolo (Mali Iž), in seguito alla rivolta antiitaliana punita con sette condanne a morte immediatamente eseguite. Nei periodi di maggiore affollamento, per l'assoluta mancanza di spazio, il comandante del campo rifiutava lo sbarco a Melada di nuovi contingenti di internati, che venivano perciò riportati sul continente per essere sistemati – piú o meno provvisoriamente – in campi «di raccolta e transito» nei pressi di Vodizza (Vodice) e di Zaravecchia (Biograd na moru).

Il 15 agosto '42, a un'ispezione effettuata dalla questura di Zara, gli internati presenti a Melada risultarono 2337: 1021 donne, 866 uomini, 450 bambini (una decina furono i bimbi nati nel campo). Tale cifra sarebbe ulteriormente cresciuta raggiungendo, alla fine dell'anno, quasi le 2500 unità. Il numero degli internati ridiscese poi all'inizio del 1943 – nonostante i continui ingressi – per i consistenti trasferimenti in Italia (in particolare nel campo di Fraschette di Alatri) che interessarono complessivamente circa 2000 persone. Il 9 gennaio '43,

Melada annoverava 1627 presenze, tra cui 552 donne e bambini. In quel tempo, 280 internati alloggiavano ancora sotto le tende che, all'apertura del campo, erano state definite provvisorie.

A parte la maggiore salubrità del luogo e il fatto di dipendere amministrativamente dalle Autorità civili (anziché dall'Intendenza della II Armata), le condizioni dell'internamento a Melada non furono molto diverse da quelle registratesi nel campo di Arbe. La situazione abitativa e quella alimentare, anche qui, furono a dir poco proibitive: gli internati, tra l'altro, potevano disporre nelle ventiquattr'ore di poco piú di un litro d'acqua, un quantitativo che, in genere, doveva bastare sia per dissetarsi che per altri usi. Monsignor Girolamo Mileta, il vescovo cattolico di Sebenico, definí il campo di Melada «un sepolcro di viventi». Affermazione tutt'altro che metaforica, se si considera che dal 30 giugno al 25 novembre 1942 – stando ad un rapporto redatto dal commissario Fantoli – sull'isola persero la vita 442 internati. Considerando l'intero periodo di attività del campo (giugno '42 - settembre '43), i morti per malnutrizione, malaria e tubercolosi furono circa 700.

Se il tasso di mortalità non raggiunse qui i piú alti livelli registratisi ad Arbe, lo si deve soprattutto all'effetto benefico dei pacchi inviati agli internati dai propri familiari, la cui ricezione – nonostante i soliti intralci e l'ostruzionismo delle autorità italiane – a Melada era comunque favorita dalla maggiore vicinanza del campo ai luoghi di provenienza dei reclusi.

Il campo di Melada svolse un ruolo particolare come «centro-base», per la Dalmazia, dei civili trattenuti come ostaggi. Con ordinanza del 19 maggio '43, il prefetto di Zara, generale Gaspero Barbera, dispose che tutti gli uomini dai 21 ai 50 anni, «internati a Melada perché parenti di latitanti», venissero considerati ostaggi da giustiziare nel caso che nel territorio della provincia si fossero rese necessarie delle ritorsioni per omicidi o attentati compiuti dai «ribelli». In seguito a tale disposizione – il cui testo venne affisso dagli italiani in tutti gli uffici pubblici e persino nelle parrocchie – il comando di questo campo, in collegamento con la prefettura zaratina, teneva aggiornata la lista degli internati-ostaggi che, all'occorrenza, potevano essere giustiziati. Tra i civili condotti a Melada come ostaggi vi furono anche 250 operai rastrellati in alcune fabbriche di Lozovac. Complessivamente, durante l'intero periodo di attività del campo, vennero giustiziati circa 300 «internati-ostaggi», tutti di sesso maschile. Nel giugno del 1943, per alleggerire il campo dall'eccessivo numero di reclusi, il prefetto di Zara chiese al comando della II Armata di fare in modo che, quanti tra gli internati erano stati rastrellati dall'esercito, venissero trasferiti in campi a gestione militare. Fu avviato cosí il cosiddetto «sfollamento» del campo di Melada, alla cui realizzazione contribuí anche la decisione di liberare – a gruppi di cento per volta – gli internati a carico dei quali non sussistessero «imputazioni» di particolare gravità: anzitutto gli ammalati, gli ultrasessantacinquenni, le donne e i bambini.

Il campo cessò definitivamente la sua attività il 9 settembre 1943, quando – sopraggiunta la notizia dell'armistizio – i soldati italiani abbandonarono i loro posti. Complessivamente, erano passati da Melada circa 10 000 internati, un migliaio dei quali persero la vita. La storiografia jugoslava riferisce, di solito, la cifra di 954 morti (422 nel 1942 e 532 nel 1943) senza specificare se essa comprende gli internati giustiziati. L'associazione degli ex internati, dal canto suo, riferisce di 700 internati morti e 300 fucilati quali ostaggi.

Presenze nel campo

data	29-6-42	20-7-42	15-8-42	1-9-42	15-11-42	29-12-42	9-1-43
internati	223	1320	2337	2300	2200	2400	1627

data	1-2-43
internati	1500

Riferimenti archivistici
Acs, Mi, Dgps, Dagr, Cat. Massime M4, f. 16, b. 138.
Acs, Mi, Dgps, Dagr, Cat. A5G, II Guerra mondiale, b. 425.
Aussme, M3, Racc. 64, OP2 «Campi di concentramento».

MAMULA E PREVLAKA (Cattaro)

I campi di Mamula e Prevlaka vennero istituiti nel marzo del 1942. Il primo era ubicato sull'isolotto di Mamula (Lastavica); il secondo sulla vicina penisoletta di Prevlaka – sottile lingua di terra posta a guardia dell'ingresso delle Bocche di Cattaro – che, partendo dalla base del colle Osoje, si allunga per circa due chilometri sino a Capo Oštro.

Il campo di Mamula era sottoposto al comando della Divisione «Emilia», quello di Prevlaka della divisione «Messina». Ma, per diversi aspetti, già dall'inizio i due campi erano complementari l'uno all'altro e integrati in un unico «sistema concentrazionario», gestito dal VI Corpo d'Armata, cui faceva capo l'internamento dei civili fermati nella Dalmazia meridionale e nel Cattarino.

In questo «sistema integrato», Prevlaka fungeva da «centro di prima accoglienza», dal quale – determinato il «livello di colpevolezza» – i reclusi potevano essere lasciati in loco, oppure trasferiti a Mamula (dove le condizioni dell'internamento erano piú dure) come semplici internati oppure come ostaggi. Da Mamula, viceversa, venivano trasferiti a Prevlaka soltanto gli individui gravemente ammalati e debilitati oppure quanti riuscivano ad accaparrarsi la «raccomandazione» del comandante di Divisione o del prefetto di Cattaro. Nel caso di malattie molto gravi gli infermi potevano essere ricoverati nell'ospedale militare di Meline (nei pressi di Castelnuovo), oppure prosciolti.

Inizialmente entrambi i campi ospitarono uomini e donne; dal giugno 1942, le internate vennero raggruppate a Prevlaka. Nel mese di settembre, poi, il VI Corpo d'Armata decise di accorpare la gestione dei due campi, sottoponendola ad un «Comando campi concentramento I.P. (internati politici)», affidato al comandante del 120° Reggimento di fanteria della Divisione «Emilia». Le condizioni di vita degli internati, in ambedue i campi, furono molto dure. Tuttavia, l'internamento a Mamula, oggettivamente, equivaleva a una vera e propria detenzione. Del resto, la fortezza di Mamula fungeva anche da prigione sussidiaria, e i suoi reclusi erano perciò ripartiti in due categorie: a. i detenuti civili in attesa di processo da parte del Tribunale militare (indicati nei registri con la sigla T.G.); b. i civili per i quali era stato deciso (generalmente dalla prefettura o dalla questura) l'internamento repressivo. Alla testa del comando unificato si sono succeduti tre colonnelli: P. Pasquini, P. Rivara e G. Prolaran.

I responsabili dei singoli campi venivano scelti tra gli ufficiali dei carabinieri di comprovata esperienza militare e sicura fede fascista. A designarli era il comando del VI Corpo d'Armata, su indicazione dei comandi delle Divisioni «Emilia» e «Messina». Nella fortezza di Mamula, in verità, vi erano due comandanti: il responsabile della guarnigione militare e quello preposto al campo di concentramento.

Il campo di Prevlaka fu ubicato nella penisoletta omonima (*prevlaka* in serbo-croato significa «istmo»), che – per la sua posizione strategica – è stata sempre utilizzata come sede di postazioni militari. Il campo aveva sede nella parte mediana (e istmica) della penisola, in un fortilizio militare appartenuto all'esercito jugoslavo. Era cintato con filo spinato e ripartito in quattro settori: due per internati della «Provincia di Cattaro» (uno maschile, l'altro femminile); due (anch'essi suddivisi in base al sesso) per internati provenienti dall'Ndh (il cosiddetto Stato Indipendente di Ante Pavelić). Ogni settore disponeva di una sua cucina; di uso comune erano l'infermeria, diretta dall'ufficiale medico Aldo Julio, e un padiglione di disinfestazione. Gli internati alloggiavano in baracche di cemento (ch'erano state i dormitori per i soldati jugoslavi) e in un grande padiglione, ripartito in tanti piccoli ambienti. Disponevano di letti a castello, ma non sempre il loro numero era sufficiente; una parte degli internati, perciò, dormiva spesso su materassi di paglia posti sul pavimento. La vigilanza era garantita dalla stessa guarnigione militare (nel cui ambito il campo era «ospitato») che controllava l'unica via d'accesso alla piccola penisola.

Al loro arrivo, gl'internati erano perquisiti minuziosamente e privati degli oggetti preziosi. Nelle ore diurne venivano sottoposti a numerosi appelli che si svolgevano spesso in orari diversi, e potevano circolare nell'ambito del recinto del campo, dove pure erano sistemate le latrine e i lavatoi. Ad alcuni di loro, tuttavia, venne consentito di svolgere lavori agricoli all'esterno del recinto. Ma ogni eventuale tentativo di fuga o infrazione del regolamento comportava l'immediata denuncia al Tribunale militare di guerra. Altri internati furono impiegati in vari servizi interni: come magazzinieri, nelle cucine, come interpreti, ecc.

Il campo di Mamula aveva sede in un carcere-fortezza austro-ungarico che occupava la sommità dell'isolotto omonimo. Nell'ala destra dell'antico edificio vennero sistemati gli internati provenienti dal territorio jugoslavo annesso (principalmente della «Provincia di Cattaro»); nell'ala sinistra, quelli rastrellati nei territori appartenenti amministrativamente all'Ndh (la «seconda» e «terza zona»). Tutte quante le donne erano ospitate nella parte centrale della fortezza (il «foro»), che, in un secondo tempo, venne destinata ai civili indagati dal Tribunale di guerra. Essendo circondato dal mare, il campo non richiedeva un alto numero di sorveglianti: la guarnigione disponeva inizialmente di appena una quindicina di ufficiali e una quarantina di soldati. Dal luglio 1942, la sorveglianza venne tuttavia aumentata; furono allora istituiti nuovi posti di guardia e messi a disposizione dei soldati altri mezzi navali. Ogni «ala» della fortezza comprendeva sette «celle» per i reclusi, ognuna delle quali corrispondeva agli ambienti originariamente destinati alle postazioni dei cannoni. Nel «foro» v'erano tre ambienti per gli internati e un locale adibito a infermeria.

Le condizioni igienico-sanitarie erano decisamente insufficienti: acqua e cibo erano molto scarsi, non c'era possibilità di fare una doccia e non era disponibile una zona di disinfestazione, l'unico bagno esistente era riservato ai militari della guarnigione. Gli internati dormivano su materassi di paglia poggiati sul pavimento, e soltanto alla fine del '42 vennero montati dei letti a castello. In inverno, non essendoci riscaldamento, molti reclusi dormivano vestiti. Nei mesi estivi, d'altro canto, per via delle finestrelle troppo anguste, le celle si surriscaldavano ed erano infestate dalle zanzare. Ma l'aria risultava irrespirabile anche per la presenza dei recipienti destinati ai bisogni corporali.

L'alimentazione, estremamente precaria, venne in qualche modo supportata dall'efficace servizio di spedizione organizzato dalla Divisione Emilia, che, dall'agosto '42 al settembre '43, permise l'arrivo nei due campi di concentramento di almeno 10 000 pacchi contenenti viveri spediti, per la gran parte, da famigliari degli internati o da attivisti del movimento di Liberazione. Per impedimento del governo italiano, fino alla caduta del fascismo, nessun internato civile poté invece contare sul sostegno della Croce Rossa internazionale.

Durante l'intero periodo di attività dei due campi, vi persero la vita circa 500 reclusi. In questa cifra è compreso anche un numero imprecisato di ostaggi giustiziati nell'area del campo di Prevlaka o nel vicino villaggio di Kameno.

Il campo di Prevlaka cessò ufficialmente la sua attività il 30 giugno 1943. Il mese prima erano stati rilasciati gli internati croati di pertinenza dell'Ndh; mentre il 2 giugno, 435 montenegrini già inquadrati nell'esercito jugoslavo, erano stati avviati in Italia – via Fiume – nel campo di concentramento di Visco. Gli ultimi 19 internati, il 30 giugno, vennero trasferiti nel Forte San Lorenzo di Ragusa (Dubrovnik).

Il campo-fortezza di Mamula, invece, rimase in funzione fino al 14 settembre 1943.

Presenze nel campo di Mamula

data	30-10-42	30-12-42	25-6-43
internati	125	173	?
detenuti	368	367	?
totali	493	540	509

Presenze nel campo di Prevlaka

data	30-12-42	1-2-43	15-4-43	1-6-43
internati	640	497	283	435

Riferimenti archivistici

Avii, Arhiva Neprijateljskih Jedinica, Br. Reg. 20/1-9, K. 1021.
Aussme, M3, Racc. 64 CP/2, «Campi di concentramento».

ZLARINO / ZLARIN (Zara)

Un campo per «rastrellati politici e loro famigliari», dalla capacità prevista di circa 1000 internati, venne attrezzato, alla fine di marzo del 1943, sull'isola di Zlarin (per gli italiani Zlarino), prospiciente la baia di Sebenico. Ebbe sede nei pressi di Capo Marin, un promontorio arido e disabitato situato nella parte nord-occidentale della piccola isola adriatica.

Il campo, presidiato da 120 soldati e una ventina di carabinieri, fu diretto inizialmente dal comandante della 173ª Sezione Regi Carabinieri della Divisione «Eugenio di Savoia», cui fece seguito il tenente colonnello Umberto Ransava, della divisione «Bergamo». Venne aperto, in tutta fretta, in seguito alle disposizioni delle autorità militari italiane di Spalato, secondo le quali – per motivi precauzionali – occorreva sgomberare al piú presto dalle località costiere dove stanziavano formazioni armate tricolore, tutti i maschi validi di età superiore ai 15 anni.

Il primo trasporto, comprendente 50 internati, giunse sul posto da Spalato il 25 marzo, quando ancora, oltre alla recinzione, il campo disponeva soltanto del nudo terreno. Gli stessi internati dovettero sistemarsi i loro «alloggiamenti», consistenti in tende militari da 18-20 posti ciascuna. Una particolare zona del campo, ben isolata, fu riservata agli ostaggi, che non potevano avere alcun contatto con gli altri internati. A fine aprile, il numero dei reclusi ammontava già a 1652 unità, la maggior parte dei quali erano stati fermati nel corso dei vasti rastrellamenti effettuati in Dalmazia, dal 21 marzo all'8 aprile, dalle divisioni «Bergamo» ed «Eugenio di Savoia».

Le condizioni di vita nel campo inizialmente erano, a dir poco, terribili. Con servizi igienici inadeguati, razioni alimentari da fame e disponibilità di meno di un litro d'acqua potabile al giorno per ogni internato: un quantitativo che permetteva appena di non morire di sete. A differenza di Melada, qui il terreno su cui sorgeva il campo era particolarmente brullo e inospitale, e nei paraggi non c'erano pozzi o sorgenti d'acqua. Soltanto in un secondo tempo, quando fu consentito il regolare ricevimento dei pacchi spediti dai familiari, la situazione cominciò a migliorare. Intanto, nel campo si erano diffuse gravissime infezioni intestinali e dermatologiche. Gli internati in piú gravi condizioni di salute, di solito, venivano rimandati a casa. Per questo motivo, formalmente, i decessi verificatisi risultarono «soltanto» una sessantina.

Concepito come struttura e di breve durata, il campo di Zlarin rimase in funzione appena tre mesi. Già in maggio vennero avviati i trasferimenti verso alcuni campi per slavi ubicati in Italia. Fu definitivamente chiuso il 15 giugno 1943, giorno in cui vennero imbarcati sulla *Triglav* e deportati in Italia – via Fiume – gli internati ancora in carico, circa un migliaio.

Nei tre mesi di attività del campo di Zlarin, dei diciotto civili trattenutivi come ostaggi, ne vennero giustiziati sette, nei pressi di Sebenico.

Presenze nel campo

data	25-3-43	30-4-43	15-6-43
internati	50	1652	1200

Riferimenti archivistici

Avii, Arhiva Neprijateljskih Jedinica, Br. Reg. 18/4-1, K. 560.
Nmz, documenti vari sul campo e sugli internati.

Le colonie di confino funzionanti, per periodi diversi, tra il 1926 e il 1943.

I campi dell'internamento civile regolamentare funzionanti, per periodi diversi, tra il 1940 e il 1943.

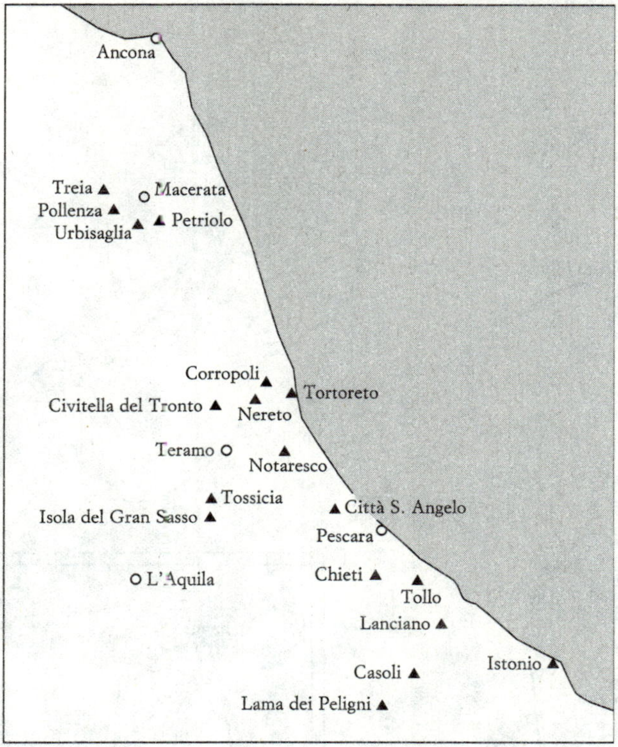
Ancona
Treia
Macerata
Pollenza
Petriolo
Urbisaglia
Corropoli
Tortoreto
Civitella del Tronto
Nereto
Teramo
Notaresco
Tossicia
Città S. Angelo
Isola del Gran Sasso
Pescara
L'Aquila
Chieti
Tollo
Lanciano
Istonio
Casoli
Lama dei Peligni

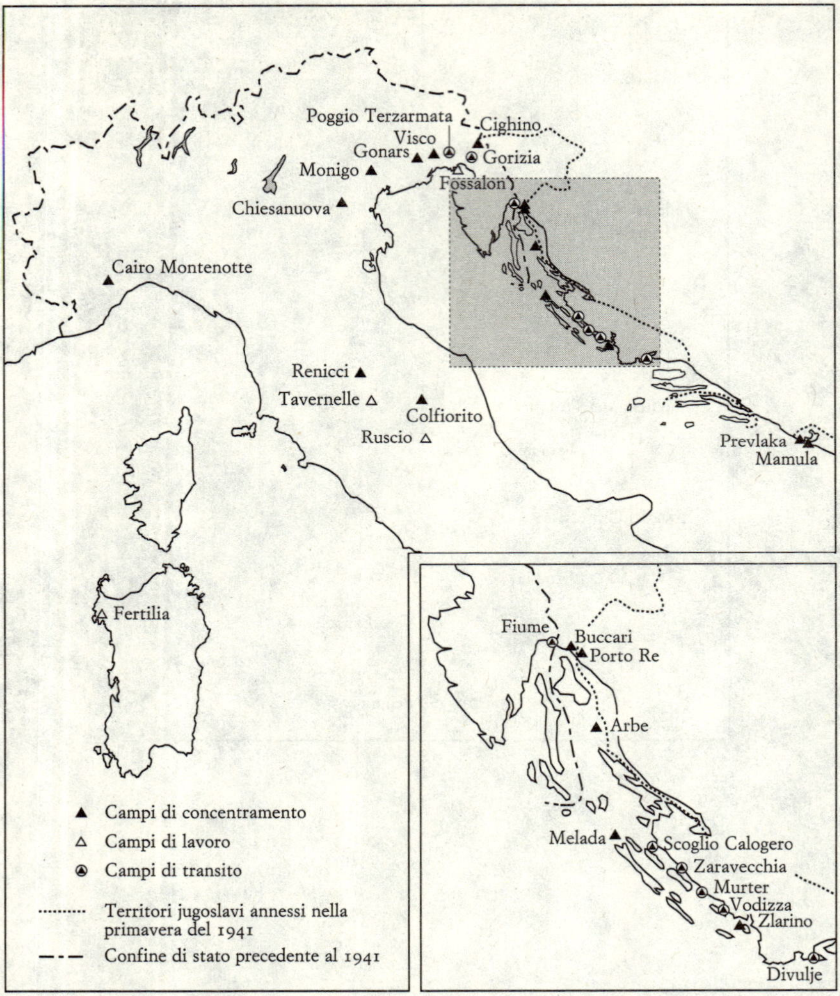

I campi «per slavi» dell'internamento civile «parallelo» funzionanti, per periodi diversi, tra il 1942 e il 1943.

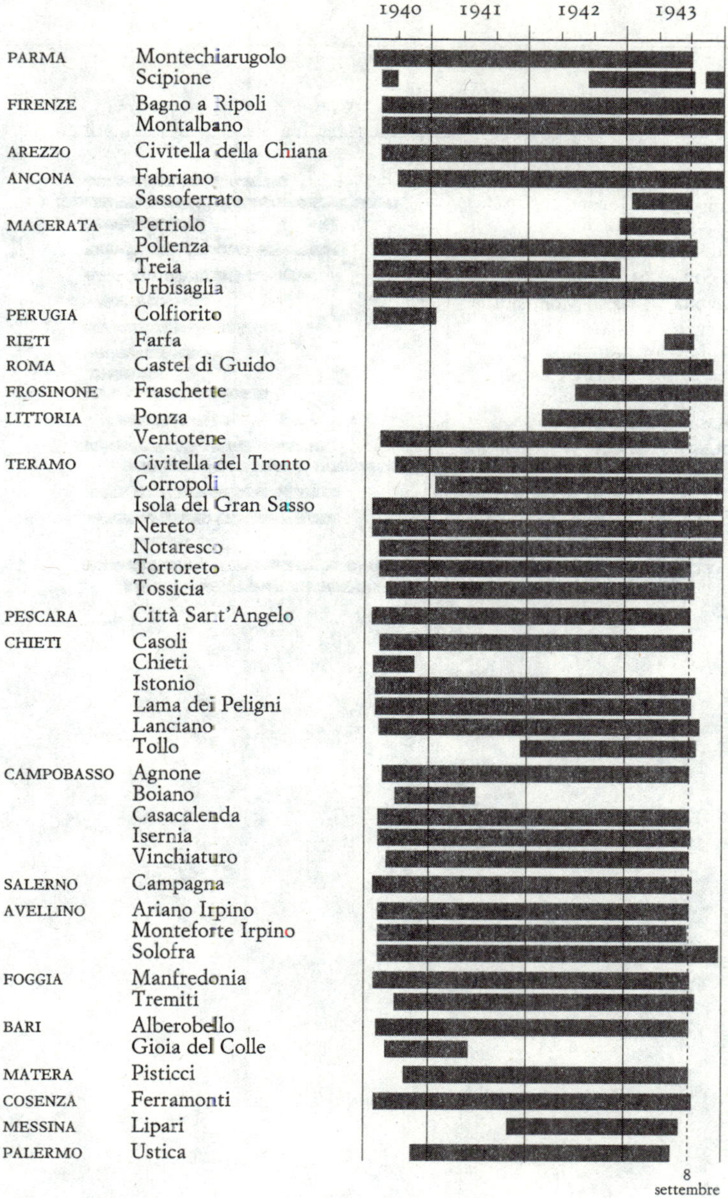

Periodi di effettivo funzionamento dei campi dell'internamento civile regolamentare.

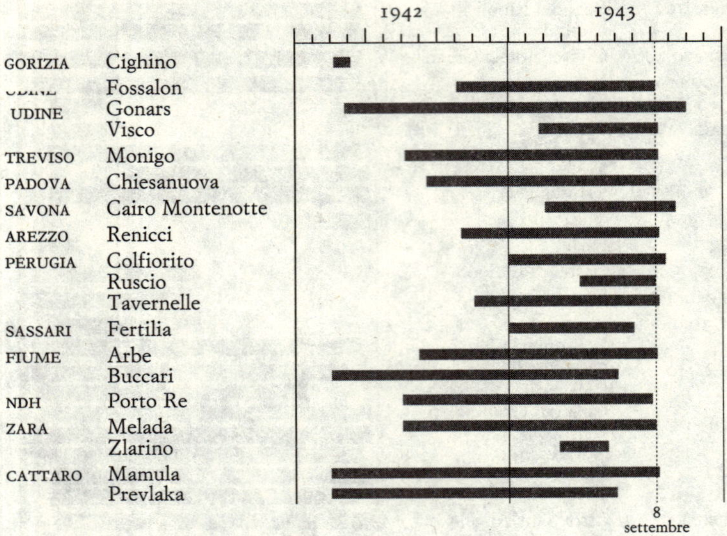

Periodi di effettivo funzionamento dei campi «per slavi» dell'internamento civile «parallelo».

Cronologia

dei principali atti e provvedimenti amministrativi e legislativi correlati con il confino di polizia e l'internamento regolamentare dei civili (novembre 1926 - novembre 1943)

Questo elenco cronologico comprende l'indicazione (e una brevissima descrizione dei contenuti) degli atti e delle disposizioni ritenuti piú significativi. Esso prende avvio con il Regio decreto legge 1848 (6 novembre 1926) che istituisce il confino di polizia e giunge alla circolare 53247/451 (10 settembre 1943), con la quale il governo Badoglio dispone la liberazione dei sudditi di Stati nemici internati. Per dare l'idea dell'evoluzione della situazione in seguito all'8 settembre 1943, la cronologia si chiude con l'indicazione di due disposizioni emanate dalla Repubblica sociale italiana: la circolare 451/22386 del 1° novembre (che abroga i provvedimenti liberatori dai vincoli dell'internamento) e l'ordinanza di polizia n. 5 del 30 novembre 1943 (che apre la strada, anche in Italia, alla deportazione degli ebrei finalizzata allo sterminio nei lager nazisti).

1926 Regio decreto legge 6 novembre 1926, n. 1848 - «Testo Unico delle Leggi di Pubblica sicurezza» (derivante dalla Legge delega 31 dicembre 1925, n. 2318).
Il cap. V («Del confino di polizia») introduce l'istituto del confino, che consente al regime fascista di deportare i propri avversari politici (quanti abbiano commesso o «manifestato il deliberato proposito di commettere» atti diretti a sovvertire violentemente gli ordinamenti dello Stato).

Legge 25 novembre 1926, n. 2008 - «Provvedimenti per la difesa dello Stato».
Tra le norme di questa legge (comunemente note come «leggi eccezionali») confluisce il R.d.l. 6 novembre 1926, n. 1848, di cui si è detto.

Regio decreto legge 9 gennaio 1927, n. 33 - «Riordinamento del personale dell'amministrazione della pubblica sicurezza e dei servizi di polizia».
Conferisce al ministero dell'Interno la possibilità di utilizzare la Milizia per i «servizi speciali» (ad esempio nelle colonie di confino).

1929 Circolare 1° dicembre 1929, n. 443/20030.
Da ministero dell'Interno a prefetti del Regno e questore di Roma.
Istituisce, presso ogni prefettura, l'«Anagrafe delle persone sospette in linea politica», facente capo al «Casellario politico centrale» creato nel 1894. Vi figurano i nomi degli individui da arrestare in «particolari contingenze».

1931 Regio decreto 18 giugno 1931, n. 773 - «Testo Unico delle Leggi di Pubblica sicurezza».
Ripropone la deportazione per motivi politici: gli articoli 184-193 del «Testo Unico» del 1926 (quelli relativi al confino), salvo piccole modifiche, confluiscono negli Articoli 180-189 di questo nuovo «Testo unico». A parte gli Articoli 180-189, questo Testo è tuttora in vigore.

Legge 14 dicembre 1931, n. 1699.
Fa seguito alla Legge 8 giugno 1925, n. 969 e disciplina la «Mobilitazione civile». Per le esigenze belliche, sarà integrata dal R.d.l. 5 settembre 1938, n. 1731 e dal Bando del Duce del 22 marzo 1941.

1932 Circolare 6 marzo 1932, n. 442/2401 - «Servizi straordinari di vigilanza e prevenzione».
Da ministero dell'Interno a prefetti del Regno e questore di Roma.
Le disposizioni di questa circolare resteranno la base di riferimento per tutte le misure adottate in materia di vigilanza e prevenzione sino alla fine della guerra.

1935 Circolare 17 giugno 1935, n. 44688.
Da ministero dell'Interno a prefetti del Regno e questore di Roma.
Riassume le principali disposizioni di massima sul funzionamento del Casellario politico centrale.

1936 Circolare 21 gennaio 1936, n. 441/0407 - «Regolarizzazione degli elenchi delle persone da arrestare in determinate contingenze».
Da ministero dell'Interno a prefetti del Regno e questore di Roma.
Rammenta che gli elenchi in oggetto vanno tenuti sempre diligentemente aggiornati.

Circolare 31 gennaio 1936, n. 3/227.
Da ministero della Guerra (Sim) a ministero dell'Interno (Dgps).
Delinea i provvedimenti da adottare durante il periodo di sicurezza e all'atto della mobilitazione nei di confronti persone «sospette o accertate» di spionaggio.

Nota dell'8 maggio 1936, n. 11164/503 – «Campi di concentramento per elementi pericolosi e sospetti sotto il punto di vista militare e politico».
Da ministero della Guerra (Comando del Corpo di Stato Maggiore) a ministero dell'Interno (Dgps) e Sim.
Facendo riferimento alla circolare 21 gennaio '36 del ministero dell'Interno (n. 441/0407), fornisce indicazioni sui criteri generali relativi all'istituzione dei campi di concentramento.

1938 Regio decreto 8 luglio 1938, n. 1415 «Approvazione dei Testi della Legge di guerra e della legge di neutralità», comunemente detto «Legge di guerra».
Prevede l'internamento dei sudditi nemici, demandando a un decreto del Duce il loro trattamento che – per quanto possibile – dovrà essere equiparato a quello previsto per i prigionieri di guerra.

Circolare 27 luglio 1938, n. 442/18205.
Da ministero dell'Interno a prefetti del Regno e questore di Roma.
Dispone la creazione di un «servizio di sicurezza e di prevenzione» indirizzato soprattutto alla sorveglianza sugli stranieri che entrano nel Regno.

Regio decreto legge 5 settembre 1938, n. 1731 - «Modificazione degli articoli 4 e 6 della Legge 14 dicembre 1931 n. 1699 sulla disciplina di guerra».

Adegua le norme della «Mobilitazione civile» alle esigenze imposte dalla guerra.

1938 Regio decreto legge 7 settembre 1938, n. 1381 - «Provvedimenti nei confronti degli ebrei stranieri» (poi ripreso dal R.d.l. 17 novembre 1938, n. 1728, convertito nella Legge 5 gennaio 1939, n. 274).
Stabilisce per gli ebrei stranieri: a) la revoca delle concessioni di cittadinanza italiana comunque fatte dopo il 1° gennaio 1919; b) il divieto di fissare stabile dimora nel Regno, in Libia e nei possedimenti dell'Egeo; c) l'espulsione da questi territori, entro il 12 marzo 1939 (esclusi gli ultrasessantacinquenni e i coniugati con cittadini italiani), di tutti coloro il cui soggiorno era iniziato posteriormente al 1° gennaio 1919.

1939 Circolare 16 agosto 1939, n. 442/06687.
Da ministero dell'Interno a prefetti del Regno e questore di Roma.
Emana i provvedimenti da adottare «durante il periodo di sicurezza e all'atto della mobilitazione», previsti dalla circolare del ministero della Guerra (Sim) del 31-1-36.

Circolare 31 agosto 1939, n. 443/43427 - «Provvedimenti da adottarsi nei confronti degli stranieri in previsione eventuale stato di emergenza».
Da ministero dell'Interno a prefetti del Regno e questore di Roma.
Invita i prefetti – in vista del probabile scoppio della guerra – a indicare il numero degli individui appartenenti a stati potenzialmente nemici che dimorano in Italia.

Circolare 5 settembre 1939, n. 443/79351.
Da ministero dell'Interno a prefetti del Regno e questore di Roma.
Ripropone la circolare 443/43427 e chiede ulteriori informazioni sugli stranieri (sia «presunti nemici» che altri) e sui «sovversivi» compresi nella prima e seconda categoria delle persone da arrestare in determinate contingenze.

1940 Circolare 20 maggio 1940, n. 443/35615.
Da ministero dell'Interno a prefetti del Regno e questore di Roma.
Ordina ai prefetti di ricontrollare le indicazioni fornite in precedenza riguardo agli appartenenti a stati nemici e precisa – per la prima volta – che negli elenchi devono essere compresi anche gli ebrei stranieri.

Circolare 25 maggio 1940, n. 442/36838.
Da ministero dell'Interno a prefetti del Regno e questore di Roma.
Il ministero chiede di poter disporre, entro il 5 giugno, degli elenchi dei comuni centro-meridionali nei quali, in caso di emergenza, potrà internare i civili stranieri e italiani che è necessario allontanare dalle normali residenze.

Nota del ministero dell'Interno del 26 maggio 1940.
Diretta al ministero Affari Esteri.
Afferma che «... gli ebrei stranieri residenti in Italia e specialmente quelli che vi sono venuti con pretesti, inganno o mezzi illeciti, dovrebbero essere considerati appartenenti a Stati nemici.

1940 Circolare 27 maggio 1940, n. 442/37214.
Da ministero dell'Interno a prefetti del Regno e questore di Roma.
Dispone che – in caso di emergenza – oltre agli ebrei stranieri individuati dalle precedenti circolari, dovranno essere internati quegli ebrei italiani che «per la loro reale pericolosità fosse necessario allontanare da abituali loro residenze».

Circolare 31 maggio 1940, n. 443/39910.
Da ministero dell'Interno a prefetti del Regno e questore di Roma.
Invita le prefetture a far pervenire gli elenchi di «ebrei italiani pericolosi da internare» (ma l'elemento della razza non costituisce una condizione sufficiente per l'internamento).

Circolare 1° giugno 1940, n. 442/38954 - «Norme da tenersi in caso di emergenza, relative alle persone arrestate ed internate».
Da ministero dell'Interno a prefetti del Regno e questore di Roma.
Dà ulteriori indicazioni sugli italiani e stranieri da internare appena dichiarata la guerra, e sugli adempimenti relativi: le prefetture dovranno, tra l'altro, esprimersi sull'opportunità che gli arrestati siano destinati in un'isola, in un campo di terraferma, oppure all'«internamento libero».

Circolare 8 giugno 1940, n. 442/12267 - «Prescrizioni per i campi di concentramento e per le località d'internamento».
Da ministero dell'Interno a prefetti del Regno e questore di Roma.
Dirama le «prescrizioni» per gli internati e le disposizioni sul funzionamento dei campi di concentramento e delle località per l'internamento libero affinché «non vi siano incertezze e non abbiano a verificarsi disparità di trattamento».

Circolare 10 giugno 1940, n. 443/43778.
Da ministero dell'Interno a prefetti del Regno e questore di Roma.
Ricorda che il fermo dei civili proposti per l'invio nei campi di concentramento deve essere attuato senza destare allarmismi. E che, tra i sudditi nemici, devono essere fermati soltanto quelli pericolosi; per gli altri dovranno attendersi nuove disposizioni.

Regio decreto 10 giugno 1940, n. 566 - «Applicazione della Legge di guerra nei territori dello Stato».
In «Gazzetta Ufficiale», 15 giugno 1940, n. 140.
Rende operante la giurisdizione bellica (prevista dal R.d. 8 luglio 1938, n. 1415) e, quindi, l'internamento dei civili nemici, a partire dalle ore ventiquattro del 10 giugno 1940.

Circolare 15 giugno 1940, n. 443/45626.
Da capo della polizia Bocchini a prefetti del Regno e questore di Roma.
Dà l'ordine di arresto e di internamento degli «ebrei stranieri appartenenti a Stati che fanno politica razziale». I quali vengono definiti «elementi indesiderabili imbevuti odio contro Regimi Totalitari, capaci di qualsiasi azione deleteria», e pertanto «vanno tolti subito dalla circolazione».

Legge 19 giugno 1940, n. 661.
Considerato che la costruzione e la gestione dei campi di concentramento (previsti dall'art. 284 del R.d. 8 luglio 1938, n. 1415) hanno scopi e

funzioni connesse allo svolgimento della guerra, autorizza la spesa di lire 35 milioni (art. 2) per la costruzione e la gestione dei campi di concentramento, considerati quali «servizio di guerra».

1940 Circolare 20 giugno 1940.
Da ministero dell'Interno a prefetti del Regno e questore di Roma.
Dispone che i medici provinciali visitino i campi di concentramento almeno una volta al mese; e che le Questure provvedano ad ispezionare, almeno una volta alla settimana, i campi alle dipendenze dei quali non sia preposto un funzionario di pubblica sicurezza.

Regio decreto legge 21 giugno 1940, n. 856 - «Norme per la gestione patrimoniale e finanziaria dello Stato nel periodo di guerra».
L'articolo 4 prevede la costituzione di Comitati speciali per il controllo amministrativo e di contabilità per la gestione di particolari servizi relativi al periodo di guerra.

Circolare 25 giugno 1940, n. 442/14178 - «Prescrizioni per i campi di concentramento e per le località d'internamento».
Da ministero dell'Interno a prefetti del Regno e al questore di Roma)
Fa seguito alla circolare 8 giugno '40 (442/12267), e impartisce nuovi divieti e disposizioni, principalmente in relazione a corrispondenza, visite dei familiari e sussidio concesso agli internati indigenti (L. 6,50 al giorno, aumentato di L. 50 mensili per gli «internati liberi»).

Circolare 2 luglio 1940.
Da ministero dell'Interno - capo della polizia a questori del Regno.
Sollecita il trasferimento dalle carceri ai campi ed alle apposite località degli internandi già rastrellati. Precisa che le traduzioni potranno avvenire anche a gruppi e che gli internati potranno portare con sé indumenti ed effetti personali.

Circolare 24 luglio 1940, n. 442/16955.
Da ministero dell'Interno a prefetti del Regno e questore di Roma.
Ribadisce che nei campi di concentramento non è ammessa agli internati la convivenza con i famigliari, anche nel caso che si tratti di figli minorenni Tuttavia, fa presente che i singoli casi potranno essere concordati col ministero.

Circolare telegrafica 27 luglio 1940, n. 442/5389427.
Da ministero dell'Interno a prefetti del Regno e questore di Roma.
Fa divieto a chiunque – senza una speciale autorizzazione del ministero dell'interno – di accedere ai campi di concentramento o di avvicinare, per qualsiasi motivo, gli internati.

Regio decreto legge 4 agosto 1940, n. 124001/363 - «Costruzione e gestione dei campi di concentramento, servizio di guerra».
Stabilisce che la costruzione e la gestione dei campi di concentramento debbono essere considerati quale «servizio di guerra» ai fini del R.d.l. 21 giugno 1940, n. 856.

Regio decreto 18 agosto 1940, n. 1741.
In riferimento al R.d.l. 21 giugno 1940, n. 856, istituisce il «Comitato Speciale per la gestione dei Servizi di Guerra del ministero dell'Interno».

Oltre a questo ministero, vi saranno rappresentati il Consiglio di Stato, la Corte dei Conti e il ministero delle Finanze.

1940 Decreto del Duce del fascismo, capo del Governo, 4 settembre 1940 - «Disposizioni relative al trattamento dei sudditi nemici».
In «Gazzetta Ufficiale» n. 239 dell'11 ottobre 1940.
Racchiude in sé le norme presenti nelle disposizioni amministrative dell'8 giugno 1940 (circolare 442/12267) e del 25 giugno 1940 (circolare 442/14178), e rappresenta l'effettiva base giuridica dell'internamento civile fascista.

Circolare 11 settembre 1940, n. 63462/10.
Da ministero dell'Interno a prefetti Regno e questore Roma.
Conferma la circolare dell'11 giugno 1940 («Zingari et carri zingareschi») e le precedenti disposizioni circa il respingimento e l'espulsione degli zingari stranieri, e dispone che quelli di nazionalità italiana vengano rastrellati e concentrati nella «località meglio adatta» di ciascuna provincia.

Circolare 16 settembre 1940, n. 443/81118.
Da ministero dell'Interno a prefetti del Regno e questore di Roma.
Ordina ai prefetti di facilitare al massimo l'esodo verso l'estero degli ebrei stranieri e apolidi, anche se – per misure precauzionali – gli stessi soggetti sono stati inviati nei campi di concentramento o all'«internamento libero».

Regio decreto legge 17 settembre 1940, n. 1374 - «Modificazioni ed aggiunte al Testo Unico delle Leggi di PS per il periodo dell'attuale stato di guerra».
In «Gazzetta Ufficiale» n. 240 del 12 ottobre 1940.
Autorizza il ministero dell'Interno (art. 1) ad internare le persone per le quali è prevista l'assegnazione al confino di polizia ai sensi dell'art. 181 del Testo Unico delle leggi di PS del 1931. Di fatto, trasforma virtualmente l'internamento civile in una delle «misure preventive» di pubblica sicurezza.

Circolare n. 443/71188, dell'8 ottobre 1940.
Da ministero dell'Interno a prefetti del Regno e questore di Roma.
Ribadisce la necessità di facilitare le partenze verso paesi neutrali degli ebrei stranieri o apolidi («specialmente di quelli ristretti in campo di concentramento, o internati»), che sono in condizioni di potersi pagare il viaggio.

Circolare 14 gennaio 1941, n. 2223.
Da ministero dell'Interno a prefetti del Regno e questore di Roma.
Invita a perseguire «sempre piú energicamente» la politica razziale contro gli ebrei e, quindi, a inviare nei campi di concentramento gli elementi che piú dànno luogo a sospetti.

1941 Bando del Duce del 22 marzo 1941.
Fornisce le «disposizioni penali e disciplinari relative ai mobilitati civili».

1941 Circolare 27 aprile 1941, n. 10.10538/12971.
Da ministero dell'Interno a prefetti del Regno e questore di Roma.
Contiene l'ordine esplicito finalizzato all'internamento degli zingari italiani.

Circolare del 20 aprile 1941, n. 25725/442/10423 - «Aumento sussidio agli internati».
Da ministero dell'Interno a prefetti del Regno e questore di Roma.
Dispone che venga aumentata la misura del sussidio alimentare agli internati indigenti presenti nei campi e nelle località di internamento libero: da L. 6,50 a L. 8 al giorno.

Circolare 26 ottobre 1941, n. 442/80005 - «Traduzione internandi comunisti ai campi di concentramento di Lipari ed Ustica».
Da ministero dell'Interno a prefetti del Regno e questore di Roma.
Dispone che tutti gli «internandi comunisti» (ex jugoslavi) per i quali non sia stata comunicata dal ministero una diversa destinazione, nonché quelli per i quali il provvedimento è in corso di esecuzione, dovranno essere tradotti nei campi di Lipari e Ustica.

1942 Nota del ministero dell'Interno del 19 febbraio 1942.
Diretta al ministero della Guerra.
Informa che il ministero dell'Interno provvede normalmente a destinare i confinati e gli internati nelle isole, nei campi di concentramento di terraferma o nelle località d'internamento, in base alla loro diversa «pericolosità».

Circolare 5 luglio 1942, n. 442/18947 - «Lavoro ai confinati e agli internati».
Da ministero dell'Interno a prefetti del Regno e questore di Roma.
Comunica che il ministero non si oppone a che i confinati politici e gli internati nei comuni (ebrei compresi) siano autorizzati a lavorare. Per gli ospiti delle colonie e dei campi va valutata piú rigorosamente la «pericolosità» individuale.

Circolare 7 agosto 1942 n. 10/10000 - «Zingari avviati fuori dei loro Comuni e raccolti in determinate località ai fini della vigilanza – Confinati comuni in terraferma e in isola – Sussidio».
Da ministero dell'Interno a prefetti del Regno e questore di Roma.
Dispone che, dal 16 agosto '42, agli zingari rastrellati, che non hanno un lavoro o entrate di alcun genere, venga corrisposto un «sussidio alimentare» giornaliero di L. 7.

Circolare 17 novembre 1942, n. 451/31621.
Da ministero dell'Interno a prefetti del Regno e questore di Roma.
Comunica che i rabbini possono essere autorizzati ad accedere periodicamente ai campi di concentramento.

1943 Circolare 19 gennaio 1943, n. 451/36426.
Da ministero dell'Interno a prefetti del Regno e questore di Roma.
Invita i prefetti a procedere al graduale trasferimento degli «internati li-

beri» nei campi di concentramento. Emanata per far fronte alla grave carenza di alloggi per gli sfollati, questa circolare determinerà lo spostamento nei campi di centinaia di internati, tra cui moltissimi ebrei.

1943 Disposizione del ministero dell'Interno del 5 maggio 1943.
A Ispettorato speciale di PS della Venezia Giulia e prefetti delle province interessate.
Vieta l'invio per posta o il recapito di pacchi viveri o di denaro (ma non di indumenti) agli internati allogeni, poiché tali pratiche, nella Venezia Giulia, hanno ormai assunto il carattere di manifestazioni pubbliche di solidarietà. Vieta altresí – anche agli internati assolutamente non pericolosi – la concessione di licenze.

Disposizione del Duce del 1° luglio 1943.
Aumenta da 8 a 9 lire il sussidio giornaliero corrisposto agli internati e ai confinati «indigenti». Quanto ai familiari conviventi ed a carico dei suddetti, l'entità del sussidio è portata da 4 a 5 lire per le mogli e gli altri congiunti maggiorenni e da 3 a 4 lire per figli e altri congiunti minorenni.

Circolare telegrafica 27 luglio 1943, n. 441/46643 - «Liberazione internati».
Da capo della Polizia a questori Regno, dirigenti Ovra, direttori colonie confino Ventotene, Ponza e Tremiti.
Questa disposizione, conseguente alla caduta del regime fascista, decreta la scarcerazione dei civili italiani internati o confinati per attività politica. Tuttavia, esclude dalla liberazione i comunisti e gli anarchici.

Circolare telegrafica 29 luglio 1943, n. 441/46984.
Da capo della polizia Senise a questori Regno e dirigenti zone Ovra.
Fa seguito alla circolare del 27 luglio (46643), precisando che non dovranno essere liberati gli italiani internati o confinati per attività comunista, anarchica e spionaggio, nonché gli «allogeni» della Venezia Giulia e dei territori occupati.

Circolare telegrafica 2 agosto 1943, n. 441/47501.
Da capo della polizia Senise a direttore colonia confino Ventotene.
Comunica che vanno ancora trattenuti comunisti, anarchici ed «allogeni», mentre debbono essere liberati gli altri antifascisti, compresi quelli appartenenti a Giustizia e Libertà. Gli ebrei italiani vanno liberati se non sono comunisti o anarchici e non hanno commesso «fatti di particolare gravità».

Circolare telegrafica 14 agosto 1943, n. 441/49216 - «Liberazione detenuti, confinati e internati».
Da capo della polizia Senise a questori del Regno, ispettori speciali di PS presso le prefetture, direttori colonie confino Tremiti, Ventotene, Pisticci.
Comunica che il provvedimento di liberazione di detenuti, internati e confinati politici dev'essere esteso anche ai comunisti. La circolare informa altresí che i liberati debbono essere segnalati alle autorità delle zone di destinazione, per l'opportuna vigilanza.

1943 Circolare telegrafica 15 agosto 1943, n. 441/49386.
Da capo della polizia Senise a questori Regno, ispettori speciali di polizia presso prefetture, direttori colonie confino di Tremiti, Ventotene e Pisticci.
Facendo seguito alla circolare del giorno 14 (441/49216), precisa che non devono essere liberati i «responsabili attività anarchica et spionistica et allogeni Venezia Giulia et territori occupati».

Circolare telegrafica 17 agosto 1943, n. 441/49615, «Liberazione internati».
Da capo della polizia Senise a questori del Regno, ispettori speciali di polizia presso le prefetture, direttori delle colonie di confino di Ventotene, Tremiti, Pisticci, ispettore generale di PS Gr. Uff. Giuseppe Gueli presso la questura di Trieste.
Invita i questori interessati e l'ispettore generale Gueli a verificare la posizione degli «allogeni» che si trovano nelle condizioni previste dalle circolari del 14 e 15 agosto (nn. 441/49216 e 441/49386) ed esaminare quali di loro potrebbero essere liberati.

Circolare telegrafica 21 agosto 1943, n. 441/50301.
Da capo della polizia Senise a questori del Regno.
In riferimento alle precedenti circolari relative alla liberazione di detenuti, internati e confinati politici, comunica che tali disposizioni vanno ora estese anche agli anarchici [italiani] «non particolarmente pericolosi».

Circolare telegrafica 10 settembre 1943, n. 53247/451 - «Liberazione sudditi nemici internati».
Da capo della polizia Senise a questori competenti e direttori campi di concentramento.
Vista la conclusione dell'Armistizio con le potenze alleate, dispone la liberazione dei sudditi degli Stati nemici internati. A quanti, tra loro, non hanno la possibilità di trovare una nuova sistemazione, può essere consentito di restare nei campi o nei comuni d'internamento, continuandosi la corresponsione del sussidio giornaliero.

Repubblica sociale italiana / Circolare telegrafica 1° novembre 1943, n. 451/22386.
Da ministero dell'Interno ai capi delle province.
Con questa disposizione, la Rsi abroga i provvedimenti liberatori dai vincoli dell'internamento precedentemente emanati dal governo Badoglio (in particolare la circolare n. 53247/451 del 10 settembre relativa ai sudditi di stati nemici). Il ministero dell'Interno, inoltre, chiede di sapere quali e quanti campi ancora sono funzionanti ed i nominativi dei civili internati nei campi stessi o nelle «località».

Repubblica sociale italiana / Rapporto sui campi di concentramento del 26 novembre 1943.
Redatto dal ministero dell'Interno della Rsi per la polizia germanica.
La Direzione generale di Pubblica sicurezza informa che, dei 40 campi funzionanti fino al giugno 1943 rimangono in funzione solo 12 (Fabriano, Civitella del Tronto, Corropoli, Isola Gran Sasso, Nereto, Notare-

sco, Tossicia, Fraschettei, Civitella della Chiana, Montalbano, Bagno a Ripoli e Scipione). Gli altri sono stati chiusi in seguito agli sviluppi bellici, o sono stati sgombrati dalle autorità germaniche. La Dgps, inoltre, stima che, per le esigenze di polizia politica – vista l'imminente chiusura del campo di Fraschette – occorrerebbero quattro nuovi campi per complessivi 4000 posti.

1943 Repubblica sociale italiana / Ordinanza di polizia n. 5 del 30 novembre 1943.
Da ministro dell'Interno Buffarini Guidi a capi delle province.
Dispone che tutti gli ebrei (italiani e stranieri, comunque residenti sul territorio della Rsi) vengano internati in appositi campi di concentramento provinciali in attesa di essere raggruppati in «campi speciali appositamente attrezzati».
Conseguenti a questa disposizione, sorsero nella Rsi venti «campi provinciali», due dei quali si insediarono in strutture di internamento preesistenti: Bagno a Ripoli e Scipione. Concepiti come strutture provvisorie, i «campi provinciali» ebbero vita brevissima perché i tedeschi vi attinsero ampiamente per formare i convogli di deportazione ebraica diretti nei Lager. Il «campo speciale» fu attrezzato, nel dicembre 1943, a Fossoli di Carpi (Modena).

Bibliografia

La bibliografia che qui viene pubblicata è stata pensata per un lettore non accademico e pertanto non contiene tutti i volumi citati nelle note.

Testi generali o di comparazione.

aa. vv., *Totalitarismo, lager e modernità*, Atti del Convegno Genova 29 novembre-1 dicembre 2001, Bruno Mondadori, Milano 2002.

aa.vv. *Una storia di tutti. Prigionieri, internati, deportati italiani nella seconda guerra mondiale*, Atti del Convegno Torino 2-4 novembre 1987, Istituto storico della Resistenza in Piemonte-Angeli, Milano 1989.

Bianchi, B. (a cura di), *Deportazione e memorie femminili (1899-1953)*, Edizioni Unicopli, Milano 2002.

Buber-Neumann M., *Prigioniera di Stalin e Hitler*, Il Mulino, Bologna 1994.

Capogreco, C. S., *Renicci. Un campo di concentramento in riva al Tevere*, Mursia, Milano 2003, prima edizione 1998.

Carlotti, A. L. (a cura di), *Italia 1939-1945. Storia e memoria*, Atti del Convegno Milano 24-26 maggio 1995, prefazione di Franco Della Peruta, Vita e Pensiero, Milano 1996.

Cesarani, D. - Kushner, T. (a cura di), *The internment of Aliens in 20th Century Britain*, Frank Cass, London 1993.

Collotti, E., *Fascismo, Fascismi*, Sansoni, Firenze 2000.

Falcioni, R. (a cura di), *Spostamenti di popolazione e deportazioni in Europa (1939-1945)*, Atti del Convegno di studi Carpi 4-5 ottobre 1985, nota introduttiva di E. Collotti, Cappelli, Bologna 1987.

Farcy, J. C., *Les camps de concentration français de la Première Guerre mondiale (1914-1920)*, Anthropos, Paris 1995.

Filippa, M., *Dis-crimini. Profili dell'intolleranza e del Razzismo*, Sei, Torino 1998.

Flores, M. (a cura di), *Storia, verità, giustizia. I crimini del XX secolo*, Atti del Convegno Siena 16-20 marzo 2000, Bruno Mondadori, Milano 2001.

Gentile, E., *La via italiana al totalitarismo. Il partito e lo Stato nel regime fascista*, La Nuova Italia Scientifica, Roma 1995.

Gillman, P. e L., *Collar the lot! How Britain interned and expelled his Wartime Refugees*, Quartet Books, London-New York 1980.

Grynberg, A., *Les camps de la honte. Les internés juifs des camps français (1939-1944)*, La Découverte & Syros, Paris 1999.

Herzer, I. (a cura di), *Rescue of Jews during the Holocaust*, The Catholic University of America Press, Washington 1989.

Kacin Wohinz, M. - Pirjevec, J., *Storia degli sloveni in Italia 1866-1998*, Marsilio, Venezia 1998.

Kamiński, A. J., *I campi di concentramento dal 1896 a oggi. Storia, funzioni, tipologia*, Bollati Boringhieri, Torino 1997.

Klinkhammer, L., *L'occupazione tedesca in Italia 1943-1945*, Bollati Boringhieri, Torino 1993.

Koter, J. - Rigoulot, P., *Il secolo dei campi. Detenzione, concentramento e sterminio 1900-2000*, Mondatori, Milano 2001.

Labanca, N., *Oltremare. Storia dell'espansione coloniale italiana*, Il Mulino, Bologna 2002.

Natoli, A. - Foa, V. - Ginzburg, C. (a cura di), *Il registro. Carcere politico di Civitavecchia 1941-1943*, Editori Riuniti, Roma 1994.

Peschanski, D., *La France des camps. L'internement 1938-1946*, Gallimard, Paris 2002.

Rodogno, D., *Il nuovo ordine mediterraneo. Le politiche di occupazione dell'Italia fascista in Europa (1940-1943)*, prefazione di Ph. Burrin, Bollati Boringhieri, Torino 2003.

Toscano, M., *Ebraismo e antisemitismo in Italia. Dal 1848 alla guerra dei sei giorni*, Angeli, Milano 2003.

Confino e internamento civile regolamentare.

aa. vv., *Ferramonti: un Lager nel Sud*, a cura di F. Volpe, Orizzonti Meridionali, Cosenza 1990.

Amantia, A., *Turisti, residenti e internati. Ebrei in provincia di Belluno tra discriminazione e difesa della razza* in «Protagonisti», VIII, 1989, n. 35, pp. 3-16.

Angelini, Q. S. - Guidi, O. - Lemmi, P., *L'orizzonte chiuso. L'internamento ebraico a Castelnuovo Garfagnana 1941-43*, Pacini Fazzi Editore, Lucca 2002.

Arian Levi, G., *Gli ebrei jugoslavi internati nella provincia di Aosta (1941-1945)*, in «Questioni di storia della Valle d'Aosta contemporanea», 1990, n. 3, pp. 9-53.

Capogreco, C. S., *Confino, colonie di confino*, in *Dizionario della Resistenza*, a cura di E. Collotti, R. Sandri e F. Sessi, vol. II (Luoghi, formazioni, protagonisti), Einaudi, Torino 2001, pp. 418-22.

– *Ferramonti. La vita e gli uomini del piú grande campo di internamento fascista (1940-1945)*, prefazione di L. Picciotto Fargion, introduzione di V. Cappelli, Giuntina, Firenze 1987.

– *L'internamento degli ebrei stranieri a apolidi nel giugno del 1940: il caso di Ferramonti di Tarsia*, in aa. vv., *Italia Judaica. Gli ebrei nell'Italia Unita (1870-1945)*, Atti del Convegno Siena 14-16 giugno 1989, Ministero dei Beni Culturali e Ambientali, Roma 1993, pp. 533-566.

– *Per una storia dell'internamento civile nell'Italia fascista (1940-1943)*, in A. L. Carlotti (a cura di), *Italia 1939-1945. Storia e memoria*, cit., pp. 550-551.

– *Il campo di Campagna e l'internamento ebraico nel Meridione*, in *Giovanni Palatucci. La scelta, le differenze*, Atti del Convegno Avellino 20 dicembre 2001, a cura di L. Parente e S. Festa, Mephite, Avellino 2004.

Carolini, S. (a cura di), *«Pericolosi nelle contingenze belliche». Gli internati dal 1940 al 1943*, introduzione di A. Bonelli, prefazione di M. Venanzi, Anppia, Roma 1987.

Corbisiero, F., *Storia e memoria dell'internamento ebraico in Campania durante la Seconda guerra mondiale. Il campo di Campagna*, in «Nord e Sud», XLV, novembre-dicembre 1999, n. 6, pp. 110-30.

Crosina, M. L., *Le storie ritrovate. Ebrei nella provincia di Trento 1938-1945*, Museo Storico, Trento 1995.

Cruciani, R., *E vennero... 50 anni di libertà. 1943-1993. L'internamento nelle Marche*, Cooperativa Arti visive, Macerata 1993.

Dalla Costa, L., *Ebrei trevigiani e stranieri in provincia di Treviso, 1941-1945*, Istituto per la Storia della Resistenza della marca trevigiana, quadernetto n. 3, 1994.

Dal Pont, A., *I Lager di Mussolini, L'altra faccia del confino nei documenti della polizia fascista*, Milano, La Pietra, 1975.

Dellepiane, A., *La lunga via della libertà. Testimonianze per servire la storia della Resistenza*, Silva, Milano 1963.

Diamand, S., *Dottore! Internment in Italy 1940-1945*, Mosaic Press, Oakville-New York-London 1987.

Di Sante, C., *L'internamento civile nell'Ascolano e il campo di concentramento di Servigliano (1940-1944)*, Istituto provinciale per la storia del Movimento di liberazione, Ascoli Piceno 1998.

– (a cura di), *I campi di concentramento in Italia. Dall'internamento alla deportazione (1940-1945)*, Atti del Convegno Teramo 23-24 marzo 1998, premessa di F. Mazzonis, introduzione di E. Collotti, Angeli, Milano 2001.

Eisenstein, M., *L'internata numero 6. Donne fra i reticolati del campo di concentramento*, prefazione di G. Giovannelli, postfazione di C. S. Capogreco, Tranchida, Milano 1994.

Galimi, V., *L'internamento in Toscana*, in *Razza e fascismo. La persecuzione degli ebrei in Toscana (1938-1943)*, a cura di E. Collotti, vol. I, pp. 511-560.

Ghini, C. - Dal Pont A., *Gli antifascisti al confino (1926-1943), prefazione* di Umberto Terracini, Roma, Editori Riuniti, 1971.

Ginzburg, N., *L'inverno in Abruzzo*, in *Le piccole virtú*, a cura di D. Scarpa, Einaudi, Torino 1998, pp. 5-13.

Gissi, A., *Un percorso a ritroso: le donne al confino politico 1926-1943*, in «Italia contemporanea», marzo 2002, n. 226, pp. 31-59.

Grilli, G., *Due generazioni. Dalla settimana rossa alla guerra di liberazione*, Edizioni Rinascita, Roma 1953.

Gromme, L., *I campi di concentramento per internati civili (10 giugno '40 - 8 settembre '43): il caso del Lazio*, Tesi di Laurea, Università di Roma «La Sapienza», aa 1997-98.

Hajek, F., *Appunti sugli ebrei stranieri in Italia durante la guerra*, in *Gli ebrei in Italia durante il fascismo*, Quaderno n. 3, Cdec, Milano 1963, pp.153-57.

Iacoponi, I., *Il fascismo, la Resistenza, i campi di concentramento in provincia di Te-*

ramo. Cenni storici, presentazione di Luigi Ponziani, Martintype, Teramo 2000 (il vol. comprende, tra l'altro, i benemeriti saggi pionieristici sui campi di Nereto, Notaresco, Civitella del Tronto, Tossicia e Corropoli, pubblicati dall'A. – l'ultimo in collaborazione con Pasquale Rasicci – tra il 1983 e il 1985 sulla «Rivista abruzzese di studi storici dal fascismo alla Resistenza»).

Iazzetti, V., *Il campo di concentramento di Manfredonia (1940-1943)*, in «La Capitanata», Bollettino della Biblioteca provinciale di Foggia, XXI-XXII, luglio-dicembre 1984-dicembre 85, pp. 53-84.

Jacometti, A., *Ventotene*, Marsilio, Padova 1974.

Minardi, M., *Tra chiuse mura. Deportazione e campi di concentramento nella provincia di Parma 1940-1945*, Comune di Montechiarugolo, 1987.

Miniussi, S., *Confinati in Lucania. Intervista a Manlio Magini e Maria Luisa Tulli*, presentazione di Bruno Vasari, Graphart-Associazione L'Officina, Trieste 1998.

Monacchia, P., *L'internamento in Umbria*, in *L'Umbria dalla guerra alla Resistenza*, Atti del Convegno Pergia 30-11/1-12- 1995, a cura di Luciana Brunelli e Gianfranco Canali, Editoriale umbra-Isuc, Foligno 1998, pp. 167-177.

Muncinelli, A., *Even. Pietruzza della memoria. Ebrei 1938-3945*, Edizioni Gruppo Abele, Torino 1994.

Musolino, E., *Quarant'anni di lotte in Calabria*, a cura di A. M. Corsaro, prefazione di R. Villari, Teti Editore, Milano 1977.

Pagano, A., *Il confino politico a Lipari 1926-33*, Franco Angeli, Milano 2003.

Pescarolo, L., *Il lungo cammino (dalla dittatura alla democrazia)*, Edizioni Bottazzi, Suzzara 1984.

Piccioli, P., *I Testimoni di Geova durante il regime fascista*, in «Studi Storici», gennaio-marzo 2000, pp. 191-229.

Porta, G., «Il confino», in *I luoghi della memoria. Simboli e miti dell'Italia unita*, a cura di M. Isnenghi, Laterza, Roma-Bari 1996, pp. 439-460.

Rossi, E., *Miserie e splendori del confino di polizia. Lettere da Ventotene 1939-1943*, a cura di M. Magini, Feltrinelli, Milano 1981.

Salvatori, L., *Al confino e in carcere*, Feltrinelli, Milano 1958.

Sacchetti, G., *Renicci: un campo di concentramento per slavi ed anarchici*, in *Guerra di sterminio e Resistenza. La provincia di Arezzo (1943-1944)*, a cura di I. Tognarini, Edizioni Scientifiche Italiane, Napoli 1990, pp. 225-261.

Scalarini, G., *Le mie isole*, a cura di M. De Micheli, Franco Angeli, Milano 1992.

Terzulli, F., *La Casa Rossa. Un campo di concentramento ad Alberobello*, presentazione di C. S. Capogreco, Mursia, Milano 2003.

– *Il campo di concentramento per ebrei a Gioia del Colle (agosto 1940-gennaio 1941)*, in *Gioia. Una città nella storia e civiltà di Puglia*, Schena Editore, Fasano 1992, vol. III, pp. 495-593.

– *Una stella fra i trulli. Gli ebrei in Puglia (1933-1949)*, schede didattiche a cura di Vincenzo Romano, Mario Adda Editore, Bari 1995.

Tibaldi, I., *Compagni di viaggio. Dall'Italia ai Lager nazisti. I «trasporti» dei deportati 1943-1945*, prefazione di Daniele Jalla, Angeli, Milano 1994.

Vendramini Ferruccio, *Gli ebrei stranieri internati in Italia. Il caso di Mel (1941-1944)*, in «Protagonisti», IX, n. 30, gennaio-marzo 1988, pp. 9-22.

Vizio, S., *Gli ebrei croati in Alba 1942-1945*, in «Notiziario dell'Istituto Storico della Resistenza in Cuneo e provincia», n. 28, dicembre 1885, pp. 117-127.

Villani, C., *Ebrei fra leggi razziste e deportazioni nelle province di Bolzano, Trento e Belluno*, Società di Studi Trentini di Scienze Storiche, Trento 1996.

Voigt, K. *Il rifugio precario. Gli esuli in Italia dal 1933 al 1945*, La Nuova Italia, Firenze 1996.

– *Maximilian Segall, un profugo ebreo in Italia*, in *1938. Le leggi contro gli ebrei*, fascicolo monografico de «La Rassegna Mensile di Israel», LIV, gennaio-agosto 1988, n. 1-2, pp. 279-304.

– *Villa Emma. Ragazzi ebrei in fuga 1940-1945*, La Nuova Italia, Firenze 2002.

Zanaboni, L., *Belgioioso nella Resistenza. Ricordi dei 635 giorni dal 25 luglio '43 al 25 aprile '43*, Ediz. Lombardi, Cortelona 1995.

Zimet-Levy, *Al di la' del ponte*, a cura di Fausta Messa e Paola Rovagnati, Comune di Morbegno, Sondrio 2000.

Politica antislava e internamento civile «parallelo».

aa. vv., *Les systèmes d'occupation en Yugoslavie (1941-1945)*, Institut pour l'étude du mouvement ouvrier, Belgrade 1963.

aa. vv., *L'imperialismo italiano e la Jugoslavia*, Atti del Convegno Ancona 14-16 ottobre 1977, a cura di Massimo Pacetti, Argalía Editore, Urbino 1981.

Baruzza-Plavjavec, E., *O koncentracijskem taborišču Fossalon*, in «Primorski Dnevnik» 11-14 giugno 1974,

Capogreco, C. S., *Renicci. Un campo di concentramento in riva al Tevere*, Mursia, Milano 2003.

– *Una storia rimossa dell'Italia fascista. L'internamento dei civili jugoslavi (1941-1943)*, in «Studi Storici», XLII, gennaio-marzo 2001, pp. 203-30.

Collotti, E., *Sulla politica di repressione italiana nei Balcani*, in *La memoria del nazismo nell'Europa di oggi*, a cura di L. Paggi, La Nuova Italia, Firenze 1997, pp. 181-208.

Commissione storico-culturale italo-slovena, *I rapporti italo-sloveni 1880-1956* (Relazione sul lavoro svolto dal 1993 al 2000), edizione trilingue, ministero degli Esteri della Repubblica di Slovenia, Ljubljana 2001.

Crisman Malev, T., *Aspetti di una occupazione: gli italiani in Macedonia occidentale*, in *L'Italia in guerra 1940-43*, Annali della Fondazione Luigi Micheletti, 1990-91, n. 5, pp. 171-84.

Cuzzi, M., *L'occupazione italiana della Slovenia (1941-1943)*, Stato Maggiore dell'Esercito, Roma 1998.

Ferenc, T., *La deportazione di massa della popolazione jugoslava nella seconda guerra mondiale*, in *Spostamenti di popolazione e deportazioni in Europa (1939-1945)*, a cura di R. Falcioni, cit., pp.152-161.

– *La provincia «italiana» di Lubiana. Documenti 1941-1942*, Istituto friulano per la storia del movimento di liberazione, Udine 1994.

– *«Si ammazza troppo poco». Condannati a morte, ostaggi, passati per le armi nella Provincia di Lubiana. 1941-1943. Documenti*, Društvo piscev zgodovine Nob-Inštitut za novejso zgodovino, Ljubljana 1999.

– *Rab-Arbe-Arbissima. Confinamenti-rastrellamenti-internamenti nella Provincia di Lubiana 1941-1943. Documenti*, Društvo piscev zgodovine NOB-Inštitut za novejšo zgodovino, Ljubljana 2000.

Filipič,F., *Slovenci v Mauthausnu*, Cankarjeva Založba, Ljubljana 1998.

Finzi, D., *Fra verità e ricordi. Il campo di concentramento per internati civili n. 97 di Renicci-Anghiari*, Compugraf, Sansepolcro, 1998.

Jezernik, B., *Boj za obstanek. O življenju Slovencev v italijanskih koncentracijskih taboriščih*, Žaložba Borec, Ljubljana 1983 (ediz. aggiornata: *Italijanska koncentracijska taborišča Slovence med 2. svetovno vojno*, Borec, Ljubljana 1997).

Kersevan, A., *Un campo di concentramento fascista. Gonars 1942-1943*, prefazione di C. S. Capogreco, Edizioni Kappa Vu, Udine 2003.

Kocbek, E., *«Compagnia». La resistenza partigiana in Slovenia*, Jaka Book, Milano 1974.

Kovačić, I., *Kampor 1942-1943*, Adamić, Rijeka 1998.

Loker, Z., *The testimony of Dr. Edo Neufeld. The Italians and the Jews of Croatia*, in «Holocaust and Genocidi Studies», VIII, 1993.

Loi, S., *Le operazioni delle unità italiane in Jugoslavia (1941-1943). Narrazione - Documenti*, Ufficio Storico dello Stato Maggiore dell'Esercito, Roma 1978.

Martinčič, J., *Beg iz Gonarsa*, Založba Borec, Ljubljana 1978.

Milak, E., *Jugosloveni u koncentracionim logorima i Zatvorima Fašističke Italije u toku drugog svetskog rata*, in «Historia 20 veka», 1986, n. 1-2, pp. 155-72.

Moraca, P., *I crimini commessi da occupanti e collaborazionisti in Jugoslavia durante la Seconda guerra mondiale*, in *L'occupazione nazista in Europa*, a cura di E. Collotti, Editori Riuniti, Roma 1964, pp. 517-52.

Pahor Verri, N. (a cura di), *Oltre il filo. Storia del campo di internamento di Gonars 1941-1943*, comune di Gonars-Arti Grafiche Friulane, Gonars s.i.d. (ma 1994).

Potočnik, F., *Il campo di sterminio fascista: l'isola di Rab*, Anpi, Torino 1979.

Puppini, M., *Gli internati di Fossalon*, in «Il Territorio», 1988, n. 22, pp. 34-41.

Sala, T., *Fascismo e Balcani. L'occupazione della Jugoslavia*, in *Storia della società italiana*, Teti Editore, Milano 1983, vol. XXII, pp. 413-48.

Scotti, G., *Le aquile delle montagne nere (1941-1943). Occupazione e guerra italiana in Montenegro*, presentazione di Flaminio Piccoli, Mursia, Milano 1987.

Spazzali, R., *Il campo di concentramento dell'isola di Melada (Molat) 1941-1943*, in «La Rivista dalmatica», LXVII, 1996, n. 3, pp. 210-23.

Steinberg, L., *Le battaillon juif de l'Ile de Rab*, in «Le Monde Juif», XXV, aprile-giugno 1969, n. 56, pp. 43-47 .

Tassin, F., *Sul confine dell'Impero*, Comune di Visco-Arti Grafiche Friulane, Tavagnacco 1998.

Trinca, M., *Monigo: un campo di concentramento per slavi a Treviso. Luglio 1942-settembre 1943*, Istresco, Treviso 2003.

Nodi e luoghi della memoria e dell'oblio.

aa. vv., *La memoria della legislazione e della persecuzione antiebraica nella storia dell'Italia repubblicana*, Angeli, Milano 1999.

Barazzetti, D. - Leccardi, C. (a cura di), *Responsabilità e memoria. Linee per il futuro*, presentazione di Laura Balbo, La Nuova Italia Scientifica, Roma 1997.

Battini, M., *I peccati di memoria. La mancata Norimberga italiana*, Laterza, Roma-Bari, 2003,

Bidussa, D., *Il mito del bravo italiano. Persistenze, caratteri e vizi di un paese antico/moderno, dalle leggi razziali all'italiano del Duemila*, Il Saggiatore, Milano 1994.

Bodei, R., *Libro della memoria e della speranza*, Il Mulino, Bologna 1995.

Capogreco, C. S., *L'oblio delle deportazioni fasciste: una «questione nazionale». Dalla memoria di Ferramonti alla riscoperta dell'internamento civile italiano*, in «Nord e Sud», XLV, (n.s.), novembre-dicembre 1999, pp. 92-109.

Cavaglion, A., *Ebrei senza saperlo*, L'Ancora del Mediterraneo, Napoli, 2002.

– *Mnemagoghi e memoriosi*, in *Insegnare Auschwitz. Questioni etiche, storiografiche, educative della deportazione e dello sterminio*, a cura di Enzo Traverso, cit., pp. 112-123.

Cavalli, A., *I giovani e la memoria del fascismo e della Resistenza*, in «Il Mulino», XLV, 1996, n. 363.

Ellena, L., *Colonial legacy. Memoria, guerre fasciste e cinema italiano*, in «Zapruder», 2003, n. 2, pp. 88-89.

Franzinelli, M., *Le stragi nascoste. L'armadio della vergogna: impunità e rimozione dei crimini di guerra nazifascisti 1943-2001*, Mondadori, Milano 2002.

Jedlowski, P., *Memoria, esperienza e modernità. Memorie e società nel XX secolo*, Angeli, Milano 2002 .

Jedlowski, P. - Rampazzi, M. (a cura di), *Il senso del passato. Per una sociologia della memoria*, Angeli, Milano.

Luzzatto, S., *Il corpo del duce. Un cadavere tra immaginario, storia e memoria*, Einaudi, Torino 1998.

Marchi, G. P. - Massariello Merzagora Giovanna (a cura di), *Il Lager. Il ritorno della memoria*, Atti del Convegno di studi Verone 6-7 aprile 1997, Aned-Edizioni Lint, Trieste 1997.

Matta, T. (a cura di). *Un percorso della memoria. Guida ai luoghi della violenza nazista e fascista in Italia*, Electa, Milano 1996.

Paggi, L. (a cura di), *Le memorie della Repubblica*, La Nuova Italia, Firenze 1999.

Siebert, R., *Don't forget - Fragments of a Negative tradition*, in «International Yearbook of Oral History and Life Stories», Oxford University Press, Oxford 1992.

Sciolla, L., *Italiani. Stereotipi di casa nostra*, Il Mulino, Bologna 1997.

Scotti, G., *Una lapide italiana nel campo di Arbe*, in «La voce del Popolo», Fiume 12 settembre 1998.

Schwarz, G., *Identità ebraica e identità italiana nel ricordo dell'antisemitismo fascista*, in aa. vv., *La memoria della legislazione e della persecuzione antiebraica nella storia dell'Italia repubblicana*, cit.

Traverso, E. (a cura di), *Insegnare Auschwitz. Questioni etiche, storiografiche, educative della deportazione e dello sterminio*, Atti del Convegno Torino 22-23 aprile 1993, Irrsae Piemonte-Bollati Boringhieri, Torino 1995.

Troha, N., *Fra liquidazione del passato e costruzione del futuro: Le foibe e l'occupazione jugoslava della Venezia Giulia*, in *Foibe. Il peso del passato. Venezia Giulia 1943-1945*, a cura di Giampaolo Valdevit, Irsml-Marsilio, Venezia 1997, pp. 59-95.

Indice dei nomi

Indice

I campi del duce

Stampato per conto della Casa editrice Einaudi
presso Mondadori Printing S.p.A., Stabilimento N.S.M., Cles (Trento)
nel mese di gennaio 2006

C.L. 18089

Edizione	Anno
1 2 3 4 5 6 7 8 9	2006 2007 2008 2009